# Movimentos Sociais na Cidade e no Campo

# Movimentos Sociais na Cidade e no Campo

*Olhares e Questões Contemporâneas*

Cibele Saliba Rizek

Lindijane Almeida

*Organizadoras*

*Grafia atualizada segundo o Acordo Ortográfico da Língua Portuguesa de 1990, que entrou em vigor no Brasil em 2009.*

Edição: Haroldo Ceravolo Sereza/ Joana Monteleone
Editora assistente: Danielly de Jesus Teles
Projeto gráfico e diagramação: Amanda Martinez e Sá
Capa: Ana Luiza Gonçalves
Assistente acadêmica: Tamara Santos
Revisão: Alexandra Colontini

CIP-BRASIL. CATALOGAÇÃO NA PUBLICAÇÃO
SINDICATO NACIONAL DOS EDITORES DE LIVROS, RJ

M897

Movimentos sociais na cidade e no campo: olhares e questões contemporâneas / organização Cibele Saliba Rizek, Lindijane Almeida. - 1. ed. - São Paulo : Alameda, 2022. 506 p. ; 21 cm.

Inclui bibliografia
ISBN 978-65-5966-096-4

1. Movimentos sociais. 2. Planejamento urbano. 3. Planejamento regional. 4. Política habitacional. I. Rizek, Cibele Saliba. II. Almeida, Lindijane.

22-76043 CDD: 363.580981
CDU: 351.778.532(81)

Alameda Casa Editorial
Rua 13 de Maio, 353 – Bela Vista
CEP 01327-000 – São Paulo, SP
Tel. (11) 3012-2403
www.alamedaeditorial.com.br

# Sumário

## PARTE IV
### Desdobramentos e mutações contemporâneas

# Prefácio

A coletânea que apresentamos sob o título *Movimentos Sociais na Cidade e no Campo: Olhares e Questões Contemporâneas* nasceu de um mapeamento realizado a partir da demanda do Encontro Nacional da ANPUR (Associação Nacional de Pesquisa e Pós Graduação em Planejamento Urbano Regional) que ocorreu em Natal, Rio Grande no Norte, em maio de 2019. Os textos que estão reunidos nesse volume foram selecionados pelo Comitê científico do encontro, contemplando uma diversidade de temas e enfoques oriundos de diferentes regiões do país, o que permite traçar um panorama interessante do debate sobre a temática dos movimentos sociais, em especial na academia brasileira. Os textos que compõem a coletânea são produto de pesquisa empírica, documental e bibliográfica, relativas à ação coletiva, às insurgências, às formas de resistência e à multiplicidade de modos de organização. Assim, essa coletânea conforma um panorama de enfoques e abordagens dos movimentos sociais, analisados em suas dimensões teóricas, em suas práticas e formas de representação simbólica. As pesquisas que deram origem aos textos foram realizadas no período entre o final dos anos 2003/2016 e o momento em que se elegeu e se efetivou o Governo que deu lugar à mais profunda crise política brasileira, uma crise da democracia no país que vem reconfigurando e esgarçando as condições sócio-políticas de uma trama societária constituída no período de vigência dos governos de coalisão encabeçados pelo Partido dos Trabalhadores.

Desse modo, a reunião desses temas e enfoques pretendeu mapear insurgências, modos de resistência e organização popular que explicitam dimensões históricas, lutas e formas de desigualdade que até recentemente eram pouco visíveis ou pouco enunciadas e discutidas pela literatura das Ciências Sociais no Brasil. Trata-se sobretudo do movimento negro e de seus modos de enunciação que, por um lado, colocam o chamado "racismo estrutural" no centro de reivindicações e modos de organização e luta e, por outro, desafiam a versão oficial de um país onde a miscigenação teria suplantado as linhas de discriminação tanto de uma perspectiva histórica como de uma perspectiva de práticas e de lutas contemporâneas que obrigam a revisitar a história das relações raciais no país. Essa questão se desdobra nas dimensões de um racismo ambiental explicitado por movimentos de atingidos pelos desastres ambientais recentes provocados por atividades mineradoras predatórias, que ganharam ares de genocídio combinado com uma funda destruição das condições naturais e sociais precedentes. Além da visibilização dos movimentos sociais que têm a questão racial como importante marcador de desigualdade, os movimentos de juventude - que trazem a questão geracional como clivagem - comparecem em alguns textos, ao lado das lutas femininas e feministas.

O livro "Movimentos Sociais na Cidade e no Campo: Olhares e Questões Contemporâneas" perpassa também resistências e formas de organização ancoradas nas grandes cidades do Centro Sul como São Paulo e Rio de Janeiro, lutas e movimentos que eclodiram nas capitais localizadas no Nordeste do país, além de traçar um panorama de um conjunto de resultados de pesquisa sobre mobilizações no campo, onde ganham destaque algumas das experiências de um dos mais importantes movimentos sociais brasileiros – o Movimento dos Trabalhadores sem Terra – MST.

Por fim, na última parte dessa coletânea concentram-se as contribuições sobre os eventos de 2013 e alguns de seus desdobramentos. Os acontecimentos de 2013 foram resultantes de fortes mobilizações de caráter urbano e social, que apontavam de um lado para o descontentamento com os Grandes Eventos e seus investimentos e, de outro lado, teriam dado lugar a uma visibilização importante e persistente da mobilização de parcelas das elites empresariais e das classes médias brasileiras – que viriam a eleger um presidente que nunca escondeu sua forte simpatia pelas práticas de repressão política e policial vinculadas às prisões à época da Ditadura Militar no Brasil. As estratégias midiáticas, o uso das redes sociais, a produção de um enorme contingente de informações falsas ou duvidosas, a polarização política são características desse ascenso que, ao lado da mobilização de jovens e estudantes também acabaram por desenhar algumas das modulações que marcam o cenário contemporâneo dos movimentos sociais e das formas de organização e resistência no Brasil.

Na ocasião em que redigimos este prefácio, lá se vão mais de um ano e três meses de pandemia do coronavírus, mais de 500 mil mortes no Brasil em decorrência da covid-19 e da ausência de coordenação do governo federal, o que aprofundou ainda mais o contexto de crises sanitária, econômica, social e política, que vivemos em nosso país.

A partir das contribuições dos professores(as), pesquisadores(as), estudantes e profissionais este livro, como aventa seu título – *Movimentos Sociais na Cidade e no Campo: Olhares e Questões Contemporâneas* –, é uma das múltiplas demonstrações da importância da organização, mobilização, manifestação e legitimidade dos movimentos sociais, do que permitem vislumbrar, especialmente em um momento em que se reafirma pouco a pouco a necessidade, a efetividade, a visibilidade das múltiplas formas de resistência e organização, em um momento de afirmação das pautas que recolocam as desigualdades de classe, raça, gênero, desigualdade urbanas e rurais no centro da questão social e da democracia brasileira.

*Cibele Saliba Rizek e Lindijane Almeida*

# PARTE I

# Cidade e cidadania: habitação, lutas urbanas e movimentos sociais

# Protestos e megaeventos:
## *o panorama das mobilizações na cidade do Rio de Janeiro*

Aldrey Cristiane Iscaro[1]

## Introdução

Os megaeventos esportivos vêm ganhando força no país desde a solicitação da candidatura da cidade do Rio de Janeiro em 1995 para a sede dos Jogos Olímpicos de 2004. Todavia, a cidade escolhida foi Atenas.[2] Mais uma vez a cidade do Rio de janeiro tenta se candidatar em 2002 a sede dos Jogos Olímpicos de 2012, mas a cidade escolhida foi Londres.

A cidade do Rio de Janeiro realizou no ano 2000 a sua candidatura oficial aos Jogos Pan Americanos de 2007 e, no ano de 2002, a cidade foi anunciada como sede oficial. Durante o ano de 2003 os megaeventos esportivos ganharam mais evidencia no cenário político brasileiro após a Confederação Sul-Americana de Futebol (Conmebol) anunciar que o Brasil seria candidato à sede da Copa do Mundo da Federação Internacional de Futebol (FIFA) de Futebol Masculino de 2014, sendo escolhido oficialmente no

---

1 Doutoranda em Planejamento Urbano e Regional no Instituto de Pesquisa e Planejamento Urbano e Regional da Universidade Federal do Rio de Janeiro com cotutela em Ciência Política e Sociologia na Faculdade de Ciências Políticas e Sociais da Scuola Normale Superiore, Florença, Itália. E-mail de contato: aldreycris@hotmail.com

2 Sobre os megaeventos esportivos em Atenas, ver Stavrides (2016) e Samatas (2011).

ano de 2006 (evento a ser realizado em 12 cidades: São Paulo,[3] Rio de Janeiro, Salvador, Belo Horizonte, Porto Alegre, Brasília, Curitiba,[4] Recife, Fortaleza,[5] Cuiabá, Natal e Manaus).[6]

Em 2007, além da realização dos Jogos Pan-Americanos no Rio de Janeiro, a cidade candidatou-se, pela terceira vez, aos Jogos Olímpicos, sendo anunciada, em 2009, como sede oficial do evento a ser realizado em 2016. Além disso, a cidade do Rio de Janeiro sediou os Jogos Mundiais Militares em 2011 e a Copa das Confederações, realizada no Brasil em 2013.

No entanto, grandes projetos urbanos, tais como os megaeventos esportivos ocorridos no Brasil, desencadeiam uma diversidade de rupturas na cidade, como explicam Vainer, Oliveira e Novais (2012). Temos como objetivo, aqui, descrever e mapear essas rupturas olhando através dos protestos relacionados aos megaeventos[7] na cidade de Rio de Janeiro durante o período de 2006 a 2016.

Para essa pesquisa utilizaremos como material de análise a base de dados pública do 'Observatório de Conflitos Urbanos da Cidade do Rio de Janeiro',[8] que registra os conflitos urbanos

---

3 Sobre os megaeventos em São Paulo, ver Nobre, Bassani e D'Ottaviano (2017).

4 Sobre a influência da Copa do Mundo em Curitiba, ver Faria e Poli (2014).

5 Sobre o contexto de Fortaleza, ver Vianna (2015).

6 Para entender melhor o contexto brasileiro dos megaeventos esportivos, consultar Nobre (2016).

7 Sobre o contexto dos protestos e megaeventos no Rio de Janeiro, ver Vainer (2013).

8 O 'Observatório dos Conflitos Urbanos da Cidade do Rio de Janeiro' pertence ao Núcleo Experimental de Planejamento Conflitual (NEPLAC) do Laboratório Estado, Trabalho, Território e Natureza (ETTERN) do Instituto de Pesquisa e Planejamento Urbano e Regional (IPPUR) da Universidade Federal do Rio de Janeiro (UFRJ).

da cidade do Rio de Janeiro. Desta forma, utilizando o banco de dados já existente do Observatório, foram revistos todos os conflitos urbanos, buscando identificar aqueles que estão conectados à questão dos megaeventos. Após esta seleção, refinamos a nossa busca extraindo o nosso material de pesquisa, a saber, os protestos relacionados à questão dos megaeventos na cidade do Rio de Janeiro, com recorte temporal dos anos de 2006 a 2016.

Como metodologia de pesquisa utilizamos a pesquisa bibliográfica e a cartografia. Para cartografar esses protestos utilizamos como ferramenta o programa QGIS (Geographic Information System).[9] Utilizamos também como material de pesquisa uma série de dados disponibilizados por órgãos oficiais, como o Instituto Brasileiro de Geografia e Estatística (IBGE) e o Instituto Pereira Passos (IPP) da Prefeitura Municipal do Rio de Janeiro, como base para a construção de nossas cartografias georreferenciadas no QGIS.

Para entendermos a questão dos protestos relacionados aos megaeventos na cidade do Rio de Janeiro durante os anos de 2006 a 2016, exploraremos aqui de forma breve dois conceitos chave. Nesta sessão do artigo delinearemos, primeiramente, o conceito de protesto, e, após, trabalharemos o debate acerca dos megaeventos no Brasil.

Os protestos, de acordo com della Porta e Diani (2020), são espaços de contestação onde discursos, praticas, identidades, símbolos e corpos são utilizados para prevenir ou contestar mudanças nas relações de poder institucionalizadas. São formas de ação coletiva que desafiam as normas estabelecidas que são consideradas injustas por parte dos cidadãos. De acordo com

9 O QGIS é um Sistema de Informação Geográfica (SIG) de Código Aberto licenciado segundo a Licença Pública Geral GNU. O QGIS é um projeto oficial da Open Source Geospatial Foundation (OSGeo).

os autores, os protestos tem como característica o uso de canais indiretos para influenciar os tomadores de decisão e, em sua forma mais inovadora e radical, tem sido considerado a forma de ação típica dos movimentos sociais devido ao fato de que, ao contrário de partidos políticos e grupos de pressão – que também fazem o uso do protesto -, os movimentos sociais tem poucos canais de acesso aos tomadores de decisão governamentais. No caso deste artigo, analisaremos os protestos relacionados aos megaeventos na cidade do Rio de Janeiro.

Entendemos, aqui, os megaeventos (VAINER, 2013; VAINER *et al.*, 2016; OLIVEIRA *et al.*, 2016) como grandes projetos urbanos (NOVAIS, 2012; OLIVEIRA; NOVAIS, 2013; CUENYA; NOVAIS; VAINER, 2013).

No caso de grandes projetos urbanos, como os megaeventos, Vainer, Oliveira e Novais (2012) descrevem os mesmos como aqueles que desencadeiam rupturas nos espaços físico e social da cidade, em suas múltiplas dimensões, contribuem para a consolidação de mudanças na dinâmica socioespacial, caracterizadas por reconfigurações escalares, além de causarem rupturas institucionais, urbanísticas, legais, políticas, simbólicas, e, além disso, rupturas na dinâmica imobiliária da cidade.

## Os protestos e os megaeventos

Nesta sessão da pesquisa descreveremos as cartografias dos protestos relacionados aos megaeventos na cidade do Rio de Janeiro durante os anos de 2006 a 2016. Apresentaremos, aqui, os mapas de calor dos protestos ocorridos em cada ano, gerado a partir da função 'Heatmaps' (Mapas de Calor) do QGIS, que é uma das melhores ferramentas de visualização para dados de ponto densos. Essa ferramenta é utilizada para identificar grupos onde existe uma elevada concentração de atividade. E, em seguida, descreveremos os protestos, relatando categorias como a forma de ação do protesto, onde ocorreram, os atores envolvidos e o conteúdo reivindicatório.

**Figura 1 – Mapa de Calor dos Protestos do ano de 2006**

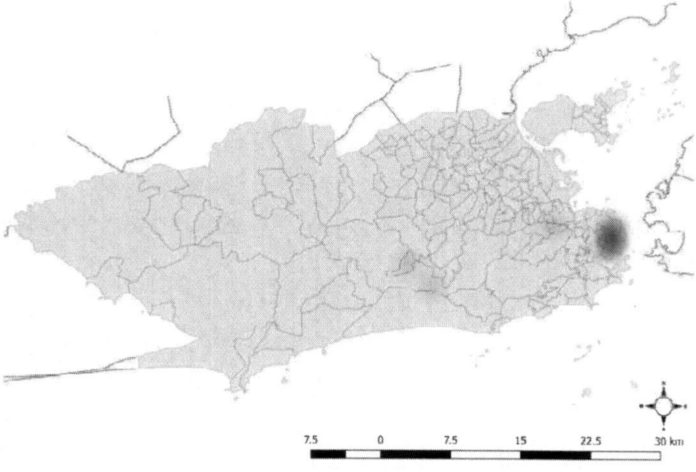


*Fonte: figura da autora, 2019*

No ano de 2006 podemos observar que foram realizados oito eventos de protesto na cidade do Rio de Janeiro. Quatro deles foram realizados no eixo dos bairros Gloria-Flamengo e estavam relacionados aos Jogos Pan-Americanos de 2007, sendo que três deles eram protestos contra as obras na Marina da Glória, a saber, a construção de uma garagem de barcos na Marina da Glória para a prova de iate. Dois deles foram realizados na Marina da Gloria e o outro no Parque do Flamengo. Membros do Comitê Social do Pan, entidades e moradores da Gloria e Flamengo afirmaram que o projeto da garagem agride o patrimônio histórico e prejudica a vista da enseada, uma vez que as instalações iriam obstruir a visão dos morros Cara de Cão, Pão de Açúcar e da Urca, que hoje podem ser observados do Parque do Flamengo, tombado por lei federal. O Instituto do Patrimônio Histórico (IPHAN) tinha conseguido o embargo das obras na Justiça e a concessionária que estava realizando as obras recorreu da decisão. A execução do projeto ainda dependia de um acordo com o IPHAN. O outro protesto ocorreu no Parque do Flamengo para exigir a paralisação de obras no Parque, a saber, a privatização de quase cem mil metros do Parque. Os manifestantes acusavam a retirada de árvores e a proibição de circulação dos cidadãos na rua que contorna a Marina. Os cem mil metros quadrados de parque seriam transformados em estacionamento para ônibus de turismo e automóveis. Também seriam construídos um centro de convenções, sanitários, bares e vestiários.

Outro protesto também ocorreu em frente ao Ministério Público do Rio de Janeiro, no centro da cidade, e foi realizado por moradores do bairro do Alto da Boa Vista e membros do CONCA, Conselho de Cidadania do Alto da Boa Vista, reivindicando a revisão do laudo que decretava a remoção de mais de 30 comunidades da região e de Jacarepaguá. O prefeito da cidade do Rio de Janeiro afirmou que as favelas estavam poluindo e degradando uma área de proteção ambiental e que essas áreas seriam incorporadas na estrutura para os Jogos Pan-Americanos de 2007.[10]

Dois protestos ocorreram na região da Barra da Tijuca, sendo um deles em Curicica, onde moradores protestavam contra as constantes enchentes na região e reivindicavam a realização de obras de dragagem e canalização do Rio Pavuninha. O bairro de Jacarepaguá, que era um dos que mais sofriam com as fortes chuvas na cidade, seria passagem obrigatória de atletas e participantes dos jogos do Pan no ano de 2007. E, por último, ocorreu um protesto no bairro do Maracanã, onde cerca de

10 Para entender melhor a questão dos Jogos Pan-Americanos de 2007 no Rio de Janeiro e seu legado, consultar Mascarenhas e Borges (2009).

trinta indígenas ocuparam o prédio do Antigo Museu do Índio no Estádio Jornalista Mário Filho,[11] também conhecido como Maracanã, e reivindicavam a revitalização do local.

**Figura 2 – Mapa de Calor dos Protestos do ano de 2007**

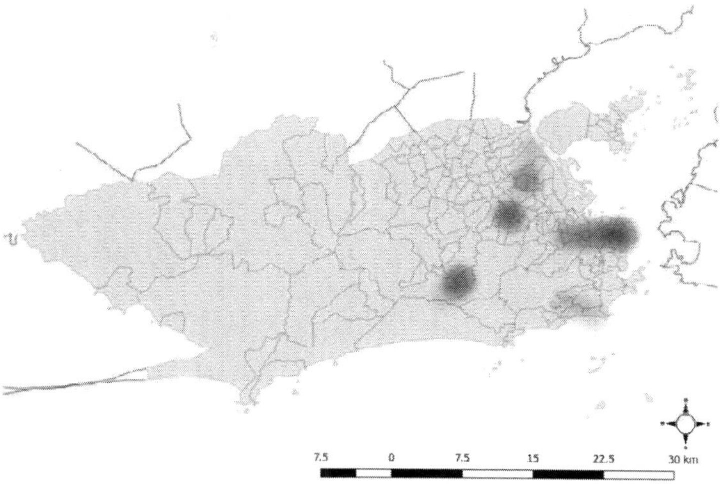


*Fonte: figura da autora, 2019*

Já durante o ano de 2007 ocorreram 20 protestos relacionados a megaeventos na cidade do Rio de Janeiro. Três deles ocorreram no bairro Engenho de Dentro, em específico no entorno do Estádio Olímpico João Havelange, também conhecido como Engenhão. Um desses protestos era de 500 trabalhadores envolvidos nas obras do Engenhão, que descreviam como indignas e desrespeitosas as condições de trabalho no canteiro de obras e reivindicavam aumento de salários e exigiam melhores condições de trabalho e apontaram atividades em lugares insalubres. Os outros dois protestos eram de moradores do entorno do

11 Para entender melhor a questão da reforma do Estádio Maracanã, ver Oliveira, Sánchez e Bienenstein (2015).

Engenhão, que protestavam contra a remoção de cinco casas que estão no caminho das obras do Pan 2007, a saber, as casas serão demolidas para a construção de uma das entradas do Estádio.

Três protestos ocorreram no bairro do Canal do Anil, em Jacarepaguá, onde os moradores ameaçados de serem retirados de suas casas protestavam contra as suas remoções[12] em função da construção da Vila do Pan[13] para os Jogos Pan-Americanos em 2007. Em um desses protestos os moradores do Canal do Anil protestavam contra a Prefeitura e estavam acompanhados e apoiados por moradores do Borel, Tijuca e da favela da Rocinha, e realizaram um manifesto em frente à Vila Pan-Americana, totalizando cerca de 200 pessoas. Eles protestavam contra a remoção de cerca de 500 famílias que residem atrás dos 17 prédios da Vila devido ao evento esportivo que ocorrerá em julho de 2007. Dois protestos ocorreram no Morro do Alemão, onde moradores protestavam contra a ocupação policial e as operações sociais no Alemão. Um dos motivos da ocupação policial se deu devido a localização do Alemão, que é perto do Aeroporto Internacional Antônio Carlos Jobim, conhecido também como Galeão, aeroporto este estratégico na chegada e partida de turistas e atletas para os Jogos do Pan de 2007.[14]

No bairro da Penha também ocorreu um protesto, onde moradores do bairro da Penha se uniram numa caminhada pela paz e sugeriram melhorias para o bairro. A violência é um dos principais problemas da região. Desde maio de 2007, a polícia tem feito operações frequentes nos conjuntos de favelas do Alemão e da Penha para reprimir o tráfico de drogas. Muitas pessoas morreram vítimas de balas perdidas. A área é estratégica devido a sua proximidade com o Aeroporto Galeão.

---

12 Sobre as remoções no contexto carioca, ver Nacif e Faulhaber (2014).

13 Sobre a Vila Olímpica de Londres, consultar Muñoz (2006).

14 Para entender a questão da pacificação no Rio de Janeiro, ver Silva (2012).

Outro protesto ocorreu em Ipanema onde fiéis comemoraram os 85 anos da Paróquia Nossa Senhora da Paz com uma procissão pela paz durante os Jogos Pan-Americanos 2007. Outro protesto ocorreu na Gávea, onde moradores de diferentes bairros da cidade do Rio de Janeiro fizeram uma caminhada pela paz. No clima de Pan-americano, os manifestantes carregavam uma réplica da tocha, símbolo dos Jogos. Quase 200 pessoas fizeram o percurso, que começou na Praça Santos Dumont, na Gávea, seguiu pela rua Marquês de São Vicente, passou pelo Parque da Cidade, pela Rocinha e terminou em São Conrado. Ocorreu também um protesto no bairro do Maracanã, na Universidade Estadual do Rio de Janeiro (UERJ). Estudantes e funcionários da UERJ espalharam faixas em que protestaram contra o que chamaram de pandemônio social na saúde, na educação e na segurança em contraste aos investimentos na realização dos Jogos do Pan. Outro protesto ocorreu na Barra da Tijuca, onde proprietários dos apartamentos da Vila do Pan realizaram um protesto na Avenida Ayrton Senna, na Barra da Tijuca, alegando que a prefeitura ainda não concedeu o habite-se, a certidão que finaliza o processo de licenciamento da obra, e que por isso nenhum proprietário conseguiu tirar a escritura do imóvel.

Além disso houve um protesto nas galerias da Câmara Municipal realizado por integrantes do Fórum Popular do Plano Diretor, que, para além de exigir a democratização das discussões em torno da elaboração do Plano Diretor da cidade, reivindicou a suspensão da remoção de comunidades pobres, tais como as já executadas no Canal do Cortado, no Arraial Pavuna e a que já foi iniciada no Canal do Anil e que sejam incorporados no debate e no processo decisório as comunidades e bairros atingidos pelas intervenções e alterações urbanísticas promovidas sob o argumento da viabilização dos Jogos Pan-Americanos de 2007. Outro protesto ocorreu no bairro do Maracanã, onde os alunos Escola Técnica Estadual Ferreira Viana, da Fundação de Apoio a Escola Técnica (Faetec) organizaram um protesto durante a inauguração de uma quadra esportiva no colégio, feita pelo governador do Estado, Sergio Cabral. Os alunos fizeram uma carta com 15 reivindicações, baseando-se no fato de que há dinheiro para o Pan, mas não para o ensino público.

Além disso, outro protesto ocorreu em frente à sede da Prefeitura do Rio foi realizado no dia da abertura dos Jogos Pan-Americano do Rio de Janeiro. O protesto denunciava a violência, a miséria, a desigualdade social e os gastos públicos destinados às obras do Pan-Americano. O Prefeito César Maia também foi acusado de limpar a cidade retirando das ruas os mendigos, as prostitutas, as crianças de rua e os catadores de papel. Ocorreu também um protesto no Maracanã, onde ocorreu a abertura dos jogos. Um grupo que estava no protesto em frente à Prefeitura se deslocou para o Maracanã, que encontrou com indígenas que também faziam uma manifestação contra as prisões e assassinatos de suas lideranças. O ato terminou na ocupação Tamoio dos Povos Originários, no antigo Museu do Índio, em frente ao Maracanã. Outro protesto ocorreu na Cinelândia, onde parentes de um jovem que trabalhou como voluntário nos Jogos Pan-Americanos de 2007, fizeram um protesto de tarde na Cinelândia, pelo desaparecimento dele em julho.

Ocorreu também um abaixo-assinado juntamente com uma denúncia feita por representantes de associações ligadas à defesa dos direitos de portadores com deficiência na Câmara dos Vereadores. O protesto era contra a Prefeitura e contra empresas privadas envolvidas com os Jogos Parapan-Americanos do Rio de Janeiro devido aos inúmeros crimes contra os atletas paraolímpicos, como a discriminação sofrida desde o início dos jogos, quando o Comitê Paraolímpico Brasileiro foi excluído da organização do evento. Por fim, ocorreu também um protesto no centro do Rio de Janeiro, onde o diretor do Hospital Municipal Souza Aguiar, José Macedo de Araújo Neto, e 30 médicos chefes de equipe pediram demissão e entregaram um documento com várias reclamações sobre a rotina da unidade ao secretário municipal de Saúde, Jacob Kligermann. Além das reivindicações por investimentos em recursos humanos e por reparos urgentes na estrutura do prédio, o pedido de demissão foi também um protesto contra o fim do plano emergencial criado para reforçar o atendimento durante o Pan e que incluía o aumento da carga horária dos médicos da emergência de 24 para 48 horas semanais.

**Figura 3 – Mapa de calor dos protestos do ano de 2008**

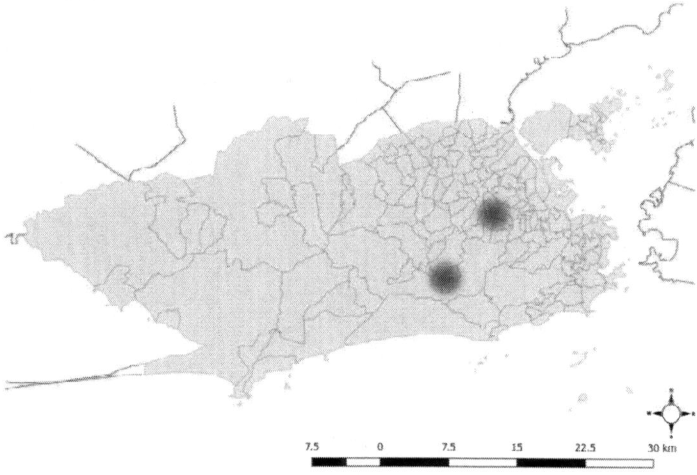


*Fonte: figura da autora, 2019*

No ano de 2008, por sua vez, houveram dois protestos. O primeiro ocorreu no Engenho de Dentro, onde um protesto contra a Prefeitura do Rio foi realizado pela Associação de Moradores do Entorno do Engenhão, alegando o adiamento do pagamento do IPTU uma vez que o que a Prefeitura prometeu durante a construção do estádio do Engenhão, no Engenho de Dentro, não foi cumprido. Entre as promessas estava a construção do Centro Olímpico de Desenvolvimento de Talentos ao lado do estádio, que atenderia 6 mil crianças, com centro médico, salas multimídia e quadras poliesportivas. O segundo protesto ocorreu em Jacarepaguá, onde moradores do Canal do Anil enviaram uma carta através do presidente da Associação de Moradores, Francisco Alberto dos Santos, exigindo dos vereadores da Câmara Municipal do Rio de Janeiro, o apoio legal para a defesa de suas moradias, além disso os moradores reivindicaram na carta que os Vereadores aprovem o projeto de lei 1238/2007 de autoria de Eliomar Coelho que torna o Canal do Anil, área de interesse especial. Por fim, os moradores exigiam que o Canal do Anil seja alvo de urbanização, através de mais verbas, projetos e assistência técnica sem a necessidade de remoções.

**Figura 4 – Mapa de Calor dos Protestos do ano de 2009**

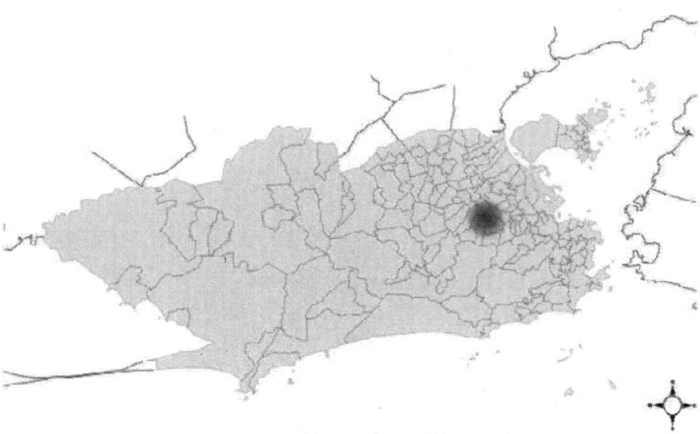


*Fonte: figura da autora, 2019*

No ano de 2009 ocorreu um protesto no bairro do Engenho de Dentro, onde os moradores do entorno no Estádio João Havelange, também conhecido como Engenhão, denunciaram uma série de problemas que vêm sofrendo desde a época das obras do estádio, há um ano e meio. Disseram que a umidade do terreno do Engenhão, que foi aterrado para as obras dos jogos Pan-Americanos, provocou infiltração e rachaduras em suas casas. Marcia Affonso Vieira, moradora de um prédio vizinho ao Engenhão, na Rua José dos Reis, afirmou que por causa das infiltrações perdeu vários eletrodomésticos. O presidente da Associação de Moradores do Entorno do Engenhão, Aníbal Antunes, lembrou outra preocupação da vizinhança: a existência de uma calha que foi feita nas obras do estádio entre os muros do Engenhão e das casas.

**Figura 5 – Mapa de Calor dos Protestos do ano de 2010**

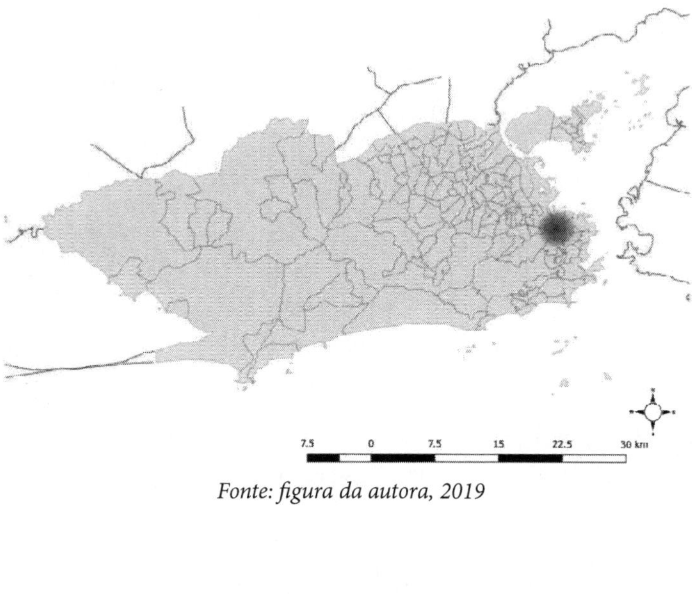


*Fonte: figura da autora, 2019*

No ano de 2010, por sua vez, houve um protesto, onde os moradores da Vila Autódromo[15] protestaram em frente à Prefeitura do Rio de Janeiro reivindicando a regularização fundiária além de melhorias na região de suas moradias. Altair Guimarães, presidente da Associação de Moradores da Vila Autódromo (AMVA), declarou que a realização dos Jogos Olímpicos é apenas um pretexto para retirar a comunidade, que fica na Barra da Tijuca, região nobre na zona oeste do Rio, e já foi ameaçada de sair outras vezes. A remoção da Vila Autódromo é fundamental para a especulação imobiliária do local que vai receber o Parque Olímpico e da expansão da Barra da Tijuca.

**Figura 6 – Mapa de Calor dos Protestos do ano de 2011**

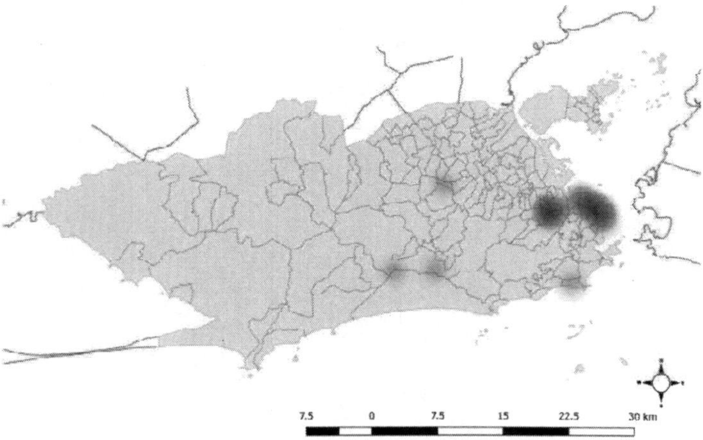


*Fonte: figura da autora, 2019*

Já no ano de 2011 foram realizados 12 eventos de protesto relacionados aos megaeventos. Um dos protestos ocorreu no bairro do Campinho, onde moradores protestaram contra a re-

15 Para entender melhor a questão da Vila Autódromo, ver Oliveira, Tanaka e Bienenstein (2016).

moção de suas casas. As famílias relataram a presença ao longo da semana de fiscais da Prefeitura que usaram de intimidação, chantagens e ameaças contra os moradores que resistissem à remoção. A Prefeitura afirma que as remoções são necessárias para a implantação da Transcarioca (faixa exclusiva de ônibus que ligará a Barra ao Aeroporto Internacional Tom Jobim, na Ilha). Essas obras fazem parte do pacote de mudanças para as Olimpíadas e a Copa do Mundo.

Além disso, dois protestos ocorreram na Cinelândia. O primeiro deles onde cerca de 100 pessoas protestaram contra a remoções e despejos forçados pelo Estado. O protesto foi um desdobramento do Fórum Social Urbano, fruto da mobilização de diversos movimentos sociais do Rio de Janeiro e das cidades brasileiras que receberão jogos da Copa do Mundo em 2014. Essas organizações formaram o Comitê Popular da Copa e das Olimpíadas.[16] Os manifestantes denunciaram o gasto econômico muitas vezes superior ao anunciado inicialmente para a realização dos Jogos Pan-Americanos em 2007 e que os megaeventos serviam de pretexto para especulação imobiliária e desrespeito aos direitos humanos. O segundo protesto ocorreu simultaneamente em várias cidades-sede da Copa do Mundo de 2014 para marcar o lançamento de um dossiê com dados sobre violações de direitos humanos por causa das obras e transformações urbanas para a Copa do Mundo em 2014, como a remoção de 160 mil famílias. No caso da cidade do Rio de Janeiro, o documento também inclui denúncias contra as obras para as Olimpíadas de 2016.

Dois protestos também ocorreram no centro do Rio de Janeiro, mais especificamente no Morro da Providência. Um deles contra as remoções e ações arbitrárias em nome dos Jogos Olímpicos de 2016 e da Copa do Mundo em 2014. O protes-

16 Sobre o Comitê Popular da Copa e das Olimpíadas ver Tanaka e Cosentino (2014).

to iniciou no morro da Providência, recém ocupada por uma Unidade de Polícia Pacificadora (UPP), e circulou pela zona portuária, onde há o projeto do Porto Maravilha da Prefeitura. Os manifestantes denunciaram irregularidades relacionadas aos megaeventos, como obras superfaturadas, aumento da repressão aos movimentos sociais, isenção de impostos aos grandes empresários, remoções ilegais de comunidades, e o aumento da especulação imobiliária. O outro protesto era contra a remoção de cerca de 700 moradias para a construção de um teleférico, uma das obras inseridas no plano de reurbanização da comunidade, inserida no Projeto Porto Maravilha. Outro protesto ocorreu no bairro do Catete, seguindo em direção à Marina da Glória, em protesto às remoções provocadas pelas obras para a Copa do Mundo e Olimpíadas. Os manifestantes reivindicavam a transparência dos serviços públicos e os direitos das pessoas atingidas pelas remoções. Moradores de bairros atingidos pelas obras, tais como Canal do Anil, Vicente de Carvalho e Vila Autódromo estiveram presentes.

Outro protesto ocorreu em Ipanema, onde cerca de 150 moradores realizaram um protesto na Praça Nossa Senhora da Paz contra a construção de uma estação do metrô no local. Um morador afirmou que a praça era frequentada por 'crianças diferenciadas' e, por fazer ligação direta com a Pavuna, bairro mais pobre da zona norte, a estação representaria um risco. A construção da estação de metrô está relacionada com a expansão do transporte público para a ligação com a Barra da Tijuca, local dos jogos Olímpicos.

Ocorreu também um protesto na Barra da Tijuca, onde moradores da Vila do Pan, construída na Avenida Ayrton Senna para os Jogos Pan-Americanos de 2007, fizeram um protesto denunciando problemas estruturais no condomínio, durante a inauguração do primeiro trecho da Transoeste. Os moradores da Vila do Pan reclamam da péssima qualidade das obras, com as ruas do entorno do condomínio afundando e rachando, postes de luz tortos, portões empenados, além de abandono de algumas obras, como o campo de futebol.

Três protestos ocorreram no Maracanã, todos realizados por operários que trabalhavam nas obras de reforma do Estádio do Maracanã para a Copa do Mundo. Os trabalhadores reivindicaram plano de saúde, mais segurança no trabalho, aumento do vale alimentação, aumento salarial, pagamento de hora extra, a presença de médicos no turno da noite e uma alimentação mais adequada. As greves se iniciaram quando o operário Carlos Felipe da Silva, de 23 anos, se feriu após explosão de barril que continha produtos químicos. O operário ferido sofreu uma fratura no joelho e queimaduras na perna. Por fim, ocorreu também um protesto em Jacarepaguá, na Vila Autódromo, onde moradores protestaram contra a remoção de suas casas, A comunidade Vila Autódromo resiste aos projetos de remoção desde o início das obras para os Jogos Pan Americanos de 2007, tornando-se um símbolo de resistência.

**Figura 7 – Mapa de Calor dos Protestos do ano de 2012**

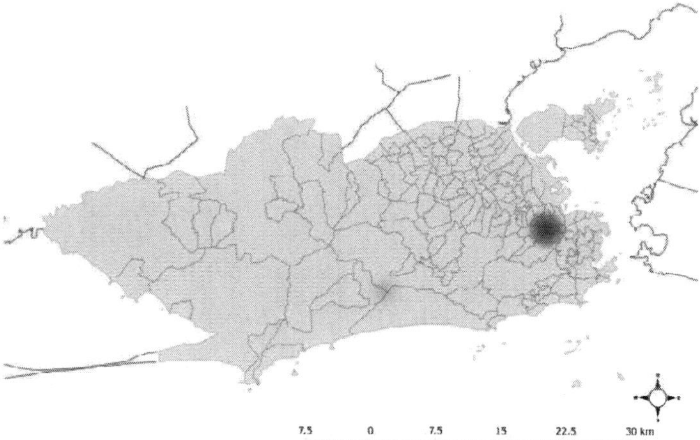


*Fonte: figura da autora, 2019*

No ano de 2012 ocorreram seis protestos relacionados aos megaeventos. Um deles em Jacarepaguá, onde cerca de duas mil pessoas, moradoras da Vila Autódromo, integrantes da Cúpula dos Povos e movimentos sociais de todo o país protestaram contra a remoção da comunidade, localizada em uma área de grande interesse para a realização dos Jogos Olímpicos de 2016.

Cinco protestos ocorreram no Maracanã, contra a privatização do Estádio do Maracanã, organizada pelo Comitê Popular da Copa e das Olimpíadas do Rio de Janeiro e contra as demolições no Maracanã, organizados por representantes do Comitê Popular da Copa, do Museu do Índio e pais de alunos da Escola Municipal Friedenreich. Um deles se iniciou na Praça Saens Pena, na Tijuca e seguiu até o Estádio Mário Filho na manifestação O Maraca é Nosso! Tratava-se de um protesto contra a privatização e as demolições do Complexo do Maracanã. Os protestos também visavam evitar a demolição do Parque Aquático Júlio Delamare, do Estádio de Atletismo Célio de Barros, da Escola Municipal Friedenreich e do prédio onde funcionou o Museu do Índio.

**Figura 8 – Mapa de Calor dos Protestos do ano de 2013**

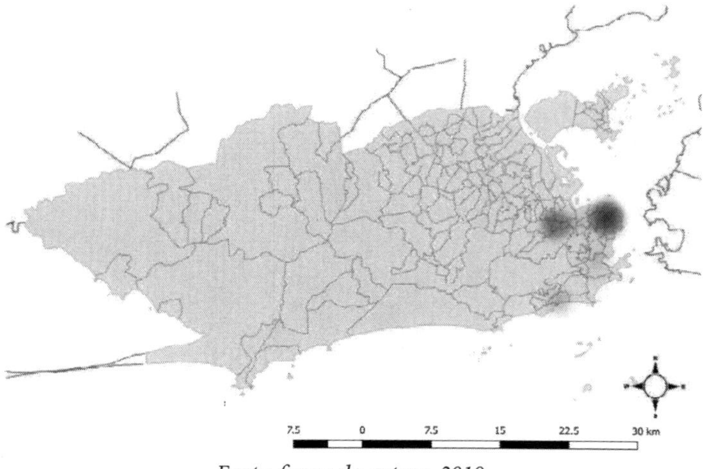


*Fonte: figura da autora, 2019*

O ano de 2013, por sua vez, foi o ano onde ocorreram mais protestos, totalizando o número de 44, a maioria deles pertencentes às Jornadas de Junho. Dois deles ocorreram na Barra da Tijuca, denominados 'Golfe para quem?', onde manifestantes defenderam a preservação da Área de Proteção Ambiental (APA) de Marapendi, na Barra da Tijuca, onde o governo municipal pretende construir um campo de golfe para as Olimpíadas de 2016. Cinco protestos ocorreram no antigo Museu do Índio no Estádio Maracanã, que gerou também um breve período de ocupação do Museu. Um grupo de indígenas se instalou no antigo Museu do Índio para resistir à demolição do edifício, cujo qual o governo queria demolir para aumentar a área do estacionamento do estádio do Maracanã.

Outro protesto ocorreu no Museu do Índio em Botafogo, onde os índios que tinham sido retirados do antigo Museu do Índio no Maracanã ocuparam Museu do índio em Botafogo, a favor da permanência dos índios no antigo Museu do índio no Estádio do Maracanã. Os índios reivindicavam a sua reintegração na Aldeia Maracanã.

Dois protestos ocorreram no Estádio Célio de Barros, no Maracanã, onde um grupo de manifestantes realizaram um protesto contra o estado de conservação do local e criticaram a intenção do governo de transformar o local em um estacionamento para a reforma do estádio para a Copa do Mundo. O Estádio foi praticamente destruído em virtude das reformas realizadas no entorno, mesmo sendo considerado a principal pista de atletismo do Estado do Rio de Janeiro. Índios e simpatizantes da causa indígena acampados na Aldeia Maracanã reforçaram a manifestação. Outro protesto ocorreu no centro do Rio de Janeiro, em frente ao Tribunal de Justiça, em repúdio as prisões realizadas durante protestos. A manifestação seguiu até a Assembleia Legislativa do Rio, passou pela Cinelândia e terminou nos Arcos da Lapa. Os manifestantes distribuíam faixas pretas para serem colocadas na cintura em sinal de luto, e flores, as quais simbolizavam um funeral. Também foi simulada uma partida de futebol para lembrar a falta de transparência dos gastos públicos com a Copa do Mundo.

Foi realizado também um protesto em frente ao prédio da Odebrecht, em Botafogo, Zona Sul do Rio, para exigir o cancelamento imediato do consórcio que concede a administração do Maracanã à empresa. Uma das reivindicações era 'O Maraca é Nosso!'. Seguindo a mesma linha outro protesto foi realizado na praça Saens Pena, no bairro da Tijuca, com cerca de cinco mil pessoas, seguindo em passeata até o estádio do Maracanã para protestar contra a concessão do estádio à iniciativa privada. O grupo participante do ato não conseguiu chegar ao estádio devido a um bloqueio armado pela Polícia Militar. Os manifestantes permaneceram em frente à barreira policial, sentando-se no chão. O fim das remoções provocadas pelo evento da FIFA e pelas Olimpíadas também estava na pauta de reivindicações. Outros três protestos também ocorreram no entorno do estádio Maracanã, sendo que dois deles eram contra os gastos com a Copa do mundo, a privatização dos estádios e a demolição do Parque Júlio Delamare e o Estádio Célio de Barros, além da política de remoções da prefeitura municipal para a construção do Parque Olímpico, na Barra da Tijuca, assim como da utilização de área de proteção ambiental no bairro para a construção de prédios e do campo de golfe da Olimpíada 2016. O outro protesto era de operários do Consórcio Maracanã Rio 2014, que reivindicavam melhores salários e benefícios.

Ocorreu também um protesto em Copacabana, onde o grupo Rio de Paz, filiado ao Departamento de Informação Pública (DPI) da Organização das Nações Unidas, o qual reivindicou para que o governo ofereça saúde, educação, segurança e outros serviços com o mesmo empenho dedicado às obras em estádios para a Copa das Confederações e do Mundo, em 2014, isto é, serviços públicos 'Padrão Fifa'.

Houveram também cinco protestos no Leblon, que se englobaram a uma breve ocupação, o Ocupa Cabral durante as Jornadas de Junho, na esquina da rua onde mora o governador Sérgio Cabral. Dentre as reivindicações estavam o fim da corrupção, a instalação de uma CPI para a Copa e os contratos do governo do estado com a construtora Delta. Dois protestos ocorreram no Palácio Guanabara, sede do governo estadual do Rio de Janeiro. O protesto, englobando o 'Fora Cabral', 'Fora Renan Calheiros' e 'Não vai ter Copa', era contra o descaso das autoridades em relação ao povo fluminense.

Houve quatro protestos no centro da cidade, caminhando pela Avenida Presidente Vargas da Igreja da Candelária até a Prefeitura do Rio de Janeiro, pertencente às Jornadas de Junho. Em três deles, os protestos foram convocados pelas redes sociais e tem como pauta principal o aumento das passagens além de críticas também aos gastos com a Copa e Olimpíadas, às péssimas condições do transporte pública carioca, da saúde, da educação e, ainda, ao Prefeito e ao atual Governador do Rio de Janeiro, bem como o fim das remoções e a desmilitarização e o posterior fim da Polícia Militar. No outro protesto, também em frente à Prefeitura, foi realizado por moradores da Vila Autódromo, contra a remoção de suas casas.

Outros dezesseis protestos também ocorreram no centro do Rio de Janeiro, sendo que um deles na Câmara Municipal, oito deles na Candelária, quatro na Cinelândia e três na Assembleia Legislativa do Estado do Rio de Janeiro (ALERJ), todos pertencentes às Jornadas de Junho.

**Figura 9 - Mapa de Calor dos Protestos do ano de 2014**

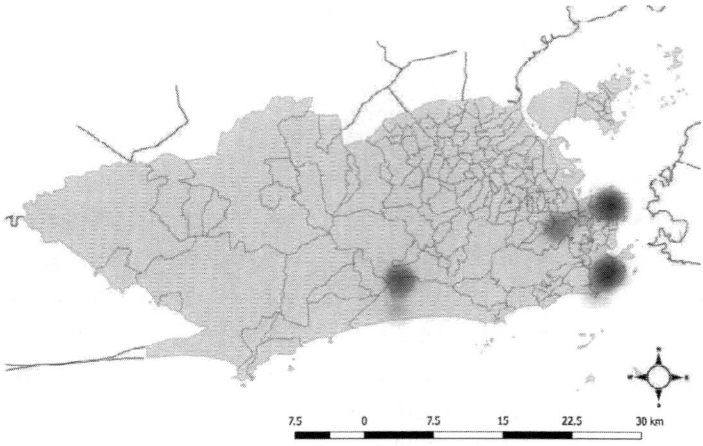


*Fonte: figura da autora, 2019*

Já no ano de 2014 ocorreram 16 protestos relacionados aos megaeventos. Três deles em frente ao Copacabana Palace, no primeiro, cerca de 300 pessoas protestaram contra o projeto de lei do senador Marcelo Crivela, o qual considera qualquer manifestação popular ocorrida durante a realização da Copa do Mundo como ato de terrorismo, com sanções variando de 15 a 30 anos para os possíveis condenados. Já no segundo, organizado pela ONG Rio de Paz, protestando contra as mortes de crianças durante as operações policiais na cidade do Rio de Janeiro. No protesto, a ONG também levou a bola oficial da Copa do Mundo com cruzes vermelhas, simbolizando o desperdício de dinheiro público, associado à falta de política pública para a área segurança e para as comunidades carentes, e às operações policiais justificadas pelos megaeventos. O terceiro também foi organizado pela ONG Rio de Paz, protestando contra a Federação Internacional de Futebol Associado (Fifa). O grupo, composto por aproximadamente 50 pessoas, criticava a ausência de projetos sociais no país por parte da entidade, a qual tem angariado muitos lucros com a organização da Copa do Mundo Fifa 2014 no Brasil. Foram afixados na areia da praia doze cartões vermelhos gigantes em referência às doze cidades-sede do Mundial. A principal queixa dos manifestantes contra a Fifa se deve à isenção fiscal concedida pelo governo brasileiro à entidade, de modo que a Federação foi isenta de pagar mais de R$ 1 bilhão em impostos. De acordo com Antônio Carlos Costa, fundador da Rio de Paz, a quantia, bem como parte dos lucros alcançados pela Fifa durante o torneio, poderia ser utilizada na construção de quadras esportivas em escolas públicas e favelas brasileiras.

Outros dois também em Copacabana, no primeiro um grupo de manifestantes realizou um protesto na abertura da Copa do Mundo. Eles se concentraram na estação de metrô Cardeal Arcoverde, e seguiram para a Avenida Atlântica, perto da praia, onde estavam concentrados os torcedores na Fifa Fan Fest. Os manifestantes criticaram as remoções forçadas, os gastos excessivos com obras totalmente ineficientes, a elitização dos estádios e a forte repressão aos protestos. No segundo protesto os manifestantes partiram do Posto 6 e seguiram em caminhada pela Avenida Atlântica. O ato foi contra os gastos da Copa do Mundo, por isso a manifestação contou com muitos cartazes criticavam exigências da Federação Internacional de Futebol (FIFA) além de trazer mensagens de apoio às famílias removidas para obras públicas. Uma das principais pautas do protesto foi também a reivindicação de direitos para a população homossexual e transexual e o repúdio à homofobia, pois no dia 28 de junho é lembrado o Dia Internacional do Orgulho LGBT.

Quatro protestos ocorreram no eixo Barra da Tijuca-Jacarepaguá. Dois protestos eram de operários eram de operários que estavam trabalhando na construção do Parque Olímpico na

Barra da Tijuca. A greve era por melhores condições salariais. O outro fazia parte da ocupação 'Ocupa Golfe', simbolizado pelo 'Golfe para quem?', a ocupação e o protesto estavam relacionados às acusações sobre crime ambiental e evidências de práticas de ilícitos administrativos pelo prefeito Eduardo Paes, bem como explicações sobre porquê construir mais um campo de golfe na cidade, sendo que já existiam outros dois, o Gávea Golf Club e o Itanhangá Golf Club. Já o outro protesto era de moradores da Vila Autódromo, que cobravam ações da prefeitura referentes a obras de infraestrutura na comunidade para que pudessem dar prosseguimento à implementação de seu Plano Popular. Os moradores reivindicavam a construção de rede de esgoto, a implementação na Vila Autódromo no Programa Saúde da Família, a recuperação da faixa marginal da Lagoa de Jacarepaguá, a construção de uma creche e de uma escola municipal, além de uma área para lazer e prática de esportes. Durante a primeira partida do evento no Maracanã da Copa do Mundo também ocorreu um protesto, saindo a Praça Saens Pena e seguindo em direção ao Estádio Maracanã contra a Copa da FIFA. Durante a copa também houve outro protesto, onde cerca de 300 pessoas se reuniram na Tijuca, zona norte de Rio, na praça Saens Pena e saíram em um ato em direção ao Maracanã contra a Copa do Mundo, a violência nas UPPs e a prisão dos manifestantes Caio, Fábio e Rafael. O ato contou com a presença de representantes dos índios da Aldeia Maracanã – que não aceitaram a proposta do Minha Casa, Minha Vida – e dos garis que não estão satisfeitos com as negociações com o governo.

No centro da cidade, em frente ao Tribunal de Justiça do Rio de Janeiro também houve um protesto a fim de pedir a soltura de dezessete ativistas acusados de organizar atos violentos em manifestações. Os manifestantes detidos também foram acusados de planejar um protesto de mesma natureza para o dia da final da Copa do Mundo Fifa 2014. Também foi realizado um protesto no centro da cidade, com início na Candelária e seu fim na Lapa, no centro do Rio. O protesto foi marcado para comemorar um ano das grandes manifestações de junho do ano passado. Além de protestar contra os gastos públicos excessivos com a Copa do Mundo, os ativistas também pediam mais recursos para as áreas de saúde e educação. Outros três protestos também ocorreram no centro, sendo um deles partindo da Central do Brasil e seguindo pela Avenida Presidente Vargas até à sede da Prefeitura, na Cidade Nova, protestando contra a realização da Copa do Mundo da FIFA 2014, e pedindo por melhorias e maiores investimentos estatais no transporte público, na educação e na saúde, criticando a verba pública gasta para a realização do megaevento.

O outro protesto, saindo da Candelária e chegando na Lapa, foi contra os gastos excessivos da Copa do Mundo, além de reivindicar por saúde, educação e transporte públicos, gratuitos e de qualidade, direito à manifestação, Maracanã público e popular, democratização dos meios de comunicação, reforma agrária, direito à moradia, combate ao racismo, machismo e intolerância e apoio às greves e lutas dos trabalhadores. No centro da cidade também foi realizado um protesto na Candelária contra os exorbitantes gastos governamentais na realização da Copa do Mundo da Fifa 2014 no país, sendo o Rio de Janeiro uma das cidades sede do megaevento. E o último protesto ocorreu na Candelária contra os exorbitantes gastos governamentais na realização da Copa do Mundo da Fifa 2014 no país, sendo o Rio de Janeiro uma das cidades-sede do megaevento.

**Figura 10 – Mapa de Calor dos Protestos do ano de 2015**

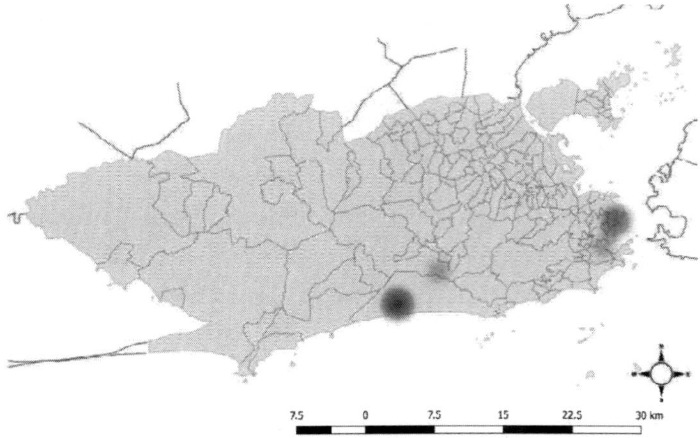


*Fonte: figura da autora, 2019*

Já no ano de 2015 ocorreram sete protestos. Quatro desses protestos na Barra da Tijuca, pertencentes à ocupação 'Ocupa Golfe', protestando contra a construção de um campo de golfe para as Olimpíadas em uma área de Reserva Ambiental, nas margens da Lagoa de Marapendi. Outro protesto ocorreu em Botafogo, moradores próximos da enseada de Botafogo, atletas de caiaques e canoas e ambientalistas fizeram no local um 'apitaço' contra a poluição da Baía de Guanabara. Eles reivindicavam a despoluição da Baía de Guanabara, local de provas para as próximas Olimpíadas de 2016, que será realizado na cidade do Rio de Janeiro. Os outros dois protestos ocorreram no Parque do Flamengo, manifestando contra o projeto de obras na Marina da Glória, elaboradas para as Olimpíadas de 2016. O protesto era contra a privatização da Marina da Glória e Parque do Flamengo, e reivindicavam embargo das obras bem como a despoluição das águas da Baía de Guanabara.

**Figura 11 - Mapa de Calor dos Protestos do ano de 2016**

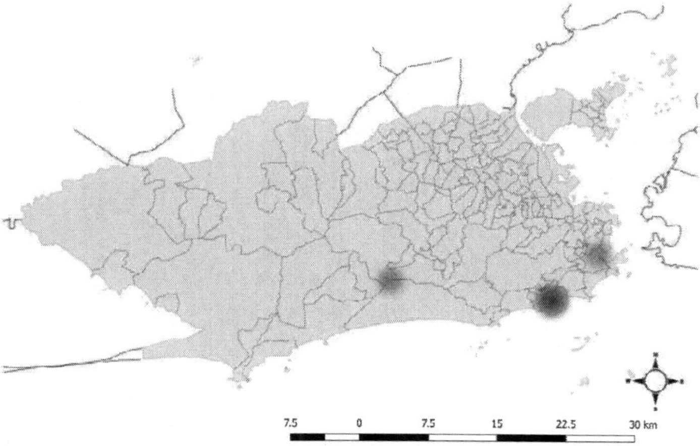


*Fonte: figura da autora, 2019*

No ano de 2016, por sua vez, ocorreram quatro protestos. Dois deles em São Conrado, sendo o primeiro contra o Prefeito Eduardo Paes, durante o enterro de Ronaldo Severino da Silva, gari e morador da Rocinha, morto após a queda da ciclovia Tim Maia, no Joá, e o segundo para cobrar esclarecimentos sobre o desabamento da ciclovia Tim Maia, obra que faz parte do legado dos megaeventos. O outro protesto foi de moradores da Vila Autódromo, contra as demolições no local. A área concentra várias arenas esportivas da Olimpíada de 2016, e teve a maioria das residências removidas para viabilizar os acessos ao Parque Olímpico. O último em Botafogo, contra a poluição da Enseada de Botafogo, localizada na Baía de Guanabara, onde acontecerão as competições de vela dos Jogos Olímpicos e Paralímpicos de 2016. O ato cobrou medidas das autoridades estaduais para melhorar as condições ambientais do local.

## Considerações finais

Ao analisarmos as cartografias dos protestos relacionados aos megaeventos na cidade do Rio de Janeiro nesta pesquisa, podemos observar que a cidade foi palco de muitas lutas devido as mais diversas intervenções urbanísticas realizadas pelos governos federal, estadual e municipal para a realização dos megaeventos no Rio de Janeiro.

**Figura 12 – Mapa de Calor dos Protestos do ano de 2006 a 2016**

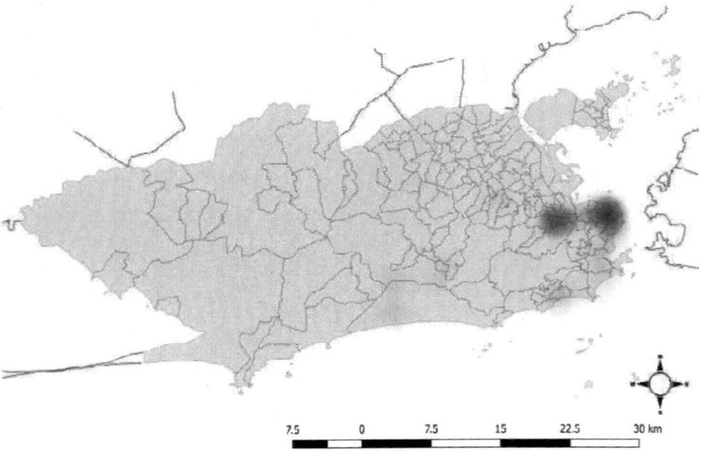


*Fonte: figura da autora, 2019*

As rupturas na cidade são inúmeras. O processo de remoções, por exemplo, foi o maior da história da cidade. Alguns casos se tornaram emblemáticos e símbolos dessa política de remoção, como o caso da favela do Metrô Mangueira, que foi removida por estar a menos de 1 km do Estádio do Maracanã, e a Vila Autódromo, localizada ao lado do Parque Olímpico, onde a maioria das famílias foram removidas por estarem ao lado de uma área de intensa valorização econômica.

Além disso, há o impacto ambiental. Nenhuma meta de despoluição foi cumprida. Em especial, temos o caso da Baia de Guanabara, que não chegou a 50% do total, e o caso da limpeza e canalização dos rios da Bacia do Jacarepaguá, que foram interrompidos.

Em relação às violações ao trabalho, alguns operários se encontravam em uma condição análoga à escravidão, e muitos deles em condições de trabalho precárias e seus empregadores não estavam respeitando as leis trabalhistas. Os camelôs, por exemplo, sofreram repetidas perseguições e foram proibidos de trabalhar aos arredores dos estádios.

Além das diversas violações de direitos humanos, o nível de militarização da cidade foi elevado e a ocupação militar da cidade está diretamente relacionada com a preparação para os megaeventos. As UPPs, por exemplo, foram criadas estrategicamente para 'dar segurança' a Copa do Mundo e Olimpíadas, privilegiando o acesso ao aeroporto, as áreas turísticas e os locais que receberam equipamentos esportivos.

O Estádio do Maracanã foi o maior equipamento esportivo afetado, que foi privatizado, assim como a Marina da Gloria.

Apesar do discurso do legado e das oportunidades, os megaeventos apresentaram muitas ameaças e acirraram as desigualdades políticas sociais e econômicas, deixando um rastro de mobilizações políticas nas tentativas de criar uma cidade mais justa.

## Referências bibliográficas

CUENYA, B.; NOVAIS, P.; VAINER, C. (EDS.). *Grandes Projetos Urbanos: olhares críticos sobre a experiência argentina e brasileira.* Porto Alegre: Masquatro, 2013.

DELLA PORTA, D.; DIANI, M. *Social movements: an introduction (Third Edition).* Third ed. Hoboken, NJ: Wiley-Blackwell, 2020.

FARIA, J. R.; POLI, S. Copa do Mundo 2014 em Curitiba: o jogo da exceção. In: SÁNCHEZ, F. *et al.* (Eds.). *A Copa do Mundo e as cidades: políticas, projetos e resistências.* Niterói: Editora da UFF, 2014, p. 236.

MASCARENHAS, G.; BORGES, F. Entre o empreendedorismo urbano e a gestão democrática da cidade : dilemas e impactos do Pan-2007 na Marina da Glória. *Esporte e Sociedade Entre o empreendedorismo e a gestão democrática*, v. 4, p. 1–26, 2009.

MUÑOZ, F. Olympic Urbanism and Olympic Villages: Planning Strategies in Olympic Host Cities, London 1908 to London 2012. *The Sociological Review*, v. 54, p. 175–187, 25 dez. 2006.

NACIF, C.; FAULHABER, L. Desapropriações e remoções para tornar o Rio mais competitivo. In: *A Copa do Mundo e as cidades: políticas, projetos e resistências.* Niterói: Editora da UFF, 2014, p. 236.

NOBRE, E. A. C. (ED.). *Sports Mega-Events and Urban Legacies: The 2014 FIFA World Cup, Brazil.* [s.l.] Springer International Publishing, 2016.

NOBRE, E. A. C.; BASSANI, J.; D'OTTAVIANO, C. São Paulo. In: NOBRE, E. A. C. (Ed.). *Sports Mega-Events and Urban Legacies.* [s.l.] Springer International Publishing, 2017, p. 137–152.

NOVAIS, P. Efeitos de teoria: o debate acadêmico sobre os projetos urbanos e a legitimação de novas formas de produção do território. In: OLIVEIRA, F. L. DE *et al.* (Eds.). *Grandes Projetos Metropolitanos: Rio de Janeiro e Belo Horizonte.* Rio de Janeiro: Letra Capital, 2012, p. 362.

OLIVEIRA, F. L. DE *et al.* (EDS.). *Planejamento e Conflitos Urbanos - Experiências de luta.* Rio de Janeiro: Letra Capital, 2016.

OLIVEIRA, F. L. DE; NOVAIS, P. Grandes projetos urbanos. Panorama da experiencia brasileira. In: VAINER, C.; NOVAIS, P.; CUENYA, B. (Eds.). *Grandes Projetos Urbanos: olhares críticos sobre a experiência argentina e brasileira.* [s.l.] MASQUATRO, 2013.

OLIVEIRA, F. L. DE; SÁNCHEZ, F.; BIENENSTEIN, G. A Reforma do Estádio do Maracanã para a realização da Copa do Mundo 2014: Impactos Sociais e Urbanos. In: NOBRE, E. A. C.; BASSANI, J. (Eds.). *Intervenções urbanas em áreas em transformação de cidades da América Latina.* São Paulo: FAUUSP, 2015.

OLIVEIRA, F. L. DE; TANAKA, G.; BIENENSTEIN, R. A batalha da Vila Autodromo: 'negociação' e resistência à remoção. In: VAINER, C. *et al.* (Eds.).. *Os megaeventos e a cidade – Perspectivas e críticas.* Coleção ETTERN. Rio de Janeiro, RJ: Letra Capital Editora, 2016, p. 512.

SAMATAS, M. Surveillance in Athens 2004 and Beijing 2008. *Urban Studies*, v. 48, n. 15, p. 3347–3366, 24 nov. 2011.

SILVA, M. Rio em forma olímpica: a construção social da pacificação na Cidade do Rio de Janeiro. In: MISSE, M.; WERNECK, A. (Eds.). *Conflitos de (grande) interesse: estudos sobre crimes, violências e outras disputas conflituosas.* Coleção Direitos, conflitos e segurança pública. Rio de Janeiro, Brasil: Garamond, 2012, p. 357.

STAVRIDES, S. Olimpíadas de Atenas 2004: um estado de exceção urbano que se transformou em regra. In: VAINER, C. *et al.* (Eds.). *Megaeventos e Cidades: perspectivas críticas.* Rio de Janeiro: Letra Capital, 2016.

TANAKA, G.; COSENTINO, R. Comitê Popular da Copa e Olimpíadas do Rio de Janeiro: movimentos sociais urbanos e novas articulações políticas. In: SÁNCHEZ, F. *et al.* (Eds.). *A Copa do Mundo e as cidades: políticas, projetos e resistências.* Niterói: Editora da UFF, 2014.

VAINER, C. Pátria, empresa e mercadoria: notas sobre a estratégia discursiva do planejamento estratégico urbano. In: ARANTES, O.; VAINER, C.; MARICATO, E. (Eds.). . *A cidade do pensamento único: desmanchando consensos.* 8. ed. Petrópolis-RJ: Editora Vozes, 2013, p. 75–103.

VAINER, C. *et al.* (EDS.). *Os megaeventos e a cidade – Perspectivas e críticas.* Rio de Janeiro, RJ: Letra Capital Editora, 2016.

VAINER, C.; OLIVEIRA, F. L. DE; NOVAIS, P. Notas metodológicas sobre a análise de grandes projetos urbanos. In: OLIVEIRA, F. L. DE *et al.* (Eds.). *Grandes Projetos Metropolitanos: Rio de Janeiro e Belo Horizonte.* Rio de Janeiro: Letra Capital, 2012, p. 362.

VIANNA, L. Copa do Mundo e legado para quem? O furacão Copa em Fortaleza – Ceará. In: NOBRE, E. A. C.; BASSANI, J. (Eds.). *Intervenções urbanas em áreas em transformação de cidades da América Latina.* São Paulo: FAUUSP, 2015.

# Possibilidade e desafios de práticas insurgentes:

## *o caso da comunidade Poço da Draga, Fortaleza, Brasil*

Amanda Maximo Alexandrino Nogueira[1]
Clarissa Figueiredo Sampaio Freitas[2]

## Introdução

Esta pesquisa busca compreender as possibilidades e os desafios de processos de auto-organização de grupos de moradores urbanos, diante dos conflitos de interesses e das disputas por poder de decisão sobre os territórios. Essa problematização considera que grande parte das deliberações de produção do espaço acontecem no âmbito das práticas institucionais, de produção heterônoma, implementadas por órgãos de planejamento e de gestão, sancionadas pelo Estado e frequentemente a serviço de interesses privados. Tais práticas são baseadas em processos autoritários de tomadas de decisão, e mesmo no âmbito da participação popular seguem, muitas vezes, a tônica meramente informativa, servindo mais para legitimar um plano formal já definido pelos especialistas do que para a discussão com os moradores (MIRAFTAB, 2009).

A emergência por cidadania urbana, frente às expropriações do comum pelo Estado-capital, contextualiza os diversos conflitos e insurreições metropolitanas que marcaram o início do século XXI. Manifestantes em diversas cidades ao redor do

1 Universidade Federal do Ceará. E-mail: arqamandamaximo@gmail.com
2 Universidade Federal do Ceará. E-mail: clarissa@arquitetura.ufc.br

mundo, como Atenas, Cairo, Nova York, Madri, Istambul e São Paulo, reivindicam o desejo de decidir, imaginar e produzir a cidade, refletindo a assimetria de poder político e econômico entre as diferentes classes sociais na produção do espaço urbano. Esses levantes compartilham características fundamentais, como: a ocupação dos espaços públicos; a rejeição à democracia representativa; a resistência à violência policial; o uso das mídias sociais; a mobilização contra o sucateamento de bens e serviços públicos; e a urgência por novas formas de participação e deliberação coletiva (HOLSTON, 2013).

Perante esta conjuntura, a noção de *radical planning* e *insurgent planning* têm ganhado aceitação no debate teórico nacional e internacional, por radicalizar os processos democráticos e assegurar a atuação direta dos cidadãos na produção do espaço urbano e nas funções de planejamento (FRIEDMANN, 1987; MIRAFTAB, 2009). Para Friedmann (1987), o planejamento, quando separado da governança democrática, está fadado a ter consequências destrutivas vinculadas às dinâmicas do capitalismo e às limitações da democracia representativa. Por essa razão, o autor (1987) defende uma forma radical de planejamento, frente às forças de opressão e exploração, entre as quais se destacam tanto o Estado burocrático quanto as elites empresariais. Miraftab (2009) defende que, para interromper as estruturas de alienação do neoliberalismo, as práticas de planejamento radical precisam ser insurgentes, fora das estruturas formais de representação.

Conforme a autora (2009), as práticas de planejamento insurgentes são conduzidas frequentemente por cidadãos vulnerabilizados, que reconhecem a limitação dos direitos formais e se voltam para a participação direta como projeto de justiça. São práticas emancipatórias pois não se limitam aos espaços de cidadania "convidados", arenas de participação sancionadas pelo Estado, mas vão além para tomar decisões e atuar em espaços de cidadania "invadidos" pela ação direta coletiva. São práticas contra-hegemônicas, priorizando a luta por fora das dimensões do Estado. E são práticas imaginativas, pois buscam conceber cidades mais justas a partir das experimentações, para desmistificar a falácia de que não há alternativas ao neoliberalismo.

Em Fortaleza, o planejamento estratégico vem se consolidando na última década através da formação de Parcerias Público-Privadas (PPPs) e da proposta de grandes projetos urbanos convenientes ao capital imobiliário, mas que são fortemente questionáveis quanto à qualidade de vida urbana e à justiça social. Esse padrão de governança vem colocando em risco a manutenção de algumas comunidades situadas em áreas potencialmente lucrativas para o mercado imobiliário, como a comunidade Poço da Draga, localizada na faixa litorânea entre o bairro boêmio e turístico da Praia de Iracema e o centro da cidade. Há décadas, a comunidade vem sendo palco de disputa territorial e alvo frequente de projetos voltados para a "revitalização urbana" que incitam a especulação imobiliária e o consequente processo de gentrificação. Face às frequentes ameaças de remoção, os moradores do Poço da Draga buscam fortalecer a memória da comunidade e seus vínculos de solidariedade, bem como estimular discussões sobre a produção do espaço urbano, com táticas que trazem consigo uma mensagem de resistência.

Diante desse cenário, presente artigo aponta alguns aspectos da resistência do Poço da Draga frente à mercantilização da cidade e à forma antidemocrática de condução das decisões que afetam a comunidade. A pesquisa buscou investigar, interagir e atuar colaborativamente junto aos diversos atores envolvidos nas lutas urbanas por direito à cidade, através de ações de mobilização, denúncia, mapeamento e produção de conhecimento. Baseando-se na lente teórica, na pesquisa documental e na observação direta em diferentes reuniões com as resistências atuantes no território e em reuniões com órgãos de planejamento, são apontados alguns aspectos da relação conflitual entre as práticas do Poder Público e as práticas auto-organizadas dos moradores. O pressuposto da pesquisa é que a ação coletiva organizada, apesar dos entraves, abre um campo de experimentação para que diferentes coletividades possam participar efetivamente das tomadas de decisão que afetam suas vidas, rompendo com a alienação experimentada pela grande maioria da sociedade.

O artigo está estruturado em três seções. A primeira seção caracteriza o planejamento urbano institucional, no contexto brasileiro, e os mecanismos perpetuadores da desigualdade sócio-espacial. A segunda seção apresenta o caso empírico do Poço da Draga e como as análises e os planos desenvolvidos pelo Poder Público agem no sentido de deslegitimar a comunidade. A terceira seção apresenta algumas das mais recentes práticas auto-organizadas dos moradores e as suas possibilidades de ação para fortalecer a sensação de pertencimento entre os moradores, valorizar a cultura e a história da comunidade, bem como incitar reflexões críticas.

## Planejamento urbano institucional no contexto brasileiro

Para Holston (2013, p.29), a formulação da cidadania brasileira seguiu, ao longo da história, o princípio de distribuição diferenciada e seletiva de direitos, que toma o status social e econômico como medida para perpetuar e legitimar privilégios historicamente enraizados nos costumes e nas leis brasileiras, em prejuízo da grande parcela da população. Segundo o autor, esse modelo de cidadania — a qual denomina de *cidadania diferenciada* — persistiu sob os governos colonial, imperial e republicano, prosperando a despeito do regime político, sob a monarquia, a ditadura e até mesmo a democracia. Nesse cenário assimétrico de poder, a maioria dos brasileiros foi excluída do acesso à moradia via mercado formal devido à reduzida oferta de terrenos urbanizados a preços acessíveis, e forçada a residir em ocupações informais nas periferias urbanas ou áreas ambientalmente vulneráveis, posta à margem da lei e a um status de cidadania incompleto.

Holston (2013, p. 29) ressalta, todavia, que após o acelerado processo de urbanização na década de 1970, as próprias condições urbanas de segregação e desigualdade nas periferias estimularam seus autoconstrutores a tomar parte das lutas políticas cotidianas como forma de superar as péssimas condições de vida. Embora não se deva romantizar, visto que as ocupações informais derivam mais de necessidades do que de escolhas, na condição de construtores da cidade, os moradores passaram a se compreender como cidadãos portadores do direito a direitos, tão merecedores como qualquer outra classe de cidadãos. Nesse sentido, Holston (2013) ressalta que as periferias como lugares de diferenciação impulsionaram a insurgência de uma nova concepção de cidadania — a qual denomina de *cidadania insurgente* —, que tem como protagonista cidadãos socioeconomicamente desfavorecidos, que até então viam o sistema de justiça como mecanismo para perpetuar privilégios e favorecer grupos com capital político e econômico capazes de fazer valer seus interesses. O autor (2013, p. 322) esclarece, no entanto, que essa nova concepção não substitui as antigas formulações de cidadania diferenciada, mas, ao contrário, o insurgente e o diferenciado coexistem e se confrontam no mesmo espaço social da cidade.

Nesse cenário, no processo de redemocratização, a articulação dos movimentos sociais pela reforma urbana politiza o debate sobre a informalidade urbana e cria o contexto favorável para a conquista de importantes marcos legais e algumas transformações no modelo de política urbana e gestão das cidades. Tais mobilizações deram forma à Constituição Federal de 1988, com a ampliação da participação popular na formulação da lei. No campo da política urbana, a inclusão dos artigos 182 e 183 reconhece a função social como princípio, e encarrega aos municípios a competência para definir o uso e a ocupação da terra urbana, por meio da elaboração dos Planos Diretores. Os artigos citados foram regulamentados, após muitos anos de negociação, com a aprovação do Estatuto da Cidade (Lei nº 10.257), em 2001, que propôs um conjunto inovador de instrumentos urbanísticos, tributários e jurídicos para democratizar o acesso à cidade, como o IPTU progressivo, o Usucapião urbano coletivo e as Zonas Especiais de Interesse Social (ZEIS).

Com efeito, na perspectiva normativa e institucional, o Brasil encontra-se numa posição de vanguarda quanto ao entendimento da informalidade urbana e quanto à previsão de instrumentos legais para garantir a função social da propriedade e da cidade. Após aprovação do Estatuto da Cidade, a lei passa a ser um ativo para os moradores da periferia, desestabilizando o regime diferenciado a partir do status social. Todavia, observa-se que este avanço, não se efetivou no cotidiano das periferias, que oscilaram entre processos simultâneos de expansão e de erosão da cidadania democrática no Brasil (FREITAS, 2017). Observa-se ainda que, quando a democracia se enraíza, novos tipos de violência, injustiça, corrupção e impunidade são criados, constituindo o paradoxo perverso da democratização do Brasil (HOLSTON, 2013, p. 349).

Após mais de 30 anos de vigência da Constituição Federal de 1988, o modelo de democracia representativa nos moldes neoliberais continua a reproduzir a abissal assimetria de poder político entre as classes sociais. Embora não se possa negar que alguns avanços foram conquistados, constata-se que o poder de participação e intervenção dos moradores no planejamento e gestão da cidade não foi significativamente ampliado. Muitas das inovações constitucionais socialmente progressistas arrastam-se até hoje por falta de regulamentação e políticas executáveis. Nesse sentido, observa-se a ampliação do poder de empresas da construção civil e de outros grupos econômicos sobre as estruturas do poder público, que passam a imprimir a lógica do empresariamento aos modelos de gestão e planejamento urbano (VAINER, 2013). É notória, por exemplo, a capacidade do setor privado de influenciar localmente os governos municipais para procrastinar a aplicação de instrumentos urbanísticos ligados à reforma urbana e orientar a aplicação de instrumentos voltados para a implantação de PPPs, como as Operações Urbanas Consorciadas (OUCs), desenhadas para ampliar as fronteiras do complexo imobiliário-financeiro.

Ademais, mecanismos de participação passam a ser utilizados para despolitizar as lutas populares, servindo mais como álibi para decisões direcionadas pelo setor privado. Embora sejam convidados a participar, os cidadãos têm pouco ou nenhuma influência na tomada de decisões. Essa participação institucionalizada não é apenas insuficiente, mas mascara os conflitos e as desigualdades sociais, e forja uma falsa simetria no poder de decisão. Nesse sentido, ela constitui um risco ao desgastar a confiança dos cidadãos em relação aos mecanismos democráticos. Ao se manter na esfera institucional, através de uma suposta lógica que desconsidera as contradições do espaço, o planejamento estratégico "conduz à destruição da cidade como espaço da política, como lugar de construção da cidadania" (VAINER, 2013, p. 98). Ademais, a linguagem dos direitos sociais passa a ser progressivamente substituída pela linguagem da inclusão pelo consumo, mas sem traduzi-la em equidade redistributiva, para estabilizar as relações Estado-cidadão.

Perante esta conjuntura, a noção de *radical planning* e *insurgent planning* têm ganhado aceitação no debate teórico nacional e internacional, por radicalizar os processos democráticos. Miraftab (2009), refletindo as contradições e falsas promessas tanto do planejamento institucionalizado, quanto do modelo de democracia representativa liberal, enfatiza a necessidade de ação direta dos cidadãos na produção do espaço, e de um novo tipo de planejamento, que reconheça o leque de práticas insurgentes e a urgência de descolonizar a imaginação. A autora argumenta que o planejamento urbano está em crise por estar frequentemente a serviço dos interesses privados, ao invés de atender ao bem público.

## O caso da comunidade Poço da Draga

Localizado na faixa litorânea entre o bairro Centro e a Praia de Iracema, o Poço da Draga é o retrato cruel das desigualdades de Fortaleza: a comunidade centenária está inserida em uma área de grande potencial turístico, que concentra diversos equipamentos culturais e de lazer, mas segue sem saneamento básico. Sua ocupação encontra-se a oeste, atrás das instalações de grandes dimensões da Indústria Naval do Ceará (Inace), a leste, atrás da Caixa Cultural de Fortaleza, e ainda a nordeste, atrás das obras paralisadas do Acquário Ceará, equipamento turístico objeto de várias disputas, agora sem destino certo. Essas edificações herméticas provocam o isolamento da comunidade em relação ao seu entorno, limitando o acesso físico e a sua visibilidade. Ademais, o processo de estigmatização do Poço da Draga como área de favela contribui para a segregação socioespacial da comunidade, agravada pela ausência de investimentos públicos concentrados diretamente na comunidade, na contramão dos realizados em seu entorno.

Embora, em 2009, a comunidade tenha se tornado ZEIS, através do Plano Diretor Participativo de Fortaleza (Lei Complementar nº 62/2009), o Poço da Draga ainda aguarda o processo de regulamentação do instrumento e continua em situação de irregularidade fundiária e urbanística. Essa sensação de instabilidade se justifica na medida em que a aprovação do PDPFOR também passa a delimitar a área ocupada pela comunidade como Zona de Proteção Ambiental (ZPA1), demarcando a foz do Riacho Pajeú dentro da comunidade (ver figura 01). Contudo, séculos de documentação cartográfica apontam a foz do riacho centenas de metros mais a oeste em relação ao corpo d'água existente na comunidade, estando assim dentro do terreno da Inace.

**Figura 1– Atual zoneamento.**

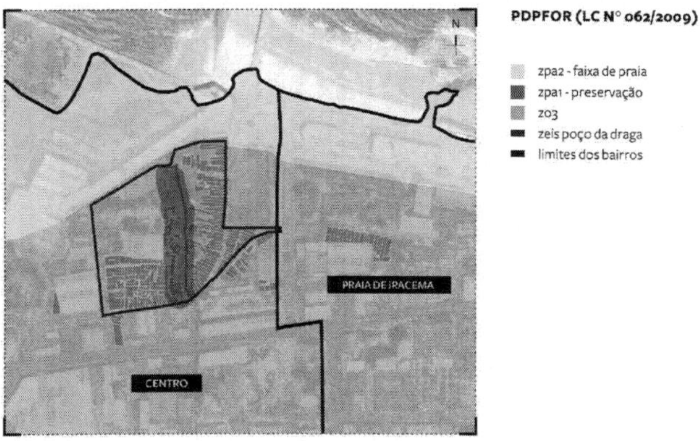


*Fonte: PDPFOR (Lei N° 62/2009), adaptada pelas autoras.*

Ao longo de sua história, o Poço da Draga sofreu inúmeras ameaças de remoção e seu histórico de resistência remonta a algumas décadas. Ainda em 1963, o Plano Diretor de Fortaleza propunha a erradicação da comunidade para a construção de um centro cívico como medida de modernização da área central da cidade, bem como da Praia de Iracema. O plano passa a sinalizar a ocupação do litoral como objeto de consumo das elites, provocando a expulsão paulatina de antigos moradores para a construção de edifícios de luxo na Av. Beira Mar. Algumas famílias removidas foram ocupar os espaços de pouco interesse imobiliário e outras foram realocadas para os conjuntos habitacionais construídos na década de 1970, na extrema periferia da cidade. Em seguida, a criação da Inace, em 1969, consolidou o isolamento físico da comunidade, ao impedir o acesso público à faixa de praia, configurando-se como verdadeiro enclave no tecido urbano.

Na década de 1990, intensifica-se a ameaça de remoção principalmente devido aos projetos de requalificação da Praia de Iracema, com a construção do calçadão ao longo da orla da praia, com pretensões turísticas e a reconstrução de um dos edifícios mais significativos da história do bairro, o Estoril. Essas obras atreladas à liberação de alvarás de funcionamento, sem restrição alguma, desencadearam a crescente implantação de bares, restaurantes e casas noturnas pelo setor privado, alterando definitivamente os usos e as apropriações do bairro. Na gestão do prefeito Antônio Cambraia (1993-1996) foi divulgada a Operação Consorciada da Praia de Iracema, cuja execução implicaria a remoção dos moradores do Poço da Draga. Após os processos de resistência organizados pela comunidade, a Prefeitura Municipal de Fortaleza (PMF) propôs a transferência dos moradores para um conjunto habitacional a ser construído nas proximidades da localidade. Parte dos moradores, no entanto, não aceitaram as condições impostas e continuaram reivindicando a permanência e a urbanização da comunidade. Por fim, o projeto foi abortado após ação judicial.

A construção do Centro Dragão do Mar de Arte e Cultura, em 1998, foi mais uma ameaça à comunidade, devido a atenção do Estado em adequar as condições do local a fim de torná-lo um marco turístico da cidade. Apesar desse equipamento ter potencializado ocupações do entorno tanto para a gastronomia como para o lazer, não houve incentivos de adaptações de imóveis para fins culturais, tampouco integração social com os moradores do Poço da Draga. O caso representa a tendência do Estado de direcionar os investimentos públicos a partir de interesses econômicos e políticos que privilegiam uma camada de alta renda, em detrimento das poucas ações para mudar a realidade social da comunidade. A mesma lógica se reproduz em diferentes cidades do mundo. Para tornar-se mais competitiva no turismo globalizado e atrair investidores internacionais, as cidades constroem novos equipamentos de forte apelo imagético, utilizando a cultura como principal estratégia para os projetos urbanos contemporâneos. Predominantemente, os alvos de intervenção são justamente as áreas centrais urbanas, portuárias e industriais desativadas, que a princípio deveriam preservar a memória e a herança coletiva. Na maioria das vezes, a população local, guardiã das tradições culturais, é expulsa da intervenção pelo processo de gentrificação.

Em 2001, o governo estadual, na gestão do Governador Tasso Jereissati, anuncia mais um novo equipamento: o Centro Multifuncional de Feiras e Eventos. O projeto foi elaborado por 14 escritórios de arquitetura e previa um aterro de 19 hectares de mar, com custo aproximado de 200 milhões de reais, financiados pelo BID. O projeto previa a realocação de 295 famílias para um condomínio multifamiliar, a menos de 600 metros da comunidade, embora esta fosse contra. Apesar do extenso processo de negociação com a comunidade, em 2008, o governo estadual reformulou o projeto e decidiu construí-lo no bairro Edson Queiroz, para criar novas centralidades urbanas e expandir as fronteiras do capital financeiro e imobiliário.

Ainda do governo estadual, na gestão do Governador Cid Gomes (2007-2015), mais uma intervenção de impacto na adjacência da comunidade do Poço da Draga é anunciada, o Acquário do Ceará. A polêmica que constitui esse projeto vai desde sua apresentação, em 2009, quando instigou muitas críticas da opinião pública e o surgimento do movimento "Quem dera ser um peixe", formado por artistas, moradores e usuários do bairro. Questionava-se quanto à necessidade e seu alto custo - orçado inicialmente em 250 milhões de reais - enquanto o estado vivia uma das secas mais impactantes dos últimos tempos, e à uma série de irregularidades. Ao todo foram nove ações judiciais, entre 2009 e 2013, que colocam em questionamento a ausência de procedimento licitatório e a forma como ocorreu a contratação das empresas, os impactos do empreendimento, a dificuldade de acesso a informações, o desrespeito à legislação ambiental e urbanística e a má utilização de recursos públicos. Essa intervenção, temporariamente em estado de latência, entrou na lista de ativos a serem privatizados, e cria mais uma barreira de isolamento da comunidade.

Da atual gestão do Prefeito Roberto Cláudio (2013-2016), o projeto Fortaleza 2040, trata, segundo o discurso oficial, de um plano de desenvolvimento para a cidade com estratégias a serem implementadas em curto, médio e longo prazo, integrando eixos de ação urbanístico, social, ambiental, econômico e de mobilidade. O Plano foi entregue em dezembro de 2016, coordenado pelo Instituto de Planejamento de Fortaleza (IPLANFOR). Dentre os diversos cadernos apresentados pelo Fortaleza 2040, o Poço da Draga é representado graficamente em mapas e imagens em um único volume, o terceiro, cujas distorções vão desde o seu reordenamento espacial sem quaisquer diálogos com os moradores à sua omissão em imagens que projetam um futuro turístico e midiático para o território, onde em seu entorno imediato consta um hotel cinco estrelas e um centro de convenções. O caso contribui para evidenciar o hiato entre a atuação do poder público, que adota mecanismos de participação institucionalizada, e as possibilidades de atuação da comunidade nos canais sancionados pelo Estado. Ademais, o plano não dá respostas aos processos de especulação e gentrificação que geraria, mas, contrariamente, estabelece as PPPs e as OUCs como possíveis instrumentos para a implantação desses projetos.

Esse mesmo órgão, o IPLANFOR, atualmente, é responsável pelo processo de regulamentação de 10 ZEIS prioritárias, dentre elas a do Poço da Draga, quase uma década após o reconhecimento legal desse instrumento no PDPFOR (Lei N° 62/2009). Nesse entretempo, a sociedade civil se mobilizou e pressionou o poder público a regulamentar as ZEIS, com o apoio de assessorias e entidades, utilizando das mais diversas estratégias. Apenas no final de 2013, a gestão cedeu à pressão e convidou representantes das comunidades escolhidas como prioritárias, entidades da sociedade civil e poder público para constituir o Comitê Técnico Intersetorial e Comunitário das Zonas Especiais de Interesse Social, com o objetivo de elaborar um diagnóstico das áreas demarcadas como ZEIS e recomendações para subsidiar o processo de regulamentação. Em seguida, a partir da pressão popular, foi publicado o Decreto Municipal nº 13.827, de 14 de junho de 2016, para a criação da Comissão de Proposição e Acompanhamento da Regulamentação das ZEIS, coordenada pelo IPLANFOR, e composta por membros da gestão municipal, representantes das ZEIS consideradas prioritárias pela prefeitura, dos movimentos sociais, das assessorias e entidades acadêmicas. Em fevereiro de 2018, em ato público, a comissão divulgou os documentos elaborados relativos à: proposta de decreto de funcionamento dos Conselhos Gestores e criação do Fórum Permanente das ZEIS, ambos com poder deliberativo; proposta de termo de referência para a capacitação dos conselhos gestores e para contratação de Plano Integrado de Regularização Fundiária (PIRF); proposta de lei de habitação de interesse social em ZEIS 3; minutas de alteração de artigos do PDPFOR e da LUOS que ameaçam as ZEIS.

No dia 22 de maio de 2018, o Decreto Municipal nº 14.211 foi publicado desrespeitando o que foi pactuado pela comissão, alterando o caráter deliberativo do Fórum Permanente das ZEIS e a composição do Conselho Gestor, antes majoritariamente formado pela sociedade civil, ao retirar a participação de entidades acadêmicas, escolhidas pelos moradores, e inserir um vereador, escolhido pela Câmara Municipal, em cada conselho. O termo de referência acordado pela comissão para contratação dos PIRFs também foi desconsiderado e passou a ser objeto de negociação com quatro universidades para que elas ficassem responsáveis pelos planos. Nesse modelo, a prefeitura investe pouquíssimo recurso para regulamentação deste instrumento, e ainda exige que as universidades prestem os serviços no prazo de quatro meses, e não nos dezoito meses previstos na proposta construída pela comissão. Atualmente, os conselheiros eleitos tentam se articular com assessorias e entidades acadêmicas, muitos pertencentes à Frente de Luta por Moradia Digna, para pressionar, do poder público, respostas aos diferentes entraves produzidos pela gestão municipal.

Ainda em 2018, foi divulgada pela SEUMA cinco OUCs prioritárias, dentre elas a Operação Consorciada Litoral Central. Nela, o zoneamento do terreno da Inace, que estava classificado como ZPA (Zona de Preservação Ambiental) no PDPFOR, foi alterado para Zona 6 (ver figuras 02 e 03), elevando o potencial construtivo e tornando a área um excelente ativo imobiliário (ver tabela 01). A despeito de morarem em uma ZEIS, os moradores não foram previamente informados dessa mudança, e temem ser expulsos de suas casas como resultado do processo de valorização imobiliária do entorno. A mudança foi aprovada na Comissão Permanente de Avaliação do Plano Diretor de Fortaleza (CPPD), que se reúne frequentemente na SEUMA para deliberar sobre projetos não alinhados com as legislações vigentes, mas que são invariavelmente aprovados.

**Figura 2 – Novo zoneamento proposto para a OUC Litoral Central.**

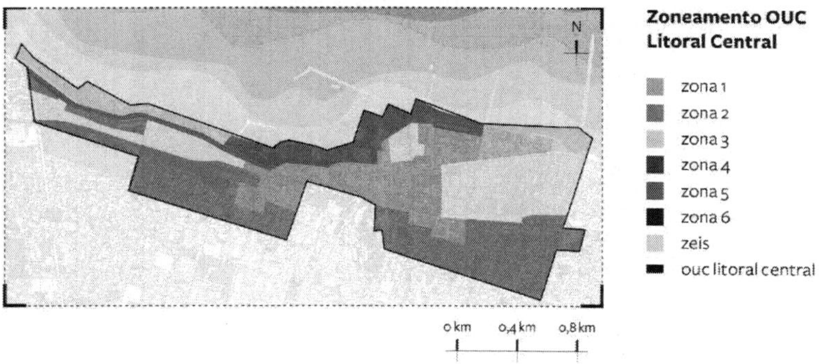


*Fonte: sistematizada pelas autoras, com base nos dados de relatórios da Quanta Consultoria Ltda.*

**Figura 3 - Sobreposição do zoneamento do PDPFOR com as alterações propostas para OUC Litoral Central.**

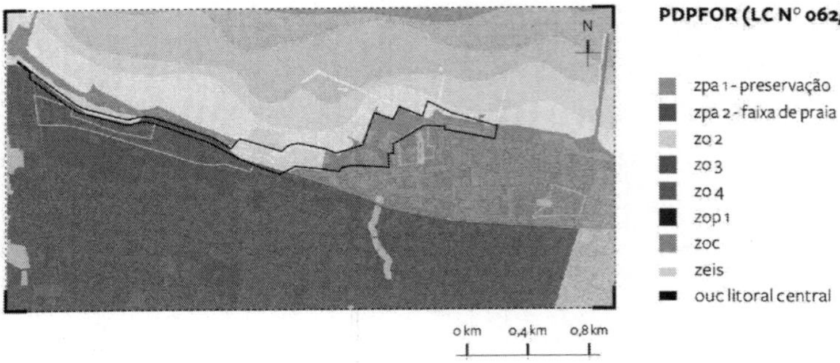


*Fonte: sistematizada pelas autoras, com base nos dados do PDPFOR e de relatórios da Quanta Consultoria Ltda.*

**Tabela 1 - Parâmetros estabelecidos pelo PDPFOR e os propostos para OUC Litoral Central.**

| Plano Diretor Participativo de Fortaleza Lei nº 62/2009 | | |
|---|---|---|
| Zona | Ia Máx. | Alt Máx. |
| Zo3 | 2 | 48 |
| Zo2 | 1,5 | 24 |
| Zoc | 2,5 | 72 |
| Zop1 | 3 | 72 |
| Zpa | 0 | 0 |

| Proposta Operação Urbana Consorciada Litoral Central | | |
|---|---|---|
| Zona | Ia Máx. | Alt Máx. |
| Zona 1 | 0 | 0 |
| Zona2 | 2,5 | 10,5 |
| Zona 3 | 4 | 72 |
| Zona 4 | 4 | 5/gab |
| Zona 5 | 3 | 60 |
| Zona 6 | 4 | 95 |

*Fonte: sistematizada pela autora, com base nos dados do PDPFOR e de relatórios da Quanta Consultoria Ltda.*

Observa-se, assim, que a mesma gestão do prefeito Roberto Cláudio tem oscilado entre um processo de expansão da democracia urbana, como consequência da pressão política dos movimentos de moradia ao longo de vários anos, e um processo de erosão, relacionado à ênfase na produção do espaço urbano como mercadoria. Salienta-se, no entanto, a velocidade diferenciada desses dois processos. Se por um lado, os moradores colocam em risco a sua autonomia ao utilizar canais institucionais, devido ao risco de "cooptação estrutural", por outro, Souza (2001) salienta a possibilidade de cooperação crítica e seletiva com o Estado, para atuar em suas "brechas conjunturais", na legislação e nas instituições vigentes, como tática complementar e subordinada à ação direta.

## As práticas insurgentes dos moradores do Poço da Draga

Nesse contexto, em que os planos e análises desenvolvidos pelo Poder Público para o território vão no sentido de deslegitimar a comunidade, os moradores tentam se organizar para proteger não apenas a sua permanência nesse espaço valorizado e disputado, mas a sua existência enquanto coletividade, buscando fortalecer a sensação de pertencimento, valorizar a cultura e a história da comunidade, bem como incitar discussões e reflexões críticas na comunidade.

Face ao início da construção do Acquário Ceará, artistas, profissionais liberais, professores e estudantes, em geral universitários, usuários do bairro e algumas lideranças do Poço da Draga formaram o movimento "Quem dera ser um peixe" (QDSP). Ao longo de sua trajetória de luta, o movimento construiu diversas táticas e estratégias conduzidas apesar do Estado e, principalmente, contra o Estado, incorporadas via uso intenso de tecnopolíticas. O grupo organizou diversas ações de caráter performático, estético e convidativo, denominadas "inundações", que ocorreram no calçadão da Praia de Iracema. A partir desses eventos, buscou-se articular as resistências atuantes no Poço de Draga e no QDSP, dialogar com outros movimentos, bem como possibilitar debates sobre o direito à cidade. As "inundações" foram amplamente divulgadas nas redes sociais através da hashtag #OcupePI, em referência às ocupações de espaços públicos ocorridas em vários países do mundo. Dentre as atividades realizadas, o movimento passou a promover uma série de vídeos, "Histórias do Poço", para disseminar os relatos dos moradores, suas memórias, anseios e laços de sociabilidade. Nesse período, várias resistências atuantes no Poço de Draga se tornaram bastante ativas nas discussões dos efeitos do Acquário sobre os moradores do bairro, estabelecendo articulações com instituições e entidades acadêmicas. Ademais, os moradores do Poço foram inseridos em redes nacionais de direito à moradia, possibilitando contato, por exemplo, com a Prof. Raquel Rolnik, que visitou a comunidade em junho de 2012, na condição de Relatora Especial da Organização das Nações Unidas para o Direito à Moradia Adequada.

Ademais, o QDSP protocolou junto ao Tribunal de Contas do Estado do Ceará, ao Ministério Público Federal e ao Ministério Público Estadual um extenso documento, denunciando vários indícios de irregularidades encontrados nos processos de licitação e contratação destinados à construção do Acquário Ceará. Em todas as ações, o movimento demonstrou ter o domínio da linguagem técnica e jurídica, beneficiando-se do apoio de assessorias e entidades, bem como da experiência de alguns ativistas atuantes nas áreas de direito, meio ambiente, urbanismo, entre outras. Em dezembro de 2014, o Coletivo Urucum e o movimento QDSP lançaram o Relatório dos Processos Judiciais Sobre o Acquário Ceará, documento para fundamentar as 26 ações judiciais e administrativas relativas aos impasses técnicos e legais observados na construção da obra. As ações ainda tramitam na Justiça, mas a obra foi interrompida definitivamente em 2015, na primeira gestão do governador Camilo Santana (2015-2018), após a instituição financeira americana perder a autorização para realizar novas operações no Brasil.

Em 2015, surge o coletivo ProPoço, idealizado por um morador e uma ex-moradora, com o objetivo de disseminar novas práticas e salvaguardar a autoestima dos moradores frente aos estigmas de pobreza e marginalidade. O grupo realiza diversas atividades na comunidade, com a colaboração de apoiadores, estudantes e pesquisadores, atuando principalmente em duas frentes: uma relacionada à produção cultural, como fio condutor para o fortalecimento do sentido de coletividade na comunidade; e outra relacionada à produção de conhecimento, atrelada ao empoderamento político dos moradores através da informação e da cartografia. Dentre as atividades de cunho cultural, destacam-se os saraus; as rodas de conversa dos moradores ao longo da praia; a idealização do bloco de carnaval Cai no Poço; dentre outras. Ademais, o coletivo tornou periódica a realização das visitas guiadas, que ocorriam todos os anos nas comemorações de aniversário da comunidade. Trata-se de uma caminhada, em que um grupo de pessoas, orientado por um guia morador, visita lugares específicos e relevantes à identidade do Poço da Draga, denominadas estações. Os percursos são, sobretudo, táticas de resistência para aumentar a quantidade de "apoiadores externos", reverter os estigmas territoriais e legitimar a identidade da comunidade.

A partir de então, o coletivo materializou uma de suas motivações iniciais: a realização de um levantamento sócio-espacial da comunidade como instrumento de contrapoder. A busca por retratar a realidade local a partir de uma pesquisa minuciosa tinha como objetivo superar as representações da comunidade baseadas em estigmas, como lócus de violência e precariedade

— que, como tal, deve ser erradicado — para ressaltar as potencialidades do Poço da Draga. Nesse sentido, os dados produzidos pelos moradores, em parceria com estudantes e pesquisadores, contrastariam com os dados oficiais que possam vir a ser usados (e/ou manipulados) para justificar a remoção das famílias. Tão logo decidiram realizar a pesquisa, o grupo entrou em contato com a professora Amíria Brasil, do curso de Arquitetura e Urbanismo da Universidade de Fortaleza (Unifor), através da indicação de amigos, para estabelecer parcerias com a universidade e contribuir com a troca de saberes. A ideia do grupo era compartilhar conhecimentos acadêmicos e conhecimentos práticos dos moradores no cotidiano, para atribuir ao levantamento tanto legitimidade técnica quanto legitimidade popular, por ser uma produção comunitária, através de metodologia participativa. Nesse sentido, o idealizador do projeto, Sérgio Rocha, geógrafo por profissão e exímio pesquisador sobre seu próprio lugar, teve participação decisiva para a concepção e realização do levantamento, comportando-se como um morador-pesquisador.

O coletivo formulou uma ficha de questionários, contendo os tópicos fundamentais para compreender o perfil socioeconômico e cultural da comunidade: habitantes, histórico, escolaridade, emprego, residência, esporte, relação com a praia e com o Acquário. Através de um mapa fornecido pelo IPLANFOR, com o auxílio de imagens de satélites do Google Earth e imprecisões corrigidas pelos moradores, montou-se um mapa norteador da pesquisa. Para a aplicação, as equipes foram divididas da seguinte forma: um líder comunitário, um jovem residente e um membro pesquisador. Observou-se no decorrer do levantamento a efetiva colaboração dos moradores, que sentiam confiança nos entrevistadores, em sua maioria residentes da comunidade. De posse do levantamento, os dados foram processados a partir de uma planilha colaborativa, atualizada frequentemente por responsáveis pela aplicação das fichas em campo. Além disso, montou-se uma base vetorial da comunidade utilizada em um Sistema de Informação Geográfica (SIG). Destaca-se que quando questionados quanto à vontade de permanecer na comunidade, 94% dos entrevistados afirmaram que sim, haja vista a localização privilegiada, os laços de vizinhança e, principalmente, o apego ao local e às suas memórias O levantamento tornou perceptível também as relações de convivialidade entre os moradores, marcadas por grande consanguinidade.

Recentemente, as resistências atuantes no território, juntamente com colaboradores, criaram o Movimento Poço Vivo, frente a possíveis ameaças decorrentes da OUC Litoral Central. O grupo começou suas atividades organizando encontros itinerantes pela comunidade, apresentando as notícias que foram divulgadas na mídia, e incitando a reflexão dos moradores para exercerem o seu direito à cidade. O grupo tenta também se articular a outras resistências na cidade, como a Frente de Luta por Moradia Digna, buscando colaborar nas discussões sobre a produção do espaço urbano, e criar um observatório na comunidade (NOGUEIRA, 2020).

## Considerações finais

O planejamento como atividade exclusiva de planejadores formalmente treinados é cada vez mais questionado, tanto na teoria como na prática através das ações diretas de base. Os moradores passam a questionar o planejamento que segrega, que facilita os interesses da iniciativa privada, subordinando o interesse público às demandas de grupos hegemônicos. Neste sentido, diante deste cenário, não seriam os moradores informais os verdadeiros planejadores urbanos?

Como apresentado, as análises e os planos desenvolvidos pelo Poder Público agem no sentido de deslegitimar a presença dos moradores do Poço da Draga no território valorizado. Apesar de pertencer a uma ZEIS, a comunidade continua a ser palco de disputa territorial, e o instrumento uma trincheira na luta pelo direito à cidade. Todavia, a permanência dos moradores, diante das diversas ameaças de remoção, demonstra que as práticas auto-organizadas, apesar de pontuais e temporárias, podem desafiar os processos de planejamento heterônomo. A aprendizagem social difundida nessas práticas contribui ainda para ampliar o acesso à informação sobre as problemáticas que estão em jogo na cidade, sendo, assim, um meio de politização da relação de diferentes moradores com as estruturas vigentes e de um processo gradual de experimentação da distribuição de poder de decisão sobre o espaço urbano. Não se trata de romantizar as práticas dos moradores, mas de reconhecer sua importância na criação de uma cultura política em lugares onde até então ela não existia, e, aprender a partir de suas experiências e lutas.

## Referências

FREITAS, Clarissa F. S. Undoing the right to the city: World Cup investments and informal settlements in Fortaleza, Brazil. *Journal of Urban Affairs*, v. 39, nº 7, p. 953–969, 2017a.

FRIEDMANN, John. Planning in the public domain: From knowledge to action. Princeton: University Press, 1987.

HOLSTON, James. *Cidadania insurgente:* Disjunções da democracia e da modernidade no Brasil. São Paulo: Companhia das Letras, 2013.

MIRAFTAB, F. Insurgent Planning: Situating Radical Planning in the Global South. *Planning Theory*, v. 8, n. 1, p. 32–50, 2009.

NOGUEIRA, Amanda Maximo. *Possibilidades e desafios de práticas insurgentes:* o caso da comunidade Poço da Draga, Fortaleza, Brasil. 2020. 262f. Dissertação (mestrado) - Universidade Federal do Ceará, 2020.

SOUZA, Marcelo José Lopes de. *Mudar a cidade*: uma introdução crítica ao planejamento e à gestão urbanos. Rio de Janeiro, Bertrand Brasil, 2001.

VAINER, Carlos. Pátria, empresa e mercadoria. In: ARANTES, Otília; VAINER, Carlos; MARICATO, Ermínia. *A cidade do pensamento único:* Desmanchando consensos. 8. ed. Petrópolis: Vozes, 2013, p. 75–105.

# Participação dos movimentos sociais nos programas financiados por agências multilaterais na América Latina:

## *o caso da denúncia do Programa Habitar Brasil (BID) em São José dos Campos - SP*

Douglas de Almeida Silva[1]
Paula Vilhena Carnevale Vianna[2]
Maria Angélica Toniolo[3]

## Introdução

Esta pesquisa explora a participação dos movimentos sociais em programas habitacionais financiados por agências multilaterais. Mais precisamente, investiga uma denúncia feita pelos movimentos sociais de São José dos Campos-SP para o Mecanismo Independente de Consulta e Investigação (MICI) relativa ao programa Habitar Brasil BID (HBB), financiado pelo Banco Interamericano de Desenvolvimento (BID), entre 1999 e 2006.

A partir deste estudo de caso, pretende-se investigar como ocorre a participação dos movimentos sociais em programas habitacionais financiados por agências multilaterais para as cidades da América Latina. Parte-se da premissa que a participação social prevista nos programas multilaterais é subordinada aos interesses políticos e econômicos, tanto globais como locais, embora, a depender do cenário e do objeto da política e da natureza dos movimentos sociais, possa tencionar o campo de disputa e o direcionamento dos programas.

1 Universidade do Vale do Paraíba/UNIVAP. E-mail: douglas.almeida9000@gmail.com

2 Universidade Anhembi/Morumbi. E-mail: paula.cvianna@anhembi.br

3 Universidade do Vale do Paraíba/UNIVAP. E-mail: angelica.toniolo@univap.br

Os principais atores envolvidos nas denúncias analisadas, compreendidas como formando um campo de disputa, são: o BID (no papel de Financiador), o Poder Público de São José dos Campos (Órgão Executor), o movimento social (Solicitantes), a Defensoria Pública (orientação jurídica), o MICI (mediador) e a comunidade afetada.

Como se observa, é um campo, compreendido na acepção de Bourdieu (1989), de tensões, com atores portando capitais diversos que os posicionam em diferentes posições nos cenários de disputa. O objetivo é explorar as estratégias de participação dos movimentos sociais em programas financiados por agências multilaterais, numa cidade brasileira, no âmbito do desenvolvimento habitacional para as cidades da América Latina. Ademais, este trabalho poderá contribuir para melhor conhecer os mecanismos de participação e negociação operados pelos movimentos sociais em programas urbanos e habitacionais financiados pelo BID.

Trata-se de uma pesquisa exploratória, histórica e sociológica, do tipo estudo de caso, realizada por procedimentos qualitativos estruturados nas técnicas de análise documental e entrevistas. A análise documental investigou os documentos legais, ou seja, relatórios, contratos, políticas operacionais, leis, planos, disponíveis para consulta na internet. As entrevistas foram realizadas com dois atores com posição de destaque na prefeitura municipal e no MICI. Para preservar a identidade dos participantes valeu-se da utilização de código (PP1 e PP2). As letras PP equivalem a Participante da Pesquisa, seguido do número de ordem da concessão da entrevista. Nesse sentido, PP1 é o(a) consultor(a) particular contratado pelo MICI, e PP2 é o(a) assistente social da prefeitura.

## Movimentos sociais e os dilemas da participação social

A Participação Social no Brasil, tanto nos estados como nos municípios, tem se equilibrado entre o autoritarismo e a democracia (DOMBROWSKI, 2018). Na década de 1980, segundo Pastor (2018), as mobilizações nacionais ampliaram a concepção de participação social, antes circunscrita ao sufrágio universal e inscreveram na Constituição Federal de 1988 as bases do Estado Democrático de Direito. A Carta Magna proveu maior autonomia aos entes federados e instituiu a criação de mecanismos de participação direta e canais de controle social das políticas públicas. A partir de 1990, segundo De Mario (2018), a criação de instituições participativas repercutiu como fenômeno nacional com uma explosão de conselhos, conferências e instâncias voltadas para o "*accountability*" (DE MARIO, 2018, p. 33).

A autonomia municipal, a participação e controle social avançaram na configuração política do país, ainda que guardando as marcas e limitações impostas por sua trajetória histórica. Entretanto, segundo Pastor (2018), o direito à participação social inscrito na CF 1988 continuou sendo objeto de lutas protagonizadas pelos movimentos sociais nas décadas de 1990 e 2000. Para a autora, as políticas públicas participativas devem partir do princípio da territorialização, identificando no território os grupos populacionais e suas especificidades para estimular a participação social.

Haesbaert (2011) compreende o conceito de território a partir da integração dos aspectos jurídico-políticos, econômicos, simbólico cultural e natural, portanto, como um híbrido socioespacial perpassado por múltiplas relações de poder. Com a globalização e o avanço do capital nos territórios da população mais pobre e setores oprimidos, segundo Svampa (2010), os conflitos territoriais têm se multiplicado em toda a América Latina, em um mecanismo estudado por Zibechi (2007, p. 4) como territórios de resistência, diferenciados dos territórios do capital multinacional, entre outras características, por serem criados pelos "de baixo".

No mundo globalizado, as territorializações são múltiplas e justapostas, propiciando acessibilidade territorial para certos grupos e segregação socioespacial para outros (HAESBAERT, 2011). Nesta relação global e local, segundo Vainer (2000), o planejamento urbano tecnocrático se ajustou às mudanças estruturais do sistema econômico para atender as novas necessidades do capital. O planejamento estratégico vem sendo implementado na América Latina por agências multilaterais e consultores internacionais desde a experiência de Barcelona-ES, durante as Olimpíadas de 1992.

As cidades, segundo Otília Arantes (2000) encontram-se frente a um planejamento urbano voltado para uma política de *image-making* que expressa um vínculo entre capital e cultura. A cultura tornou-se decisiva no mercado: a apropriação do capital das agências multilaterais para o financiamento das cidades alia interesses econômicos e representações culturais dos setores dominantes. Há, portanto, um conflito estabelecido entre os movimentos sociais, territorializados, e a imagem de cidade global projetada pelas agências multilaterais.

No final do século XX, os programas financiados por Agências Multilaterais passaram a ser mediados pelos Mecanismos Independentes, visando estabelecer relações mais equitativas para com os assistidos, mediante o diálogo e investigação dos casos com suspeita de violações das políticas operacionais das Agências Multilaterais. A seguir, observa-se como ocorreu a participação dos movimentos sociais de São José dos Campos no Programa Habitar por meio do acionamento do MICI.

## A denúncia tramita para Fase de Consulta: mediação e o processo de diálogo com a comunidade

A política de desfavelamento conduzida na cidade de São José dos Campos desde o período ditatorial se caracteriza, em geral, por ações pouco abertas à participação social. Segundo Rosa Filho (2002) a urbanização de favelas foi discutida na cidade em dois momentos: 1977 e 1992. Em 1977, uma proposta inicial de um plano de desfavelamento considerava a permanência dos moradores nos núcleos originais, seguida da regularização fundiária e urbanística, mas acabou retroagindo para as velhas estratégias de erradicação de favelas. Em 1994, outra tentativa de reurbanização de favelas foi defendida, desta vez por uma gestão do Partido dos Trabalhadores (PT), dirigida a um público alvo de 8 mil moradores, distribuídos em 28 favelas e 140 loteamentos clandestinos. De acordo com o autor, a proposta foi interrompida com a derrota do PT nas eleições municipais, de 1995, pelo candidato do Partido da Social Democracia Brasileira (PSDB).

Contextualizando o BID e sua inserção político-econômica na América Latina, Makino (2015) salienta que a partir de 1990 os programas do BID para a América Latina assumiram uma postura neoliberal, promovendo ajustes estruturais dos governos, equilibrados por políticas sociais paliativas aos efeitos negativos da política econômica (MAKINO, 2015). Deste modo, segundo Santana (2006), o BID tornou-se a instituição líder da área social na América Latina. Porém, o financiamento multilateral do Banco direciona-se, prioritariamente, a projetos macroeconômicos. Noutro trabalho, Santana (2012) analisou que, entre 1960 a 2011, o BID aprovou 16.297 projetos para a América Latina e Caribe, tendo os projetos macroeconômicos concentrado 49,63% dos recursos. Para a autora, embora o objetivo central do Banco seja a diminuição da pobreza e o crescimento sustentável, os projetos macroeconômicos têm sido priorizados, o que agrava as questões sociais, pois implicam em políticas sociais mínimas. Segundo Pedro Arantes (2004), as políticas de combate à pobreza funcionam mais como compensações às consequências negativas da atuação dos bancos, na verdade, orientadas pelo discurso da cidade empresarial e competitiva.

A vitória do PSDB nas eleições municipais consolidou a primazia das políticas liberais em São José dos Campos por quase duas décadas (1996-2012). Com isso, o desfavelamento foi resgatado pela nova gestão, em parceria com o BID. No ano de 1999, a gestão do PSDB utilizou recursos do Programa Habitar Brasil BID (HBB) para o projeto Casa da Gente, vinculado ao Programa Habitar São José (SOUZA, 2015). O HBB originou-se do contrato de empréstimo nº 1126 OC/BR, celebrado em 1999, estimado em U$$ 417 milhões, com custo de 60% para o BID e 40% para o Governo Federal. Celebrado no governo do Presidente Fernando Henrique Cardoso (PSDB), o HBB criou uma nova estrutura para a política habitacional brasileira, operacionalizada pela Caixa Econômica Federal (SANTANA, 2006).

Na Lei Municipal nº 5366 de 23 de abril de 1999, que autorizou a adesão ao Programa, o Município entraria com a contrapartida de R$ 1.350.000,00 enquanto a maior parte seria financiada com recursos do Programa, totalizando R$ 12 milhões. No art. 2º o município assumiu o compromisso de urbanizar as áreas elegíveis e regularizar os empreendimentos habitacionais (SÃO JOSÉ DOS CAMPOS, 1999). Para Rosa Filho (2002), e Santos (2010), o programa se caracterizava como um programa de desfavelamento, tendo como objetivo a remoção dos assentamentos precários para promover a construção de unidades habitacionais nas periferias. Este foi o caso da remoção dos assentamentos precários da zona leste da cidade, ao todo 453 famílias, provenientes da Vila Nova Detroit, Caparaó e Vila Nova Tatetuba. As três comunidades foram reassentadas para um conjunto habitacional localizado a uma distância de 16 km dos assentamentos originais (RESCHILIAN; SANTOS, 2014; SANTOS, 2010).

O Projeto Casa da Gente teve êxito no reassentamento de grande parte das famílias das três comunidades, restando somente um grupo de moradores resistentes na Vila Nova Tatetuba. A Vila Nova Tatetuba, também conhecida como Morro do Regaço, era uma ocupação originária das famílias dos trabalhadores de uma antiga olaria da década de 1950. A vila recebeu grupos migrantes atraídos pelas ofertas de trabalho nas multinacionais, tornando-se um núcleo consolidado até o início do Programa Habitar. No final de 2003 e início de 2004, a Prefeitura Municipal iniciou a remoção da comunidade, amparada por forte aparato policial e determinações judiciais (SANTOS, 2010). A resistência da comunidade foi reforçada pela Central de Movimentos Populares (CMP), que criticava a forma como o reassentamento vinha sendo conduzido. Ao todo, 45 famílias receberam abrigo de uma ONG de São José dos Campos, apoiada pelo PT. Uma parte do grupo resistente aderiu às moradias no extremo Leste da cidade oferecidas pelo HBB, enquanto um grupo de 28 famílias rejeitaram a proposta e ocuparam uma área da União, na região central, cedida à MRS Logística S.A, que opera a antiga malha ferroviária do Sudeste (SANTOS, 2010; RESCHILIAN; SANTOS, 2014; SOUZA, 2015).

As 28 famílias da Vila Nova Tatetuba, apoiadas pela CMP, traçaram proposições no âmbito internacional através de petições enviadas a diversas instituições nacionais e internacionais, entre 2002 a 2010. Finalmente, em 2011, o MICI declarou admissível uma denúncia sobre o caso HBB por um militante da CMP, também representante da Associação de Favelas de São José dos Campos, em correspondência enviada no mesmo ano (MICI, 2011a; SOUZA, 2015). De acordo com os denunciantes:

> Desde o ano de 1999 estamos lutando contra o projeto de desfavelização implementado na cidade de São José dos Campos (SP) pela prefeitura municipal, projeto este, financiado pelo Banco Mundial (BID). Trata-se de um projeto que só tem uma finalidade: de retirar à força os pobres do centro urbano e colocá-los na urbe da cidade legal. E no local das moradias são erguidos supermercados (Carrefour), revendas de carros e vários apartamentos (MICI 2011a, p. 1).

Os denunciantes constataram previamente a remoção da Vila Nova Tatetuba como um fenômeno de gentrificação no entorno da área da antiga favela, segundo Souza (2015), internacionalmente divulgada, inclusive na Organização das Nações Unidas (ONU), revelando um quadro de acelerada especulação imobiliária, claramente visível com a instalação de revendedoras de automóveis, hipermercados, edifícios e condomínios fechados.

Em estudo clássico de Otília Arantes (2000) e Vainer (2000), a gentrificação foi relacionada como fenômeno inicial da década de 1980, marcado pela retomada agressiva nas centralidades, e aliada, consequentemente, ao desmantelamento dos direitos sociais preconizados no *Welfare State*. A cidade neoliberal não é simplesmente uma mercadoria, mas uma mercadoria de luxo destinada aos potenciais compradores nacionais e internacionais.

A articulação dos moradores removidos coercitivamente da Vila Nova Tatetuba com os movimentos sociais de São José dos Campos se alinha à perspectiva de Svampa (2010), que vê os movimentos sociais como resposta às novas formas de acumulação neoliberal do capitalismo globalizado, que passaram a ameaçar mais incisivamente os territórios. Esta articulação, segundo Zibechi (2007) têm reunido, nas cidades, grupos oprimidos por diferentes variáveis, como gênero, raça, classe e etnia, em movimentos organizados, transformando estes territórios em verdadeiras fraturas do capitalismo por seu caráter insurgente.

Todavia, o Banco Mundial e o BID atuam nos países da periferia do capitalismo com o papel de estabilizar as tensões sociais, investindo em reformas sociais e industriais (ARANTES, 2004). Para tanto, o escritório independente MICI tem como missão fiscalizar o potencial descumprimento das políticas operacionais do BID. As políticas operacionais foram criadas pelo Banco com o objetivo de trazer maior equilíbrio entre a instituição e a sociedade civil. Cumprem a função de diretrizes orientadoras para utilização do financiamento e salvaguardas aos potenciais assistidos (MAKINO, 2015).

Em dezembro de 2011, o MICI iniciou a etapa de Avaliação do caso HBB, dentro da Fase de Consulta, a fim de explorar uma possibilidade de diálogo entre as partes. O MICI avaliou as informações transmitidas pelos Solicitantes através do conteúdo das políticas operacionais, neste caso, a Política de Reassentamento Involuntário (OP-710) e a Política de Igualdade de Gênero e Desenvolvimento (OP-761 (MICI, 2011b). Em linhas gerais, a OP-710, de 1998, atua de forma transversal em todos os projetos financiados pelo BID, tendo como objetivo principal "minimizar a perturbação do meio em que vivem as pessoas na área de influência do projeto" (BID, 1998, p. 1). A OP-761, de 1987, reconheceu pela primeira vez a questão de gênero como componente essencial do desenvolvimento. A OP-761 teve como fundamento diversos tratados multilaterais elaborados nos últimos 50 anos que trataram da questão da igualdade entre homens e mulheres. Em 1987, o Banco instituiu a OP-761 que reconhecia pela primeira vez a questão de gênero como componente essencial do desenvolvimento (BID, 2010).

A justificativa do poder público para remoção da Vila Nova Tatetuba, segundo Souza (2015), amparava-se nas condições físicas e ambientais da área, inserida numa APA, com certa declividade, solo turfoso e alagado. A análise de risco baseou-se nos laudos do Instituto de Pesquisas Tecnológicas (IPT) e da Defesa Civil, prevalecendo as determinações do órgão municipal sobre os estudos do renomado instituto. Realizado treze dias antes do ajuizamento da ação demolitória, a análise da Defesa Civil desenhou um quadro caótico do local, condenando todo o bairro. O veredito da Defesa Civil baseou-se unicamente em passagens pelo local e foi contradito pelo IPT, que em linhas gerais, não encontrou evidências suficientes que comprovassem a condenação do bairro (SOUZA, 2015).

Segundo Souza (2015), as excepcionais decisões judiciais, desde a análise da Defesa Civil (05/12/2003) e o ajuizamento da ação demolitória (18/12/2003), demonstram parcialidade do judiciário, favorável à política de desfavelamento do executivo municipal, não contemplando qualquer outra possibilidade que não fosse a desocupação coercitiva. A defesa jurídica da população da Vila Nova Tatetuba vinha sendo conduzida pela Procuradoria de Assistência Judiciária (PAJ). Ressalta-se que até a desocupação oficial, 7 de janeiro de 2004, todos os pedidos de reconsideração da PAJ sobre a ação demolitória foram negados pelo poder judiciário (*idem*, 2015).

Segundo o defensor local, a PAJ postulou uma medida cautelar na qual solicitava à depositária dos pertences dos moradores, ou seja, à prefeitura, a liberação de instrumentos de trabalho, cobertores e objetos de uso pessoal. A medida foi negada pelo judiciário e a prefeitura manteve a apreensão dos bens dos moradores. Em dezembro de 2004 a prefeitura autorizou a liberação dos bens dos moradores, que acabou não ocorrendo devido às condições de armazenamento – mescladas em um galpão da prefeitura (*idem*, 2015).

O tratamento dispensado aos moradores da Vila Nova Tatetuba permite dialogar com alguns termos de Haesbaert (2011), como aglomerados humanos de exclusão, no qual o autor define os processos mais extremos de segregação sócio espacial no capitalismo contemporâneo. O geógrafo reifica o termo aglomerado, e afirma o tratamento coisificante dispensado aos grupos excluídos do território, simplesmente, "amontoados" ou "ajuntados confusamente" (HAESBAERT, 2011, p. 314). No caso das famílias da Vila Nova Tatetuba até mesmo seus bens pessoais foram amontoados confusamente, o que revela uma atitude discriminatória do poder público municipal.

O MICI constatou que a administração municipal não ofereceu opções de compensação adequadas aos moradores que justificassem o translado (MICI, 2011b). De acordo com a OP-710 as operações do BID devem evitar o reassentamento involuntário, exceto quando o deslocamento for julgado inevitável. Nesses casos, um plano de reassentamento deve ser elaborado para garantir compensações adequadas às comunidades afetadas. O plano de reassentamento deve incluir opções de reabilitação para compensar plenamente os impactos negativos do reassentamento, de modo que as comunidades afetadas possam restaurar minimamente seus padrões de vida anteriores e integrar-se às comunidades em que serão reassentadas (BID, 1998).

Porém, no HBB, o reassentamento para o afastado bairro Jardim São José II foi a única opção oferecida aos moradores das três comunidades, o que não garantia a manutenção das condições de vida da população afetada. Neste ponto, a administração municipal concordou existirem falhas na oferta de uma única opção de reassentamento, mas, simultaneamente, alegou que as comunidades aderiram ao reassentamento voluntariamente no processo participativo (MICI, 2011b).

Ao explorar a documentação, observa-se que o HBB preconizava a participação social no Programa. Deste modo, o município criou uma Unidade Executora Municipal (UEM), parte de uma exigência do BID e, composta por equipe multidisciplinar, cuja missão seria a implantação do Programa (SÃO JOSÉ DOS CAMPOS, 1999). Na entrevista PP2, o(a) assistente social apresenta uma imagem positiva do HBB, ressaltando que a implantação do programa beneficiou a burocracia estatal, estruturando uma metodologia de trabalho para o Serviço Social na área da habitação, até então inexistente. No quesito da participação social, os técnicos, seguindo a metodologia do programa, realizaram avaliações de pré-ocupação e pós-ocupação, criaram um escritório de atendimento às famílias, faziam reuniões nas comunidades e promoveram a criação de comissões de bairro (Informação verbal).

No entanto, os Solicitantes apontaram irregularidades no processo de participação social, pois as comunidades não teriam participado do plano de reassentamento, bem como não houve medidas adequadas para evitar a remoção física das comunidades. Embora na entrevista PP2, a pessoa tenha defendido a realização de reuniões coletivas com as comunidades, os Solicitantes alegam que a participação social no Programa, através da equipe de assistentes sociais, limitou-se a indagar se os moradores estavam ou não de acordo com a mudança para o Jardim São José II (MECANISMO..., 2011; Informação verbal). A PP2 reconheceu que a participação social não modificou a essência do projeto – um projeto de erradicação de favelas (Informação verbal).

Em linhas gerais, a PP2 revelou que a equipe técnica envolvida no HBB desconhecia a existência das políticas operacionais do BID (Informação verbal). A OP-710 estabelece em seus critérios a promoção da participação da comunidade em todas as etapas do reassentamento (BID, 1998), e, consequentemente, o desconhecimento da OP-710 por parte da prefeitura desqualifica o HBB. O plano de reassentamento deveria fomentar, necessariamente, a participação da comunidade em todas as fases do reassentamento.

Porém, no Relatório de Avaliação do caso HBB de 2011, o MICI constatou por meio de entrevistas com as famílias que residiam no Jardim São José II, um quadro de total desinformação sobre as condições contratuais do reassentamento, incluindo confusão relacionada às parcelas do imóvel e concessão do título de propriedade (MICI, 2011b). Importante acrescentar outro ponto da OP-710 que se refere à necessidade de evitar ou minimizar os efeitos do empobrecimento provocados pelo reassentamento involuntário, principalmente, os grupos marginalizados e de baixa renda, e que carecem, muitas vezes, de título de propriedade (BID, 1998).

Entretanto, no relatório de Avaliação de 2011, os moradores que não aderiram ao HBB alegaram aos técnicos do MICI que o Programa teria causado uma deterioração significativa em suas condições de vida. As famílias obrigadas a ocupar a área da rede ferroviária viviam sob ameaça iminente de despejo movida por processo judicial de reintegração de posse da Secretaria de Patrimônio da União (SPU) (MICI, 2011b).

Com relação aos moradores que aderiram ao HBB, os técnicos do MICI, por meio de entrevistas com os moradores do Jardim São José II, averiguaram insatisfação quanto à estrutura das novas moradias, pois a administração municipal havia prometido a entrega de unidades habitacionais de 30 m², em terrenos de 175m², mas, contraditoriamente, o padrão habitacional foi rebaixado a apenas um dormitório. Junto à infraestrutura precária das residências, os mesmos demonstraram insatisfação quanto às taxas de pagamento das novas moradias e o alto custo das tarifas de água e energia elétrica (MICI, 2011b).

Deve-se considerar que muitos moradores tiveram dificuldades para manter suas atividades de trabalho anteriores. A região circunvizinha não possui concentração de atividades econômicas voltadas para a geração de emprego e renda, o que leva, consequentemente, ao deslocamento dos moradores do bairro em busca de oportunidades de trabalho na região central. Os deslocamentos até os locais de trabalho são realizados, em sua maioria, através do transporte público, o que consiste em grande dispêndio de tempo nas viagens. Aliás, durante o levantamento de dados do relatório de Avaliação de 2011, não foram identificados comércios ou serviços de importância no bairro, salvo alguns bares (*idem*, 2011b).

Comparando as reclamações dos Solicitantes, observa-se que os prejuízos causados à vida das famílias reassentadas poderiam ter sido evitados ou minimizados se a OP-710 tivesse sido cumprida. Segundo a OP-710, o empobrecimento pode afetar, primeiramente, a perda de acesso à habitação ou a terra, especialmente, aos grupos de baixa renda. O segundo risco é a perda de emprego, tanto em áreas rurais como em áreas urbanas (BID, 1998).

Há também o risco de insegurança alimentar das famílias, relacionado à perda de oportunidades de trabalho e, que porventura, prejudiquem a renda familiar. Outro fator importante é o comprometimento da saúde da população deslocada, assim como o risco de perda de oportunidades de educação. Não menos importante, há o risco de perda dos bens culturais da comunidade e o rompimento dos laços de vizinhança e parentesco, inclusive, de capital social (BID, 1998). Transversalmente, a OP-761 alerta para os impactos adversos do reassentamento involuntário, incluindo a possibilidade de um aumento significativo da violência de gênero na comunidade anfitriã (BID, 2010).

Comparando as OPs às reclamações dos Solicitantes, observa-se que os mesmos responsabilizaram a administração municipal pelo aumento da violência na comunidade no Jardim São José II, pois o reassentamento reuniu traficantes de três comunidades no mesmo local, e consequentemente, gerou disputas violentas pelo controle do território. Relacionado à saúde e educação, as comunidades demonstraram dificuldades de acesso aos serviços públicos instalados no bairro, como escola, creche e Unidade Básica de Saúde (UBS) (MICI, 2011b). Segundo a visão do poder público, na entrevista PP2, a pessoa considerou rara e inovadora a proposta de instalação de equipamentos públicos preconizada no HBB (Informação verbal). Por outro lado, os equipamentos públicos instalados receberam toda demanda dos bairros vizinhos, superando a capacidade de atendimento à população. Contraditoriamente, a proximidade dos equipamentos públicos no bairro não significou melhoria da qualidade de vida, mas, dificultou o acesso aos direitos sociais (MICI, 2011b).

Por fim, a Avaliação do MICI aponta prejuízos nas condições de vida das três comunidades reassentadas para o Jardim São José II, principalmente, nos grupos vulneráveis, como as mulheres, devido às dificuldades para manutenção de seus trabalhos anteriores ou a busca de novas oportunidades prejudicadas pela distância entre o bairro e o centro da cidade, assim como a falta de vagas para crianças em creches e escolas no Jardim São José II (MICI, 2011b).

As fontes documentais e orais até então demonstraram que houve uma participação social das comunidades no HBB, mas, uma participação apenas formal. Dentre os estudiosos da participação social, Dombrowski (2018) critica as instâncias participativas, observa que a participação social ocorre, predominantemente, a nível burocrático, traduzindo-se como uma participação subordinada, ou "uma participação política que não representa o exercício da liberdade do cidadão, pelo contrário, trata-se de uma evidente reafirmação da autoridade" (DOMBROWSKI, 2018, p. 353).

No geral, a administração municipal discordou das denúncias dos Solicitantes. Não obstante, a pessoa da entrevista A reconheceu algumas falhas do HBB, mas defendeu a metodologia do Programa, julgada como inovadora na área do Serviço Social. Como suporte para análise desse ponto, observa-se que Bourdieu (1996) considera que o pensamento do agente do Estado é, inevitavelmente, atravessado pelas representações estatais. As representações do Estado estão introjetadas nos indivíduos, pois são transmitidas por meio das instituições. As instituições cumprem muitas vezes uma função específica no Estado, onde são produzidas e impostas as categorias de pensamento utilizadas em todas as situações do mundo social.

Esta reflexão pode ajudar a compreender as decisões dos agentes dos governos municipais, principalmente, no que aponta De Mario (2018), quando a participação social cumpre, simplesmente, um papel figurativo, onde o discurso tecnicista tende a justificar a tomada de decisão por parte dos gestores, sobrepondo-se às reivindicações apresentadas pelos cidadãos.

No caso dos moradores da Vila Nova Tatetuba, Souza (2015) afirma que a administração municipal desconsiderou sua própria responsabilidade no quadro de vulnerabilidade socioambiental da comunidade. Promoveu, assim, a culpabilização dos moradores pela falta de infraestrutura no bairro, inclusive, responsabilizando as famílias removidas sob uma falsa alegação de resistência injustificada, como se a luta pelo direito à moradia os desqualificasse, e consequentemente, isentando a administração municipal pela falta de políticas públicas para aquela comunidade.

Como dito, as famílias removidas da Vila Nova Tatetuba fortaleceram-se com a ocupação do galpão da rede ferroviária, logo na pós-ocupação, onde fundaram uma associação de moradores, cujo objetivo era a regularização fundiária. Inicialmente, o grupo entrou com uma ação de usucapião coletivo para reconhecimento da titularidade da área. Em 2007, a defesa dos moradores da Vila Nova Tatetuba passou a ser assessorada pela defensoria pública estadual, que deu entrada em ações judiciais pedindo a condenação do poder público por negligência quanto aos pertences dos moradores (SOUZA, 2015).

Numa leitura latino-americana dos movimentos sociais, Zibechi (2007) afirma que caminham lado a lado a potência insurgente dos movimentos sociais e a fragilidade dos territórios urbanos, atingidos pelo avanço do capital e pela persistência de elementos estruturais, como o machismo e o racismo. No século XXI, esforços no sentido de controlar os pobres das periferias consolidaram a tendência do estado de exceção. Os direitos sociais e a participação social perdem cada vez mais espaço com o estado de exceção, e, consequentemente, ocorre um recrudescimento da criminalização da pobreza.

Diante da rejeição por parte do judiciário acerca das ações de regularização fundiária, os movimentos sociais e a defensoria enviaram denúncias ao Governo Federal e os organismos multilaterais, incluindo a ONU, o BID e, por último, o MICI (SOUZA, 2015). Na época, segundo PP1, qualquer denúncia enviada ao MICI deveria, obrigatoriamente, passar pelas Fases de Consulta e Investigação e Observância. A escolha de uma das duas fases por parte do denunciante constitui elemento novo da política do MICI, modificado a partir de 2013. Até então, somente com o rompimento do diálogo pela própria comunidade o MICI daria prosseguimento à investigação. Diferentemente da primeira fase, onde o MICI atua como intermediário entre o Órgão Executor e a comunidade afetada, na Fase de Investigação e Observância somente o BID é investigado. Nesta fase, o objetivo é investigar se o Banco descumpriu com suas políticas operacionais (Informação verbal).

Com a admissibilidade da denúncia o MICI altera, pela primeira vez, as regras da participação social, até então, levadas a cabo pela administração municipal. De acordo com PP1, havia um acordo tácito entre o Banco e a administração municipal, pela resolução imediata do caso HBB (Informação verbal). Talvez, motivada pelas ações propositivas dos movimentos sociais na denúncia do caso HBB no âmbito internacional. Neste ponto, a Fase de Consulta foi levada a cabo em três etapas: Preparação das partes para o diálogo, Diálogo e Acordo. Alguns pontos importantes devem ser destacados nessas três etapas. Durante a etapa de Preparação, em março de 2012, foram escolhidos interlocutores entre as partes, tanto da prefeitura, tanto dos movimentos sociais, estes últimos, assessorados juridicamente pela defensoria. Os interlocutores deveriam decidir e indicar quais os temas a serem incluídos no processo de consulta, bem como as regras do diálogo (MECANISMO..., 2015).

Em dezembro de 2013, os interlocutores das famílias afetadas e os representantes da prefeitura chegaram a uma proposta de acordo. A prefeitura financiaria a construção dos imóveis com recursos próprios e faria a concessão do título de propriedade. O acordo firmado previa a construção de 28 casas individuais de 50,62 m$^2$, situadas numa área a 4km do centro da cidade. A previsão para construção das residências seria de 18 meses a serem financiadas pela prefeitura, de acordo com a modalidade do Programa Minha Casa Minha Vida (MECANISMO..., 2015). Simultaneamente, em dezembro, os moradores receberam indenizações pela destruição de seus imóveis, e pelos danos morais decorrentes, estes últimos, calculados em 20 salários mínimos para cada morador (SOUZA, 2015).

## Considerações finais

Por meio da pesquisa documental e oral constatou-se que a participação social das comunidades afetadas e dos movimentos sociais de São José dos Campos ocorreu de forma subordinada no Programa Habitar Brasil BID. O reassentamento involuntário limitou-se à obtenção de concordância e adesão dos moradores ao HBB, mas, não buscou identificar e atender as demandas dos moradores.

Todavia, o MICI representou para os movimentos sociais de São José dos Campos um canal de denúncia, mas não apenas, pois a admissão da denúncia pelo MICI, seguida da abertura da fase de diálogo que propiciou o estabelecimento de um espaço participativo, onde puderam lutar por reparação dos danos sociais e ambientais causados pelo BID.

Considera-se que, além de fiscalizar o cumprimento das diretrizes do BID e dispor de salvaguardas às comunidades afetadas, o MICI, essencialmente, cumpre uma função específica no BID: primeiro, protege os financiamentos multilaterais de programas habitacionais para as cidades da América Latina contra eventuais prejuízos causados às comunidades assistidas, e que, porventura, provoquem rescisões contratuais; segundo, minimiza desigualdades sociais nos países da América Latina, evitando assim, que as contradições sistêmicas eclodam na forma de revoltas e insurreições nestes territórios.

## Referências

ARANTES, Otília Fiori. Uma estratégia fatal: a cultura nas novas gestões urbanas. In: ARANTES, O. F.; VAINER, C. B.; MARICATO, E. *Cidade do pensamento único: desmanchando consensos*. Petrópolis, RJ: Vozes, 2000.

ARANTES, Pedro Fiori. *O ajuste urbano: as políticas do Banco Mundial e do BID para as cidades latino-americanas*. Dissertação de mestrado/Arquitetura e Urbanismo, FAUUSP, São Paulo/SP, 2004.

ARANTES, Pedro Fiori. O ajuste urbano: as políticas do Banco Mundial e do BID para as cidades. *Rev. Pós*, n. 20, São Paulo, 2006.

BID. BANCO INTERAMERICANO DE DESENVOLVIMENTO. *Reassentamento involuntário: Política operacional e documento de antecedentes*. Washington, D. C./ USA, 1998. Disponível em: https://www.iadb.org/pt/sobre-o-bid/politicas-SEToriais-%2C6194.html Acesso: 15/05/2014.

______. *Política de Igualdade de Gênero e Desenvolvimento*. Washington, D. C./ USA, 2010. Disponível em: https://www.iadb.org/pt/sobre-o-bid/politicas-SEToriais-%2C6194.html Acesso: 17/02/2018.

BOURDIEU, Pierre. *O Poder Simbólico*. Rio de Janeiro: Editora Bertrand Brasil, 1989.

______. *Razões Práticas: Sobre a teoria da ação*/ Pierre Bourdieu: Tradução: Mariza Corrêa – Campinas, SP: Papirus, 1996.

DE MARIO, Camila Gonçalves. Afinal, Políticas públicas participativas propiciam resultados justos? In: ALMEIDA, L. S. B.; LAISNER, R. C. *Políticas públicas e participação social* [recurso eletrônico] / Organizado por Lindjane de Souza Bento Almeida e Regina Claudia Laisner. Natal: EDUFRN, 2018. Disponível em: https://repositorio.ufrn.br/jspui/handle/123456789/24959 Acesso: 27/09/2018.

DOMBROWSKI, Osmir. A participação subordinada: instituições participativas locais no sistema federativo brasileiro. In: ALMEIDA, L. S. B.; LAISNER, R. C. *Políticas públicas e participação social* [recurso eletrônico] / Organizado por Lindjane de Souza Bento Almeida e Regina Claudia Laisner. – Natal: EDUFRN, 2018. Disponível em: https://repositorio.ufrn.br/jspui/handle/123456789/24959 Acesso: 27/09/2018.

HAESBAERT, Rogério. *O mito da desterritorialização: do "fim dos territórios" à multiterritorialidade.* Rio de Janeiro: Bertrand Brasil, 2011.

MAKINO, Rogério. *Bancos multilaterais de desenvolvimento e capacidade estatal: o BID, o Brasil e a Argentina.* Tese de doutorado/Ciências Sociais. CEPPAC/UB, Brasília/DF, 2015.

MICI. MECANISMO INDEPENDIENTE DE CONSULTA E INVESTIGACIÓN. *Solicitud recibida por la Secretaría Ejecutiva.* Junio 10, 2011a. Disponível em: http://idbdocs.iadb.org/wsdocs/getdocument.aspx?docnum=38813872 Acesso: 09/11/2018

______. *Relatório de Avaliação do Programa Habitar Brasil BR-MICI004-2011.* 22 de Dezembro de 2011b. Disponível em: http://idbdocs.iadb.org/wsdocs/getdocument.aspx?docnum=38813912 Acesso: 09/11/2018.

______. *Informe de la Fase de Consulta.* Febrero 19, 2015. Disponível em: http://idbdocs.iadb.org/wsdocs/getdocument.aspx?docnum=38813912 Acesso: 09/11/2018.

PASTOR, Márcia. Gestão de políticas sociais e os desafios para a participação nos territórios. In: ALMEIDA, L. S. B.; LAISNER, R. C. *Políticas públicas e participação social* [recurso eletrônico] / Organizado por Lindjane de Souza Bento Almeida e Regina Claudia Laisner. – Natal: EDUFRN, 2018.

Disponível em: Acesso: https://repositorio.ufrn.br/jspui/handle/123456789/24959 Acesso: 27/09/2018.

ROSA FILHO, Artur. *As políticas públicas do poder executivo municipal na remoção e/ou reurbanização das favelas do município de São José dos Campos.* Dissertação de mestrado/ Planejamento Urbano e Regional, PLUR/UNIVAP, São José dos Campos, 2002.

RESCHILIAN, P. R.; SANTOS, C. R. Representações socioespaciais de moradores da Favela Nova Tatetuba em São José dos Campos, em GUIMARÃES, A. C. M.; ZANETTI, V. (org). *São José dos Campos: Cotidiano, Gênero e Representação* - Vol. VII – Univap, São José dos Campos/SP, 2014.

SÃO JOSÉ DOS CAMPOS. *Lei Nº 5366/99 de 23 de Abril de 1999 que autoriza a implantação do "Programa Habitar Brasil/ BID" no Município de São José dos Campos.* 1999. Disponível em: https://leismunicipais.com.br/pdf/Lei-ordinaria-5366-1999-Sao-jose-dos-campos-SP.pdf

SANTANA, Joana Valente. *Banco Interamericano de Desenvolvimento e a política urbana no Município de Belém: tensões e compatibilidades no modelo de gestão de cidades e no discurso da participação social.* Tese de doutorado/Serviço Social, ESS/UFRJ, Rio de Janeiro/RJ, 2006.

______. Desenho ideológico do BID: modelo de gestão no Promaben em Belém, Pará. *R. Katál.* Florianópolis, v. 15, n. 1, p. 21-31, jan./jun, 2012.

SANTOS, Cíntia Ribeiro dos. *Descortinando o espaço do "Nova Tatetuba" ou "Morro do Regaço" em São José dos Campos (1956-2004).* Trabalho de Conclusão de Curso em História. FEA/UNIVAP, São José dos Campos/SP, 2010.

SVAMPA, Maristella. Movimientos Sociales, matrices socio-políticos y nuevos escenarios en América Latina. *Working Papers*, 01/2010. Disponível em: https://kobra.uni-kassel.de/bitstream/urn:nbn:de:hebis:34-2010110334865/1/OWP_Working_Paper_2010_01.pdf Acesso em: 03/03/2018.

SOUZA, Jairo Salvador de. *O papel da Defensoria Pública no controle das políticas públicas relacionadas aos Direitos Fundamentais Sociais à Cidade e à Moradia Digna: o caso BID-HABITAR Brasil, São José dos Campos, São Paulo.* Dissertação de mestrado/Direito, Centro Universitário Salesiano de São Paulo, Lorena-SP, 2015.

VAINER, Carlos B. Pátria, Empresa e Mercadoria: notas sobre a estratégia discursiva do Planejamento Urbano Estratégico. In: ARANTES, O. F.; VAINER, C. B.; MARICATO, E. *Cidade do pensamento único: desmanchando consensos.* Petrópolis, RJ: Vozes, 2000.

ZIBECHI, Raúl. *Territorios en resistencia: Cartografía política de las periferias urbanas latinoamericanas.* Buenos Aires, Argentina: Cooperativa de Trabajo Lavaca Ltd., 2007.

## *Entrevistas*

PP1/Participante da Pesquisa 1 (2018). Servidor público. Assistente Social. Entrevista concedida aos autores. São José dos Campos.

PP2/Participante da Pesquisa 2 (2018). Consultor(a) particular contratado(a) pelo Mecanismo Independente de Consulta e Investigação (MICI). Entrevista concedida aos autores. São José dos Campos.

# Planejamento autônomo e ação política na produção da cidade:
## *movimentos, mobilizações e direito à cidade no Brasil contemporâneo*

Giselle Tanaka
Fabrício Leal de Oliveira
Luis Régis Coli

## Introdução

No século XXI, ações de resistência e luta social se desenvolveram em várias cidades do Brasil protagonizadas por populações ameaçadas de remoção. A realização de megaeventos internacionais (Olimpíadas e Copa Mundo, principalmente) abriu novas frentes de intervenção urbana em um ciclo de investimentos públicos que impulsionaram o avanço do setor imobiliário sobre bairros populares, acelerando os processos em curso.

Neste texto, nos debruçamos sobre um conjunto de experiências de organizações de moradores contra remoções apoiados por movimentos sociais e assessorias técnicas – na maioria dos casos universitárias – nas cidades do Rio de Janeiro, Fortaleza, Salvador, São Paulo e Belo Horizonte. O Rio concentra a maior parte dos casos, por diversas razões de ordem prática, conjuntural e política: é no Rio que está sediado o projeto de pesquisa[1] que forneceu insumos para as análises aqui apresentadas; o Rio sediou todos os grandes eventos esportivos que ocorreram nas duas últimas décadas no Brasil, especialmente as Olimpíadas de

1 Desenvolvido no Laboratório Estado, Trabalho, Território e Natureza do Instituto de Pesquisa e Planejamento Urbano e Regional da Universidade Federal do Rio de Janeiro – ETTERN/IPPUR/UFRJ.

2016, com seus grandes projetos e vultosos recursos; o Rio vem sendo gerido, desde 1993, por uma sequência de prefeitos que construíram vínculos estreitos com elites empresariais que, há muito, reivindicam uma ação mais contundente com relação aos assentamentos populares que ameaçam negócios e projetos de valorização fundiária nas "áreas nobres" da cidade.

Após uma breve apresentação das experiências estudadas, abordamos alguns elementos que têm caracterizado as distintas formas de mobilização, buscando avançar na discussão sobre o planejamento popular realizado fora das instituições governamentais.

## Os casos

Todos os casos estudados estão situados em grandes cidades que receberam recursos volumosos para a realização de grandes projetos que implicaram conflitos sociais. A seleção dos casos se deu levando em consideração as diferentes formas de resistência e luta política realizadas por famílias ameaçadas, tendo como parceiros movimentos sociais e seus distintos aliados. Na apresentação sintética que fazemos a seguir, apontamos a principal justificativa da ameaça de remoção, as principais formas de organização para a resistência e os meios de planejamento mobilizados.[2]

2 Os conflitos envolvem redes mais amplas de agentes e uma complexidade de ações que, na maioria dos casos, se desdobraram por vários anos. Ao longo do texto, estão indicadas algumas das principais referências para maior aprofundamento dos casos selecionados.

| **Caso (referência)** | **Cidade, Estado** | **Ameaça de remoção** | **Formas de organização e instrumentos mobilizados** |
|---|---|---|---|
| **Comunidades do Trilho** (MONTE *et al*, 2016) | Fortaleza, CE | Implantação de Veículo Leve sobre Trilhos (VLT) no contexto da Copa do Mundo de 2014. | Elaboração do Dossiê das "Comunidades Ameaçadas de Remoção pelas Obras da Copa" com assessoria universitária. Criação do Movimento de Luta pela Defesa da Moradia - MLDM |
| **Morro da Providência** (SÁNCHEZ *et al*, 2016) | Rio de Janeiro, RJ | Obras de urbanização que privilegiaram interesses turísticos ligados à Operação Urbana Consorciada "Porto Maravilha". | Ação judicial via Defensoria Pública do Estado, com apoio de ONGs, parlamentares e assessoria universitária. Estudo técnico universitário de área atingida. |
| **Pico do Santa Marta** (TANAKA, 2017) | Rio de Janeiro, RJ | Alegação de risco geotécnico sem apresentação de laudo oficial. | Elaboração de um contra laudo geotécnico, com apoio de coletivo técnico independente, em defesa da possibilidade de urbanização. |
| **Rocinha - Área do Labouriaux** (SØRBØE e BRAATHEN, 2017) | Rio de Janeiro, RJ | Alegação de risco geotécnico no contexto das obras de urbanização do PAC[3], sem apresentação de laudo oficial. | Ações de contestação do projeto de urbanização articuladas por organização de moradores, movimentos sociais e assessoria universitária. |

3 Programa de Aceleração do Crescimento, do Governo Federal.

| **Caso (referência)** | **Cidade, Estado** | **Ameaça de remoção** | **Formas de organização e instrumentos mobilizados** |
|---|---|---|---|
| **Arroio Pavuna** (TANAKA, 2017) | Rio de Janeiro, RJ | Construção de obra viária (*Bus Rapid Transit* - BRT Transcarioca) integrante do projeto "Cidade Olímpica". | Elaboração de projeto de regularização fundiária com assessoria técnica universitária e apoio da Secretaria de Patrimônio da União - SPU/Governo Federal. |
| **Horto Florestal** (OBSERVATÓRIO, 2018) | Rio de Janeiro, RJ | Alegação de localização em área de interesse ambiental. | Projeto de regularização fundiária com assessoria universitária e apoio da Secretaria de Patrimônio da União - SPU/ Governo Federal. Ações com apoio de movimentos sociais e criação do Museu do Horto. |
| **Ocupação Dandara** (MAYER & LOURENÇO, 2016) | Belo Horizonte, MG | Ação de reintegração de posse e projeto de incorporação imobiliária. | Ações jurídicas com assessoria popular, mobilizações em espaços públicos. Elaboração do Plano Diretor de Dandara. |
| **Saramandaia** (FERNANDES *et al*, 2014) | Salvador, BA | Implantação da Via Expressa Linha Viva. | Elaboração de Plano de Bairro para Saramandaia com assessoria universitária. Realização da campanha de comunicação *Saramandaia Existe!* |

| Caso (referência) | Cidade, Estado | Ameaça de remoção | Formas de organização e instrumentos mobilizados |
|---|---|---|---|
| **Vila Autódromo** (VAINER *et al*, 2013; OLIVEIRA *et al*, 2016; TANAKA *et al*, 2018) | Rio de Janeiro, RJ | Obras do Parque Olímpico, principal núcleo de eventos das Olimpíadas de 2016. | Ações de resistência articuladas com uma rede de apoiadores e movimentos sociais. Elaboração de Plano Popular com assessoria universitária. Ações jurídicas via Defensoria Pública do Estado. Campanha de comunicação com o Comitê Popular da Copa e Olimpíadas. |
| **Vila da Paz** (SANTO AMORE *et al*, 2016) | São Paulo, SP | Implantação de Projeto do Polo Institucional de Itaquera, com implantação do Parque Linear do Rio Verde e construção de estádio para a Copa do Mundo 2014. | Elaboração o Plano Popular Alternativo da Vila da Paz com assessoria universitária. |
| **Região das Vargens** (APPV, 2017) | Rio de Janeiro, RJ | Projeto de Operação Urbana Consorciada (OUC) e Plano de Estruturação Urbana (PEU) que altera a legislação urbanística local. | Criação da Articulação Plano Popular das Vargens, formada por moradores e apoiadores. Elaboração de Plano Popular com assessoria universitária. |

## Um novo ciclo de mobilizações?

As lutas e resistências contra as remoções integram um novo momento de mobilizações populares no Brasil em que movimentos sociais se articulam em novas organizações e coletivos, com novas formas de ativismo. As redes contra as remoções mobilizaram um conjunto de agentes propiciando encontros entre organizações de moradores de bairros ameaçados, lideranças históricas de luta por moradia e pela reforma urbana, ONGs e militantes em defesa de direitos humanos, parlamentares de esquerda e novos ativistas.

Espaços de articulação política foram mobilizados em torno de ações concretas em defesa de bairros ameaçados, como mostra o exemplo dos Comitês Populares da Copa e Olimpíadas. Constituídos nas 12 cidades-sedes da Copa do Mundo de 2014 e das Olimpíadas de 2016 como espaços de contestação dos impactos e das violações de direitos relacionados aos megaeventos esportivos, os Comitês se tornaram espaços de unificação de lutas, a despeito de divergências pré-existentes, para o planejamento de ações de resistência e ações de maior fôlego, como o fortalecimento de organizações populares e a realização de campanhas de comunicação.

Os novos espaços políticos que se formaram nos anos 2010 já se colocam, em grande medida, críticos às limitações das lutas sociais do período anterior, que aqui estamos denominando como lutas pela reforma urbana (TANAKA, 2017).[4] Movimentos

4 As lutas urbanas no Brasil tiveram um ciclo ascendente a partir do final dos anos 1970, com os chamados novos movimentos sociais urbanos e as lutas pela reforma urbana (GOHN, 1997). Nos anos 1990, há um arrefecimento desses movimentos (RIBEIRO e CARDOSO, 1996) e um processo de institucionalização da agenda da reforma urbana que se manifesta no Fórum Nacional de Reforma Urbana, em espaços acadêmicos de elaboração de propostas para o planejamento e a gestão ur-

de luta por moradia e militantes da reforma urbana buscavam novas formas de atuação junto a populações diretamente atingidas, agindo na defesa contra violações de direitos, pressionando por reparações e, ao mesmo tempo, agindo no sentido de conectar as ações políticas em escala mais ampla. As críticas atingem a falta de efetividade dos espaços institucionais conquistados, como os conselhos e conferências estatais de habitação e política urbana e as audiências públicas para aprovação de planos e projetos, buscando-se abrir novas esferas de atuação, com maior alcance público. As organizações de bairro contra remoções se colocaram como espaço concreto de ação, reunindo esses militantes com organizações populares e novos ativistas em encontros que propiciaram a mobilização de recursos distintos, fruto das trajetórias de lutas políticas de cada agente, e inovações concebidas no calor das lutas em curso. Lideranças de movimentos sociais elaboravam rapidamente manifestos políticos, assim como traziam sua experiência para organização de atos de rua e ocupações; lideranças populares traziam sua prática de produção de panfletos, camisetas e faixas para dialogar com moradores; ONGs traziam suas redes de mídia e comunicação digital, assim como a inserção em agências, conselhos e comitês internacionais; pesquisadores e estudantes universitários mobilizavam profissionais e redes de conhecimento, e assim por diante.[5]

---

bana, na atuação de ONGs e em prefeituras progressistas (TANAKA; 2017). No campo das lutas sociais, são crescentes os balanços no sentido de registrar uma menor mobilização popular de base quando do direcionamento da agenda da reforma urbana para a agenda de Estado.

5 Esses repertórios não são, obviamente, estanques, e eram constantemente reapropriados e reinventados pelos coletivos. Essas redes de agentes tiveram importância determinante no curso dos conflitos, por permitir uma ampla mobilização de recursos tanto no sentido de criar fatos políticos significativos, aproveitando oportunidades, como para agir rapidamente em momentos de ameaça.

À época das manifestações de junho de 2013, esses coletivos já vinham se mobilizando há alguns anos e conseguiram visibilizar suas pautas e incidir no desenvolvimento da maioria dos casos estudados. Autoridades públicas, sentindo-se ameaçadas, abriram espaços de negociação, privilegiando contatos com grupos políticos previamente organizados nas cidades, e houve espaço para a contestação de remoções em curso. No Rio de Janeiro, este foi um momento decisivo, que fez com que a prefeitura anunciasse a interrupção imediata de todas as ações que implicavam em remoções e a abertura de diálogos com os atingidos.[6]

Nas experiências destacadas, foi possível observar alguns elementos que têm caracterizado as distintas formas de mobilização acionadas para resistir aos poderes de ordem estatal e empresarial que visavam sua desterritorialização.[7] Foi possível perceber como as mobilizações foram, e continuam sendo, capazes de gerar novas solidariedades, alterar a estrutura associativa das classes populares e criar uma pluralidade de novos espaços públicos, ampliando e revitalizando espaços já institucionalizados (MEDEIROS, 2012). Ainda que ações em torno de demandas por habitação, terra, trabalho, equipamentos e serviços coletivos tenham uma longa tradição (MUTZENBERG, 2011), é fundamental que não se ignore o papel contemporâneo das arti-

6 As remoções foram retomadas alguns meses depois, mas, em alguns lugares, como no Morro da Providência, foram de fato suspensas.

7 Vale lembrar que reconhecemos a complexidade inerente à teorização sobre os movimentos sociais, e nos juntamos aos muitos esforços que vêm alimentando este debate, pois, como já apontava Melucci (1994, p.190 *apud* GOHN, 1997), tais movimentos compõem "parte da realidade social na qual as relações sociais ainda não estão cristalizadas em estruturas, onde a ação é portadora imediata de tessitura relacional da sociedade e do seu sentido".

culações em redes e da tecnologia comunicacional,[8] observados nos casos aqui estudados.

Os instrumentos de mobilização online, na forma de campanhas, têm sido capazes de dinamizar a comunicação entre as pessoas e produzir novas formas de ação, amplamente observados nas mobilizações estudadas, "além de demonstrar seu grande potencial de afetar tanto o cotidiano, quanto a vida econômica, social e política" (MEDEIROS, 2012, p.8).[9]

Observa-se também um alargamento das pautas, para além da "agenda da reforma urbana", explicitada e institucionalizada no Ministério das Cidades em torno da moradia, transportes e mobilidade urbana, saneamento ambiental e formulação de planos diretores participativos. Os espaços de planejamento populares autônomos permitiram trazer à pauta elementos muitas vezes secundarizados diante das estruturas rígidas dos programas governamentais, ou mesmo da agenda prioritária

8 Sobre articulações em redes, por exemplo, Scherer-Warren (2009, p. 9) destaca que elas: "...] tem empoderado os movimentos sociais, na medida em que aproximam e criam espaços interorganizacionais, de trocas materiais e simbólicas, comunicação e debate, entre as bases das ações coletivas (incluindo-se aí os espaços comunitários do cotidiano dos grupos subalternos), contando com a mediação de agentes políticos articulatórios (fóruns e redes interorganizacionais diversas), com a possibilidade de participação em mobilizações na esfera pública (marchas, protestos e campanhas), formando assim as redes de movimentos sociais".

9 Vale ressaltar que alguns desses espaços políticos tiveram duração limitada, como os Comitês relacionados aos megaeventos esportivos, mas observou-se um fortalecimento de espaços mais perenes de organização popular, como o Conselho Popular no Rio de Janeiro (que reúne lideranças populares, assessorias técnicas, a Pastoral de Favelas e a Defensoria Pública do Estado), grupos universitários com engajamento nas lutas populares, como o Lugar Comum, da Universidade Federal da Bahia, que atuou no Plano de Saramandaia, e assessorias jurídicas universitárias e populares em Belo Horizonte, no caso de Dandara.

definida em espaços de decisão distantes do cotidiano popular, como será abordado adiante.

Para além das lutas contra as remoções, importante notar que esse é também um momento de renovação da luta feminista, de multiplicação dos movimentos negros nas periferias, movimentos de mulheres negras, movimentos da juventude e outros movimentos culturais periféricos, que se fortalecem tanto nas ações locais, como nos momentos de tomada dos espaços públicos, como foi junho de 2013 (SCHERER-WARREN, 2014).[10]

## O planejamento popular autônomo como instrumento de ação política

Nas experiências pesquisadas, as comunidades organizadas para resistir à remoção utilizaram o recurso de elaborar contrapropostas e planos populares como resposta às tentativas do Estado de impor uma solução urbana única. A análise de aspectos relacionados a essas formas de planejamento autônomo em contexto de conflito conduziu à atribuição da noção de *planejamento conflitual* a processos em que o contexto e a natureza do conflito se relacionam diretamente com a forma como o planejamento se realiza e os produtos esperados. O ritmo do conflito e as condições e conjunturas políticas, econômicas e sociais no qual ele se dá intervém nas formas como o processo de planejamento se desenvolve e como agentes em questão se relacionam para realizá-lo, seja no se refere à abran-

10 Estamos aqui tratando do sentido específico que junho de 2013 teve para os movimentos em questão. Não cabe aqui avançar nos debates em torno dos desdobramentos das manifestações a partir da ressignificação dos acontecimentos pela mídia corporativa, ou mesmo da ascensão dos movimentos de direita no Brasil.

gência, escopo e detalhamento do que é incluído no produto, ao cronograma de entrega e à destinação e divulgação dos produtos e, também, à forma como essa divulgação se dá: para quem, em qual mídia, em qual local, envolvendo quais atores (VAINER *et al*, 2013).

A ameaça de remoção, anunciada pelo Estado, motiva a organização popular, que aciona um conjunto de repertórios para fazer frente aos grupos dominantes, já que a elaboração de um discurso de direitos e a mobilização de recursos políticos se coloca como condição para disputar na arena pública. Os processos estudados têm contribuído no sentido em que criam espaços de diálogo e construção de identidades, de mobilização interna e constituição de discursos, base para a formação de sujeitos coletivos. Em que medida os sujeitos coletivos adquirem de fato autonomia, a forma como se relacionam com uma rede de alianças e sua capacidade de atuar politicamente, são questões a se aprofundar em cada caso.

Abordamos, a seguir, processos que levaram a formas de organização popular que permitiram a populações subalternas enfrentar estruturas de produção do espaço urbano que as excluem. Procuramos discutir as formas como populações ameaçadas articulam aliados para formar o(s) coletivo(s) de planejamento (sujeitos do planejamento), seus repertórios de ação política (como o instrumento de planejamento popular vem se disseminando) e a inserção desses processos nas dinâmicas e ações dos movimentos sociais.

## O direito à cidade e as narrativas de resistência

No processo de organização coletiva para a defesa da moradia, populações subalternas elaboram um discurso que confere unidade e legitimidade à sua ação, uma narrativa que conforma uma história compartilhada e um discurso de direitos, e leva à composição de alianças (em torno desse discurso) para se contrapor a um projeto que se apresenta sob o argumento de "interesse público", sustentado por um discurso técnico.

A análise dos casos apresentados revela um elemento persistente: a existência de uma construção teórica consolidada sobre a função social da propriedade não tem sido um fator determinante nas decisões políticas e judiciais relativas aos conflitos urbanos. Nas situações estudadas, assim como é perceptível a ausência de respostas urbanísticas capazes de contemplar as demandas populares, é evidente o déficit democrático nos parâmetros dominantes de ação do poder público em circunstâncias que envolvem ameaças de remoção. Direitos constitucionais já regulamentados pelo Estatuto da Cidade têm sido continuamente violados e ignorados diante das interpretações dominantes entre os juízes e autoridades brasileiras acerca do direito de propriedade em demérito de sua função social.

Ainda que a produção legislativa tenha sido intensa desde a promulgação da Constituição de 1988, aprofundando as bases da chamada "nova ordem jurídico-urbanística brasileira", esta ordem vem sendo assimilada e aplicada de forma lenta e desigual, carecendo de maior efetividade especialmente no âmbito do Poder Judiciário (FROTA, 2015, p. 37-38).

As lutas sociais que levaram a esses avanços no quadro legal e institucional, se de um lado não lograram sua efetivação na prática dos poderes públicos, por outro constituíram um campo de direitos em disputa, que vem sendo acionado por movimentos sociais urbanos (TANAKA, 2017). Nas resistências contra as remoções, o discurso de direitos está presente na afirmação de identidades a de bairros populares e da legitimidade das reivindicações populares, afirmando-se como forma de pressão pela abertura de espaços de negociação política.[11]

Diante de relações que lhes são amplamente desfavoráveis, moradores ameaçados são confrontados com um arbítrio reiterado que busca a inculcação forçada de uma condição inferior, de naturalização de uma subcidadania. As invasões de suas casas e as remoções forçadas, realizadas brutalmente no decorrer de operações policiais, constituem uma modalidade de sujeição e naturalização desta inferioridade legal, impostas aos seus lares e a suas famílias, cujas autonomia e intimidade são metodicamente desrespeitadas e negadas, sendo comuns e exacerbadas as agressões e arbitrariedades contra as mulheres (OLIVEIRA, 2014).[12] O que se apresenta, nesse sentido, é um cenário de interesses privados e governamentais que coloca em questão as possibilidades concretas de mitigação dos conflitos urbanos no Brasil, um país marcado por um rígido controle social exercido através de políticas de "segurança" de caráter notoriamente violento (GRAHAM, 2011, p. 4).

Para dispor dos territórios populares, frequentemente em associação com interesses imobiliários, o Estado se utiliza do discurso arraigado no senso comum que criminaliza as ocupações populares e aciona táticas de desinformação que impõem às famílias uma negociação desigual no processo de remoção. São procedimentos de intimidação e ameaça psicológica que podem chegar à violência aberta, no contexto dos quais lhes são feitas ofertas e ameaças, simultaneamente.

---

11 Observa-se que ter "consciência de seus direitos" mostra-se insuficiente nesse quadro, em que se faz necessário avançar na luta política.

12 Vale lembrar, por sua vez, que também são mulheres muitas das protagonistas das ações coletivas de resistência aqui destacadas.

Os casos de resistência, por sua vez, vão no sentido de se contrapor a essa condição articulando múltiplos recursos para desconstruir argumentos mobilizados pelos agentes de poder, conquistar legitimidade em sua ação política e ter seus direitos reconhecidos. Em alguns casos, conseguem ir além e colocar em questão as próprias estruturas dominantes de produção do espaço urbano.

No caso das Comunidades dos Trilhos, o Dossiê elaborado pelos moradores se baseia na narrativa dos mais velhos e na caracterização das comunidades pelos elementos que lhes são importantes em sua vivência, como forma de afirmação de sua identidade coletiva e de defesa de seus direitos. A afirmação dos direitos passa pelo reconhecimento da condição de cidadania conquistada, demonstrada pelas histórias de vida compartilhada, coletiva, de construção do bairro. O coletivo político formado para resistir mobilizou aliados externos e conseguiu visibilidade através da mídia e de atos públicos e o reconhecimento de sua condição de bairro, reduzindo drasticamente o número de famílias removidas para a realização das obras previstas pelo Governo do Estado.

Saramandaia (BA) passou por um processo semelhante no sentido em que o plano, como instrumento técnico, teve um papel menor do que enquanto meio de mobilização. Em uma área populosa, com cerca de 13 mil habitantes, o processo de elaboração do plano motivou a unificação das três associações de moradores existentes e promoveu uma articulação política de moradores e apoiadores para intervir em audiências públicas e realizar atos e campanha pela defesa do bairro. O direito à existência na cidade, na forma "autoconstruída" pelas famílias foi o centro da campanha "Saramandaia Existe!".[13]

13 Ver em https://www.youtube.com/watch?v=d1EqgxmlFPk

O movimento contra a remoção do Horto, no Rio de Janeiro, acionou a história de vida das famílias, "seus tradicionais habitantes", no Museu do Horto[14] para afirmar pelas suas narrativas o direito à moradia naquele lugar. Denunciou-se a violência do Estado, motivado por interesses privados, reivindicando-se o direito à moradia e à cidade.

Essas comunidades afirmam que não são as condições de precariedade e informalidade que lhes são impostas que determinam sua existência. Há uma luta pelo reconhecimento enquanto bairro popular, pelo reconhecimento das casas construídas, pelo seu modo de produzir cidade, que lhes garantiu uma condição de vida valorizada, da qual não abrem mão. Através da organização coletiva, lutam pelo direito de continuar sua história com autodeterminação. Os processos de planejamento, as mobilizações e articulações políticas, as ações que dele se desdobram, abrem horizontes de construção democrática que estavam sendo negados pelo próprio Estado.

## Os sujeitos do planejamento popular e os espaços de ação política

A relação entre a organização popular e a assessoria técnica tem como uma das questões centrais o protagonismo popular nos processos e nos resultados do planejamento. Há uma tensão latente em se tratando de alianças constituídas em torno de um conflito em curso, na emergência da ação política e entre agentes distintamente posicionados. Desde os anos 1960, pelo menos, movimentos sociais do campo e da cidade se articulam com militantes e assessorias técnicas para planejar e realizar ações políticas e o debate em torno do lugar das assessorias técnicas nas lutas

---

14 http://www.museudohorto.org.br

populares ganha múltiplos desdobramentos com a ampliação da prática a partir dos anos 1990.[15] No debate atual em torno do papel das assessorias, reconhece-se uma gama de atuação que vai da prestação de serviços (em geral relacionada à implementação de programas governamentais) à ação engajada nas lutas sociais.

Nos casos dos contra laudos elaborados para as situações de risco do Pico do Santa Marta e da Providência (RJ), trataram-se de produtos técnicos específicos que respondem a demandas de contraposição do argumento técnico do poder público para a remoção, com conteúdo elaborado por profissional militante, que se coloca a serviço do reconhecimento dos direitos da população ameaçada, mas procura manter uma distância clara entre "profissional/técnico" e "população/cliente". Situações semelhantes se deram nos casos do Horto e Arroio Pavuna (RJ), em que as assessorias, informadas por processos com participação dos moradores, elaboraram produtos técnicos específicos, a serem mobilizados nas lutas e negociações dos moradores frente ao poder público. O produto "plano de regularização fundiária", nesses casos, tem sido menos decisivo para a resistência da comunidade do que outras ações como atos de rua, barricadas e mobilização de apoiadores em ameaças de reintegração de posse, além da participação das lideranças em audiências públicas e reuniões com órgãos públicos com poder de decisão.

Há situações em que há uma maior fusão de papéis, com uma apropriação popular do domínio da linguagem técnica, ao mesmo tempo em que a narrativa popular orienta o produto. Esse seria o caso do Dossiê das Comunidades do Trilho (CE)

15 Em São Paulo, em decorrência do programa de provisão de moradia popular por mutirão com contratação de assessoria técnica indicada por organizações populares da gestão da prefeita Luiza Erundina (1989-92) "Funaps Comunitário", registra-se que chegaram a atuar na cidade 23 assessorias técnicas.

em que profissionais da universidade e moradores definiram em conjunto o conteúdo e o formato do produto. Os moradores atuaram igualmente como pesquisadores, realizando entrevistas e levantamentos de suas comunidades, e as decisões sobre o conteúdo final do dossiê foram também tomadas conjuntamente, tendo moradores participado inclusive da redação. A elaboração do dossiê foi central no movimento de mobilização e como meio de integração das diversas comunidades atingidas.

Mais complexo é o caso do Plano Diretor de Dandara, ocupação que conforma uma aliança entre movimentos de luta por moradia (tradicionais e novos), as Brigadas Populares, o Movimento Sem Terra, assessoria técnica universitária, lideranças políticas de movimentos sociais tradicionais, novos ativistas e famílias sem teto em luta por moradia, com apoio expressivo da Comissão Pastoral da Terra (MAYER & LOURENÇO, 2016). Além de expressar a construção coletiva do movimento e a vontade popular, o Plano Diretor, deveria servir de base para a defesa jurídica da ocupação quanto a condicionantes ambientais e legais. Por outro lado, enquanto as diretrizes de elaboração do projeto pela assessoria técnica definidas pelas lideranças da ocupação defendiam formas de gestão comunitária da terra, com lotes coletivos e destinação de grandes áreas para usos comuns, a maior parte das famílias desejava o máximo de aproveitamento do terreno para lotes privados unifamiliares, o que terminou por levar à elaboração de um projeto "conciliatório", atendendo ao desejo de lotes individuais das famílias e reservando algumas áreas para usos comunitários.[16]

16 Conforme apontam Mayer e Lourenço (2016, p. 336), a ocupação do território "também reproduz práticas sociais, políticas e urbanísticas próprias de uma ordem social ainda subjugada à propriedade privada, à competição, ao individualismo, às opressões, ao medo e ao egoísmo".

Em Vila Autódromo e Vila da Paz, seguindo metodologias participativas, os moradores foram envolvidos em todas as etapas de planejamento, desde a pactuação da metodologia a ser realizada, no desenvolvimento do trabalho e tomadas de decisões e, ao final, a assessoria técnica consolidou um produto que foi submetido à assembleia popular para aprovação.

No caso das Vargens, com o envolvimento direto dos moradores na direção dos trabalhos e na elaboração de diagnósticos (ou leituras das questões locais), a assessoria técnica foi muito menos autônoma em seu poder de apresentação de cenários alternativos para decisão, ainda que, como todo ator envolvido, tenha interferido decisivamente nos processos.

Observando de perto o caso da Vila Autódromo, constata-se que a direção ou protagonismo na orientação dos processos de planejamento autônomos são fluidos e dependentes da conjuntura. Além dos moradores e militantes, sujeitos que legitimam os planos como "populares" ou "comunitários", e das suas eventuais assessorias técnicas, há influências decisivas que intervêm indiretamente ou diretamente no processo. Muitas vezes os moradores atendem, em suas propostas, a expectativas dos diversos agentes que se distribuem em um elenco variado de "apoiadores", seja em função das inserções particulares que cada morador tem em determinados movimentos e articulações sociais, seja em função de assumirem, em alguns momentos, a responsabilidade ética de representarem interesses gerais – como dos atingidos por remoções relacionadas a grandes projetos. São posições que tendem a ser episódicas e de curta duração, em função da emergência das situações específicas relacionadas ao conflito, mas que podem influir em momentos de tomada de decisão.

Esse conjunto de agentes "externos", que vem sendo denominados de "apoiadores", por sua vez, atua diretamente no papel de legitimação técnica do produto do planejamento perante o poder público e perante a sociedade. São eles, muitas vezes, que vão conferir condições políticas para que grupos subalternos se vejam capazes de contestar decisões tomadas por grupos de poder que lhes ameaçam, abrindo espaços onde denúncias possam ser expressas abertamente e direitos reivindicados, sem medo de retaliações, e propostas alternativas possam ser consideradas e equiparadas às propostas "oficiais".

No Rio de Janeiro, identificamos um conjunto diverso de agentes que intervém nos conflitos observados na década de 2010, que vão se confrontar em diferentes níveis com a Prefeitura, o Governo do Estado e seus muitos parceiros privados (os mais onipresentes são incorporadores imobiliários e empreiteiras de obras públicas). Entre eles, pode-se destacar a Defensoria Pública do Estado, movimentos sociais pelo direito à moradia, movimentos relacionados à agroecologia (Vila Autódromo e Vargens), funcionários de órgãos públicos que assumem a defesa da proposta comunitária (como os casos de técnicos da Secretaria de Patrimônio da União em Arroio Pavuna ou de professores do ensino médio nas Vargens), coletivos sociais os mais diversos (cultura, mobilidade urbana etc.), articulações sociais temporárias, como o Comitê Popular da Copa e Olimpíadas do Rio de Janeiro, Igrejas locais, entre outros. Esses agentes estiveram presentes, com maior ou menor integração ao coletivo de resistência, dependendo de momentos específicos do conflito.

Além disso, os territórios de conflito são marcados de forma indelével pelas histórias de luta específicas, por fracassos ou sucessos anteriores (como é o caso de muitos moradores que foram/são lideranças sociais em movimentos de moradia, agroecologia, mobilidade, conselheiros municipais de saúde, educação, etc.) e, também, por conjunturas de poder e controle público ou privado que constrangem ou estimulam, em diferentes graus, os processos de articulação social, mobilização e, em última análise, as definições incluídas nos planos e estratégias de ação.[17]

No Morro da Providência, o Fórum Comunitário do Porto, formado por assessorias parlamentares, grupos universitários, ONGs e participação variável dos moradores ao longo do tempo, com momentos de maior e menor engajamento, teve uma grande importância para a resistência contra as remoções relacionadas ao projeto de urbanização, sendo capaz de, junto com o NUTH/Defensoria Pública do Estado, barrar temporariamente as obras. O contra laudo, elaborado por um coletivo técnico associado ao NUTH e a movimentos sociais autônomos, foi um instrumento importante para contestar a delimitação das áreas de risco geotécnico da prefeitura.

Já na região das Vargens, a relação íntima entre morar e plantar dos moradores antigos foi fundamental para construção de elos pessoais e políticos com movimentos pela agroecologia e preservação das florestas e mananciais locais. Por outro lado, muitas lideranças do Plano Popular das Vargens são antigos militantes de movimentos sociais por moradia (como o extinto MUP - Movimento União Popular), o que colaborou de forma importante - assim como em Vila Autódromo - para a articula-

17 A mobilização social de Vila Autódromo não pode ser entendida sem uma leitura da organização dos fiéis católicos articulados na Igreja de São José Operário, sem considerar a inserção de determinadas lideranças no Comitê Popular da Copa e em movimentos sociais de moradia do passado recente (anos 1990) ou sem uma análise do histórico de atuação do Núcleo de Terras e Habitação (NUTH) da Defensoria Pública do Estado do Rio de Janeiro em defesa de moradores de favela e/ou atingidos por projetos públicos.

ção e mobilização social que garantiu um amplo leque de apoiadores às iniciativas autônomas de planejamento.

Ainda que sob um contexto difícil,[18] a Articulação Plano Popular das Vargens envolveu representantes de movimentos pela agroecologia, membros de associações de moradores, lideranças de movimentos populares por acesso à moradia, professores do ensino secundário e outros moradores locais na realização de atividades de formação, reuniões, assembleias e audiências públicas que terminaram por aprovar uma proposta de plano alternativo para a região das Vargens. A presença dos "apoiadores" para a realização desse processo de planejamento e o caráter "técnico" de levantamentos, reuniões e assembleias garantiu a possibilidade de constituição do espaço político de convergência desses diversos agentes, conformando uma unidade de ação.

Por outro lado, em cada flutuação da conjuntura, cada momento do embate, os conflitos internos dos processos de planejamento popular mudam e, com eles, mudam as lideranças que encabeçam ou intervém mais decisivamente nos processos de planejamento. Os diferentes opositores envolvidos requerem, também, mudanças nas estratégias discursivas. Em cada situa-

18 Vargens é, também, território amplamente dominado pela Milícia, grupos paramilitares que intermediam e controlam parcialmente o acesso a serviços públicos em assentamentos de baixa renda, extorquem os moradores por supostos serviços de segurança em determinadas localidades e rejeitam as mobilizações sociais e políticas fora do seu controle. O conhecimento das histórias de assassinatos de lideranças populares de movimentos de moradia no passado recente e a presença (invisível para quem é de fora e ostensiva para os moradores) das milícias na maior parte da região oeste do Município do Rio de Janeiro contribui para criar um ambiente opressivo que constrange as lideranças locais e as suas formas de organização, muitas vezes inviabilizando reuniões e outras iniciativas coletivas, assim como depoimentos para processos de pesquisa.

ção, dependendo dos agentes opositores ou apoiadores envolvidos, os moradores/militantes podem se apresentar como sujeitos protagonistas do processo, ou como participantes de um processo liderado pela assessoria ou movimento social, caso isso confira – a critério dos moradores – maior legitimidade, ou mais avanços no que se refere à sua agenda de demandas.[19]

## Considerações finais

No Brasil, a produção acadêmica sobre planejamento popular tem significativa influência da literatura sobre planejamento insurgente, comunitário progressista ou radical, construída com base em experiências dos países centrais e, especialmente, das grandes cidades estadunidenses, quando resistências às grandes obras modernistas da década de 1950 e 1960, principalmente, inspiraram mobilizações e planos comunitários, especialmente em Nova Iorque (Angotti, 2008). De fato, em especial com relação aos casos cariocas, objeto de maior envolvimento da nossa pesquisa, a análise dos casos contribui para revelar as limitações de noções e conceitos importados como instrumentos de análise dos processos de planejamento autônomo no Brasil, ainda que deva ser

19 A emergência da situação pode alterar decisivamente o protagonismo na definição das estratégias de ação, como é o caso, por exemplo, dos embates jurídicos em torno da expedição de decretos de desapropriação para fins de utilidade pública ou dos mandatos que permitem a demolição de moradias e, também, no confronto físico com a polícia. Nesses casos, geralmente pontos culminantes de toda a disputa, a Defensoria Pública e outros apoiadores no campo jurídico assumem a liderança e encabeçam as ações, o que pode ter efeitos importantes na condução do conflito. Afinal, concentrar as estratégias de confronto com o poder público no campo jurídico e institucional implica depois ter que lidar com decisões muitas vezes desfavoráveis de um poder judiciário extremamente conservador, especialmente no que diz respeito à propriedade.

destacado o potencial heurístico das análises de Miraftab (2009), Angotti (2008) e outros autores que se preocuparam em analisar práticas e processos em curso nas periferias globais e das grandes cidades. Daí a importância de caracterizar com base empírica sólida o que aqui apresentamos como *planejamento conflitual.*

A leitura de Holston (1998) sobre as favelas cariocas, por exemplo, apresentadas pelo autor como espaços do "urbanismo insurgente", poderia apoiar a caracterização da Vila Autódromo como experiência autônoma de construção de um espaço da cidade, apesar do poder público e de suas regras. Ali, os moradores simultaneamente se queixavam das omissões dos poderes públicos e se orgulhavam de terem construído, com suas próprias mãos, o bairro que amavam e no qual gostariam de permanecer (VAINER *et al*, 2013). Mas seria difícil conceituar como "insurgentes" muitas práticas de exploração presentes na maioria das favelas, especialmente no que se refere à construção de minúsculas habitações para aluguel, quase sempre a preços exorbitantes (KAWAHARA, 2016). Na verdade, os agentes em disputa na produção do espaço da favela conformam um ambiente complexo que apenas em casos e conjunturas específicas poderia proporcionar as condições necessárias para aglutinar mobilizações sociais que resultassem em movimentos contra-hegemônicos. Da mesma forma, as práticas informais de apropriação social do espaço nas periferias urbanas e favelas incluem não apenas coletivos organizados e distribuição democrática da terra ocupada, mas, também, violentas grilagens de terra, organizadas de forma autoritária por milicianos e outros agentes.

Contribuição que merece maior destaque é a de Faranak Miraftab (2009), que divide em dois os espaços nos quais atuam as organizações políticas que a autora denomina como "insurgentes": os espaços *convidados*, espaços institucionais, sancionados, de participação da população, e os espaços *inventados*, espaços de contestação política, onde se criam e se fortalecem movimentos contra-hegemônicos. Ainda que, nos casos brasileiros, os espaços convidados sejam limitados e muitas vezes até fechados à participação dos grupos que o Estado insiste em não reconhecer.

No caso das experiências de resistência à remoção no Brasil, é importante analisar os espaços de negociação política - muitas vezes temporários e não institucionalizados - onde os sujeitos políticos conseguiram abrir algum espaço no Estado onde sua fala contou com certo reconhecimento e legitimação. Nesses, embora permaneçam as disparidades de poder e recursos políticos, autoridades públicas são forçadas a comparecer, e inclusive negociar os termos de participação. São espaços transitórios e reivindicados enquanto esferas públicas, embora com as limitações impostas pelas dinâmicas de poder (TANAKA, 2017). Esses espaços políticos criados foram resultado da pressão política realizada por sujeitos políticos que tensionaram as estruturas existentes, exigindo condições democráticas de decisão. Essas soluções transitórias podem permitir avanços capazes de gerar resultados efetivos, que dependem, por sua vez, do contexto em que se inserem, do alcance da ação política dos grupos subalternos e de sua capacidade de manter a pressão política e a visibilidade pública.

Na grande maioria dos casos brasileiros de processos de planejamento em contexto de conflito social e outras iniciativas coletivas que culminam na formulação de propostas de ação e estratégias de intervenção, especialmente no caso de conflitos entre moradores ameaçados por projetos públicos ou privados, as vitórias (ainda que pequenas e parciais) dos moradores depende de ações ou investimentos do poder público. O que significa que os espaços "convidados" de participação, promovidos e controlados pelo poder público, podem ser tão disputados quanto os "inventados" pelos moradores e ativistas sociais. Menos contra-hegemônico do que sugere Miraftab (2009), o planejamento apresentado como insurgente ou radical na literatura norte-americana é na verdade mais pragmático no que se refere à participação em processos conduzidos pelo poder público que abra alguma negociação que possa resultar em avanços positivos com relação à aceitação (ainda que parcial) da proposta produzida fora do Estado. Assim, ainda que conscientes da manipulação política, os moradores de Vila Autódromo aceitaram participar de uma rodada de dois meses de negociação com a Prefeitura, já que esta acenava com a possibilidade de urbanização do assentamento. Como apontam Oliveira *et al* (2016), a negociação não resultou em nenhuma alteração da proposta da Prefeitura para destruição total do assentamento, mas, pela primeira vez, a Prefeitura reconheceu de forma concreta a possibilidade de permanência de uma parte dos moradores em novos prédios na mesma região, o que implicou o reconhecimento (ainda que parcial) do direito dos moradores àquele território.

Por outro lado, no Brasil, conceituar como "radical" um processo autônomo de planejamento exigiria uma ruptura maior com as formas de produção e apropriação social do espaço urbano e com as instituições públicas do que aquela associada à luta pelos direitos civis nos EUA e que originaram toda uma interpretação dos sentidos atribuídos aos movimentos "radicais" norte-americanos. No Brasil, os sentidos atribuídos à noção de "radical" certamente se relacionam com os processos que confrontam diretamente um dos pilares centrais da sociedade brasileira, a propriedade imobiliária, mas deveriam implicar, também, uma ruptura com processos de gestão e de apropriação social do espaço que não está presente na maioria dos casos examinados. Muito mais "radicais" do que os processos de planejamento autônomo ou conflitual analisados neste texto, são os movimentos de ocupação de terra e prédios ociosos com atuação no campo e nas grandes cidades brasileiras (que, também, com certeza, são planejados e obedecem a estratégicas coletivas organizadas).

É importante, também, destacar duas outras questões que nos permitem diferenciar os casos estudados.

Primeiro, com relação à diferença dos contextos que abrigam os processos: alguns processos se dão em contextos mais conflituosos, em situações mais emergentes do que outras, o que interfere diretamente no ritmo do processo, nos métodos e nos produtos elaborados. No caso de Vila Autódromo, por exemplo, foi produzido um plano preliminar quatro meses depois de iniciado o processo de planejamento, porque a dinâmica do conflito exigia essa resposta, tanto no que se refere à ameaça externa de remoção pela Prefeitura, quanto pela necessidade de agilizar a mobilização interna para aglutinar os moradores em torno de uma estratégia de ação. É o que chamamos de planejamento conflitual, rótulo que cabe muito bem para os casos de Vila Autódromo e Dandara, por exemplo, e menos para outros contextos em que as pressões não foram pequenas, mas os processos de planejamento popular seguiram cursos menos pressionados pelo tempo e com maior tempo para avaliação da situação, elaboração de propostas etc.

Essa diferença na dinâmica evidentemente interfere no conteúdo e na coleta de informações, e o ritmo do conflito pode fazer, também, com que o processo de elaboração do plano se entrelace de forma muito próxima com a mobilização pela resistência. Também pode, em alguns casos, concorrer para que assessoria tenha uma interferência maior do que a desejável – no sentido de assumir a liderança dos processos – na definição do escopo dos planos, na avaliação das condições de possibilidade de intervenção na situação que gerou o conflito.

Segundo, há a questão da escala, seja no que se refere aos campos de disputa do conflito ou ao conteúdo das propostas incluídas nas ações e planos populares. Enquanto alguns planos e ações se referem estritamente a questões locais, outros articulam diferentes escalas de manifestação e luta, como no caso de Vila Autódromo. Tanto pela sua ligação com o Comitê Popular da Copa e Olimpíadas, quanto pela visibilidade que atraiu a partir das suas estratégias originais de resistência, Vila Autódromo se transformou no símbolo de uma campanha nacional contra remoções, e que atraiu a atenção da mídia internacional, por conta, certamente, das Olimpíadas 2016. Por outro lado, o plano popular não precisa estar restrito às temáticas que incidem diretamente sobre o direito de permanência frente a ameaças de remoção, mas refletir sobre outros embates mais amplos, nem sempre tratados pelo planejamento estatal ou popular, como no caso da defesa da agroecologia e pelo direito de morar e plantar no Plano Popular das Vargens, também relacionado, nesse caso, à visibilização de territórios e identidades culturais quilombolas. Ainda que os planos populares não possam detalhar propostas amplas que abranjam toda a cidade, podem propor definições gerais com relação a esses e outros temas que potencialmente impulsionam o embate para outras escalas e ampliam o leque de apoiadores

Finalmente, é importante salientar que, enquanto os moradores e movimentos tentam criar espaços de interlocução com o estado ou ampliar o espaço governamental cedido para participação e decisão – uma tentativa de "perversão" dos espaços "convidados" -, o poder público – quase sempre a Prefeitura - busca interferir nos processos autônomos de mobilização e deslegitimar os espaços "inventados" fomentando dissenções internas, produzindo desinformações, cooptando determinados atores, entre as muitas estratégias observadas. É na tensão permanente entre esses dois polos que se desenvolvem os processos de planejamento popular.

## Referências

ANGOTTI, Thomas. *New York for Sale: Community Planning Confronts Global Real Estate.* Cambridge: The MIT Press, 2008.

ARTICULAÇÃO Plano Popular das Vargens (APPV); NEPLAC/ETTERN/IPPUR/UFRJ. Plano Popular das Vargens. Rio de Janeiro: APPV; IPPUR/UFRJ, 2017.

FERNANDES, Ana *et al.* Linha Viva, Não! Salvador. In: *ANCOP. Dossiê Megaeventos e Violações de Direitos Humanos no Brasil.* Rio de Janeiro: ANCOP, 2014.

FROTA, Henrique Botelho. A Função Social da Posse como Parâmetro para Tratamento dos Conflitos Fundiários Urbanos. Revista FIDES, v. 6, n. 1, 2015.

GOHN, Maria da Glória. *Teoria dos movimentos sociais.* São Paulo: Loyola, 1997.

GRAHAM, Stephen. *Cities under siege*: The new military urbanism. Londres, Nova York: Verso Books, 2011.

KAWAHARA, Ivan. A produção do espaço na favela: elementos para a análise do mercado imobiliário. Dissertação de Mestrado. Rio de Janeiro: IPPUR/UFRJ, 2018.

MAYER, Joviano G. M.; LOURENÇO, T. C. B. Belo Horizonte, Cidade Ocupada: o caso da ocupação Dandara. In: OLIVEIRA, Fabricio L.; SÁNCHEZ, Fernanda; TANAKA, Giselle M.M.; MONTEIRO, Poliana (Org.). *Planejamento e Conflitos Urbanos*: experiências de luta. Rio de Janeiro:

Letra Capital, 2016.

MEDEIROS, Leonilde Servolo de. Os movimentos sociais como campo de pesquisa nas ciências humanas. *Mundos do Trabalho*, v. 4, n. 7, p. 7-31, 2012.

MIRAFTAB, Faranak. Insurgent planning: situating radical planning in the global South. In: *Planning Theory*, February, vol. 8, 2009. (pp. 32-50).

MONTE, Francisca Silvania S., FREITAS, Rosângela M. SALES, Rita de Cássia L. Comunidades do Trilho: lutas, resistências, conflitos e conquistas no contexto da Copa 2014 na cidade de Fortaleza (CE). *Relatório de Pesquisa*. Fortaleza: UFC, 2016.

MUTZENBERG, Remo. Movimentos sociais: entre aderências, conflitos e antagonismos. In: *Sinais - Revista Eletrônica - Ciências Sociais*. Vitória: CCHN, UFES, Edição n.09, v.1, Junho. 2011. pp.127-143.

OBSERVATÓRIO DE CONFLITOS URBANOS, ETTERN/IPPUR/UFRJ. *Relatório de Conflitos 2017-2018* - Observatório de Conflitos Urbanos. Rio de Janeiro: IPPUR/UFRJ, 2018.

OLIVEIRA, Fabricio L.; TANAKA, Giselle M. M.; BIENENSTEIN, Regina. A batalha da Vila Autódromo: "negociação" e resistência à remoção. In: VAINER, Carlos; BROUDEHOUX. Anne-Marie; SÁNCHEZ, Fernanda; OLIVEIRA, Fabricio L. (Org.). *Os Megaeventos e a Cidade:* perspectivas críticas. Rio de Janeiro: Letra Capital, 2016.

OLIVEIRA, João Pacheco de. Pacificação e tutela militar na gestão de populações e territórios. *Mana*, v. 20, n. 1, p. 125-161, 2014.

SÁNCHEZ, Fernanda; MOREIRA, Clarissa; GROSSI, Grasiele; LINS, Mariana; SANTOS, Rosane R.; BENTO, Mattheus.

Cronologia crítica da cidade em disputa: o caso do Morro da Providência no Porto do Rio de Janeiro. In: OLIVEIRA, Fabricio L.; SÁNCHEZ, Fernanda; TANAKA, Giselle M.M.; MONTEIRO, Poliana (Org.). Planejamento e Conflitos Urbanos: experiências de luta. Rio de Janeiro: Letra Capital, 2016. p. 65-112.

SANTO AMORE, Caio, REIS, Nunes L. e PEREIRA, Rafael B.. De Entrave ao Desenvolvimento a Pessoas com Direitos: A experiência do plano popular alternativo da Favela da Paz em Itaquera. In: OLIVEIRA, Fabricio L.; SÁNCHEZ, Fernanda; TANAKA, Giselle M.M.; MONTEIRO, Poliana (Org.). Planejamento e Conflitos Urbanos: experiências de luta. Rio de Janeiro: Letra Capital, 2016. p.205-230

SCHERER-WARREN, Ilse. Movimentos sociais na América Latina: revisitando as teorias. In: Palestra proferida na Mesa Redonda "Ações coletivas, movimentos e redes sociais na contemporaneidade" no XIV Congresso Brasileiro de Sociologia, 2009.

SCHERER-WARREN, Ilse. Dos movimentos sociais às manifestações de rua: o ativismo brasileiro no século XXI. Política & Sociedade, v. 13, n. 28, p. 13-34, 2014.

SØRBØE, Celina M. BRAATHEN, Einar. Contentious Politics of Slums. Understanding different outcomes of community resistance against removals in Rio de Janeiro. Relatório de Pesquisa. Oslo: NIBR, 2017.

TANAKA, Giselle M. M. "Planejar para lutar e lutar para planejar": possibilidades e limites do planejamento alternativo. Tese de Doutorado. Instituto de Pesquisa e Planejamento Urbano e Regional, UFRJ. Rio de Janeiro: IPPUR/UFRJ, 2017.

TANAKA; Giselle M. M.; OLIVEIRA, Fabricio L.; SÁNCHEZ,

Fernanda; BIENENSTEIN, Regina; BIENENSTEIN, Glauco; VAINER, Carlos; COSENTINO, Renato; MEDEIROS, Mariana; MONTEIRO, Poliana. *Viva a Vila Autódromo!* O Plano Popular e a luta contra a remoção. Rio de Janeiro: Letra Capital, 2018.

VAINER, Carlos; BIENENSTEIN, Regina; Tanaka, Giselle M. M.; OLIVEIRA, Fabricio L.; LOBINO, Camila; SÁNCHEZ, Fernanda; BIENENSTEIN, Glauco. *O Plano Popular da Vila Autódromo:* uma experiência de planejamento conflitual. Anais do XV Encontro Nacional da ANPUR. Recife: ANPUR, 2013.

# A criminalização midiática do movimento social de luta pela moradia digna

## *uma análise do conteúdo das matérias veiculadas pela imprensa escrita brasileira*

Helio Jorge Regis Almeida [1]
Bruno Soeiro Vieira[2]
Jorge Luiz Oliveira dos Santos[3]
Kaique Campos Duarte[4]

## Introdução

As lutas por moradia digna que se iniciaram com o Movimento Nacional de Reforma Urbana (MNRU) na década de 1980 trouxeram muitos impactos na legislação brasileira, destacando-se a inserção na Constituição da República de 1988 em seus artigos 182 e 183 que trouxeram o tema política urbana à ordem do dia. Treze anos depois, foi a vez do Estatuto da Cidade, Lei nacional Nº 10.257, de 10 de julho de 2001, passar a regulamentar os dispositivos constitucionais retro mencionados.

Apesar de avanços na seara legislativa (ordem urbana), isso não foi suficiente para a efetivação do Direito Fundamental à moradia no país, insculpido no rol dos direitos sociais contidos no artigo 6º da Carta da República, através da Emenda

---

1 Mestre em Direitos Fundamentais pela Universidade da Amazônia - UNAMA

2 Doutor em Direito (Pontifícia Universidade Católica de São Paulo). Doutor em Desenvolvimento Sustentável do Trópico Úmido (NAEA/UFPA).

3 Doutor em Ciências Sociais (Antropologia) pelo Programa de Pós-Graduação em Ciências Sociais (PPGCS) da Universidade Federal do Pará (UFPA)

4 Mestre em Direitos Fundamentais pela Universidade da Amazônia - UNAMA

Constitucional Nº 26, de 14 de fevereiro de 2000. Tal realidade é confirmada pela constatação de uma série de ocupações em imóveis urbanos que não atendem a sua função social terem se tornado, desafortunadamente, uma prática habitual no Brasil.

A ineficiência estatal com seu aparato burocrático aliada a uma atuação selvagem do mercado imobiliário deixou uma multidão de pessoas sem acesso à habitação. São pessoas, em sua maioria, com baixa escolaridade, com poder aquisitivo reduzido e sem ter para onde ir.

Dentro deste contexto, os movimentos sociais de luta pela moradia ocuparam espaço de relevância na sociedade brasileira vez que conseguiram organizar essa massa de espoliados (KOVARICK, 1993) dando-lhes assistência e propondo alternativas para a conquista de uma habitação digna, seja por ocupações de propriedades que não cumprem com a função social ou, ainda, por meio de demandas judiciais.

A legitimidade de tais movimentos vem se fortalecendo ante a grave crise habitacional vivenciada pelos brasileiros. Os dados oficiais revelam um déficit habitacional na faixa de 6,2 milhões de moradias no Brasil, segundo pesquisa realizada no ano de 2015 pelo Instituto Brasileiro de Geografia e Estatística (IBGE) junto a Fundação João Pinheiro, o que muito bem pode explicar no inconsciente coletivo do povo brasileiro, no que se refere a esta questão, o tão repetido mantra do "sonho da casa própria" (NALINI, 2012) refletindo e reforçando o anseio popular por um lugar decente para se morar.

Contribui para esta carência de moradas a constatação de um fenômeno lastimoso que vem se demonstrando ser um padrão nos centros urbanos das cidades brasileiras que é a existência de um grande número de imóveis ociosos, um cruel paradoxo urbano-ambiental (VIEIRA; BACELAR, 2015). Os dados referentes a esta problemática são alarmantes. Tratam-se de mais de 7 milhões de imóveis (privados e públicos) vagos nas cidades brasileiras (IBGE, 2010), constituindo-se em terrenos e construções abandonadas, casas e apartamentos ociosos ou subutilizados, principalmente, nos grandes centros urbanos.

No tocante a realidade paulistana tal problema se torna ainda mais crônico. Maior cidade da América Latina com mais de 12 milhões de habitantes, São Paulo destaca-se por seu poderio econômico sendo o principal centro financeiro, industrial e comercial do Brasil. Tais características a faz ser conhecida como a "*terra das oportunidades*" atraindo migrantes brasileiros, principalmente, das regiões Norte e Nordeste, além dos imigrantes de todas as partes do mundo, em especial, de países latino- americanos como Bolívia, Peru e Haiti e, bem como, países da costa ocidental africana lusofalantes, tais quais Cabo Verde, Guiné-Bissau e Angola.

Com esse grande fluxo migratório, o aumento populacional se intensificou e como a maioria destas pessoas que chegam à São Paulo não possuem qualificação para ingresso no mercado de trabalho formal, muitos sequer possuindo qualquer entendimento sobre o idioma pátrio, por não terem onde se instalar juntam-se a imensa massa de paulistanos desempregados que residem em condições precárias, agravando, portanto, a crise habitacional e, em uma perspectiva mais ampla, amplificando os problemas socioespaciais.

Em 2015, segundo a Fundação João Pinheiro o déficit habitacional na região metropolitana de São Paulo era de 639 mil domicílios, ao mesmo tempo, havia 1.336.162 imóveis vagos com potencial de ocupação, em suma, uma contradição explícita que demonstra que o direito à cidade não é acessível a todos.

Sem perspectivas, sem renda fixa e lutando para sobreviver, boa parte destas pessoas transformaram-se em moradores de rua, improvisando barracos em assentamentos precários e favelas[5], no qual um Estado paralelo lá existe, sendo dominado pelo tráfico de drogas, facções criminosas e pelas milícias. Ademais, podemos fazer referência aos aglomerados subnormais (IBGE, 2011), que na maioria dos casos estão localizados longe do centro dotado de infraestrutura urbana e que abriga milhões de brasileiros que vivem em situação de extrema pobreza e ausência de toda a sorte de serviços urbanos, dentre os quais, o saneamento e a moradia digna.

No entanto, milhares de brasileiros, por intermédio de movimentos sociais de luta por moradia conseguem se estabelecer em imóveis abandonados, ociosos ou subutilizados que não vem cumprindo com os ditames constitucionais de sua função social.

Este último grupo de pessoas e o seu vínculo com os movimentos organizados de luta pela moradia são os atores que interessam ao presente trabalho e que teve origem na inquietação despertada pelos pesquisadores a respeito da grande repercussão dada pela mídia escrita brasileira a respeito do desabamento do edifício Wilton Paes de Almeida, ocupado desde os anos 2000 por pessoas de baixa renda no centro da cidade de São Paulo.

O desastre, que ocorreu em 1º de maio de 2018 no largo do Paissandú, região central de São Paulo, gerou grande comoção nacional e internacional tendo colocado a questão da crise habitacional, do acesso ao Direito Fundamental à moradia no espaço urbano, as péssimas condições de vida dos habitantes de

---

5 Sobre as definições de assentamento precário e favela, sugerimos a leitura do artigo disponível em: <http://www.scielo.br/pdf/urbe/2015nahead/2175-3369-urbe-2175-3369007003AO03.pdf>. Acesso em: 23 dez. 2018.

ocupações irregulares, a discussão a respeito do direito à cidade e a atuação dos movimentos sociais na pauta do debate nacional.

O objetivo do presente trabalho consiste em identificar qual o discurso dominante expressado pela mídia impressa brasileira em relação a culpabilização do movimento social de Luta pela Moradia Digna (sem-teto) na cidade de São Paulo.

Para tal mister, adotamos o método quali-quantitativo e a técnica da análise do conteúdo das reportagens e editoriais dos dois jornais impressos ou em versão digital mais vendidos do Brasil em cada uma das regiões do país. Em razão disso, adotamos como critério metodológico de seleção, o levantamento mais recente realizado pelo Instituto Verificador de Circulação (IVC), órgão vinculado a Associação Nacional de Jornais (ANJ).

Como dito acima, a pesquisa empírica utilizou-se da técnica da análise do conteúdo contido nas matérias jornalísticas no entretempo compreendido entre 2 a 31 de maio de 2018 por intermédio de coleta de dados quantitativos através do Software *Search my files* visando identificar a recorrência de registros das palavras-chave selecionadas nas matérias e editoriais nos jornais escolhidos nesta pesquisa. Antes, porém, será contextualizada a fatalidade que deu origem ao presente artigo.

## Contexto social, fático e temporal da tragédia ocorrida em 1 de maio de 2018 no Largo do Paissandú (centro de São Paulo)

Preliminarmente à abordagem da terrível tragédia que ocorreu em São Paulo na madrugada de 1º de maio de 2018, faz-se necessária uma breve contextualização social, fático e temporal da mesma.

Construído por encomenda do empresário Sebastião Paes de Almeida na década de 1960 do século passado, o edifício Wilton Paes de Almeida teve como destinação inicial ser sede de uma empresa do setor de vidros. Situado no Largo do Paissandú, região central da maior cidade latino-americana, importante reduto boêmio e recinto de manifestações artísticas, culturais e religiosas, posteriormente, passou a ser propriedade da União tendo desempenhado um importante papel para a coletividade brasileira, uma vez que abrigou tanto a sede da Polícia Federal no Estado de São Paulo, quanto uma agência do Instituto Nacional de Seguridade Social (INSS). Leva esse nome em homenagem ao presidente do Banco Nacional do Comércio de São Paulo, instituição financeira incorporada pelo Hong Kong Shangai Bank (HSBC) desde os anos 1990.

Considerado um dos melhores exemplos da arquitetura moderna na cidade de São Paulo, a edificação fora projetada pelo arquiteto Roger Zmekhol no ano de 1961 (DOCOMO, 2018) por sua relevância arquitetônica, histórica e paisagística foi posteriormente realizado o seu tombamento no ano de 1992 pelo Conselho Municipal de Preservação do Patrimônio Histórico, Cultural e Ambiental da Cidade de São Paulo (COMPRESP). Com sua imponente fachada de vidro, o prédio foi um dos primeiros a contar com central telefônica, sistema de ar condicionado central, divisão em módulos e janelas, novidades tecnológicas da época, como se pode observar no seguinte infográfico:

# Figura 1 – Cronologia do Edifício

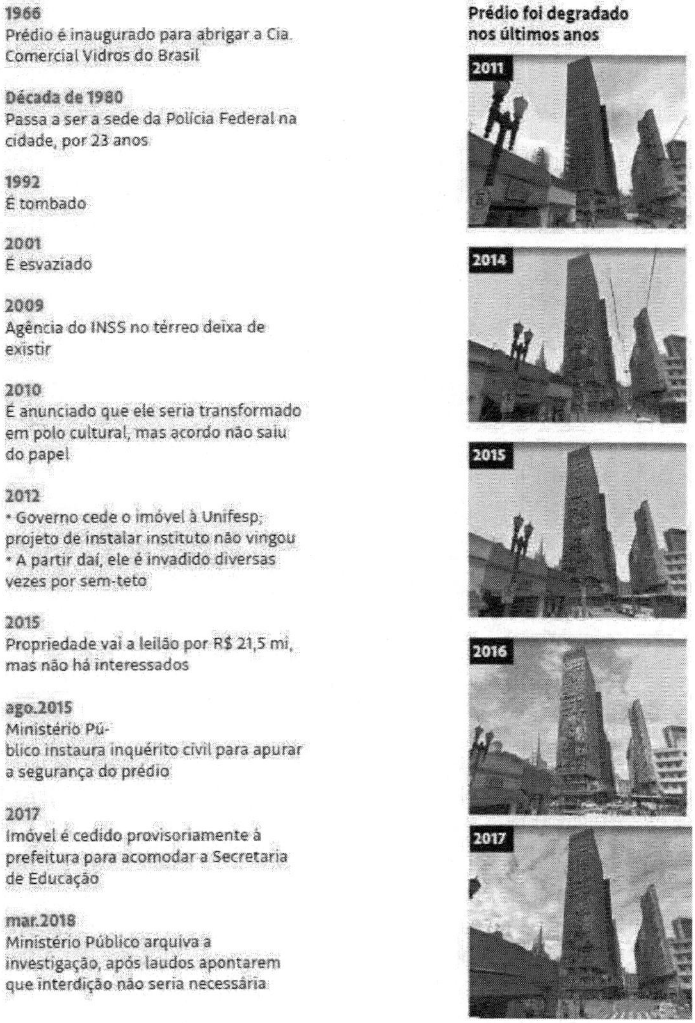


*Fonte: Jornal Folha de São Paulo*

Em que pese a sua relevância para a cidade, nos últimos tempos o edifício encontrava-se em crítico estado de conservação, fortemente degrado, resultado de anos de abandono materializado na visível falta de manutenção de sua estrutura elétrica, hidráulica e de sustentação. Aquela situação era fruto de uma omissão conjunta dos governos em todas as suas esferas, cenário agravado com o passar do tempo e cuja possível intervenção foi procrastinada de modo que a recuperação não ocorreu e um novo uso do imóvel ocorreu, isto porque dezenas de famílias de cidadãos sem-teto passaram a ocupá-lo.

Dado o fato de o edifício ter deixado de cumprir a sua função social nas últimas décadas, constatou-se que neste período uma leva de pessoas sem moradia composta por grupos familiares, mães solteiras, ex-moradores de rua, imigrantes estrangeiros, refugiados e migrantes de outros Estados da Federação se acomodaram na edificação com o apoio e organização do movimento sem teto Luta por Moradia Digna (LMD) de São Paulo.

Cumpre destacar que o apoio do referido movimento social se fazia necessário para o gerenciamento das demandas básicas de sobrevivência de seus moradores como luz, água e segurança, sendo cobrada uma taxa que variava entre R$ 200,00 (duzentos reais) à R$ 400,00 (quatrocentos reais) para cada família segundo relatos. Antes de desabar, o prédio era ocupado por 455 moradores de 171 famílias, segundo cadastro da Secretaria de Habitação do Município de São Paulo sob a coordenação do movimento LMD.

Desta forma, ante o colapso da questão habitacional já descrita, o edifício Wilton Paes de Almeida foi ocupado transformando-se em uma verdadeira *"favela"* vertical. As razões da ocupação são compreensíveis e legítimas do ponto de vista humanitário, revelando o fato de tantas famílias terem aceitado correr o risco de viver em um lugar sujeito a tal desfecho trágico.

A especulação imobiliária e a não aplicação dos instrumentos jurídico-urbanísticos previstos no Estatuto da Cidade são fatores que também contribuem para a espiral inflacionária dos aluguéis nos centros das cidades brasileiras e na Megalópole paulistana o quadro não poderia ser diferente. Por ser tratar do coração financeiro do país, local em que o capital dita as normas de conduta com maior vigor, pode-se afirmar que a situação é bastante grave. A título de exemplo, um cômodo de cortiço no centro não custa menos que R$ 800,00 (oitocentos reais), enquanto um espaço delimitado por tapumes no Edifício incendiado custava até R$ 400 (quatrocentos reais), segundo a matéria jornalística assinada por Bergamin Jr (2018).

A ocupação do prédio reflete a crise de moradia na capital mais rica do país. De acordo com a Secretaria Municipal da Habitação, há um déficit de 474 mil moradias em São Paulo e cerca de 1,2 milhão de famílias vivendo em situação precária (SÃO PAULO, 2018).

Com relação ao desabamento, teve início por volta das 1:30h da madrugada do dia 1 de maio de 2018. Tudo indica ter sido causado por um curto-circuito numa tomada com três aparelhos ligados

– TV, geladeira e micro-ondas, em um cômodo onde morava uma família de quatro pessoas (SETO; GOMES, 2018).

Por conseguinte, o fogo se propagou por todo o prédio e por volta das 2:50 h da manhã o mesmo desabou. Segundo os engenheiros, a alta temperatura deve ter atingido os pilares, estruturas que sustentam as edificações que são feitas de concreto, se deformando com o calor.

Desafortunadamente, o desastre ocorrido no Largo do Paisandú em 1º de maio de 2018 não foi um caso isolado. Recentemente, outros dois "incidentes", um ocorrido em São Paulo e outra na cidade de Curitiba (PR) ratificam à necessidade de pesquisas científicas relacionadas à temática da efetividade/garantia do direito à moradia, este que por sua vez, tem vínculo direto com o respeito à dignidade da pessoa humana, um dos fundamentos da República Federativa do Brasil, previsto no Art. 1º da Constituição Federal (BRASIL, 1988).

## Da cobertura da mídia impressa sobre o caso do desabamento do Edifício Wilton Paes de Almeida

Antes de adentrarmos a análise de conteúdo contido nas matérias jornalísticas cumpre esclarecer qual foi o critério metodológico utilizado no presente trabalho. O corte espacial é todo o território brasileiro, assim como, o recorte temporal considera o entretempo dos dias 02 a 31 de maio. Assim, foram selecionadas todas as matérias jornalísticas e editoriais dos jornais selecionados que, respeitando tais critérios, abordaram tanto a tragédia do Largo do Paissandú quanto a discussão suscitada pela violação do direito fundamental à moradia no país.

Desse modo, visando verificar as tendências editoriais e o conteúdo discursivo, foram selecionadas reportagens e editoriais acerca do desabamento do Edifício Wilton Paes de Almeida. Destarte, o *corpus* da pesquisa está materializado por dois jornais com maior circulação em cada uma das regiões administrativas do país; no total dez jornais brasileiros constituem a fonte de informações desta pesquisa. A escolha dos veículos de imprensa está embasada no levantamento mais recente realizado pelo Instituto Verificador de Circulação (IVC), órgão vinculado a Associação Nacional de Jornais (ANJ), realizado no ano de 2015.

Assim, os jornais impressos de maior circulação e com matérias analisadas para a realização do presente trabalho estão consolidados no quadro seguinte.

**Quadro I – Jornais pesquisados por região administrativa**

| Região Administrativa | Jornal 1 | Jornal 2 |
|---|---|---|
| Sudeste | Folha de São Paulo (SP) | Globo (RJ) |
| Sul | Zero Hora (RS) | Correio do Povo (RS)1 |
| Centro Oeste | Daqui (GO) | Correio Braziliense (DF) |
| Nordeste | Correio (BA) | Jornal do Commércio (PE) |
| Norte | 10 Minutos (AM) | Diário do Pará (PA) |

*Fonte: elaboração própria*

Visando promover a análise do conteúdo discursivo contido nas reportagens e editoriais e suas respectivas linhas ideológicas, decidimos utilizar o aplicativo *Search my File*, a partir da definição de um conjunto de palavras-chave. Destarte, ao adotar tais modalidades de parâmetros para a análise dos dez veículos de imprensa selecionados, levamos em consideração as dimensões continentais e as diferenças étnico-culturais de cada uma das cinco regiões político-administrativas do país, possibilitando assim uma visão panorâmica do objeto da pesquisa e um refino nas conclusões qualitativas, aproximando-se desta maneira, o máximo possível, do retrato da realidade.

Com relação às palavras-chave escolhidas objetivando realizar a análise do conteúdo, relacionamos todas (com suas variações), conforme abaixo enumeradas: 1) invasão e seus derivados (invasores, invadido); 2) Milícia; 3) Facção/ões; 4) Aproveitador/es; 5) Crime/Criminosos/as; 6)Oportunista/as; 7) Cobrança; 8) Malandro/os; 9) Aluguel/éis; 9) Bandido/os/agens; e 10) Ilegal.

## Considerações finais

O desabamento do Edifício Wilton Paes de Almeida resultou na morte e no desamparo de seres humanos. Uma verdadeira tragédia de grande proporção que poderia muito bem ter sido evitada, caso as autoridades constituídas tivessem tomado todas as medidas necessárias para a implementação de uma política pública de moradia efetiva e democrática que estivesse verdadeiramente preocupada com a questão habitacional.

A partir da análise dos dados coletados, constatamos objetivamente que a cobertura dos dez maiores meios de comunicação em mídia impressa nacional, em sua maioria, posicionam-se de forma tendenciosa, buscando passar a imagem dos líderes do movimento como exploradores do sofrimento alheio, pois segundo o conteúdo discursivo expresso nas reportagens e editoriais afirmam que existe a cobrança por parte das lideranças dos movimentos sociais de taxas/alugueis, bem como, o uso de palavras como: bandidos, milícia, facção e criminosos.

No mesmo sentido, há uma explícita qualificação pejorativa dos moradores do Edifício Wilton Paes de Almeida, denominando-os de "invasores", dentre outras palavras-chave como demonstramos na pesquisa. Destarte, o tratamento incriminador atribuído aos moradores do edifício que ruiu pode ser plenamente estendido aos demais brasileiros e brasileiros que estão na mesma situação, afinal, o conteúdo discursivo incriminador contido nas reportagens e editoriais é generalista, ou seja, todos aqueles que estiverem ocupando imóveis urbanos que não estejam cumprindo com a função social para garantir o seu direito subjetivo à moradia, serão taxados de "invasores", portanto, de criminosos, de bandidos, de milicianos e de integrantes de facção ligado à atos ilícitos.

Ademais percebeu-se que foi necessária uma tragédia de tal magnitude para que os meios de comunicação brasileiros passassem a se interessar pela temática da crise habitacional do país, chamando a atenção uma série de reportagens que destacaram o problema da moradia em âmbitos locais e regionais a respeito do tema. Todavia, a repercussão do assunto sempre esteve carregada de palavras que representam uma visão discriminatória e sem solidariedade humana, bem como, uma narrativa jornalística que não está de acordo com a ordenamento jurídico nacional que deixa patente que a moradia é um direito social e, portanto, que deve ser garantida pelo Estado.

Sendo assim, a utilização da metodologia quali-quantitativa e da técnica da análise de conteúdo realizada por intermédio do software *Search my files* possibilitou aos pesquisadores observarem objetivamente a tendência da linha editorial dominante do jornalismo brasileiro, consistindo em um esforço nada sutil de colocar como culpados aqueles que são, em verdade, as maiores vítimas devido à falta de moradia. Destarte, há uma explícita tentativa de culpabilizar o movimento social de Luta por Moradia no país.

Por fim, em que pese o fato de os movimentos sociais urbanos contemporâneos traduzirem demandas de segmentos sociais de modo a organizar a luta coletiva em face de situações de exclusão ou segregação socioespacial nas cidades, fenômeno representado, em grau máximo, pelo déficit de moradias, constatamos que o tratamento dado pela mídia impressa brasileira tende a criminalizar o movimento social de luta pela moradia.

## Referências

10 MINUTOS, Manaus (AM): Edições 02 a 31 de maio 2018. Associação dos Jornais do Brasil. Maiores Jornais do Brasil. Disponível em: <http://www.anj.org.br/maiores-jornais-do-brasil/>. Acesso em 15 nov. 2018.

BERGAMIN JR, Giba. Moradores de ocupação pagavam R$ 400 de aluguel em prédio que desabou em SP. Globo (G1), São Paulo. Disponível em: <https://g1.globo.com/sp/sao-paulo/

noticia/moradores-de-ocupacao-pagavam-r-400-de-aluguel-em-predio-que-desabou-em-sp.ghtml>. Acesso em: 21 nov. 2018.

BONDUKI, Nabil. A Reforma Urbana no Processo de Participação Popular na Constituinte. In: *Constituição 20 Anos*: Estado, Democracia e Participação Popular: caderno de textos. Brasília: Edições Câmara, 2009.

BRASIL. Constituição. *Constituição da República Federativa do Brasil*. Brasília, DF: Senado Federal, 1988.

BRASIL. Lei nº 10.257, de 10 de julho de 2001. Palácio do Planalto. Disponível em:<http://www.planalto.gov.br/ccivil_03/leis/leis_2001/l10257.htm.> Acesso em: 25 jul 2018.

BRASIL. Instituto Brasileiro de Geografia e Estatística- IBGE. Censo demográfico 2010. Disponível em:<www.censo2010.ibge.gov.br.> Acesso em: 20 jul. 2018.

BRASIL. Instituto Brasileiro de Geografia e Estatística- IBGE. Aglomerados Subnormais Informações Territoriais. Disponível em: <https://ww2.ibge.gov.br/home/presidencia/noticias/imprensa/ppts/0000000692351211201135541567 5088.pdf>. Acesso em: 20 nov. 2018.

BRASIL. Instituto Brasileiro de Geografia e Estatística- IBGE, Indicadores Sociodemográficos Prospectivos para o Brasil 1991-2030. Disponível em:<https://ww2.ibge.gov.br/home/estatistica/populacao/projecao_da_populacao/publicacao_UNFPA.pdf.> Acesso em 25 jul. 2018.

BRASIL. Instituto Brasileiro de Geografia e Estatística – IBGE. Tipologia Intraurbana - Espaços de diferenciação socioeconômica nas concentrações urbanas do Brasil. Disponível em:<https://censoagro2017.ibge.gov.br/agencia-noti-

cias/2012-agencia-de-noticias/noticias/18906-em-areas-urbanas-38-1-da-populacao-viviam-em-mas-condicoes-de-vida.> Acesso em 18 jul. 2018.

BRITTOS, Valério Cruz, BOLAÑO, César Ricardo Siqueira. (Org.). *Rede Globo*: 40 anos de poder e hegemonia. São Paulo: Paulus, 2005.

CARLOS, Ana Fani. A metrópole de São Paulo no contexto da urbanização contemporânea. ESTUDOS AVANÇADOS 23 (66), 2009. Disponível em: <http://www.scielo.br/pdf/ea/v23n66/a21v2366.pdf>. Acesso em: 20 nov. 2018.

CORREIO BRAZILIENSE, Brasília: Edições de 02 a 31 de maio 2018. CORREIO, Salvador (BA): Edições de 02 a 31 de maio 2018.

DAQUI, Goiânia (GO): Edições de 02 a 31 de maio 2018.

DIÁRIO DO PARÁ, Belém (PA): Edições de 02 a 31 de maio 2018.

DOCOMO. A perda de um ícone da arquitetura moderna paulista: o Edifício Wilton Paes de Almeida. Disponível em: <https://www.nucleodocomomosp.com.br/noticias/a-perda-de-um-%C3%ADcone-da-arquitetura-moderna-paulista-o-edif%C3%ADcio-wilton-paes-de-almeida>. Acesso em: 21 nov. 2018.

FALCÃO, Monique. FALBO, Ricardo. Quilombo das Guerreiras e Zumbi dos Palmares: Movimentos Sociais pelo direito à moradia na cidade do Rio de Janeiro. R*evista de Direito da Cidade*, Rio de Janeiro,vol. 08, n.01, pp.331-360, 2016

FOLHA DE S. PAULO, São Paulo (SP): Edições de 02 a 31 de maio 2018.

FUNDAÇÃO JOÃO PINHEIRO. Déficit Habitacional no Brasil 2015. Centro de Estatística e Informações – Belo

Horizonte, 2015. Disponível em: <http://www.fjp.mg.gov.br/index.php/docman/direi-2018/estatistica-e-informacoes/797-6-serie-estatistica-e-informacoes-deficit-habitacional-no-brasil- 2015/file> . Acesso em 18 jul. 2018.

GOHN, Maria da Glória. *Teorias dos movimentos sociais.* Paradigmas clássicos e contemporâneos. São Paulo: Loyola, 1997.

GOSS, Karine Pereira; PRUDENCIO, Kelly. O conceito de movimentos sociais revisitado. *Revista Eletrônica dos Pós-Graduandos em Sociologia Política da UFSC*, Vol. 2, nº 1 (2), janeiro-julho 2004, p. 75-91. Disponível em: < https://periodicos.ufsc.br/index.php/emtese/article/viewFile/13624/12489>

HARVEY, David. *Cidades rebeldes: do direito à cidade à revolução urbana.* São Paulo: Martins Fontes, 2014.

IGREJA , Rebecca . O Direito como objeto de estudo empírico: o uso de métodos qualitativos no âmbito da pesquisa empírica em Direito. In: Machado, Maíra Rocha (Org.). *Pesquisar empiricamente o direito.* São Paulo: Rede de Estudos Empíricos em Direito,2017.

"Invasão", In: Dicionário Priberam da Língua Portuguesa [em linha], 2008-2013, disponível em:<https://dicionario.priberam.org/invas%C3%A3o> [consultado em 21-11-2018].

JORNAL DO COMMÉRCIO, Recife (PE): Edições 02 a 31 de maio 2018 LEFEBVRE, Henri. *O Direito à Cidade*. São Paulo: Centauro, 2001.

KOWARICK, Lúcio. *A espoliação urbana*. São Paulo: Editora Paz e Terra, 1993.

MACHADO, Maíra Rocha (Org.). *Pesquisar empiricamente o direito*. São Paulo: Rede de Estudos Empíricos em Direito, 2017.

NALINI, José Renato. *Direitos que a cidade esqueceu*. São Paulo: Editora Revista dos Tribunais, 2012.

"Ocupar", in *Dicionário Priberam da Língua Portuguesa* [em linha], 2008-2013, https://dicionario.priberam.org/ocupar [consultado em 01-12-2018].

O GLOBO, Rio de Janeiro (RJ): Edições 02 a 31 de maio 2018.

QUEIROZ FILHO, Alfredo Pereira de. As definições de assentamentos precários e favelas e suas implicações nos dados populacionais: abordagem da análise de conteúdo. Revista Brasileira de Gestão Urbana, 2015. Disponível em: < http://www.scielo.br/pdf/urbe/2015nahead/2175-3369-urbe-2175- 3369007003AO03.pdf> Acesso em 30 nov. 2018.

SANTOS, Milton. O Espaço do Cidadão. São Paulo: EDUSP, 7ª Edição, 2014.

SÃO PAULO. Prefeitura lança PPP para construção de 34 mil moradias na capital. Disponível em:https://www.prefeitura.sp.gov.br/cidade/secretarias/habitacao/noticias/?p=248360. Acesso em: 21 nov. 2018.

SAULE JR, Nelson; UZZO, Karina. *A trajetória da reforma urbana no Brasil.* In: SUGRANYES, Ana; MATHIVET, Charlotte (org.). Cidades para todos: propostas e experiências pelo direito à cidade. Santiago, Chile: HIC,2010. p. 259-270. Disponível em:<http://www.gloobal.net/iepala/gloobal/fichas/ficha.php?entidad=Textos&id=12275&opcion=documento#s186 >. Acesso em 15 nov. 2018.

SEARCH MY FILES. Disponivel em:<https://www.techtudo.com.br/tudo-sobre/search-my-files.html.>. Acesso em 15 set. 2018.

SETO, Guilherme; GOMES, Paulo. Curto-circuito provocou incêndio em prédio que ruiu em SP, diz secretário. Folha de São Paulo. Disponível em:https://www1.folha.uol.com.br/cotidiano/2018/05/incendio-em-predio-que-desabou-foi-causado- por-curto-circuito-diz-secretario.shtml. Acesso em: 21 jun. 2018.

SOUSA, Jorge Pedro. *Elementos de Jornalismo Impresso*. Porto (Portugal): Letras Contemporâneas, 2005.

VIEIRA, Bruno Soeiro; BACELAR, Jeferson Antonio Fernandes. Direito fundamental à moradia: por um novo paradigma de requalificação do velho centro commercial de Belém (PA). In: Direito e sustentabilidade [Recurso eletrônico on-line] organização CONPEDI/UFS; Coordenadores Consuelo Yatsuda Moromizato Yoshida, Raquel Fabiana Lopes Sparemberger, Rosângela Lunardelli Cavallazzi– Florianópolis: CONPEDI, 2015.

# Os movimentos de moradia em meio à financeirização da habilitação:
*o PMCMV Entidades e o neoliberalismo*

Isadora de Andrade Guerreiro[1]

## A transformação dos movimentos de moradia

Muito se fala a respeito da institucionalização dos movimentos populares a partir do crescimento do peso do Partido dos Trabalhadores (PT) dentro do Estado. No entanto, é necessário lembrar que o braço partidário do campo Democrático Popular, desde sua formação, tem sua face institucional - executiva ou legislativa. Essa configuração foi formulada dentro mesmo do partido, denominada de "Estratégia da Pinça", na qual a construção de uma "nova legalidade" pressupunha uma dualidade de poder, na qual "a ruptura com a ordem burguesa será o resultado de um movimento articulado, em pinça, dos trabalhadores sobre o centro de poder burguês – isto é, pela combinação do *avanço sobre a institucionalidade* com a criação do *poder popular*" (GUIMARÃES, 1990). Ainda antes disso, na formulação do Projeto Democrático Popular, os movimentos populares eram entendidos como campos estratégicos de disputa pela hegemonia do partido na sociedade, na medida em que se identificava "o caráter de massa dessas lutas; o crescimento da consciência de classe pelos confrontos que produz; a possibilidade de sua unificação nacional, estadual

1 Faculdade de Arquitetura e Urbanismo da Universidade de São Paulo. Email: isadora.guerreiro@usp.br

e local; a experiência e organização já existentes" (PT, 1987). Os movimentos de moradia, neste contexto, eram destacados no texto pela sua capacidade de mobilização massiva, dada a crise do Banco Nacional de Habitação (BNH).

Desta maneira, há que se identificar que a "nova legalidade" que se desenhava ali – depois desenvolvida no "modo petista de governar" – foi constituída estruturalmente em torno da participação popular, em particular a organizada, configurando uma noção, também, de Estado. Nela, busca-se diluir os limites entre este e a sociedade civil, permitindo a formação de um Estado capilarizado. Esta pretensão, dentro dos movimentos de moradia do campo Democrático Popular, é bem definida por Evaniza Rodrigues (liderança da UNMP):

> (...) O conceito da autogestão não envolve uma construção que se opõe ao Estado, ou que atua em paralelo, mas uma ação voltada para a transformação do Estado, para que não seja mais uma estrutura a serviço do capital e da dominação de classes. A autogestão também tem sido um espaço de resistência contra as políticas que pregam a diminuição do Estado e sua retirada das políticas públicas do habitat em favor do mercado (RODRIGUES, 2013, p.26. Grifo acrescido).

Este artigo pretende discutir a especificidade histórica desta relação no setor da habitação, na medida em que o PT ascende ao governo federal e o ajusta ao contexto neoliberal. Entendemos que esta construção se deu por meio de um nível de contradição específico até o lançamento do Programa Minha Casa Minha Vida (PMCMV) em 2009, entrando em outra fase depois disso, na qual se radicalizam elementos antes existentes que consolidam uma nova forma de "poder popular".

Até o lançamento do programa, pode-se dizer que a década de 2000, em São Paulo, foi marcada, no campo dos movimentos de moradia, por dois polos de pesos políticos bastante desiguais. Do lado mais consolidado, os movimentos ligados ao campo Democrático Popular se afastaram das estratégias de luta direta por meio de ocupações, já tendo amadurecido um amplo campo de disputa legislativa e de programa urbano executivo, que foi se estruturando concretamente - e nacionalmente - ao longo dos governos Lula. Esta foi a fase na qual se costuma identificar a dita "institucionalização" dos movimentos de moradia, caracterizada pelo "conselhismo"[2], pela participação direta de lideranças no governo e pela normatização nacional da política pública de habitação por autogestão (o Programa Crédito Solidário[3] (PCS)). Acreditamos que esta configuração não pode ser caracterizada por "cooptação", dada a construção histórica do campo Democrático Popular, que se deu justamente em torno da Estratégia da Pinça. Nos termos dela, tal configuração era considerada uma conquista, na medida em que Estado e poder popular fazem parte da mesma estrutura, um definindo o outro mutuamente - numa conceituação própria à *cidadania*. A autonomia almejada do movimento popular se dava no nível da *produção* da moradia, onde se realizava seu *ethos*, o trabalho de

2 Diz-se a prática costumeira de participação institucional por meio dos inúmeros Conselhos criados pelo "modo petista de governar".

3 Uma análise do significado do PCS foi realizada em Guerreiro (2018), demonstrando que seu caráter de bancarização da política pública já definia o ambiente de normatização das forças populares típicas da financeirização promovida, definitivamente, pelo PMCMV. No referido artigo, foi demonstrado que este programa ainda se encontrava num momento de consolidação do Sistema Nacional de Habitação de Interesse Social (SNHIS), que pode ser considerado ainda uma formulação interna ao "modo petista de governar", sendo o PCS a sua "segunda alma" (Cf. André Singer (2012)).

base: a mobilização em torno da apropriação coletiva dos meios de produção da moradia (terra, projeto e obra) e da disputa de localizações urbanas – que se concretizava, naquela época, nas ocupações de edifícios vazios nas áreas centrais.

O polo menos consolidado, em São Paulo, era representado por novas forças que atuavam nas áreas periféricas e que se colocavam como oposição ao campo Democrático Popular. A posição antagônica deste campo de forças era marcada pela crítica à institucionalidade tal qual se conformava no "modo petista de governar", retomando as ações diretas de ocupação como centro de sua mobilização popular que não se limitava à luta por moradia. Tais novos movimentos tinham como objetivo a organização de um novo sujeito da periferia, marcado pelo avanço da precarização das relações de trabalho e da espoliação urbana, que desintegraram sua antiga identidade de classe e o condenaram ao nomadismo urbano e às novas formas de poder do mercado ilegal organizado. Sua base, portanto, não é a consolidação de comunidades por meio da luta pelo assentamento, mas sim de pautas aglutinadoras em torno do urbano, que configuram mais uma dinâmica de disputa na esfera política mais ampla do que ligada à reprodução material dos trabalhadores, como os tradicionais movimentos de moradia do campo Democrático Popular.

Na década de 2010, o PMCMV transforma consideravelmente esse cenário, indicando, de saída, que a ação estatal não apenas interfere, mas faz parte das estratégias dos movimentos populares – o que já matiza a noção de "institucionalização". Considerando as diferenças dos dois polos políticos acima elencados, o programa modificará de maneira desigual, mas combinada, não apenas tais estratégias, mas a forma de aparecimento e articulação social dos movimentos. Isso marca uma nova correlação de forças na medida em que coloca em andamento uma adaptação do setor popular à forma social hegemônica – afastando-o da disputa pela hegemonia a partir de seus pressupostos. Esse processo não pode ser entendido como "cooptação" – na acepção de mudança de lado do campo político, promovida por interesses materiais –, ainda que se aproxime dos processos descritos como "transformistas" a partir da conceituação gramsciana. Sem desconsiderar esta leitura, própria da ciência política, queremos aqui dar relevância aos aspectos contraditórios próprios ao campo da economia política, na medida em que consideramos – a partir da leitura da produção da habitação por meio da política pública – as condições materiais concretas de reprodução do movimento popular de moradia e de sua forma política. Nesse sentido, procuramos entender este processo como um amoldamento destas forças populares a uma *formação social historicamente determinada*, na qual suas transformações ganham novos limites e potencialidades, que precisam ser especificadas dentro de uma totalidade das relações sociais – contraditórias por princípio.

O PMCMV altera objetivamente a correlação de forças dos movimentos de moradia dentro da formação social brasileira na medida em que faz relacionar, necessariamente, suas estratégias de reprodução política àquelas de reprodução do capital imobiliário numa fase de consolidação da sua forma financeirizada, dentro da particularidade do país. Parece-nos frágil o entendimento dos movimentos populares de que o PMCMV-Entidades é essencialmente diferente daquelas modalidades direcionadas às empreiteiras, tendo realizado majoritariamente suas lutas no último período por ajustes a esta fatia do programa e não a outras maneiras de lidar com o déficit habitacional – rebaixando a disputa de hegemonia por ajustes internos a ela. Antes de denunciar uma eventual aderência dos movimentos de moradia ao circuito de reprodução do capital imobiliário – ação acadêmica que pode ser encarada como leviana – é necessário entender a especificidade das novas contradições engendradas no momento em que as forças sociais se deslocam, adequando-se a um novo campo de disputa política arbitrado de maneira ainda mais desigual do que antes, com a ampliação das formas mercantis mediadas e reguladas por determinado Estado. É relevante, portanto, caracterizar a forma social na qual opera o PMCMV-Entidades, que acreditamos ser aquela da financeirização da habitação – a mesma, essencialmente, que define o PMCMV como um todo. As mudanças da modalidade Entidades, entendemos, são adaptações necessárias às especificidades dos seus operadores, mas não alteram a consolidação da forma social que as modula.

Importa, agora, uma rápida visada na concretude da transformação das estratégias dos movimentos de moradia já antes existentes, além da formação de novos, conformando outro campo de disputas populares em torno do urbano. No campo Democrático Popular, que se estrutura em torno da capilarização estatal e cujas estratégias faziam parte – em mão dupla – do desenho da política pública anterior (o PCS, no caso), o lançamento do PMCMV jogava água fria na perspectiva conselhista[4], por um lado, mas por outro abria amplamente as possibilidades de construção de habitação direta pelo movimento popular. Inaugurava, assim, um período esquizofrênico no qual o engajamento político interno ao Estado não se relacionava com a conquista da moradia, o que não impedia a existência do primeiro sem lastro na concretude da produção da segunda. Há uma cisão entre a disputa política

4 O PMCMV não tem controle social e deixou natimorto o Plano Nacional de Habitação (PlanHab), que completava naquele mesmo ano de 2009 o Sistema Nacional de Habitação de Interesse Social (SNHIS) depois dos já em funcionamento Conselho das Cidades (ConCidades) e o Fundo Nacional de Habitação de Interesse Social (FNHIS).

interna ao Estado e o acesso à habitação, que se consolida cada vez mais como mercadoria, o que deflagra uma súbita mudança das relações com o mercado, seja nos seus mecanismos, na sua lógica, na presença de seus atores lado a lado e, principalmente, na constituição de um *campo de concorrência*, subsumindo a forma de produção autogerida ao mesmo patamar de produtividade daquela de mercado. Juntando os dois aspectos, percebe-se uma ruptura da integralidade da ação política anterior, causada pelo deslocamento da presença interna ao Estado e aquela da produção, que antes eram orgânicas: a produção autogerida era *imediatamente* a construção de outro Estado, que passava pela construção de outra cidade e de uma noção própria de cidadania.

Nos movimentos de moradia formados já fora do campo Democrático Popular, na virada para a década de 2000, esta mesma mudança da política pública causou efeitos diversos, pelo fato de sua relação com o Estado já ter nascido diferente. Sua crítica à institucionalização tal qual foi constituída junto ao campo popular anterior se fragmentou em duas vertentes quando este Estado se apresenta como mercado no PMCMV. Uma delas, defendendo a autogestão como autonomia tanto do Estado quanto do mercado para a construção de uma alternativa de organização popular, formou uma série de experiências fragmentadas caracterizadas por ocupações de terra periféricas *para moradia*, que centravam sua ação na autoconstrução e não no acesso ao programa público. Essas experiências, que ocorreram em diversos lugares do país, tiveram o mérito de recolocar os termos da auto-organização popular fora do campo Democrático Popular, muitas vezes resistindo à solução do PMCMV. No entanto, justamente o fato de serem isoladas politicamente dificultou sua articulação e as expõe continuamente aos poderes constituídos da nova periferia, principalmente o mercado ilegal (de mercadorias, pessoas e terra).

A outra vertente preferiu considerar, taticamente, o aparecimento do acesso ao mercado dentro da chave de não-institucionalidade, usando-o a seu favor. Nesse sentido, enquanto a imbricação entre o mercado imobiliário e o Estado por meio do PMCMV Faixas 2 e 3 era combatida publicamente, *a mesma relação, quando capitaneada pelo movimento popular, era construída socialmente obscurecendo o momento produtivo – que permanece com o mercado – em favor do papel político do movimento de distribuidor de riqueza na forma de propriedade – um papel do Estado.*

## A nova institucionalidade em torno das Entidades

Essas diferenças se deram por conta de o PMCMV-Entidades ser dividido em duas modalidades: Autogestão e Empreitada Global. Diferente da modalidade Autogestão – acessada quase que totalmente por movimentos ligados ao campo Democrático Popular –, no PMCMV-Entidades Empreitada Global o movimento terceiriza a produção da moradia e do projeto para uma construtora, sendo responsável apenas pela identificação dos beneficiários. Constrói-se, desta maneira, nas duas vertentes que aderiram ao PMCMV-Entidades (a primeira junto à sua modalidade de Autogestão e a segunda na de Empreitada Global), uma forma social própria ao neoliberalismo cujas cores locais se conformaram em torno do Lulismo, no qual, entendemos, o Estado e a coisa (*res*) pública são conformados à forma mercantil – na qual as relações sociais são gerenciadas pelo campo jurídico, não disputadas no campo político. No momento em que o movimento popular se conforma, por meio do PMCMV Entidades, como agente público-privado de acesso ao direito como mercadoria, é a própria esfera política, no campo da habitação, que se transforma ao ocorrer um deslocamento do próprio campo de disputa pela hegemonia: se, antes, ela se dava no campo da produção, o obscurecimento deste leva a luta de classes para o plano da distribuição de mercadorias, alterando a especificidade das suas contradições. O padrão anterior representado pelo campo Democrático Popular por meio da autogestão fazia a luta de classes dentro da relação capital-trabalho, com vistas à transformação do Estado *na medida em que* se entendia o *cidadão participativo* por meio do seu lugar transformado na produção social, como *trabalhador*. A depois criticada "institucionalização" viria, portanto, da subsunção do *trabalhador* ao *cidadão participativo*. No entanto, no novo padrão Lulista implantado pelo PMCMV Entidades Empreitada Global (Entidades-EG), a "institucionalização" apenas muda de figura: deslocada a luta de classes para a relação Estado-Capital, opera-se a subsunção do *trabalhador* ao *cidadão consumidor*.[5] Se mercado e Estado estão imbricados por meio da política pública, *a participação política via consumo é a nova forma da institucionalização.*

Isso significa que a estratégia política dos *movimentos* (e não as Entidades *stricto senso*) que se amoldaram ao Entidades-

5 "A financeirização dos domicílios refere-se a como as motivações, racionalidades e medidas financeiras se tornam cada vez mais dominantes, tanto na maneira como os indivíduos e as famílias estão sendo avaliados e abordados, quanto em como eles tomam decisões na vida. Uma consequência importante é uma redefinição dos cidadãos para os consumidores e uma redefinição adicional dos consumidores como ativos financeiros ou 'galinhas dos ovos de ouro'. Como resultado da mudança de uma sociedade fordista para uma sociedade financeirizada ou 'sociedade de portfólios', as finanças estão se aprofundando no tecido da vida cotidiana e a segurança econômica dos indivíduos está cada vez mais ligada ao desempenho de mercados financeiros. Isto implica que não há apenas uma mudança em direção ao setor financeiro, mas também que as empresas não financeiras, as instituições estatais e as famílias devem pensar cada vez mais em termos financeiros" (AALBERS, 2017, p.549. Tradução livre, grifos acrescidos).

EG passou a se centrar na negociação de áreas junto ao Estado e na manutenção de uma lista de cadastro, organizada de acordo com a participação das famílias em atos que, por sua vez, têm a função de valorar a capacidade de mobilização do movimento – que alimenta a negociação. A forma cíclica leva à contradição: mobiliza-se para negociar e negocia-se para mobilizar, num crescimento massivo que, ao descolar quantidade e qualidade, cria um novo campo de contradições a partir das transformações na experiência concreta das pessoas engajadas – que geram uma diferente subjetivação política e outra identidade de classe. A esfera de atuação do movimento passa a ser aquela do acesso ao direito tal qual foi posto socialmente: no caso da habitação, o PMCMV o delimitou-o como acesso a uma mercadoria abstrata, sem vinculações com a cidade, o trabalho, etc. Nesse sentido, não se trata, para esta forma organizativa que ganha relevância no período, nem de constituição de um campo de organização popular autônoma, nem de repor o direito social como reequilíbrio de forças hegemônicas por meio do Estado (na perspectiva polêmica da socialdemocracia), mas de *acessar o direito liberal* – forma histórica específica do capitalismo –, no qual o sujeito político é conformado pela relação contratual entre proprietários (Cf. PACHUKANIS, 2017), no acesso à mercadoria.

É por isso que esta forma de consolidação da luta de classes no campo da habitação fez crescer, na relação dos movimentos com o Estado (ou seja, sua forma específica de institucionalização), a *proeminência da esfera jurídica* em detrimento aos aspectos executivos (o desenho e implementação diferenciados da política pública) e legislativos (a regulação urbana) – estes últimos onde se centrou a atuação do "modo petista de governar". Nesse aspecto que diferenciamos, no que se refere à institucionalização, este modo de governo daquele da configuração Lulista, que tem como uma das suas características a *judicialização da política* ao adotar o caráter liberal do direito (à habitação).

No caso dos movimentos populares que se amoldam ao Entidades-EG, esta tendência é bastante clara: ao criticar e se afastar do "conselhismo" e denunciar a ineficácia da legislação urbanística, não coloca no lugar o fomento à auto-organização popular, mas sim a reorganização das estratégias e estruturas internas no sentido de "profissionalizá-las" para maior gestão de eficiência negocial. Ou seja, o movimento fragmenta, especializa e terceiriza suas funções executivas (onde "empresas sociais", "associações engajadas" ou construtoras *stricto senso* são equivalentes) e monopoliza o acesso ao Estado, agora no campo jurídico, numa *nova forma de institucionalização.* Isso se dá por meio do dispositivo da *mesa de negociação*, campo próprio da disputa política da forma social Lulista: instituída após a deflagração de uma crise (no caso da habitação, pode ser uma ocupação de imóvel subutilizado, uma tragédia, etc.), ela é formada por atores técnicos, executivos e financeiros dos lados em disputa, regulados pelo Direito, instrumentalizados pela política pública e mediados pelo setor judiciário e seu aparato repressivo.[6] Ela acaba por se figurar como "novo conselhismo" na medida em que define os termos do acesso à política habitacional na chave da *excepcionalização legal regulada pelas crises*, em processos já em andamento de um programa sem controle social (conselho participativo). O campo da disputa política, portanto, se afasta do momento de *produção* de habitação e cidade para se conformar à *distribuição* do direito como mercadoria numa conjuntura modulada pelo gerenciamento de crises.

---

6 O caso do GAORP (Grupo de Apoio às Ordens Judiciais de Reintegração de Posse), criado no fim de 2014 no TJSP, é significativo da judicialização da mesa de negociação.

Em resumo, parece-nos que a forma social própria ao Lulismo, no campo da habitação representada pelo PMCMV, precisa ser diferenciada das formas anteriores que caracterizavam o "modo petista de governar" no setor – em particular o SNHIS e a produção por autogestão. O Lulismo do PMCMV constitui-se basicamente na generalização do acesso à habitação popular por meio de *relações sociais especificamente capitalistas*, ou seja, subsumidas a um determinado padrão histórico de produção de mercadorias que modula processos técnicos, financeiros, institucionais e políticos de acordo com a especificidade das forças sociais envolvidas nas diversas situações de demanda habitacional.

É por isso que formas de acesso tão diferentes como as Faixas 2 e 3 do programa ou o Fundo de Arrendamento Residencial (FAR) e as modalidades de Autogestão ou Empreitada Global do FDS podem ser entendidas dentro de um mesmo processo social, ainda que adquiram formas locais e contradições próprias, mas que apontam para um mesmo desafio político: o de criar autonomia de organização e produção ao campo popular, superando de maneira integrada a subjetivação modulada pelo avanço das formas de subsunção das relações sociais pelo capital. Tais formas de subsunção, no momento histórico do PMCMV, precisam ser entendidas por meio da forma da *financeirização*.

A pergunta é: é possível falar em financeirização no caso do Entidades-EG, dado que as empresas que o acessam (em sua maioria) não têm capital aberto? Mais: a modalidade Autogestão, por não contratar uma única construtora para o empreendimento, poderia ser encarada da mesma forma que a EG nesse aspecto?

Parece-nos que, embora não se possa falar num circuito de valorização de capital financeiro, há uma homogeneização de processos produtivos e enquadramentos institucionais. Trata-se de um modo de produção historicamente determinado, que busca tendencialmente os mesmos parâmetros nos diversos setores e unidades produtivas – considerando o "trabalho socialmente necessário" e a tendência à equalização das diversas produtividades. Ou seja, há uma subsunção do processo produtivo da auto-organização popular àquele determinado pela lógica financeira, ainda que o circuito de valorização não se conecte, pois a população organizada deve se adequar aos mesmos parâmetros produtivos do capital, por meio da via bancária e da política pública totalizante. Como estamos aqui focando nos processos políticos engendrados por esta lógica, nos parece necessário considerar suas determinações sociais antes do que suas vinculações diretas com o ciclo de capital – ainda que um se relacione com o outro. Não se trata, portanto, de tentar identificar ganhos rentistas das EOs e movimentos populares, mas de caracterizar sua forma de inserção social por meio da produção de habitação.

Há uma série de elementos do PMCMV Entidades que indicam sua inserção no processo social ligado à financeirização (Cf. GUERREIRO, 2018). O ponto central nos parece ser a transformação do movimento popular em Entidade Organizadora, uma figura juridicamente definida para acessar as relações de produção de habitação normatizadas. Opera-se aí a subversão do direito social (dentro da chave construída pelo campo Democrático Popular na década de 1980) em direito liberal, especificamente capitalista, no qual os agentes das relações sociais são imediatamente sujeitos de direito enquanto proprietários de mercadorias (no limite, da força de trabalho).

A Entidade não é apenas uma pessoa jurídica – como já eram os movimentos que acessavam qualquer política habitacional anterior – mas uma figura social determinada concretamente: *sua ação é induzida*, sem precisar ser reprimida ou normatizada. Não apenas sobre o que ela deve ou não fazer (não se pode comprar áreas ocupadas, por exemplo), mas, dentro dos parâmetros da financeirização, o que ela *deve ser* para *competir* por *conquistas futuras* não asseguradas nem pela política pública, nem por sua capacidade de mobilização. Esse amoldamento configura-se como jogo especulativo, pois nada assegura que vá conseguir acessar o programa, ainda que tenha passado por um imenso, intenso e custoso – financeiramente, socialmente e politicamente – processo de seleção, que envolve apresentar um empreendimento pronto para começar obra: terreno, projeto, aprovações, beneficiários (dentro dos critérios do programa), cadastrados e organizados além da adequação jurídica da Entidade. Ainda que tenha tudo isso, é necessário ainda se *diferenciar competitivamente* de seus *concorrentes* – antes companheiros de lutas – para pontuar na fila de contratações, pois a verba acaba. Ou seja, faça certo, permaneça certo e produza mais em menos tempo. É uma análise direta de risco de crédito, realizada pela CEF como instituição bancária. Isso não deixa brechas para a ação de organização popular crítica e autônoma, de disputa de hegemonia. Os momentos de rompimento da ordem, como as ocupações, são desenhadas estrategicamente para acessarem o programa – massificação, impossibilidade de estabelecimento de moradia, saída programada, espetacularização midiática. A autogestão se subverte na medida em que se torna privilégio daqueles "certos" – e capitalizados – o suficiente para conseguirem fazê-la de maneira profissional (senão sucumbem, como vimos acontecer diversas vezes ao longo destes anos).

Desse amoldamento inicial decorrem outros, em cadeia: a busca e acesso da terra no mercado, a modulação em "demanda" dos antes sujeitos políticos organizados em luta. O sistema de repasse, que funciona da mesma maneira para as empreiteiras, tem decorrências diversas para as Entidades, pois é uma situação absolutamente desigual. O repasse significa um contrato de responsabilização pela finalização do empreendimento por conta e risco empreendedor. O poder público assegura o risco de venda no caso do FAR, mas não o de produção, que passa a ser extremamente controlada pela empreiteira. No caso das Entidades como empreendedoras é pior, pois o risco de produção e a responsabilização pela "demanda" são internalizados[7], sem que elas tenham as mesmas condições das empreiteiras. A modalidade EG ainda é mais perversa, pois o risco é da Entidade, mas o controle da produção é da empreiteira – e não foram poucos os casos de abandono de obra por estas. A Entidade – não nos esqueçamos de que estamos falando também de movimentos populares – é aquela que precisa gerir, assegurando os ganhos, do capital da construção civil e do rentista (do financiamento).

Se ela finalmente acessar a casa, nestas condições, terá completado o ciclo de amoldamento à forma social própria à financeirização: um arranjo das forças políticas que, em nome do impulso à produção de mercadorias (políticas também, por que não?), se alinha às contradições mais profundas e desenvolvidas do fetiche do capital, perdendo o contato com as transformações das relações sociais mais diretas, que se dão por meio de processos políticos qualitativos; e com a possibilidade de existência representada não apenas pela moradia, mas pelos vínculos coletivos de resistência às formas de opressão, que deixam de fazer sentido dentro do condomínio "conquistado".

Neste sentido, a conformação da figura da Entidade deve ser entendida dentro do processo de avanço da financeirização

7 No modelo anterior, o risco de produção da autogestão era compartilhado com o Estado, na medida em que havia a possibilidade de aditamentos e correções monetárias. No PMCMV, a única possibilidade de recursos "extras" vem da liberação de rendimentos financeiros do financiamento – o que já demonstra a forma de compromisso com este tipo de capital que a "Entidade" precisa ter.

na medida em que define os parâmetros institucionais da pessoa jurídica presente na relação contratual - maneira específica de acesso ao direito desta forma social. Se os movimentos de moradia, numa fase anterior, eram atores de um processo de lutas por direitos sociais - no qual a conquista da moradia conformava politicamente determinada subjetivação histórica, ligada ao trabalho –, na medida em que passam a acessá-los por meio da relação contratual de mercado internalizada ao Estado por meio da via bancária (a CEF), passam a integralizar outro campo de atuação. Neste, estão equiparados às diversas figuras jurídicas que se estendem no espectro político-social: de sindicatos e associações comunitárias de origem em outros empreendimentos, a associações com outras finalidades distantes da moradia (como alfabetização de adultos) ou quaisquer grupos formados apenas para acessar um processo produtivo com vantagens competitivas (agentes de mercado ou aproveitadores de toda sorte) (Cf. CAMARGO, 2016).

Há, portanto, uma *diluição do campo político* dentro das relações de mercado, na medida em que as forças sociais aparecem não como sujeitos de necessidades materiais e sociais, mas sim como demandantes de mercadorias. O lugar social dos movimentos de moradia se dilui em meio a mais variada gama de gestores sociais que, apropriados de seu léxico e avalizados juridicamente como Entidades Organizadoras, transformam a luta por direitos sociais em concorrência no mercado de mercadorias políticas. Esse processo de *desintermediação*, próprio da forma social da financeirização,[8] no

8 Chesnais (2005) identificou a *desintermediação* como um dos elementos de caracterização da financeirização, porém no aspecto da participação de outros agentes nos mercados financeiros que não as instituições bancárias. Usamos aqui o mesmo termo para identificar uma mesma

caso do PMCMV-E se conforma como a necessária regulamentação (estatal, porém com parâmetros de avaliação de risco de crédito definidas pela CEF[9]) de um novo ambiente de ação social e política, que agora é o mercado – um "mercado de Entidades" definido pela competição entre elas para acessar o direito. Isso gera um aparecimento social do movimento de moradia na arena pública que o indiferencia de agentes com práticas de exploração da pobreza, colaborando para o seu atual processo de criminalização – que tem, portanto, uma determinação histórica, diversa daquelas das décadas de 1970 e 1980, na qual a noção de "crime político" não se confundia com a infração ao sistema jurídico (havendo inclusive a diferenciação entre "preso político" e "preso comum").

## A subjetivação política em meio à crise

Esta conjuntura descrita até aqui demonstra que o ambiente político de mobilização popular ligado à moradia passa a ter suas organizações conformadas tal qual empresas (regulamentadas juridicamente), gerando uma experiência de classe na qual os antigos trabalhadores organizados em torno do conflito político passam por um processo de subjetivação que subverte os laços de classe em nome da sua nova constituição social como

lógica em curso: o caráter expansionista e totalizante da financeirização necessita da conformação de um ambiente de mercado aberto a uma grande gama de agentes, que podem diversificar seus investimentos por meio do mercado financeiro, facilitando a movimentação de capitais entre os mais diferentes setores produtivos (aumentando a competitividade e acelerando a criação de valor). No caso do PMCMV-E, trata-se da retirada da intermediação exclusiva dos movimentos populares na organização autônoma (fora do mercado e do Estado) de determinada demanda para o acesso à moradia – aumentando a concorrência e transformando o caráter político da luta pela moradia.

9 Cf. GUERREIRO, 2018.

consumidores (da mercadoria casa). Ao invés de mobilização de classe realizada por organizações populares, temos agora gestão de consumidores realizada no varejo. Segundo Cibele Rizek:

> Caberia ressaltar, por hipótese, um deslizamento entre uma subjetividade que era, na análise dos movimentos sociais e populares dos anos 1970 e 1980, pressuposto analítico de resistência e conflito – nem sempre visíveis – (...) para a necessidade de pensar as dimensões subjetivas como o que alguns compreendem como 'fabricação do sujeito neoliberal', a partir de uma concepção segundo a qual o neoliberalismo não se conforma apenas como mais um momento da história do capitalismo, mas como uma racionalidade que lhe passa a ser própria. // Assim, trata-se de identificar, no cotidiano das regiões periféricas da cidade, formas de gestão e de gestão diferencial de territórios periféricos no sentido da fabricação tanto de nichos de negócios, como se pode constatar a partir do PMCMV, quanto de formas de governo, que se associam aquilo que Lautier denominou 'governo moral dos pobres' (...) (RIZEK, 2016, p. 217. Grifos no original).

A referência de Rizek aqui parece ser o trabalho de Pierre Dardot e Christian Laval (2016), segundo o qual estamos vivendo uma era de nova subjetivação política, na qual emerge o "sujeito neoliberal" conformado à lógica da gestão empresarial. Para os autores, "A racionalidade neoliberal tem como característica principal a generalização da concorrência como norma de conduta e da empresa como modelo de subjetivação" (DARDOT; LAVAL, 2016, p. 17). E, segundo a pesquisadora, citando Paulo Arantes, haveria então, nesta conformação das políticas sociais dos últimos 15 anos no Brasil, a produção do "*social como dimensão híbrida*, como contraponto à constituição de sujeitos de ação política, como criação de objetos de gestão, acomodação e pacificação da precariedade e da desigualdade" (RIZEK, 2016. Grifo no original).

Embora analisando uma conjuntura internacional, o trabalho de Dardot e Laval (2016) nos é caro aqui na medida em que aponta para a constituição de tal sujeito neoliberal (identificado com a era da financeirização pelos próprios autores) como uma lógica totalizante das relações sociais atualmente, e que identificamos, com especificidades locais, em programas sociais como o PMCMV - em particular a sua modalidade Entidades na medida em que passa a regular determinada forma de ação política aos movimentos de moradia. Segundo eles, teria se constituído uma "economia social de mercado"[10], na qual "o progresso social passa pela constituição de um 'capitalismo popular', baseado no estímulo à responsabilidade individual mediante a constituição de 'reservas' e a formação de um patrimônio pessoal obtido graças ao trabalho" (*op. cit.*, p. 122). Nesse sentido, acreditamos que se articulam as modulações sociais, aqui delimitadas pelo PMCMV, com aquelas mais propriamente ligadas ao sujeito da ação política, que "deve gozar das garantias oferecidas pela pequena empresa, ou melhor, *cada indivíduo deve funcionar como uma pequena empresa*" (*op. cit.*, p. 127. Grifo no original) na medida mesma que sua representação de classe também se caracteriza desta maneira.

Tal razão neoliberal foi definida por Dardot e Laval como "a *forma de nossa existência*, isto é, a forma como somos levados a

10 Cujo termo "habitação social de mercado" de Lúcia Shimbo (2012) pode aqui nos traduzir a questão para o PMCMV.

nos comportar, a nos relacionar com os outros e com nós mesmos" (DARDOT; LAVAL, 2016, p. 16. Grifo no original):

> Essa norma impõe a cada um de nós que vivamos num universo de competição generalizada, intima os assalariados e as populações a entrar em luta econômica uns contra os outros, ordena as relações sociais segundo o modelo do mercado, obriga a justificar desigualdades cada vez mais profundas, muda até o indivíduo, que é instado a conceber a si mesmo e a comportar-se como uma empresa (DARDOT; LAVAL, 2016, p. 16).

Considerando aqui o tema da habitação tal qual se coloca pelo PMCMV, vimos acima que o ponto central de suas consequências políticas está na adequação das forças sociais em disputa pela hegemonia, representadas historicamente pelos movimentos populares de moradia, em agentes de mercado, dentro de um ambiente no qual se perde a noção de luta por direitos sociais, substituídos pelo direito contratual liberal. Desta maneira, o acesso à moradia não como direito social, mas como acesso à mercadoria, transforma não apenas o movimento popular em agente de mercado, mas também os sujeitos políticos que este forma como *sujeitos jurídicos abstratos* (PACHUKANIS, 2017) – num processo de massificação. Para os autores franceses, "o que a lógica do poder financeiro fez foi apenas acentuar o disciplinamento dos assalariados submetidos a uma exigência de resultados cada vez maior" (*Idem*, 225) e "essa 'nova gestão' tomou formas muito diversas, como o *desenvolvimento da contratualização das relações sociais*" (*Idem*, 227).

Tal "contratualização", que se pode chamar aqui de *institucionalização* (pela sua incorporação na ordem instituída, na *lei*), parece estar para além do conjunto dos assalariados, pois necessita gerir, administrar, todo um ordenamento social. Nesse sentido é que os autores falam de uma subjetivação que se conforma à lógica de mercado por meio do Estado:

> [As novas formas políticas] têm como principal característica o fato de alterar radicalmente o modo de exercício do poder governamental, assim como as referências doutrinais no contexto de uma mudança das regras de funcionamento do capitalismo. *Revelam uma subordinação a certo tipo de racionalidade política e social articulada à globalização e à financeirização do capitalismo.* Em uma palavra, só há 'grande virada' mediante a implantação geral de uma nova lógica normativa, capaz de incorporar e reorientar duradouramente políticas e comportamentos numa nova direção. (...) O que se destacou menos foi o *caráter disciplinar* dessa nova política, que dá ao governo um papel de *guardião das regras jurídicas, monetárias, comportamentais,* atribui-lhe a função oficial de vigia das regras de concorrência no contexto de um conluio oficioso com grandes oligopólios e, talvez mais ainda, confere-lhe o objetivo de *criar situações de mercado e formar indivíduos adaptados às lógicas de mercado.*
> (*Idem*, p.190-191. Grifos acrescidos).

O PMCMV é, no campo urbano, uma expressão importante deste processo. Ele promove habitação em massa para uma massa de "indivíduos adaptados às lógicas de mercado", organizados pelos seus representantes de classe por meio de um processo de competição empresarial. Há, na verdade, uma desarticulação da classe que, na sua experiência concreta, é implodida em sujeitos atomizados como consumidores:

> Devemos notar que essa **p***romoção política do consumidor*, longe de ser anódina, deve ser diretamente vinculada ao *princípio constitucional da concorrência.* Obviamente, os indivíduos são ligados entre si por ações econômicas nas quais intervêm tanto como produtores quanto como consumidores. *A diferença é que o indivíduo como produtor procura satisfazer uma demanda da sociedade – portanto, de certo modo ele é o 'criado' –, ao passo que como consumidor ele está em posição de 'comandar'.* (...) Desse ponto de vista, a 'constituição econômica' da ordem da concorrência parece estar ligada a uma espécie de contrato entre o consumidor-eleitor e o Estado, na medida em que consagra o interesse geral consagrando a soberania do consumidor (*Ibidem*, p. 116-117. Grifos acrescidos).

A configuração deste cenário de crise – no qual a classe trabalhadora é organizada enquanto massa subsumida à forma social hegemônica – bloqueia a sua possibilidade de construir por si mesma um horizonte de transformação centrado na sua auto-organização. Dentro do clássico processo "Bonapartista" de organização pelo alto – cuja aproximação com o Lulismo foi levantada na bibliografia sobre o tema (SINGER, 2012) –, sua percepção da crise e consequente revolta não se direciona à emancipação da ordem estabelecida por seu gestor estatal, mas à indignação frente à não efetivação de seu direito de consumidor: *uma revolta não contra a ordem, mas para repô-la.* Os autores franceses Dardot e Laval começaram atualmente a analisar a ascensão autoritária em todo o mundo deste ponto de vista, chamando o fenômeno de "novo neoliberalismo". Segundo eles, não se trata de neofascismo (conceito que perderia a especificidade histórica atual), mas de um aprofundamento do neoliberalismo a partir da combinação de autoritarismo e liberdade de mercado por meio de uma "guerra contra a população" para a instalação de reformas (trabalhistas, previdenciárias, etc.), mobilizando a própria população em nome da "guerra econômica" – uma "contrarrevolução sem revolução"[11]. Não é preciso muito esforço para observar tais elementos na conjuntura política atual brasileira.

## Referências

AALBERS, M. B. The Variegated Financialization of Housing. *International Journal of Urban and Regional Research*, V. 41, Issue 4, p. 542-554, jul. 2017.

CAMARGO, C. M. de. *Minha Casa Minha Vida Entidades*: Entre os direitos, as urgências e os negócios. 2016. Tese (Doutorado em Arquitetura e Urbanismo) – Instituto de Arquitetura e Urbanismo, Universidade de São Paulo, São Carlos, 2016.

CHESNAIS, F.(Org.). *A Finança Mundializada*. São Paulo: Boitempo Editorial, 2005. 256p.

DARDOT, P.; LAVAL, C. *A nova razão do mundo*: ensaio sobre a sociedade neoliberal. São Paulo: Boitempo Editorial, 2016. 416p.

GUERREIRO, I. de A. O PMCMV- Entidades e o amoldamento dos movimentos populares à forma de produção financeirizada do urbano. *In:* SEMINÁRIO INTERNACIONAL FINANCEIRIZAÇÃO E ESTUDOS URBANOS: OLHARES CRUZADOS EUROPA E AMÉRICA LATINA, 2018, São Carlos. *Anais* [...]. São Carlos: Universidade de São Paulo, 2018. p. 98-120.

11 Christian Laval, em 18 de setembro de 2018, no Seminário internacional: Democracia e desigualdade na América Latina, realizado na FFLCH-USP explanou sobre estes temas na sua conferência "Anatomia do novo neoliberalismo". Disponível em < https://www.youtube.com/watch?v=1VQojZ_oemo > acessado em 23 de dezembro de 2020.

GUIMARÃES, J. Debate: A estratégia da pinça. *Revista Teoria e Debate*, nº 12, out/nov/dez de 1990.

PACHUKANIS, E. B.. *Teoria Geral do Direito e Marxismo*. São Paulo: Boitempo Editorial, 2017. 144p.

PARTIDO DOS TRABALHADORES (PT). *Resoluções Políticas do 5º Encontro Nacional*. 1987. Disponível em: https://fpabramo.org.br/csbh/wp-content/uploads/sites/3/2017/04/07--resolucoespoliticas_0.pdf . Acesso em: 23 dez.2020.

RIZEK, C. S. Faces do lulismo: políticas de cultura e cotidiano na periferia de São Paulo. *In:* SINGER, A.; LOUREIRO, I. (Org.). *As contradições do lulismo:* a que ponto chegamos? São Paulo: Boitempo Editorial, 2016.

RODRIGUES, E. L. *Estratégia Fundiária dos movimentos populares na produção autogestionária da moradia*. 2013. Dissertação (Mestrado em Arquitetura e Urbanismo) – Faculdade de Arquitetura e Urbanismo, Universidade de São Paulo, São Paulo, 2013.

SHIMBO, L. Z. *Habitação social, Habitação de mercado*: a confluência entre Estado, empresas construtoras e capital financeiro. Belo Horizonte: C/Arte, 2012. 224p.

SINGER, André. *Os sentidos do Lulismo*: reforma gradual e pacto conservador. São Paulo: Companhia das Letras, 2012. 280p.

# Dos movimentos sociais às organizações da sociedade civil:

## *repensando o associativismo no contexto atual*

Junia Ferrari[1]
Laís Grossi[2]
Maria Soalheiro[3]
Marina Abreu[4]

## Introdução

Este artigo está fundamentado numa experiência de extensão universitária desenvolvida no contexto da Região Metropolitana de Belo Horizonte (RMBH), em um projeto[5] vinculado à Escola de Arquitetura da Universidade Federal de Minas Gerais (EA/UFMG). A partir da metodologia de *imersão* nos municípios parceiros, o projeto buscou uma maior aproximação com a realidade das comunidades, visando fomentar espaços de participação voltados para a discussão de temas de interesse comum. Esta experiência se deu no município de Raposos, localizado no eixo sul da capital Belo Horizonte, a par-

---

1 Professora da Escola de Arquitetura da UFMG - juniaferrari15@gmail.com

2 Doutoranda do Programa de Pós-Graduação em Geografia da UFMG - grossideoliveira.lais@gmail.com

3 Graduanda do curso de Arquitetura da UFMG - maria.moura.mms@gmail.com

4 Doutoranda do Programa de Pós-Graduação em Antropologia da UFMG - marabreut@gmail.com

5 O referido projeto está associado a uma disciplina de formação em extensão universitária, aberta a toda a comunidade da UFMG, e que possibilita aos alunos matriculados o acúmulo de créditos em disciplina de graduação, bem como participar das atividades extensionistas vinculadas ao projeto.

tir de uma parceria firmada entre a universidade, uma ONG local, alguns moradores e representantes do legislativo municipal. Apesar do envolvimento de alguns grupos locais em ações com pautas relevantes para o município (especialmente meio ambiente e cultura), a experiência no município tornou evidente a dificuldade para se instaurar práticas participativas capazes de engajar os cidadãos de maneira mais ampla.

No entanto, essa não foi sempre a realidade local. No século XX, Raposos foi palco de intensas ações reivindicatórias lideradas pelo movimento sindical dos operários e trabalhadores da indústria de mineração.[6] Foram tão significativas essas lutas e tamanha a adesão que o município ganhou a alcunha de "Moscou mineira". Este movimento foi desarticulado no último quartel do século passado e, desde então, a atuação dos movimentos sociais parece ter sido bastante atenuada. Por outro lado, foi possível identificar um número crescente e expressivo de outras formas associativas no município - institucionalizadas, com atuação fragmentada e ligadas às temáticas da cultura, meio ambiente e assistência social. Chamou a atenção o fato de algumas dessas associações serem financiadas por companhias mineradoras, justamente aquelas que em décadas anteriores tinham sido foco das intensas reivindicações operárias, seja pelas más condições de trabalho, seja em relação aos danos à saúde da população e ao meio ambiente.

---

6 A cidade de Raposos tem sua história fortemente ligada à mineração, desde sua origem no século XVIII. Especialmente a partir do século XIX, com a chegada dos ingleses (*Saint John Del Rey Mining Company*), essa atividade tomou grande impulso, gerando forte dependência econômica por parte dos municípios, além de vários problemas ligados à saúde dos trabalhadores (alto índice de óbitos por silicose), impactos ao meio ambiente e pouca distribuição de renda.

As formas de engajamento social recentemente identificadas em Raposos diferem bastante dessas práticas reivindicatórias e tampouco se vinculam aos espaços e instrumentos institucionais de participação que se consolidaram ao longo dos anos 2000, no Brasil. O Plano Diretor de Raposos, por exemplo, foi promulgado em 2006, e previa, entre outras determinações, a "criação, implantação e fortalecimento do Conselho Municipal de Desenvolvimento Sustentável e Planejamento Urbano" (RAPOSOS, 2006, p. 14). Ambos, Plano Diretor e Conselho de Planejamento, representam formas de fomento e institucionalização da participação social que fizeram parte do projeto de ampliação democrática presente no Brasil naquele período. No entanto, em Raposos, essa diretriz do Plano não passou de mera formalidade, e o Conselho de Planejamento jamais foi criado.

O enfraquecimento das instâncias institucionalizadas de participação social no Brasil tem sido reiterado por análises mais abrangentes sobre a governança no país. Se entre 2003 e 2015 a democracia brasileira fortaleceu significativamente os espaços de participação (Conselhos, Orçamentos Participativos, Conferências municipais, dentre outros), tornando-se referência internacional nesse aspecto, a partir de 2016 temos assistido a um rápido declínio desses espaços de deliberação cidadã e ao desgaste dos canais participativos criados (POGREBINSCHI e TANSCHEIT, 2017). Em um contexto de inflexão ultraliberal (RIBEIRO, 2018), a agenda política do país se volta para um forte ajuste fiscal, cortes de gastos e ações subordinadas ao mercado financeiro. Nesse cenário, os conselhos gestores têm tido suas atividades inviabilizadas, com perda de regularidade em suas reuniões e com redução em suas equipes técnicas. Assim, os dois principais pilares sobre os quais as inovações institucionais no Brasil foram erguidas – uma intensa institucionalização e uma sociedade civil forte – não foram suficientes para evitar que, em pouco mais de um ano, um sistema de participação social em funcionamento fosse desarticulado (POGREBINSCHI e TANSCHEIT, 2017, s./p.).

O caso de Raposos parece refletir o contexto nacional descrito. As entidades e grupos encontrados no município se enquadram no que a legislação brasileira chama de Organizações da Sociedade Civil, ou OSCs, e conformam o que se convencionou chamar de "Terceiro Setor". O Mapa das OSCs produzido pelo Instituto de Pesquisa Econômica Aplicada - IPEA (2018) registrou 78 dessas instituições no município no primeiro semestre de 2018, reflexo do cenário nacional.[7] Assim, se a análise aqui proposta partiu do trabalho em uma localidade específica, as reflexões que se seguem possuem alcance mais abrangente e procuram embasar um marco analítico que possa auxiliar na compreensão de diferentes formas de ações sociais coletivas, chamadas de *associativismo*, e sua possível relação com o atual padrão neoliberal predominante de governança.

Nas seções seguintes, traçamos um panorama histórico dessas diferentes formas de associativismo, incluindo a trajetória dos movimentos sociais no Brasil desde os anos 1970, a sua atuação nos canais institucionais de participação ligadas ao poder público e chegando, por fim, na emergência e crescimento das organizações do Terceiro Setor. Lançamos um olhar mais detido sobre essa última, analisando as ligações entre OSCs e a iniciativa privada por meio da construção de marcos legais pró-mercado, da delegação da questão social a essas instituições e da sua ligação às práticas de responsabilidade social empresarial. Assim, chamamos atenção para o fenômeno que vem sendo cha-

7 No Brasil foram registradas 391.371 dessas organizações em 2014.

mado de *onguização* (SANTOS, 2011; SILVA, 2007), entendendo que uma abordagem restrita aos movimentos sociais tem se mostrado insuficiente para compreender os processos atuais de participação da sociedade civil.

## Associativismo: apresentando o quadro analítico

Entendemos por associativismo um conjunto de processos que levam à formação de grupos sociais capazes de dar forma a *ações sociais coletivas*. Trata-se, portanto, da associação e organização de indivíduos que se mobilizam por pautas diversas, com reivindicações e atuações específicas. Estamos aqui nos referindo a formas de associação coletiva que não coincidem totalmente com o Estado ou com o mercado, ainda que possam permear essas esferas, convergindo, por vezes, com seus interesses, formas de ação e atores. O agir associativo pode tomar a forma dos clássicos, dos novos ou dos novíssimos movimentos sociais, mas também das organizações do chamado Terceiro Setor, daquelas que compõem instâncias de participação institucionalizadas, dos coletivos e dos grupos de interesse em geral. Entendemos, assim, que a chave *movimento social* não é suficiente para elucidar as múltiplas formas de organização coletiva presentes na sociedade e propomos a construção de um modelo analítico que compreenda essa diversidade.

O modelo proposto desdobra o associativismo em *três subtipos*, cada qual, por sua vez, abrangendo um conjunto de formas de participação. A classificação e as formas de associação apresentadas não esgotam as organizações, desenhos institucionais e modelos participativos existentes, mas ilustram algumas delas, indicando a necessidade de expansão da matriz. Assim, em primeiro lugar temos os *movimentos sociais (i)*, amplamente estudados e que têm sido classificados como clássicos, novos e novíssimos, a depender do contexto histórico, das suas pautas e das suas táticas de atuação (Gohn, 2000). Em seguida, podemos identificar *instâncias de participação (ii)* vinculadas ao poder público, que correspondem aos conselhos gestores, orçamentos participativos, fóruns, comitês e outros. E, por último, uma ampla gama de formas associativas que fazem parte do chamado *Terceiro Setor (iii)*, incluindo associações, organizações sociais certificadas pelo Estado, como as OSCIPs, fundações e institutos. Muitas delas operam em parcerias e convênios com o poder público, enquanto outras são financiadas diretamente por empresas privadas. O nosso entendimento sobre cada uma das categorias apresentadas parte tanto da literatura especializada no tema quanto dos marcos legais implementados visando a criação ou regulamentação desses grupos. A seguir, apresentamos de maneira mais aprofundada a classificação proposta, refletindo sobre essas formas de associativismo no contexto histórico brasileiro.

## Movimentos sociais e o projeto participativo

Com o fortalecimento dos movimentos sociais durante o século XX, esses grupos se tornaram particularmente interessantes para os teóricos e estudiosos das relações sociais e das dinâmicas do poder em todo o mundo. Abarcando uma ampla gama de atores, grupos e manifestações, os movimentos sociais têm nomeado diversos tipos de ação coletiva. Para Gohn (2000), o conceito de movimento social abrange ações sociopolíticas construídas por atores coletivos de diferentes classes sociais, numa conjuntura específica de relações de força na sociedade civil. Na visão de Touraine (2006), os movimentos sociais não estão a serviço de um modelo de sociedade perfeita, mas lutam pela democratização das relações sociais. Para ele, o indivíduo se torna sujeito ou ator *dentro do movimento social*, quando contesta a lógica da ordem. Abers e Bulow (2011), por sua vez, compreendem os movimentos sociais como uma "forma de ação coletiva sustentada, a partir da qual atores que compartilham identidades ou solidariedades enfrentam estruturas sociais ou práticas culturais dominantes" (p.53). Apesar das distintas abordagens, os movimentos sociais são geralmente classificados segundo o momento histórico em que atuam, sua forma de ação e as pautas que reivindicam.

Mais recentemente, os autores começam a falar na formação de *novíssimos movimentos sociais*, cuja principal característica seria a atuação em rede (GOHN, 2017). Se antes esses grupos podiam ser facilmente identificados, agora sua ação ocorre a partir de pequenos grupos imersos na vida cotidiana com fins específicos. Assim, eles se caracterizam pela associação múltipla, pela militância parcial e efêmera e pela solidariedade afetiva como condições para a participação. O campo de atuação permanece, mas os atores mudam constantemente, são temporários.

No Brasil, onde o processo de industrialização ocorreu tardiamente e de modo menos intenso, a atuação dos movimentos sociais ditos clássicos, ou seja, aqueles ligados ao universo do trabalho e da luta sindical, embora existente, não constituiu um campo de estudos abrangente. As especificidades do contexto nacional, marcado por regimes autoritários e populistas, limitaram a atuação desses grupos e não levaram à consolidação do Estado de bem-estar social no país. Assim, apesar de movimentos sociais atuarem no Brasil desde as primeiras décadas do século XX, essa forma de associativismo, protagonizada pelo movimento sindicalista, aparece de maneira mais intensa nos anos 1970, como reação ao regime autoritário, à urbanização acelerada e à deterioração intensa das condições de vida. No Brasil, portanto, os movimentos sociais permanecem vinculados a demandas de ordem material, reivindicando acesso à terra, à habitação, à alimentação e aos equipamentos coletivos básicos. São movimentos populares, mas que abarcam uma multiplicidade de sujeitos sociais singulares. O povo passa a ser visto como sujeito político que se organiza em práticas reivindicativas - contra a elevação do custo de vida, por acesso à moradia, contra o desemprego, por melhores condições de saúde e por transporte público. As pautas de grupos minoritários, como mulheres, população negra e LGBTQIAs existem, mas vão aparecer com maior força nas décadas seguintes.

Com o fim do regime autoritário, esses movimentos se articulam ainda mais. Como destaca Avritzer (2012, p.387), "estudantes puderam reconstituir seu movimento, muitas categorias profissionais como arquitetos, engenheiros e advogados passaram a se reunir de novo e a reorganizar suas associações". Nesse momento, foi possível a organização de diversos grupos como o movimento sanitarista, o Movimento Nacional pela Reforma Urbana (MNRU) e diversas associações profissionais. É nesse cenário que se insere o surgimento do Movimento dos Trabalhadores Rurais Sem Terra (MST), dos movimentos feministas e dos movimentos negros. Essa fase de rearticulação da sociedade civil política foi marcada pelo crescimento de associações voluntárias que visavam à organização de setores populares e pelo início da inserção desses atores na implementação de políticas públicas. Na leitura de Goss e Prudêncio (2004), esses movimentos, que poderiam ser classificados como *novos*, são coletivos que lutam por projetos, significados e orientações, visando alcançar uma "democracia interna". Eles transparecem uma "nova geração de conflitos sociais e culturais" e uma luta sobre as "finalidades da produção cultural, educacional e de saúde" (GOSS e PRUDÊNCIO, 2004, p.79). Possuem um potencial transformador, pois não visam apenas modificar o aparelho do Estado, mas as ações concretas da sociedade civil. O elemento comum entre grupos tão distintos é a reivindicação de sujeitos que portam uma "tripla exclusão relativa" (econômica, política e cultural) por práticas antiautoritárias e pela descentralização do poder.

Percebe-se, assim, desde os anos 1970, uma efervescência desses grupos, que compartilhavam um senso de coletividade e demanda por cidadania. Articulados contra o governo autoritário, os movimentos sociais brasileiros possuíam um objetivo comum, ainda que suas reivindicações fossem diversas. Com a redemocratização, vários canais de diálogo direto com o poder público são criados, alterando a forma de atuação de muitos desses grupos. Se antes os movimentos atuavam fora do Estado e contra ele, agora muitos passam a atuar de maneira colaborativa, ao lado ou mesmo dentro das instâncias governamentais.

## Instâncias de participação: internalização dos movimentos e "confluência perversa"

O período de redemocratização do país é, portanto, marcado pela consolidação dos movimentos formados na década anterior e por conquistas importantes no âmbito institucional. Nesse momento, vários atores da sociedade civil reivindicam "uma maior presença em instituições encarregadas da deliberação sobre políticas públicas nas áreas da saúde, assistência social e políticas urbanas" (AVRITZER, 2007, p.443). Para Avritzer, a década de 1990 pode ser vista como um período de explosão da participação social no país. A Constituição Federal de 1988 exerceu grande influência no sentido de incrementar a participação popular na administração pública, seja nos Conselhos Setoriais, Conferências, Orçamentos Participativos, dentre outros, sempre relacionados a temáticas de interesse público - educação, saúde, habitação, assistência social e meio ambiente (ABRANCHES e ARAÚJO, 2009). Dos 125 Conselhos Setoriais identificados em 30 municípios da RMBH em 1998, apenas 8% tinham sido criados antes de 1989, o que significa que 92% foram implementados nos anos 1990 (*idem*, p.74-5).

A efetivação desses Conselhos de caráter deliberativo e composição paritária foi lida pelos analistas como sinal do fortalecimento das relações entre o Estado e a sociedade civil. O número de conselhos nos municípios em todo o país aumentou consideravelmente, conforme avaliado pelo Índice de Articulação com a Sociedade Civil, indicador elaborado pelo Observatório das Metrópoles com base na verificação de existência ou não dos conselhos gestores no âmbito municipal. Alguns dos grupos que permanecem fora do Estado se fortaleceram posteriormente, num movimento de aglutinação em torno de entidades centrais (vide a Central dos Movimentos Populares) e variando a matriz de comunicação para expandir sua atuação, com o uso da internet e de plataformas digitais (GOHN, 1997). O perfil da participação se diferencia também em iniciativas como os Fóruns Nacionais de Luta pela Moradia, série Nacional de Participação Popular, luta pela Reforma Urbana, entre outros, que promovem uma série de encontros nacionais com grande alcance, dos quais emergiram muitas iniciativas do Estado.

Em síntese, o Brasil vivenciou o início da consolidação de espaços de participação e deliberação popular, em um movimento singular de articulação entre Estado e sociedade civil. Houve, em alguma medida, uma abertura e aproximação entre a gestão estatal e as demandas dos setores populares, reforçando um ideal de democracia participativa e ampliando os espaços de encontro e de fala da sociedade organizada. Não se pode dizer, no entanto, que esses processos ocorreram de maneira homogênea no território nacional, havendo diferenças entre os grandes centros urbanos e os municípios de menor porte. Além disso, a institucionalização das práticas participativas pode estar associada à desmobilização dos movimentos sociais e à legitimação de projetos políticos distintos daqueles colocados pelos movimentos dos anos 1980. No campo ambiental, por exemplo, Zhouri (2008) destaca como os conselhos de políticas e os licenciamentos de grandes empreendimentos - processos ditos participativos - apostam "na possível conciliação entre os 'interesses' econômicos, ecológicos e sociais, abstraindo dessas dimensões as relações de poder que, de fato, permeiam a dinâmica dos processos sociais" (p.97). Alinhados à ideia de *consenso*, os conselhos setoriais por vezes *anulam* divergências sociais inconciliáveis, servindo de instâncias de legitimação de certos projetos sociais em detrimento de outros.

É Dagnino (2004) quem elabora, já no início dos anos 2000, uma forte crítica à convergência entre esses distintos projetos políticos, evidente na noção de participação. A autora chama essa convergência de "confluência perversa", explicitando que tanto o projeto político-ideológico democratizante como o neoliberal defendem a existência de uma sociedade civil ativa e organizada e, portanto, *participativa*. Podemos perceber, assim, que muitos dos movimentos sociais altamente combativos no período da redemocratização, passaram a atuar *dentro* do Estado, e não mais contra ele. Essa atuação contribuiu para a constituição de arranjos de gestão mais democráticos, mas também, não raro, à neutralização de tais grupos. Essa internalização foi acompanhada por uma institucionalização dos movimentos, que, por vezes, para serem reconhecidos como sociedade civil "organizada" e poderem adentrar as instâncias de participação, precisavam se constituir como associações formais. Do ponto de vista jurídico, portanto, muitos dos movimentos se tornaram Organizações da Sociedade Civil, as OSCs.

## Reforma de Estado e a emergência do Terceiro Setor

Desde os anos 2000, o número de OSCs tem aumentado vertiginosamente. Embora a atuação do chamado Terceiro Setor não seja um fenômeno novo, uma vez que entidades filantrópicas ligadas a igrejas e empresas existem no Brasil desde o início do século passado, chama atenção o seu crescimento robusto e os discursos que sustentam esse crescimento. Para Dagnino (2004), as ONGs passam a ser vistas como "parceiros ideais pelos setores do Estado" que parecem "empenhados na transferência de suas responsabilidades para o âmbito da sociedade civil" (p. 203). É nesse contexto que se torna relevante compreender as implicações dessa nova forma de articulação de setores da sociedade civil.

*Terceiro Setor* é um conceito que se baseia em um recorte do social em três esferas: Estado, mercado e sociedade civil. Essa distinção é feita a partir do isolamento de esferas da vida social supostamente apartadas e autônomas, capazes, portanto, de constituir um "setor" da dinâmica social. Nessa concepção, o Terceiro Setor seria "a articulação/intersecção materializada entre ambos os setores: o 'público porém privado', a 'atividade pública desenvolvida pelo setor privado' ou, ainda, 'o público não-estatal'" (MONTAÑO, 2002, p. 54). Na raiz do conceito, Montaño identifica uma busca pela suposta necessidade de superar a dualidade existente entre o público e o privado e a equiparação entre público e estatal. Existiria, assim, um segmento social completamente apartado do mercado e do Estado, com atuação privada, como o primeiro, e com fins públicos, como o segundo. Crítico ao termo, Montaño (2002) aponta que

> este conceito, mais do que uma "categoria" ontologicamente constatável na realidade, representa um construto ideal que, antes de esclarecer sobre *um* "setor" da sociedade, mescla *diversos* sujeitos com aparentes igualdades nas atividades, porém com interesses, espaços e significados sociais diversos, contrários e até contraditórios (p. 57).

Não há na literatura que estuda e promove o Terceiro Setor consenso acerca das entidades que o compõem e sua abrangência vai desde organizações formais à inclusão de atividades informais, fundações empresariais, sindicatos e os próprios movimentos sociais. Na raiz do termo está a ideia de equivalência entre "sociedade civil" e "terceiro setor", que acaba por incorporar uma ampla gama de entidades e grupos em uma categoria abstrata e ambígua.

Apesar das dificuldades em definir e delimitar o Terceiro Setor, utilizaremos o termo para nos referirmos a uma forma de associativismo distinta dos movimentos sociais e que tampouco coincide com as formas de participação social institucionalizadas pelo poder público. Formalizadas como pessoa jurídica por um vasto marco legal, incluem as fundações empresariais e filantrópicas, cooperativas, entidades beneficentes, organizações sociais e organizações sociais de interesse público (OSCIP). Novamente, as entidades e grupos aqui arrolados não pretendem esgotar as formas de manifestação do chamado Terceiro Setor, mas indicar a presença de alguns desses grupos, a partir de definições presentes na legislação.

## *Marcos Legais*

Em 2014, foi promulgado o Marco Regulatório das OSCs[8], Lei 13.019/2014, considerado uma vitória da sociedade civil por reconhecer formalmente a atuação desses grupos, além de regular e facilitar canais institucionais para repasses de recursos públicos a essas entidades. O Marco visava eliminar ambiguidades das legislações anteriores, definindo claramente atribuições e condições para a atuação desses grupos. Ao longo dos anos 1990, reformas regulatórias foram responsáveis pelo início desse processo, com a implantação de leis e decretos que previam a atuação das organizações da sociedade civil e condições para o estabelecimento de parcerias com o poder público. Em Maio de 1998, é aprovada a lei nº 9.637, a partir da qual o Poder Executivo passa a qualificar entidades como organizações sociais (BRASIL, 1998). Percebe-se, assim, um estímulo estatal à formação desses grupos, com a consolidação de marcos legais que definem seu estatuto jurídico, sua finalidade e forma de atuação. Iniciava-se ali um movimento de *delegação* das responsabilidades sociais do Estado para essas entidades e, portanto, para a iniciativa privada. Os processos de desregulamentação do Estado, enfraquecimento de políticas sociais e privatização de bens e serviços têm sido caracterizados como elementos da agenda neoliberal, articulada à reestruturação do capitalismo no período que se segue às crises dos anos 1970. As diretrizes elaboradas no que ficou conhecido como *Consenso de Washington* previam uma atuação estatal pró-mercado, com ampla restrição aos gastos públicos nas áreas sociais.[9]

---

8 De maneira geral, iremos nos referir às entidades do Terceiro Setor como OSC, termo também amplo que designa entidades institucionalizadas não-governamentais.

9 No Brasil, essa agenda começa a ser implementada com maior intensidade a partir dos anos 1990, com a realização de reformas na estrutura estatal e requalificação do seu papel.

A legislação que favorece a criação e atuação das OSCs no Brasil coincide com a implementação da Emenda Constitucional 19, que regulamenta o Plano Diretor da Reforma do Aparelho do Estado (1995). Coordenada por Luiz Carlos Bresser-Pereira, à frente do Ministério da Administração Federal e Reforma do Estado durante o governo Fernando Henrique Cardoso. Essa emenda altera a legislação tributária, a previdência social e os monopólios estatais, seguindo a exigência de investidores estrangeiros, o indicativo de agências multilaterais, dentre outros. Além disso, a reforma prevê uma requalificação do Estado no que tange os serviços sociais, estimulando que essas áreas fiquem a cargo de organizações não-governamentais da sociedade civil. Nas palavras de Bresser-Pereira:

> A reforma provavelmente significará reduzir o Estado, limitar suas funções como produtor de bens e serviços e, em menor extensão, como regulador, implicará provavelmente em ampliar suas funções no financiamento de organizações públicas não-estatais (BRESSER-PEREIRA, 1997, p. 6).

O estímulo às "organizações públicas não-estatais", como definiu Bresser-Pereira, e à sua atuação no campo social, deveria ser articulado ao *afastamento* do Estado dessas mesmas temáticas. Assim, os agentes governamentais atuariam como reguladores do mercado, desresponsabilizando a máquina pública da implementação e manutenção de políticas sociais. Analisando esse movimento, Silva (2007) argumenta que o crescimento das OSCs tem significado "a retirada do Estado de setores estratégicos ou a terceirização do Estado ou ainda a *filantropização* da questão social com a transferência das funções sociais do Estado para as Organizações Não-Governamentais" (p.3). Esse movimento é também percebido por Paoli (2002), que destaca a coincidência entre o momento inicial de crescimento das ONGs e a "declinante disposição do Estado em corrigir e aperfeiçoar sua capacidade de regulação social e manter os compromissos do contrato social público" (PAOLI, 2002, p. 405). Assim, segundo a autora, essas organizações foram, pouco a pouco, "preenchendo os espaços locais e temáticos desregulamentados ou abandonados pela política governamental" (*idem*, p. 406).

Montaño (2002) destaca ainda que, embora existam entidades comprometidas com seus ideais, travando lutas importantes, esse novo padrão de resposta às sequelas sociais estaria pautado nos valores da "solidariedade voluntária e local", da "autoajuda" e da "ajuda-mútua". Assim, no projeto neoliberal a resposta às questões sociais não devem ser dadas pelo conjunto da sociedade e sua articulação com o Estado, passando a ser "de auto-responsabilidade dos próprios sujeitos portadores de necessidades, e da ação filantrópica, 'solidária-voluntária', de organizações e indivíduos" (*idem*, p.22). Desde essa perspectiva, retirar a responsabilidade do Estado de dar respostas aos problemas sociais poderia ser compensado pela ampliação dos sistemas privados, tanto pelo mercado, a partir do empresariado que visa o lucro, quanto das instituições do Terceiro Setor, de caráter filantrópico e voluntário. De toda forma, argumenta Montaño, há uma subordinação à lógica neoliberal que atribui ao Estado o papel de mero agente regulador, daquele que organiza as condições para operação dos agentes de mercado. A retirada de responsabilidade do Estado e consequente transferência para o Terceiro Setor não estaria relacionada à eficiência (já que ONGs não são *naturalmente* mais eficientes do que o Estado) nem a razões financeiras. Para o autor, há uma razão *político-ideológica* aí subentendida, que seria a própria desconstrução da ideia de bem-estar social e do direito universal do cidadão às políticas sociais.

Se a participação social se dá cada vez mais a partir das Organizações da Sociedade Civil, alinhadas à lógica mercantil e ao projeto neoliberal, qual o potencial transformador dessas práticas? Conforme sustenta Tenório (1999, p.88), a tentativa do Estado de "delegar" e/ou "descentralizar" questões de natureza social para *agentes sociais* da *sociedade civil* corre o risco, na atual "onda" neoliberal do determinismo de mercado, de transformar entes públicos em entes privados, e a ação emancipatória em compensatória.

## O mercado se aproxima: novo associativismo e o fim do dissenso

Como dito anteriormente, o contexto de emergência das organizações do Terceiro Setor é visto por Dagnino (2004) como um momento de ressignificação da ideia de participação- o que chamou de "confluência perversa". A noção de participação vê-se influenciada por um cenário que se transforma do projeto democratizante antiautoritário e de caráter popular à participação solidária, com ênfase no trabalho voluntário e na "responsabilidade social" de grupos empresariais. Paoli (2002) também reconhece diferenças nas formas de atuação da sociedade civil, avaliando que, num primeiro momento, formaram-se movimentos sociais autônomos e altamente politizados, que reivindicavam a democratização e ampliação da cidadania. Posteriormente, a atuação da sociedade civil se faz sentir de maneira mais forte a partir de organizações não-governamentais profissionalizadas, que acabaram por "deslocar esse ativismo político por cidadania e justiça social para um ativismo civil, ancorado na ideia de solidariedade"

(PAOLI, 2002, p.378). Segundo a autora, o conflito, o dissenso, a instauração de práticas participativas ampliadas e a aspiração de autonomia pública dos movimentos sociais deram lugar a práticas que não entram em confronto direito com o modelo político econômico existente. Assim, Dagnino (2004) avalia que

> o projeto neoliberal operaria não apenas com uma concepção de Estado mínimo [quando se trata de alocar recursos para as políticas sociais de redução da desigualdade; não quando se trata de subsidiar empresários e banqueiros], mas também com uma concepção minimalista tanto da política como da democracia (p. 212).

Tenório (1999) associa esse processo a uma descaracterização dos movimentos sociais, outrora altamente combativos. O autor aponta que esse movimento é direcionado por instituições internacionais de controle e fomento creditício que buscavam utilizar ou levar os governos a utilizarem essas organizações como "instrumentos para implantação, acompanhamento e avaliação de políticas públicas" (TENÓRIO, 1999, p.88). O termo participação, portanto, passa a ser apropriado por agentes de mercado que também a defendem - desde que regulada e articulada por meio das organizações do Terceiro Setor. A mudança se dá na inserção de princípios individualistas e privatistas a uma noção que antes designava um fenômeno coletivo e social. Promove-se, assim, a despolitização da participação e sua restrição às esferas da "solidariedade" e da "filantropia". Assim, o projeto neoliberal de participação e cidadania não mais abarca a noção de direito a ter direitos, de definir os rumos da sociedade, de novos padrões de solidariedade e da possibilidade de transformações radicais na sociedade em sua estrutura de relações de poder.

Essas noções restritivas estão na base das práticas de *Responsabilidade Social Empresarial (RSE)*, levadas a cabo por fundações privadas financiadas por grandes corporações. Essas fundações também compõem o chamado Terceiro Setor e são caracterizadas por uma ambiguidade constitutiva, uma vez que transitam entre os interesses mercantis de seus financiadores e as práticas de cidadania. Grandes corporações, diretamente ou por meio de fundações filantrópicas, têm criado programas sociais nas áreas onde atuam, estabelecendo parcerias com organizações locais e financiando projetos de desenvolvimento.

Para Barbosa (2007), as ações das organizações não-governamentais abarcadas pelas práticas de RSE das grandes corporações seriam formas de "supressão da política", entendendo *política* como a esfera onde grupos antagônicos se veem obrigados a se movimentarem - o local do dissenso, do conflito e das disputas. A responsabilidade social, conforme argumenta, seria operacionalizada para atender necessidades e carências locais, e não para viabilizar uma condição de cidadania plena ao conjunto da sociedade. O crescimento das ações de responsabilidade no mundo corporativo remete ao início da década de 1990 e hoje tem se expandido, compreendendo desde ações sociais desenvolvidas diretamente pelas empresas, ao financiamento via editais de projetos sociais pleiteados por OSCs locais. Os autores apresentam uma visão crítica desses processos, relacionando o discurso entusiasta desse "novo associativismo civil" ao daqueles que advogam o encolhimento do Estado. Da mesma forma, aqueles favoráveis à RSE buscam legitimar o "ativismo social" das empresas, argumentando que a pressão da sociedade civil faz com que adotem posturas mais responsáveis. A consequência desses processos, para Barbosa, é o "esvaziamento de posturas dissensuais", uma vez que "acredita-se na 'parceria' entre

Estado, mercado e sociedade civil, para resolver os 'problemas sociais' – formando um 'novo associativismo civil'" (p. 182).

## Considerações finais

A partir de um breve histórico da atuação da sociedade civil na esfera pública no Brasil, foi possível perceber como a participação social se fortalece desde meados dos anos 1970 e, aos poucos, vai alterando suas pautas e formas de atuação. Desde a Assembleia Constituinte e com mais força nos anos 2000, surgem grupos que não mais agem contra o Estado, mas dentro dele, a partir das ferramentas de participação popular criadas pelo poder público. Ao mesmo tempo, esses grupos parecem passar por um forte processo de institucionalização, constituindo-se como pessoas jurídicas e associações não-estatais organizadas. Nos últimos tempos, tem-se somado a esse contexto uma aproximação entre o terceiro setor e iniciativa privada por meio de doações e editais de patrocínio, incentivadas pelo movimento corporativo conhecido como Responsabilidade Social Empresarial.

A literatura que vem analisando o crescimento do Terceiro Setor e das novas formas associativas aponta para um enfraquecimento das reivindicações desses grupos e para uma crescente subordinação de sua ação ao mercado, tanto em sua forma de atuação (profissionalizada e inserida na lógica concorrencial e empresarial), quanto em seus objetivos (menos contestatórios). A implementação das reformas de Estado dos anos 1990 aponta para um projeto fortemente articulado ao ideário neoliberal, ao defender o afastamento do Estado da questão social e a delegação de tais questões a entidades privadas. Um amplo marco regulatório é construído na tentativa de formalizar e estimular a atuação dessas organizações nas áreas sociais, com a predominância de ações fragmentadas, restritas a agendas pontuais e pouco articuladas.

Nessa nova configuração, a sociedade civil tem suas pautas e modos de atuação reguladas, primeiro para responder e atuar nos espaços institucionais de participação, depois para acessar os recursos disponibilizados pela iniciativa privada. Reconfigura-se, assim, seu papel contestatório usual, seja contra o Estado, seja contra o capital, diferindo-as dos movimentos sociais que se consolidaram a partir de pautas democratizantes e da afirmação de direitos coletivos. Nesse contexto, devemos nos perguntar se sobrevive a autonomia de ação dos atores e grupos da sociedade civil e, portanto, seu potencial transformador.

## Referências

ABERS, Rebeca; BULLOW, Marisa. Movimentos sociais na teoria e na prática: como estudar o ativismo através da fronteira entre Estado e sociedade? *Sociologias*, v. 13, n. 28, 52-84, 2011.

ABRANCHES, Mônica; ARAÚJO, Marinella de. Condições Institucionais de Cooperação entre Municípios (69-84). In: ANDRADE, Luciana. (org.). *Como anda Belo Horizonte*. Rio de Janeiro: Letra Capital, 2009.

AVRITZER, Leonardo. Sociedade civil, instituições participativas e representação: da autorização à legitimidade da ação. *Dados*, v. 4, n. 3, 443-464, 2007.

BARBOSA, Attila. A responsabilidade social empresarial como meio de supressão da política. *Revista de Ciências Sociais - Política & Trabalho*, v. 26, 177-202, 2007.

BRASIL. Lei nº 9.637 de maio de 1998. *Dispõe sobre a qualificação de entidades como organizações sociais, a criação do Programa Nacional de Publicização, a extinção dos órgãos e entidades que menciona a absorção de suas atividades por organizações sociais, e dá outras providências*, 2018.

Disponível em: http://www.planalto.gov.br/ccivil_03/LEIS/L9637.htm. Acesso em: 20 out. 2018.

BRESSER-PEREIRA, Luiz Carlos. Estratégia e estrutura para um novo Estado. *RSP*, v. 48, n. 1, 5-25, 1997.

DAGNINO, Evelina. Sociedade civil, participação e cidadania: de que estamos falando (95-110). In: MATO, Daniel. *Políticas de ciudadanía y sociedad civil en tiempos de globalización*. Caracas: FACES, 2004.

GOHN, Maria da Glória. *Teorias dos movimentos sociais: paradigmas clássicos e contemporâneos*. São Paulo: Edições Loyola, 1997.

GOHN, Maria da Glória. 500 anos de luta social no Brasil: movimentos sociais, ONGs e terceiro setor. *Mediações - Revista de Ciências Sociais*, v. 5, n. 1, 11-40, 2000.

GOHN, Maria da Glória. *Manifestações e protestos no Brasil: correntes e contracorrentes na atualidade*. São Paulo: Cortez Editora, 2017.

GOSS, Karine; PRUDENCIO, Kelly. O conceito de movimentos sociais revisitado. *Em Tese*, v. 1, n. 2, 75-91, 2004.

IPEA. Mapa das organizações da sociedade civil. Instituto de Pesquisa Econômica Aplicada, 2018. Disponível em: https://mapaosc.ipea.gov.br/. Acesso em: 15 out. 2018.

MONTAÑO, Carlos. *Terceiro setor e questão social: crítica ao padrão emergente de intervenção social*. São Paulo: Cortez Editora, 2002.

PAOLI, Maria Célia. Empresas e responsabilidade social: os enredamentos da cidadania no Brasil (737-418). In: Sousa Santos, Boaventura. *Democratizar a democracia: os caminhos da democracia participativa*. Rio de Janeiro: Civilização Brasileira, 2002.

POGREBINSCHI, Thamy; TANSCHEIT, Talita. Andando para trás: O que aconteceu com a participação social no Brasil?, 2017. Disponível em: https://www.opendemocracy.net/democraciaabierta/thamy-pogrebinschi-talita-tanscheit/andando-para-tr-s-o-que-aconteceu-com-particip. Acesso em: 10 out. 2018.

RAPOSOS (2006). Lei nº 975 de 10 de outubro de 2006. *Plano Diretor do Município de Raposos*. Disponível em: http://www.raposos.mg.gov.br/abrir_arquivo.aspx/Lei_municipal_976_2006?cdLocal=5&arquivo=%7B3CB26CC7-CEC3-2635-EABE-3CDEBCCAA8EB%7D.pdf. Acesso em: 10 out 2018.

RIBEIRO, Luiz César. As metrópoles e o direito à cidade na inflexão ultraliberal da ordem urbana brasileira. *Texto para discussão interna. INCT Observatório das Metrópoles.* Rio de Janeiro: Observatório das Metrópoles, 2018.

SANTOS, Henrique. A "onguização" da sociedade civil: temas para o debate. *Anais do I Circuito de Debates Acadêmicos.* Brasília: IPEA, 2011.

SILVA, Alessandro. O processo de onguização do Estado e dos movimentos sociais e o seu impacto no âmbito das políticas públicas. *Anais do XIV Encontro Nacional da Abrapso*. Rio de Janeiro: Abrapso, v. único, 2007.

TENÓRIO, Fernando. Um espectro ronda o terceiro setor: o espectro do mercado. *Revista de administração pública*. Rio de Janeiro, v. 33, n. 5, 85-102, 1999.

TOURAINE, Alain. Na fronteira dos movimentos sociais. *Sociedade e Estado,* v. 21, n. 1, 17-28, 2006.

ZHOURI, Andréa. Justiça ambiental, diversidade cultural e *accountability:* desafios para a governança ambiental. *Revista Brasileira de Ciências Sociais,* v. 23, n. 68, 97-194, 2008.

# Tramas políticas de ação rebelde:
*movimentos sociais e a produção de espaços de autonomia*[1]

Felipe Rangel Tavares[2]

## Introdução

O ponto de partida que tomamos para realizar esta discussão, situa-se na tese cujo espaço urbano é simultaneamente produto de contradições e produtor de conflitos, pois permite-nos focalizar os atores e ações que suscitam a tensão entre dominação e apropriação na cidade. Neste sentido, o fenômeno da implosão-explosão da cidade é "detonado" por determinados atores que, portanto, forjam espacialidades antagônicas: a cidade é o lócus do controle, da opressão e da repressão, como também da insurgência, rebeldia e transgressão. Cabe, assim, considerar o espaço enquanto um produto social de grupos distintos que, a partir de suas ações – ou práticas espaciais – constroem determinadas espacialidades: mais ligadas à dominação ou, mais ligadas à contestação. A análise que empreendemos aqui se debruça sobre esta última.

---

1 Este capítulo é uma versão revista do artigo "A produção de espaços de autonomia: movimentos sociais e tramas políticas de ação no Morro da Providência", apresentando no XVIII Enanpur, realizado em Natal-RN, entre os dias 27 a 31 de maio de 2019.

2 Doutor em Geografia, PUC-Rio. Professor do departamento de Geografia da UERJ-FEBF, Rio de Janeiro. E-mail: tavares.geo@gmail.com.

Compreendemos os movimentos sociais enquanto produtores do espaço: suas ações contém uma repercussão política espaço-temporal, tanto material quanto simbólica, fundamental para a constituição de espaços de autonomia como lugares coletivos de construção de direitos. Assim, a produção de espaços de autonomia a partir dos movimentos sociais se afigura enquanto objeto de pesquisa, cujos objetivos são: a) analisar o processo de produção do espaço na perspectiva dos movimentos sociais de contestação às relações socioespaciais de dominação; e b) instrumentalizar a produção espacial dos movimentos sociais a partir da noção de "tramas políticas de ação rebelde". A discussão da noção de "tramas políticas de ação rebelde" faz-se enquanto proposta de categoria analítica e da ação – no sentido de intervenção política no âmbito do vivido – para evidenciar a necessária articulação multi e transescalar em rede de atores e práticas espaciais de resistência-contestação-profanação, isto é, das possibilidades de ação rebelde em múltiplas escalas espaço-temporais.

## A espacialidade forjada na tensão entre dominação e apropriação: a produção de espaços de autonomia

Lançamos mão da teoria crítica do filósofo francês Henri Lefebvre (1991), para o qual o espaço social é um produto social que contém as relações sociais de reprodução (bio-fisiológicas e, em sentido estrito, socioeconômicas) e certas representações de determinadas relações sociais, constituindo-se, simultaneamente como físico e social, concreto/funcional e simbólico. Para o filósofo, cada sociedade, ou modo de produção, produziu seu espaço, sendo este – simultaneamente – um meio de produção e de controle, portanto, meio de dominação e de potência. Sendo assim, o espaço tem um caráter instrumental, que serve tanto ao pensamento, quanto à ação. E, neste sentido, o espaço é político e ideológico, justamente porque o processo de sua produção está vinculado a grupos particulares que dele se apropriam para geri-lo, para explorá-lo. Segundo Gottdiener (2010), Lefebvre vê o conflito de classes como se se desenvolvesse no espaço, numa perspectiva na qual os padrões espaciais adquirem uma dinâmica própria à medida que são produzidos por uma formação social antagônica, envolvendo contradições que nascem da natureza dialética da organização sócio-espacial. A principal contradição espacial da sociedade é a confrontação entre espaço abstrato, ou a exteriorização de práticas econômicas e políticas que se originam com a classe capitalista e com o Estado, e espaço social, ou o espaço de valores de uso produzidos pela complexa interação de todas as classes na vivência diária. (Lefebvre, 1979, p.241 *apud* GOTTDIENER, 2010, p. 131).

Neste sentido, concordamos com Ferreira (2007), ao considerar que as *relações sociais são sempre espaciais,* existindo a partir da construção de certas espacialidades que evidenciam os conflitos de interesses engendrados em torno do espaço social e do espaço abstrato. A sobredeterminação do valor de troca em relação ao valor de uso, no que diz respeito à cidade, é focalizada por Ferreira (2007) como processo que garante a sobrevivência do capitalismo e, portanto, ponto de apoio à tensão entre dominação/apropriação e ordem distante/ordem próxima: a dominação está ligada ao valor de troca e também à ordem distante, enquanto a apropriação da cidade pelo cidadão está ligada ao valor de uso e à ordem próxima. Contudo, é necessário atentar para as relações de dominação que se reproduzem no âmbito da ordem próxima, expressando as tensões e conflitos na escala do lugar e da vida cotidiana. Cabe ressaltar que a tensão entre valor de uso/valor de troca, dominação e apropriação como problemática da realidade urbana se acirra no período denominado por Lefebvre como explosão-implosão da cidade. Neste fenômeno, são observados a expansão da fronteira urbana, para além dos municípios e até limites nacionais (no caso europeu), como também a concentração populacional, o aumento dos deslocamentos, a segregação sócio-espacial e a afirmação e/ou dissolução dos centros urbanos.

No ano de 1989, o jornal *Le Monde Diplomatique* publica um texto de Henri Lefebvre, cuja tradução é, "quando a cidade se perde na urbanização planetária", no qual o autor versa acerca do fenômeno urbano estendido a todo o planeta. Lefebvre inicia seu texto com a evidência de que as esperanças no urbano enquanto portador de novos valores e de uma civilização alternativa se esvaem com as últimas ilusões da modernidade, em primeiro lugar, porque, quanto mais a cidade se estende, mais as relações sociais se deterioram. De acordo com Lefebvre, a situação na cidade piorou, por um lado, devido à extensão das formas urbanas e, por outro, devido à fragmentação das formas tradicionais de trabalho. Contudo, dentre tais evidências, o maior perigo para Lefebvre, reside na homogeneização acarretada pelo processo de planetarização, uma vez que promove o desaparecimento das diferenças. À homogeneização, acompanha-se a fragmentação e a hierarquização do espaço. Concluindo sua visão, Lefebvre afirma que o cidadão e o habitante da cidade foram dissociados, uma vez que ser cidadão significava permanecer muito tempo em um território e, sob o império dos fluxos – com o advento das tecnologias de informação e comunicação – o habitante está em constante movimento, circulação. Para Lefebvre, cidadão e habitante da cidade devem se encontrar sem, no entanto, se confundir – o que implica a reformulação do quadro de cidadania política – que, no direito à cidade, se constitui enquanto concepção revolucionária.

No âmbito de uma urbanização planetária, tem-se a deterioração das relações sociais. Como essas relações são sempre espaciais, conformadoras de espacialidade antagônicas, a cidade também se deteriora, ou seja, ela se perde à medida em que a experiência urbana predominante é a da mercadificação de todas as dimensões da vida social, processo que revela o triunfo do espaço abstrato - numa escala antes não vista. De acordo com Neil Brenner (2013) a problemática urbana contemporânea é definida pela extensão desigual do processo de destruição-criativa capitalista em escala planetária e a dialética implosão-explosão afirma-se como horizonte analítico, empírico e político fundamental para qualquer teoria crítica de urbanização no século XXI. Considerando o horizonte político e os atuais debates sobre o direito à cidade, em torno da política do espaço e da luta pelo bem comum local em grandes cidades, Brenner (2013) pontua sobre a necessidade de conectar as lutas ao largo dos mais variados cenários de urbanização estendida, afirmando que camponeses, pequenos proprietários de terra, trabalhadores agrícolas, populações indígenas e setores afins estejam unidos na busca de um mesmo objetivo político. Isto porque, para o autor, novos vetores de luta social e urbana cristalizam-se e a cidade não pode mais ser concebida apenas como um sítio ou cenário de conflitos políticos, pois as condições urbanas aparecem com um meio para modificar as estruturas políticas-econômicas e as formações espaciais gerais do capitalismo mundial (Brenner, 2013, p.43).

Tal perspectiva corrobora com a tese de Harvey (2014), para o qual, algum tipo de luta de classes está inevitavelmente envolvido no processo de urbanização, este, crucial para a história da acumulação do capital. Neste sentido, a proposta do geógrafo de "reivindicar a cidade para luta capitalista", consiste em considerar que o urbano funciona como um espaço importante de ação e revolta política (HARVEY, 2014). Ele propõe, para além disso, a reivindicação do direito à cidade, o que "equivale a reivindicar algum tipo de poder configurador sobre os processos de urbanização, sobre o modo como nossas cidades são feitas e refeitas, e pressupõe fazê-lo de maneira radical e fundamental" (HARVEY, 2014).

Sendo assim, a partir da análise de Brenner (2013) e Harvey (2014), torna-se evidente algum tipo de articulação coletiva de iniciativas, lutas e movimentos na direção da negação e superação do estado de coisas atual. Ao nos debruçarmos sobre as espacialidades mais ligadas à apropriação, lançamos mão do conceito de mobilizações, concordando com Ferreira (2013) ao se referir à necessidade de incorporar maneiras novas e alternativas de insurgência e contestação, desprendendo-se dos debates e reflexões que não condizem com o tempo presente e, para além disso, rejeitando as hierarquizações, que desqualificam ativismos e outras formas de engajar-se politicamente em detrimento do tradicionalismo de determinados movimentos sociais. Deste modo, ao lançar mão do conceito, pretendemos notabilizar, além das práticas espaciais alternativas de contestação e reivindicação, as articulações e conexões de lutas em variados cenários de urbanização: é a partir dessas proposições que formularemos a noção de "tramas políticas de ação rebelde".

No contexto de tais grupos e relações sociais, destacamos as práticas espaciais dos movimentos sociais urbanos. De acordo com Pedon (2013), é a partir da década de 1970-80 que surge um interesse da parte dos geógrafos pelo estudo dos movimentos sociais, principalmente, daqueles adjetivados como "urbanos". Para o autor, "há entre os movimentos sociais que atuam no Brasil, um conjunto de mobilizações cuja natureza é essencialmente territorial e de importância crescente no contexto nacional". A observação de Nel-lo (2014) é interessante ao situar os movimentos e conflitos sociais como fatores que incidem de modo decisivo na configuração da cidade. Para ele: "*las configuraciones territoriales existentes en cada momento reflejam (...) también el legado espacial del orden y las luchas de sociedades pretéritas*" (NEL-LO, 2014, p.274). Se concordamos que as relações sociais são relações de produção, em sentido amplo, precisamos reconhecer a produção do espaço a partir dos movimentos sociais – seus desafios, potencialidades e possibilidades.

Para Nel-lo (2014), apropriando-se de seu caráter eminentemente político, que emerge das demandas por equidade e democracia, os movimentos sociais se converteriam em sujeitos transformadores do território e da sociedade. Quando Oslender (2002) conceitualiza o espaço como "un sitio de constante interacción y lucha entre dominación y resistência", ele concebe os movimentos sociais "desde una perspectiva de estructuración en tanto que la acción colectiva de los participantes de un movimiento desafía a estructuras de dominación y/o sujeción". A dimensão da ação contestatória, de reivindicação e transformação está no horizonte de atuação dos movimentos sociais, que segundo a percepção de Ferreira (2011, p.235), são "aqueles que se colocam em oposição à determinada situação do cotidiano, tentando – a partir de sua organização – transformar aquilo que lhes aflige". O autor se refere a uma ação de âmbito coletivo, decorrente de uma luta – de natureza social, política, econômica ou cultural – mobilizada através de diversas práticas espaciais, sendo considerada como força central da sociedade.

É preciso considerar a produção do espaço para além de sua dimensão material, como observa Souza e Teixeira (2009) ao atentar para os domínios do poder simbólico e as imagens espaciais dos movimentos sociais que, ao nomearem seus espaços, atribuem aos seus territórios um significado político-simbólico, criando o que os autores definem como "léxico espacial".

Para Ferreira (2011), a construção de uma percepção da necessidade de participação, no âmbito da população – na definição do futuro das cidades – deve ser um projeto que integre a capacidade imaginativa com novas formas de associação e mobilizações, levando em conta o curto, médio e longo prazo em suas reivindicações, o que nos aproximaria do verdadeiro direito à cidade: o direito de pensar e construir uma outra cidade.

Reconhecendo a produção espacial dos movimentos sociais, tanto material quanto simbólica e seu papel na construção e luta por direitos, mesmo diante de um cenário em que o estado de exceção e a segurança são tomados como paradigma de governo e tendem a suspendê-los, legitimando uma política de controle e contenção das mobilizações, neste momento avaliaremos as novas ações coletivas que demandam por autonomia ou recorrem às narrativas autônomas na constituição de protestos, agendas e espacialidades alternativas. O interesse na perspectiva autônoma segue o raciocínio de Souza (2000) quando versa a respeito do planejamento e gestão das cidades, colocando-a como princípio e parâmetro central para avaliação de processos e estratégias de mudança sócio-espacial. Para o geógrafo, uma sociedade autônoma significa "uma sociedade onde a separação institucionalizada entre dirigentes e dirigidos e a opacidade e mutilação da esfera pública que disso derivam foram abolidas" (SOUZA, 2000, p.77). A partir do prisma político-filosófico de Castoriadis, para o qual o projeto da autonomia refunda a democracia, Souza (2000) aborda os dois sentidos que a noção engloba:

> Autonomia *coletiva* ou *consciente e explícito autogoverno de uma sociedade dada,* o que depreende

> garantias político-institucionais, assim como uma possibilidade material efetiva (o que inclui o acesso a informação suficiente e confiável) de igualdade de chances de participação em processos decisórios relevantes no que toca aos negócios da esfera pública; e autonomia *individual*, isto é, a capacidade de indivíduos particulares de realizarem escolhas em liberdade, com responsabilidade e com conhecimento de causa (o que, obviamente, depende tanto de circunstâncias estritamente individuais e psicológicas quanto de fatores políticos e materiais) (SOUZA, 2000, p. 76).

Neste sentido, ao investigar as novas formas de ação coletiva dos movimentos sociais dos anos 80, Alberto Melucci (1989) reconhece uma mudança nos conflitos sociais, em que novas contradições emergem e implicam na redefinição da situação e modalidades de ação dos movimentos sociais. Esta reconfiguração e reformatação das ações dos movimentos sociais é apreendida por Svampa (2009) apresentando um panorama da ação coletiva dos novos movimentos na América Latina. Para a autora, entre os anos 1970-1980, surge um conjunto de ações coletivas, marcadas por seu caráter local e pontual, chamando atenção para os novos movimentos sociais, caracterizados pela emergência de novas lutas, ligadas às condições de vida, reivindicando a terra e moradia, como também, os serviços públicos. Na década de 1990, ocorre uma nova repercussão no plano das ações coletivas como resposta às dinâmicas da globalização neoliberal: novos repertórios ligados à ação direta proliferam-se – saques, inquietações sociais, escrachos, bloqueios de rotas, puebladas, entre outras (SVAMPA, 2009, p. 3).

De acordo com Raúl Zibechi (2007), os movimentos sociais latino-americanos compartilham de traços em comum em relação às novas tendências e caminhos que constituem as ações coletivas. O autor destaca a territorialização dos movimentos e a demanda por autonomia. Em relação à territorialização dos movimentos, diz respeito ao "arraigo en espacios físicos recuperados o conquistado a través de largas luchas, aberta o subterrâneas", à criação de espaços de auto-gestão e à capacidade de produzir e reproduzir a vida (ZIBECHI, 2007, p.22). Em relação à autonomia, destaca-se a crescente capacidade dos movimentos para assegurar a subsistência de seus seguidores:

> Los comuneros, los cocaleros, los campesinos sin tierra y cada vez más los piqueteros argentino y los desocupados urbanos, están trabajando de forma consciente para construir su autonomía material y simbólica. (ZIBECHI, 2007, p. 23).[3]

A proposta de Pickerril e Chatterton (2006) acerca das "geografias autônomas" (autonomous geographies) contribui bastante à compreensão e análise das experiências contemporâneas de ação coletiva, especificamente em relação às narrativas e demanda por autonomia. Os autores denominam Geografias autônomas os espaços onde pessoas desejam constituir formas políticas, econômicas e sociais de organização igualitária, solidária e não-capitalista através da combinação de resistência e criação. O termo é utilizado como parte de um vocabulário de intervenção, de urgência, esperança e inspiração, enfatizando o "onde estamos" e as projeções de "onde nós podemos estar", ou

3 , "Os comuneros, os cocaleros, os camponeses sem terra, e cada vez mais os piqueteros argentinos e os desempregados urbanos, estão trabalhando conscientemente para construir sua autonomia material e simbólica (tradução do autor).

seja, um conceito e caminho para explorar a materialização de visões utópicas.

> This multi-scalar and multi-faceted activism manifests itself through global and regional convergences (...) through localised autonomous spaces and alternative processes (such as social centres, eco-villages, alternative currencies, food production, housing co-operatives and self education), and experiments in non hierarchical organization and consensus-based decision-making. (...) we propose to use the concept of autonomous geographies to understand alter-globalization movements as a progressive politics, not grounded through a particular spatial strategy but as a relational and contextual entity drawing together resistance, creation and solidarity across multiple times and places. (PICKERRIL & CHATTERTON, 2006, p. 2).[4]

Neste sentido, a perspectiva autonomista das ações coletivas dos novos movimentos sociais revela maneiras alternativas de organização e protesto, a partir dos princípios de autogestão, autodeterminação, horizontalidade, solidariedade, resistência e criatividade/inovação, moldando assim, práticas espaciais capa-

---

4 Este ativismo multi-escalar e multifacetado se manifesta através de convergências globais e regionais (...) através de espaços autônomos localizados e processos alternativos (tais como centros sociais, eco-vilas, moedas alternativas, produção de alimentos, cooperativas habitacionais e auto-educação, e experimentos de organização não hierárquica e tomada de decisões baseadas em consenso. (...) propomos usar um conceito de geografias autônomas para entender os movimentos de alter-globalização como uma política progressiva, não fundamentada através de uma estratégia espacial particular, mas como uma entidade relacional e contextual que reúne resistência, criação e solidariedade em múltiplos tempos e lugares (tradução do autor).

zes de construir outras relações sociais e, portanto, espacialidades outras, novos espaços.

## Lutas, redes e escalas: as tramas políticas de ação rebelde

No intuito de imprimir outra racionalidade na produção de outro espaço, as contribuições que embasaram a análise até então, possibilitam-nos apreender espacialidades e/ou territorialidades de resistência que, a partir das mobilizações e mais próximas das relações de apropriação/valor de uso/obra, são capazes de fundar outra cidade, outro urbano. É neste sentido que lançamos mão da abordagem de Hardt e Negri (2016, p.288), para os quais a metropolização pode significar, não apenas a generalização de estruturas de hierarquia e exploração, mas também, "uma generalização da rebelião e então, possivelmente, o crescimento de redes de cooperação e comunicação, a crescente intensidade do comum e dos encontros entre singularidades". Para os autores, a metrópole é o lugar da produção biopolítica, uma fábrica da produção do comum. Propondo uma analogia entre fábrica/classe operária industrial e metrópole/multidão, Hardt e Negri (2016) apontam para a metrópole como lugar da produção, do encontro, da organização e da rebelião. É também o lugar do comum, das pessoas vivendo juntas, compartilhando recursos, comunicando-se, trocando bens e ideias, linguagens, imagens, afetos, conhecimentos, códigos, hábitos e práticas. A alteridade, o imprevisível e o aleatório se apresentam como qualidades da metrópole enquanto lugar do encontro. Contudo, eles avançam dizendo que é preciso ir além dos encontros inesperados e espontâneos propiciados na experiência do cotidiano vivido – é preciso organizar-se politicamente, superando as contradições e estabelecendo redes de comunicação e cooperação.

As manifestações decorrentes das injustiças, descontentamentos e insatisfações relacionadas ao cotidiano de opressão, exploração, violência, medo e dor – tal como na fábrica – exemplificam a metrópole enquanto lugar do antagonismo e da rebelião. Para Hardt e Negri, "essas rebeliões não se dão apenas na metrópole, mas também contra ela" (2016, p.288).

Considerando as discussões sobre a política de escalas, podemos compreender a razão pela qual Harvey (2011) chama atenção para a necessidade de dar importância às possibilidades políticas numa variedade de escalas espaçotemporais em âmbito coletivo. Ele afirma: "a real mudança política advém de alterações simultâneas e bem pouco coordenadas tanto no pensamento como na ação em várias escalas" (Harvey, 2011, p.306). Por este motivo ele recorre à metáfora de vários "teatros" (operações) possíveis de pensamento e de ação em alguma "longa fronteira" de práticas políticas "rebeldes". Não há primazia entre eles, todos estão inter-relacionados, e, conforme o geógrafo declara, "para haver uma insurgência generalizada que altere a forma e a direção da vida social são necessárias ações colaborativas e coordenativas em todos os teatros" e "avançar num dado teatro acabam por estagnar ou mesmo regredir caso não seja apoiados por avanços noutros teatros" (HARVEY, 2011, p.306-307).

O encadeamento de operações de contestação, insurgência e coletivização, visa a unificação política, que segundo Harvey (2014), deve ter como objetivo, controlar a organização, a produção e a distribuição do produto excedente para o benefício a longo prazo de todos, isto porque, o geógrafo considera que "o capitalismo precisa de urbanização para absorver o excedente da produção que nunca deixa de produzir" (Harvey, 2014, p.30), logo, o direito à cidade se configuraria pelo estabelecimento do controle democrático sobre a utilização dos excedentes na urbanização. Nesta perspectiva, o controle democrático em âmbito metropolitano só poderá ser alcançado mediante a articulação em rede de mobilizações que atuem nos momentos da organização, produção e distribuição do produto excedente, seja pela via da reivindicação, seja pela via da formulação de novas práticas e relações – aquelas que, pelo ato de profanação (AGAMBEN, 2005), instituem o comum pelo exercício do direito de uso coletivo.

O grande desafio é a unificação política em torno de pautas múltiplas e agendas particulares. É preciso alinhavar essa multiplicidade e particularismos, sob um horizonte em comum, a partir de princípios norteadores que, construídos coletivamente, podem desencadear investidas e ofensivas em várias direções. Portanto, devem estar engajados nessa tarefa – organizando-se de forma autônoma e reticular – movimentos sociais, ativismos de base/nível local, mobilizações de cunho artístico (música, dança, grafite, fotografia), coletivos de mídia independente/alternativa, coletivos de técnicos, grupos de economia coletiva/solidária, a universidade representada por grupos de estudos, núcleos de pesquisa, e instituições do âmbito da comunidade, como escolas, grupos religiosos e outras organizações sociais, como fóruns, conselhos, associação e comissão de moradores. Partidos políticos e sindicatos, desde que estejam comprometidos com perspectivas anticapitalistas/revolucionárias e não haja cooptação e desvio de interesses. Compreendendo a relevância de uma articulação territorial no sentido funcional/concreto/material, é preciso fazer uso das lógicas imateriais – tecnologias digitais, plataformas virtuais e redes sociais, principalmente, para estabelecer a integração/coesão diante de uma morfologia urbana constituída na dispersão: Youtube, Facebook, whatsapp, entre outros aplicativos, desempenham o papel de importantes dispositivos de aproximação-difusão. E, mais importante que tais dinâmicas de associação, é preciso garantir a incessante abertura para a discussão, negociação e definição de alvos, ações e intervenções - sob o prisma da rebeldia e da revolução permanente.

Portanto, é fundamental para as mobilizações atuar nas mais diversas escalas e territórios, usufruindo de suas vantagens, o que só se torna possível quando há articulação em redes, isto é, quando as resistências encontram-se enredadas, pois o êxito de resistir está em "jogar" com a multi/transescalaridade na qual as hierarquias de dominação também "jogam". A problemática das redes suscita este debate: *as redes re-des-configuram as escalas e podem des-favorecer a articulação de ações e atores pelo espaço.*

No âmbito da discussão empreendida por Lencioni (2006, 2010, 2015), as redes expressam as relações de circulação do capital e, neste sentido, a produção de um espaço global que se situa na relação entre a forma global de se organizar a produção e a rede de fluxos. Distinguindo as redes em duas categorias, a saber, as redes de proximidade territorial e as redes de proximidade relativa, Lencioni (2006) observa que, as novas formas de organizar a produção e o desenvolvimento das redes de fluxos, produzem novos arranjos e dinâmicas territoriais. As redes de proximidade territorial consistem nas redes materiais, como as de circulação (transportes viários), que redimensionam as distâncias e podem acentuar algumas centralidades conforme a densidade e capacidade de fluidez, construindo um padrão espacial constituído de nós e redes. Já as redes de proximidade relativa, dizem respeito às redes imateriais, ligadas aos fluxos de informação e comunicação que estruturam o sistema mundial de cidades em redes. Conforme Lencioni (2006), esses complexos sistemas de redes se apresentam como um dos elementos estruturadores de novos arranjos territoriais e subvertem a tradicional relação e hierarquia entre os lugares, tornando a "forma hierárquica piramidal" de divisão das escalas (local, regional, nacional, internacional) insuficiente e anacrônica para compreender tais fenômenos.

De acordo com Souza (2015), o conceito de rede foi uma "coqueluche acadêmica" nos anos 1990 no Brasil e a dimensão técnica foi a mais trabalhada, desde o socialista utópico Saint Simon até o maior conhecedor do tema das redes urbanas na Geografia brasileira, Roberto Lobato Corrêa. Quando apreendemos as redes materiais e imateriais que Lencioni (2006, 2010, 2015) apresenta, observamos que se trata das redes em sua dimensão técnica e produtiva, isto é, como forças produtivas e condições gerais de produção no âmbito da reprodução das relações sociais de produção capitalistas. Observando por outro ângulo analítico – todavia, ainda numa concepção de redes técnicas – Lencioni (2008) apresenta outra metodologia para apreender as redes materiais e imateriais, sobretudo no que diz respeito à multiescalaridade do fenômeno da metropolização, a saber, a lógica topográfica e a lógica topológica. À lógica topográfica corresponde a superfície do terreno e, à lógica topológica, a densidade virtual dos lugares, medida em termos dos fluxos imateriais entre dois pontos, que dizem respeito aos fluxos de informação e comunicação (Lencioni, 2008, p.17). Neste sentido, afirma que, uma característica dos dias atuais é o desenvolvimento do *território em redes*.

As contribuições de Haesbaert (2014, 2016) acerca da categoria território e dos territórios-rede são fundamentais para focalizarmos a problemática em questão, compreendê-la e intervir na realidade. Segundo o autor,

> Enquanto *continuum* dentro de um processo de dominação e/ou apropriação, o território e a territorialização devem ser trabalhados na multiplicidade de suas manifestações, que é também e, sobretudo, multiplici-

> dade de poderes, neles incorporados através dos múltiplos sujeitos envolvidos – tanto no sentido de quem sujeita quanto de quem é sujeitado, tanto no sentido das lutas hegemônicas quanto das lutas subalternas de resistência – pois, poder sem resistência, por menos que ela seja, não existe (Haesbaert, 2014, p. 58-59).

Ao pensar numa concepção reticular de território, ou, território-rede, o autor refere-se à rede como componente territorial indispensável que enfatiza a dimensão temporal-móvel do território e que, conjugada com a "superfície" territorial, ressalta seu dinamismo, movimento, perspectivas de conexão e profundidade (Haesbaert, 2016, p.286-287). A característica mais importante das redes, segundo Haesbaert (2016), se situa no seu efeito concomitantemente territorializador e desterritorializador, o que faz com que os fluxos que por elas circulam tenham um efeito que pode ser, ora de sustentação, mais "interno" ou construtor de territórios, ora de desestruturação, mais "externo" ou desarticulador de territórios. Analisando a rede terrorista *Al Qaeda*, o autor ilustra a configuração simultânea de territórios-rede e a diversidade de modos de organização espaço-territorial, trazendo a lição de que,

> a eficácia do poder [*e das resistências*], hoje, passa pela capacidade e a agilidade (velocidade) de atuar nas mais diversas escalas e pelos diferentes tipos de territórios, articulados em rede (territórios em rede), usufruindo assim das vantagens que cada um deles proporciona (...) o poder pode estar nas mãos de quem é capaz de "jogar" com essas múltiplas escalas: do local ao regional, ao nacional, e ao global. Quanto mais presos ficarmos a um território (ou a uma de suas modalidades) e a uma escala específicos, mais estaremos sujeitos a perder o poder de controlar fenômenos e ações (Haesbaert, 2016, p. 306). *Grifo meu.*

De acordo com Souza (2015), o conceito de escala se tornou uma das temáticas mais debatidas pelos geógrafos e também por outros profissionais vinculados ao que o autor denomina por "pesquisa sócio-espacial". A escala geográfica tem a ver, "(...) com a própria extensão ou magnitude do espaço que se está levando em conta" e "deve ser subdividida em escala do fenômeno, escala de análise e escala de ação" (SOUZA, 2015, p.181)..O geógrafo afirma que é preciso levar em conta os *processos, agentes* e *discursos* envolvidos na construção em torno das escalas, sobretudo porque ainda é recorrente tornar os níveis de análise da realidade como "dados", naturalizando o *local, regional, nacional e internacional* como realidades independentes, isto é, reificando a ideia de escala. Neste sentido, Souza (2015) postula que as escalas são antes "arrancadas" da realidade no processo de construção do objeto de conhecimento por parte do pesquisador, como também, são socialmente construídas – como no caso dos processos de acumulação capitalista ou de movimentos sociais – pela ação. Portanto, é preciso colocar, em primeiro plano, "a natureza das relações sociais e as práticas espaciais incluídas, cuja percepção poderá variar bastante de acordo com o contexto" (SOUZA, 2015, p. 198) considerado.

Buscando na escala uma categoria capaz de conectar as concepções metafórica e material do espaço para alcançar uma linguagem da diferenciação espacial, Smith (2000) demonstra a partir de uma análise do "veículo do sem-teto" um processo de "reinscrição da escala geográfica", isto é, a possibilidade de "saltar escalas": a produção e reprodução da vida cotidiana como resistência à opressão e a dissolução das fronteiras espaciais impostas de modo heterônomo. Deste modo, o geógrafo afirma que:

> (...) a construção da escala é um processo social, isto é, a escala é produzida na sociedade e mediante a atividade da sociedade que, por sua vez, produz e é produzida

> por estruturas geográficas de interação social. Por fim, a produção da escala geográfica é um lugar de luta política potencialmente intensa (SMITH, 2000, p. 139).

Disputas sociais e geográficas são intrínsecas à construção da escala que é, simultaneamente, "materialização espacial de forças e processos sociais contestados" e "progenitor ativo de processos sociais", marcando tanto o sítio da disputa social como a resolução dessa disputa, como aponta Smith (2000, p.144), afirmando que "é a escala geográfica que define as fronteiras e limita as identidades em torno das quais o controle é exercido e contestado".

> Ao estabelecer fronteiras, a escala pode ser construída como um meio de restrição e exclusão, como um meio de impor identidade. Mas uma política da escala pode se tornar também uma arma de expansão e de inclusão, um meio de ampliar as identidades. As escalas oferecem marcos na recuperação do espaço da aniquilação e uma linguagem mediante a qual a rediferenciação do espaço pode ser desbravada sobre bases sociais discutidas e ajustadas, em vez de seguir a lógica econômica do capital e os interesses políticos de sua classe (SMITH, 2000, p. 157).

Uma vez que as ações dos grupos e atores na produção de espacialidades, ou territorialidades, engendram noções de escala, é importante repensar a escala como *categoria de análise* e *categoria da prática* (MOORE, 2018). De acordo com o autor, a escala deve ser considerada uma categoria da prática ao invés de uma categoria de análise, isto porque, como categoria analítica – principalmente entre os geógrafos – a adoção de escalas reificadas (local, regional, nacional, global) gera uma série de suposições apriorísticas, que tenta encaixar políticas espaciais complexas dentro dos estreitos limites de um punhado de escalas conceitualmente estabelecidas, ao invés de interrogar tais políticas e projetos socioespaciais, dirigindo a atenção para longe dos vários atores e práticas sociais envolvidos na política de escalas. Outra questão apontada por Moore (2018) diz respeito ao tratamento de escalas como níveis, plataformas ou arenas na política, diminuindo ou distorcendo uma variedade de processos socioespaciais, além de simplificar a posicionalidade espacial complexa e múltipla dos atores e eventos sociais. De acordo com Moore (2018, p.12), é preciso dirigir a atenção para as práticas e processos, sem assumir ou manter um compromisso com a existência de escalas, isto é, realizar uma manobra analítica que focaliza nos conjuntos de práticas e de discursos, de uma forma ou de outra, poderosos e institucionalizados – em vez de coisas concretas.

> Impele-nos a considerar os processos através dos quais as configurações de escala específicas se solidificam na consciência e na prática, bem como os efeitos que esses desenvolvimentos têm sobre as relações sociais, políticas e culturais (Moore, 2018, p.12).

Neste sentido, a atenção deve ser dirigida "para as maneiras pelas quais as narrativas, classificações e esquemas cognitivos de base escalar restringem ou permitem certas formas de ver, pensar e agir" (Moore, 2018, p.12). O ponto que, segundo o autor, merece mais atenção, apresenta-se a partir da seguinte questão: "o que as pessoas fazem com as categorias de escala, e como elas as utilizam para construir o espaço e relações sociais para fins políticos específicos?" – pois implica considerar os atores sociais, seus discursos e práticas de natureza reificante, delimitadores do espaço e definidores de um ordenamento vertical (Moore, 2018, p.15). A virtude de tal procedimento analítico reside no fato de demonstrar como os atores usam categorias de escala para enquadrar, definir, constituir e organizar a vida social, uma vez que os processos de "enquadramento escalar" de problemas e soluções funcionam tanto para organizar a experiência quanto para guiar a ação.

> Tratar a escala como uma categoria da prática também nos alerta para níveis flutuantes de escalaridade – a dimensão em que os atores pensam e agem em termos de escalas e em que as relações sociais e instituições são organizadas de acordo com preceitos de escala. Sob esse ponto de vista, os arranjos políticos e sociais não são continuamente "afixados" e "reafixados" em escalas específicas, como alega a tradição político-econômica. Modos alternativos de conceber e organizar a vida social, como as relações em rede, frequentemente coexistem ao lado de arranjos de escala, ou operam no lugar deles (Moore, 2018, p. 16).

Para Moore (2018), a abordagem de redes e escalas promete facilitar uma investigação mais produtiva que ilumina projetos espaciais, processos de delimitação e ordenamento relacional, tal como a constituição mútua de perspectivas e metáforas de escalas e de rede, uma vez que o entrelaçamento entre práticas escalares e práticas em rede tornaram-se, possivelmente, os modos espaciais dominantes de raciocínio tanto na cultura popular, quanto na geografia humana nos últimos anos.

Propomos a noção de "tramas políticas de ação rebelde" como categoria de análise e da ação – no sentido de intervenção/interpretação política no âmbito do lugar – para evidenciar a necessária articulação multi e transescalar em rede de atores e práticas espaciais de resistência-contestação-emancipação, isto é, iluminar os "enredamentos autônomos" e as possibilidades de ação rebelde de mobilizações em múltiplas escalas espaço-temporais. Os enredamentos de hierarquias de opressão e dominação constroem suas múltiplas escalas de operação a fim de estruturar territórios e proceder no controle do espaço, assegurando, como demonstrado, a coesão-coerção no âmbito da urbanização dispersa. Todavia, "redes de justiça global" (CUMBERS *et al*, 2008) também se valem de uma política de escalas para operacionalizar suas ações e derrubar fronteiras impostas, expandindo as possibilidades de se engajar socialmente em mobilizações contestatórias, numa "densa trama de acontecimentos de liberdade" (HARDT E NEGRI, 2016). Se o espaço, atores, discursos e práticas são produzidos e condicionados por tais determinações históricas e procedimentos estratégicos, como os enredamentos de resistência e rebeldia, considerando a política escalas, auxiliam na superação do estado de coisas atual?

Os *teatros de ação* (HARVEY, 2011) e as *constelações de resistências* (SANTOS, 2016) podem ser concebidos no interior do que apreendemos enquanto *tramas políticas de ação,* que são constituídas por enredamentos de mobilizações espaciais de engajamento político rebelde e emancipatório, articulados em múltiplas escalas. A noção de tramas busca eliminar as noções de linearidade, etapas ou sequências rígidas, advogando pela urgência de mobilizar todos os pontos, linhas e nós simultaneamente no espaço, apreendido aqui como sempre aberto, em construção, pois ilumina o possível e o devir de novas territorialidades mais próximas daquilo que apresentamos com a noção de *obra*, pois, como Harvey (2011) discute, é preciso construir princípios norteadores capazes de amalgamar ou, nas palavras de Ferreira (2011), constituírem nexos aglutinadores, que promovam a unificação de distintas pautas, atores e ações.

Portanto, as tramas são políticas e rebeldes porque, enquanto produto-processo do enredamento de múltiplas mobilizações emancipatórias, têm como horizonte a superação do *estranhamento espacialmente forjado* e da *desumanização espacialmente construída* (TAVARES, 2021) enquanto experiência bio/necropolítica no espaçotempo da metrópole, visando à recuperação da essência genérica, tanto individual quanto coletiva. A dimensão da ação é fundamental para qualificar essas tramas, pois, à medida que os sujeitos retomam em suas mãos seu destino social (apropriação) e superam a condição de complacência e passividade ligadas ao cotidiano programado e ao espaço instrumental – tornam-se sujeitos de sua própria geohistória no presente e no futuro –, ou seja, se autoconstituem como portadores de uma ação de rebeldia/rebelião *que confronta* o estado de coisas (colonial e de exceção) na metrópole contemporânea, *enquanto projeta e inscreve* alternativas e possibilidades outras de existir na cidade, por exemplo, a partir do princípio do comum. Existir sem ter a humanidade questionada; existir reformulando constantemente as regras, ou seja, produzindo o direito à medida que se produz o espaço, afinal, nas palavras de Smith (2000), "a libertação política exige o acesso ao espaço".

## Referências

AGAMBEN, Giorgio. *O que é um dispositivo?* Outra Travessia: Ilha de Santa Catarina, n.5, 2005.

BRENNER, Neil. Tesis sobre la urbanización planetaria. R*evista Nueva Sociedad*, n.243, jan-fev, p.38-66, 2013.

CUMBERS, Andrew *et al.* The entangled geographies of global justice networks. *Progress in Human Geography*, 32(2), pp.183-201, 2008.

DARDOT, Pierre; LAVAL, Christian. *A nova razão do mundo*: ensaios sobre a sociedade neoliberal. São Paulo: Boitempo editorial, 2016.

______. *Común*: ensayo sobre la revolución en el siglo XXI. 2ª edição, Barcelona: Gedisa editorial, 2015a.

______. Propriedade, apropriação social e instituição do comum. *Revista Tempo social*, v.27, n.1, 2015b. <http://www.scielo.br/pdf/ts/v27n1/0103-2070-ts-27-01-00261.pdf>

FERREIRA, Alvaro. *A cidade do século XXI*: segregação e banalização do espaço. Rio de Janeiro. Editora Consequência, 2011.

______. A imagem virtual transformada em paisagem e o desejo de esconder as tensões do espaço: por que falar em agentes, atores e mobilizações? I SIMEGER, Rio de Janeiro: Consequência, 2013.

______. A produção do espaço: entre dominação e apropriação. Um olhar sobre os movimentos sociais. Scripta Nova, Universidade de Barcelona, vol.XI, n.245(15), 2007.

GOTTDIENER, Mark. A produção social do espaço urbano. 2ª ed., São Paulo, Editora da Universidade de São Paulo, 2010.

HAESBAERT, Rogério. Viver no limite: território e multi/trans-territorialidade em tempos de in-segurança e contenção. 1 ed. Rio de Janeiro, Bertrand Brasil, 2014.

______. O mito da des-territorialização: do "fim dos territórios" à multiterritorialidade. 10ª ed, Rio de Janeiro, Bertrand Brasil, 2016.

HARVEY, David. Espaços de Esperança. São Paulo, 4ª edição. Edições Loyola, 2011.

______. Cidades Rebeldes: do direito à cidade à revolução urbana. São Paulo: Martins Fontes, 2014.

LEFEBVRE, Henri. The Production of Space. Blackwell Publishing, 1991.

______. O direito à cidade. São Paulo, 5ª edição, Centauro Editora, 2008.

______. Espaço e Política. Belo Horizonte, UFMG, 2016.

LENCIONI, Sandra. Redes, Coesão e Fragmentação do território metropolitano. [ONLINE] Vol. XIV, 2010. Disponível em: <http://www.ub.edu/geocrit/sn/sn-331/sn-331-69.htm>.

______. Da cidade e sua região à cidade-região. In: Panorama da Geografia Brasileira I. SILVA, José Bozacchielo da *et al* (org.). São Paulo: Annablume, 2006. p.65-75.

______. Concentração e centralização das atividades urbanas: uma perspectiva multiescalar. Reflexões a partir do caso de São Paulo. Revista de Geografia Norte Grande, n.39, p.7-20, 2008.

______. Metropolização do espaço e a constituição de megarregiões. In: FERREIRA, Alvaro; RUA, João; MATTOS, Regina. (Org). *Desafios da metropolização do espaço*. Rio de Janeiro: Consequência, 2015.

MELUCCI, Alberto. Um objetivo para os movimentos sociais. *Revista Lua Nova*, n.17, São Paulo, junho de 1989.

MOORE, Adam. Repensar a escala como uma categoria geográfica: da análise para a prática. *Revista GEOgraphia*, vol. 20, n. 42, jan/abr, p.3-24, 2018.

NEL-LO, Oriol. Los movimientos sociales urbanos: de la defensa del território a la innovación social. IN: *Desafios da metropolização*. FERREIRA, Alvaro, RUA, João e MATTOS, Regina Célia (orgs). 1ª ed. Consequência: Rio de Janeiro, 2015.

OSLENDER, Ulrich. Espacio, lugar y movimientos sociales: hacia una "espacialidad de resistencia". [ON LINE] Vol. VI, núm. 115, 1 de junho de 2002. Disponível em: <http://www.ub.edu/geocrit/sn/sn-115.htm> Acesso 31 de maio de 2016.

PEDON, Nelson. *Geografia e movimentos sociais*: dos primeiros estudos à abordagem socioterritorial. São Paulo: Unesp, 2013.

PICKERILL, Jenny e CHATTERTON, Paul. Notes towards autonomous geographies: creation, resistance and self-management as survival tactics. *Progress in Human Geogrpahy*, January, 2006.

SANTOS, Boaventura de Sousa. Politizar a política e democratizar a democracia. In: *A difícil democracia*: reinventar as esquerdas. 1ª edição, São Paulo: Boitempo, 2016.

SMITH, Neil. Contornos de uma política espacializada: veículos dos sem-teto e produção de escala geográfica. In: ARANTES, Antonio A. (org.). *O espaço da diferença*. Campinas: Papirus editora, 2000.

SOUZA, Marcelo Lopes de. O planejamento e a gestão das cidades numa perspectiva autonomista. *Revista Território*, n.8, p.67-100, 2000.

______. *Os conceitos fundamentais da pesquisa sócio-espacial.* 2ª edição, Rio de Janeiro: Bertrand Brasil, 2015.

SOUZA, Marcelo Lopes de. e TEIXEIRA, Eduardo Tomazine. *Fincando bandeiras, ressignificando o espaço*: territórios e "lugares" do movimento dos sem-teto. Revista Cidades, v.6, n.9, p.29-66, 2009.

SVAMPA, Maristella. Protesta, Movimientos sociales y dimensiones de la acción colectiva en América Latina. Disponível em: <maristellasvampa.net/archivos/ensayo57.pdf >. 2009

______. Movimientos sociales, matrices sócio-políticos y nuevos escenario em América latina. *One Wolrd Perspectives*, Working Papers, 2010

TAVARES, Felipe Rangel. A biopolítica espacial de negação do ser político: estranhamento espacialmente construído e desumanização espacialmente forjada no Morro da Providência-RJ. *Geopauta*, Vitória da Conquista, v.5, n.2, 2021.

ZIBECHI, Raúl. *Autonomías y emancipaciones*: América Latina en movimiento. Programa Democracia y Transformación Global; Fondo Editorial de la Facultad de Ciencia Sociales – Unidad de Post Grado – UNMSM. Lima, 2007.

# PARTE II
# Movimentos sociais: dimensões e lutas identitárias

# As Campanhas Negras em favor da casa própria em São Paulo (1924-1937)

Ana Barone

## Introdução

No Brasil, há uma crença de que a atitude mais sábia para garantir uma economia doméstica segura e estável é a aquisição da casa própria. Por gerações, o "sonho da casa própria" tem sido cultivado como um horizonte a se atingir.

Ao mesmo tempo, a casa própria tem sido tratada na literatura sobre urbanismo no Brasil como uma categoria explicativa central para a compreensão do processo de urbanização no país ao longo do século XX, apontada como uma das alternativas fundamentais para a solução do problema da habitação popular, sobretudo por meio da autoconstrução em loteamentos periféricos, oficiais ou clandestinos. A maior parte dos autores trata a questão da casa própria como um tema emergente a partir da década de 1930, quando inicia no Brasil a formulação de uma política de Estado voltada para o atendimento à habitação (Bolaffi, 1975; Lago e Ribeiro, 1996; Bonduki, 2004).

Muitos trabalhos apontam que as primeiras formulações de uma política nacional de habitação ampla e abrangente para as classes populares foram desenhadas no contexto da Fundação da Casa Popular, em 1946 (Azevedo & Andrade, 1982). Ao mesmo tempo, indicam que a Lei do Inquilinato, de 1942, que definiu o congelamento dos alugueis e decorrente desinteresse do mercado em oferecer habitações para essa modalidade provisional, contribuiu sumariamente para disseminar a ideologia da casa própria como solução da questão da moradia no Brasil (Sampaio, 1994; Bonduki, 2004).

No entanto, no cotidiano popular, a aquisição da casa própria parece ser uma urgência desde muito antes. Nas primeiras décadas do século XX, a expressão "casa própria" era usada para diferenciar a propriedade do imóvel da condição de moradia de aluguel. Alguns exemplos dessa forma de usar a expressão podem ser encontrados em publicidades publicadas nos periódicos da imprensa, como em *A Gazeta*, desde 1914. No entanto, a preferência pelos imóveis próprios já aparece expressa em 1917, no mesmo jornal, não pelos cidadãos comuns, mas por um arquiteto que defendia a criação de bairros proletários, apontando as vantagens da moradia popular em imóveis adquiridos, em nome da "moralidade" da população (*A Gazeta*, 19 de maio de 1917, p. 2).

Durante esse período, famílias negras da cidade compreenderam a importância de guardar dinheiro para um único fim: comprar uma casa para escapar do pagamento de alugueis, como garantia de uma vida economicamente mais estável no futuro. Ao longo das décadas de 1920 e 1930, a "casa própria" torna-se uma noção mobilizada em alguns periódicos da imprensa negra, circulando em diversos artigos como uma aspiração desejável e uma orientação ao público dos jornais. Os periódicos da imprensa negra são um conjunto de fontes históricas importantes da expressão do grupo negro na cidade de São Paulo desde a virada do século, uma coleção de jornais feitos "por negros e para negros" (Ferrara, 1986). Trata-se de uma série de diferentes títulos, normalmente de vida breve e distribuídos gratuitamente, mantidos por meio dos recursos dos próprios editores e alguma publicação de anúncios publicitários. Inicialmente, versavam sobre a vida social negra, suas agremiações e festas, tornando-se mais combativos e reivindicatórios à medida que a necessidade de conscientização política passa a permear os interesses em torno das organizações negras, sobretudo a partir da década de 1920 (Bastide, 1973). A existência desses jornais é uma das evidências mais expressivas do nível de organização do grupo negro nesse período, sendo também uma fonte relevante e contra-hegemônica da história da cidade, à medida que apresenta o negro como sujeito de sua própria história.

Neste artigo faremos uma análise das campanhas em prol da casa própria divulgadas pelos dois principais jornais da imprensa negra paulista, *O Clarim da Alvorada* e *A Voz da Raça*, procurando compreendê-las no contexto das organizações de solidariedade mútua presentes no Brasil desde o século XIX, e particularmente as sociedades prediais do início do século XX. Em seguida, para melhor compreendermos o teor dessas campanhas, buscaremos recuperar a vasta discussão sobre a questão da casa própria como princípio norteador da economia familiar brasileira e também da definição das políticas públicas de habitação ao longo no século XX. Em termos metodológicos, procuramos nos amparar nos artigos e anúncios da imprensa negra e da imprensa geral da época, para capturar a centralidade e a importância atribuída à casa própria junto à opinião pública do período. Essa discussão será cotejada com os debates já consolidados pelos autores que discutem os temas relacionados às campanhas negras em favor da casa própria, à política pública de habitação e à própria discussão em torno da centralidade da aquisição da casa própria no Brasil.

## Campanhas

Na sua sétima edição, ainda em 1924, o jornal *O Clarim da Alvorada* trazia um texto intitulado "A Vida", onde o autor fazia uma reflexão sobre o próprio processo de urbanização em São Paulo e suas consequências para a gente preta.

> Si observarmos todo o critério possível a mudança que tem sofrido a nossa capital, notaremos que em tudo encontramos um grande progresso. Já se não notam como nos tempos idos, aquelles casarões antigos, feitos de barro socado; as ruas, que eram estreitas e mal calçadas, hoje as contemplamos asfaltadas algumas centraes e outras bem arborizadas. Novas construções encontramos em todos os recantos: palacetes riquíssimos, bungalows, bairros chics, etc.; logares que ha pouco eram regeitados devido à distância do centro hoje estão com belas construções; tudo quanto noutros tempos era despresado e sem proveito, hoje vemos aproveitado.
> Avenidas, alamedas e ruas centraes vemo-las completamente tomadas pelos automóveis; os carros que restavam nas estações ferroviárias e nas praças públicas são substituídos pelos taxis e fords, e, daqui há pouco, as carroças que estacionam em seus pontos predilectos, serão dali banidas para outros logares distantes... E, o progresso tudo vae modificando. O pobre trabalhador já não pode morar perto da cidade; vive lutando sempre para manter a sua família. (Moysés Cintra. *O Clarim da Alvorada*, ano I, n. 7, 12 de outubro de 1924, p. 02).

Moysés Cintra, pseudônimo de Jayme de Aguiar, sistematicamente publicava no jornal textos e crônicas que estimulavam o "progresso" e a "evolução da raça", incentivando o trabalho, a economia, a conduta moral, desaprovando o alcoolismo. Preocupado especialmente com o futuro da juventude negra, estimulava a educação dos jovens para uma melhor preparação para o futuro.

Chama a atenção que, em um jornal voltado para a população negra de São Paulo, recém lançado, um artigo se voltasse para o tema da cidade, do crescimento urbano e das transformações da capital. A visão predominante no trecho associava essas aceleradas mudanças à ideia de progresso, interpretação hegemônica naquele período. Assim, a substituição dos antigos casarões e ruas estreitas do século XIX por "palacetes riquíssimos", avenidas "centraes" e alamedas arborizadas, tomadas por taxis e fords, e até mesmo a ocupação de "logares que há pouco eram regeitados" por "belas construções" eram vistas com o entusiasmo típico do momento, exceto pelo reconhecimento de que o "pobre trabalhador já não pode morar perto da cidade". Sendo assim, a visão do desenvolvimento urbano no *Clarim da Alvorada* já não era totalmente configurada pela doutrina positivista de identificação com o progresso, à medida que percebia seus efeitos e os danos sobre os trabalhadores negros.

> ... O salario que recebe em pagamento do seu árduo trabalho poderia chegar para manter sua prole; mas, devido serem aumentados de momento em momento os gêneros de primeira necessidade, tudo lhes chega às mãos por elevados.O dono da casa em que mora, sem compaixão lhe aumenta o aluguel. Tudo lhe torna difícil; e assim vae o pobre trabalhador lutando com mil difficuldades. De nada lhe vale um augmento no salario porque tudo quanto necessita para a vida lhe é augmentado. Hoje reside aqui, amanhã é obrigado a se retirar para mais longe e assim vae vivendo até quando deixar esse mundo de sofrimentos. Feliz daquele que tem a sua casa; porque não padecerá tanto quanto os que não a tem. De que modo poderemos viver nestes tempos a não ser morando em casas mal acomodados

> e sujeitanto-nos ás irregularidades do proprietário inconsciente?O único meio que temos em mão é o de economias. Hoje guardamos uma fracção do nosso trabalho; amanhã outra e, assim sucessivamente (Moysés Cintra. *O Clarim da Alvorada*, ano I, n. 7, 12 de outubro de 1924, p. 02).

Na segunda parte do artigo, fica clara a intenção do autor de indicar, em primeiro lugar, as dificuldades enfrentadas pelo trabalhador com o custo de vira, às quais se somava o valor mensal do aluguel. Nesse sentido, o autor sugeria as "economias", apresentadas como único meio para o enfrentamento do problema. O modo de aplicar tais economias foi delineado em outro artigo, publicado em 1926. "Evolução" estimulava os jovens negros a trabalharem para garantirem um futuro melhor. Nesse sentido, sugeria: "Não sejamos perdulários, mas sim econômicos!...". E, mais à frente, comparando os pretos aos imigrantes:

> Vejamos, bondosos patrícios, o bello exemplo que nos dá uma numerosa colônia extrangeira, nesta capital que, com seu trabalho incessante e proveitoso conseguira já reunir a sua economia e é a que actualmente adquire por compra, casas e terrenos nesta capital e mesmo no interior (Horácio da Cunha. Evolução. *O Clarim da Alvorada* , ano I, n. 23, 24 de julho de 1926, p. 01).

Nesses artigos, fica clara a orientação do jornal no sentido de estimular seus leitores a fazerem reservas de provisão voltadas para a aquisição da casa própria, em uma campanha de conscientização que vai se estender no meio negro ao longo da década de 1930.

A campanha tornava-se ainda mais incisiva à medida que apontava meios para a realização da compra. Uma nota intitulada "A Economia" anunciava:

> Não é privilégio dos brancos! Todos têm direito de possuir alguma cousa. Procurem o Sr. João Lucio ou diretamente o escriptorio do Eng.o Cerqueira Leite e Alcides da Costa, que têm optimos terrenos em Villa Paulicéia, Districto de Sant'Anna, e no 4º. Desvio do tramway de Sto. Amaro, que podem ser adquiridos com mensalidades de 66$000 para cima. Rua São Bento, 14, 1º. Andar, sala 28 (*O Clarim da Alvorada*, ano I, n. 07, 12 de agosto de 1928, p. 04)

Em sua clássica pesquisa sobre o meio negro paulistano, Florestan Fernandes identificou a orientação em prol da casa própria presente nesses periódicos:

> Nas campanhas desencadeadas pelo *Clarim d'Alvorada* e pela *Frente Negra*, apontavam-se as vantagens econômicas, higiênicas, materiais e morais da aquisição de terrenos a prestação, nos arrabaldes, a construção da "casa própria", etc. (Fernandes, 2008 [1964], p. 35)

A orientação da pesquisa de Fernandes voltava-se para investigar os meios e os obstáculos à ascensão social do negro. Dessa forma, a campanha em favor da aquisição da casa própria aparecia, na sua interpretação, como um esforço no sentido da conscientização do negro de "combater a atração pelos cortiços e pelos porões" (*idem, ibidem*). Ou seja, era invocada antes como estratégia de aspiração a um *status* e adoção dos padrões de vida e de comportamento semelhantes aos dos brancos, como meio necessário para sua assimilação e integração social, que como instrumento de ascensão social *per si*.[1]

Além de Fernandes, Pinto (1993), também se deteve na análise dessa campanha, com especial atenção para sua veiculação no jornal *A Voz da Raça*, o órgão de imprensa da Frente Negra Brasileira fundado pelos irmãos Isaltino e Arlindo da Veiga. Na sua interpretação, a autora ressaltou o aspecto estratégico envolvido, no sentido de fomentar a garantia da segurança da família negra.

Conforme a autora, a campanha da *Voz da Raça* iniciou-se com vistas a estabelecer uma estratégia para a aquisição da "casa própria", no sentido de sede, da Frente Negra Brasileira. No terceiro número do jornal, a campanha pela aquisição de uma sede para a Frente Negra foi iniciada, por meio de artigo anunciando os estudos realizados por Emílio de Paula Batista, Isaltino Veiga dos Santos e José Souza Camargo com vistas a criar as bases para a compra do prédio. A proposta era levantar doações junto aos "irmãos negros". Eram sugeridas doações de dez mil réis. José Souza Camargo, dentista que oferecia serviços aos frentenegrinos, com consultório gabinete instalado na própria sede da associação desde 1933, se dispunha a permanecer diariamente na sede alugada, à rua da Liberdade, 196, para prestar esclarecimentos e receber donativos. O artigo também ressaltava a transparência da campanha: para cada depósito, o Banco do Brasil emitiria um recibo no qual apareceria também o valor total já arrecadado, de modo que os doadores poderiam

1 Ao analisar essa estratégias, Fernandes escreveu: "Elas eram vistas e praticadas como um 'meio' para atingir 'fins desejáveis' (a integração total do negro, em condições de igualdade com o 'branco')". Cf. Fernandes, 2008 [1964], p. 37.

acompanhar os seus avanços (cf. *A voz da raça*, ano 01, n. 03, 01 de abril de 1933, p. 03. Em edições como o n. 33, de 17 de março de 1934, publicaram-se no jornal os valores arrecadados para a construção da sede da entidade). Além disso, debates sobre a questão da aquisição da casa própria eram convocados nas reuniões domingueiras da Frente Negra Brasileira (*A voz da raça*, ano IV, número 68, agosto de 1937, p. 03).

No entanto, essa tentativa mostrou-se frustrada, pois os valores arrecadados pela campanha foram insuficientes para a aquisição do imóvel para a sede antes da extinção da própria Frente Negra, em 1937. Interessa a nós, porém, que, além dessa intenção, a campanha voltou-se para o incentivo da casa própria entre famílias negras. Assim, no mesmo artigo de 1933, aparece a intenção de se expandir a campanha no sentido de estimular a criação de uma poupança para a promoção de habitação para negros:

> ... é também por esse processo, que futuramente haveremos de construir Vilas e casas modestas para a moradia de nossa gente que necessita de conforto moral e material, pois, que são essas as bases essenciais para que a Raça vença em toda linha (*A voz da raça*, n. 03, p. 03, 01 de abril de 1933).

Um debate amplo nesse sentido foi encorajado nas páginas do jornal ao longo da década de 1930. Em 28 de abril de 1933, Arlindo Veiga dos Santos publicou um texto de página inteira no jornal, apresentando o programa de sua candidatura à Assembleia Constituinte do Estado de São Paulo. Orientado no sentido do sindicalismo e contra o bolchevismo, o programa defendia a integração do negro "na vida política, social, religiosa, econômica, operária, militar, diplomática, etc." e a promoção de condições de igualdade para negros e brancos no sentido da formação física, técnica, intelectual, moral, para a "igualdade perante a lei". O programa também incluía a prerrogativa de "que todos os Brasileiros, na desgraça, tenham ao menos garantia de casa de moradia" (*A voz da raça*, ano I, número 07, 29 de abril de 1933, p. 01).

Seis meses depois, Veiga retomava seus argumentos de forma ainda mais contundente:

> Precisa o negro saber que êle tem família ou há-de ter; que precisa conquistar o futuro para si e para os seus; que precisa prever os maus dias da vida, que ninguém está escapo; precisa ter propriedades, seja pelo menos A CASA PRÓPRIA. Cada pai negro, casa família negra deve cultivar esse IDEAL e trabalhar por êle: TER UMA CASA PRÓPRIA VINCULADA. O pai negro que, trabalhando toda a vida e ganhando bem, morre sem deixar uma moradia para os seus, pequenina que seja, é um pai criminoso, indigno, que merece ser desenterrado e fuzilado pela imensa falta que cometeu. (Arlindo Veiga dos Santos, Apelo à economia. *A voz da raça*, ano I, número 24, 28 de outubro de 1933, p. 01)

Em seguida, Castelo Alves publica "Flores do Campo", em que diz:

> Lendo o 'APELO À ECONOMIA do Sr. Arlindo Veiga, lembrei de visitar aqui em Sorocaba o nosso irmão frentenegrino sr. Virgílio dos Santos, que vive à testa de numerosa família que tem sido mantida, graças à sua atividade de bom ferroviário, e o morigear incessante de sua distinta esposa. Pude ver o prédio por ele construído para o seu patrimônio; não é cousa de outro mundo, nem tão pouco uma cousa que

> assombre a nossa urbe, todavia poderá chamar muito a nossa atenção porque entre os de nossa raça é dos primeiros, e, bem mostra que os nossos vão pouco a pouco progredindo.

O que é mais notável para nós, e, que por certo nos enche a alma de conforto, é a união, (essa fatora inestimável) que presidiou o espírito de todos os membros daquela família frentenegrina que assim pode possuir hoje a sua CASA PRÓPRIA (Castelo Alves. "Flores do Campo", *A voz da raça*, ano I, n. 26, 25 de novembro de 1933, p. 01).

Finalmente, em 1933, aparece pela primeira vez um anúncio de terrenos em Santo Amaro para venda 1ª prestação, em lotes de 10x15. O responsável pelas negociações era o próprio dr. Camargo, que também estava empenhado na campanha para a aquisição da sede da Frente Negra Brasileira. O pequeno anúncio seria publicado no jornal a partir de então, sistematicamente, na maior parte das edições do jornal. Textos como o que segue aparecem regularmente nas edições posteriores:

> CASAS E TERRENOS A PRESTAÇÕES MÓDICAS
>
> Não pague mais aluguel de casa – faça a sua casa – pois com uma pequena entrada inicial tereis a sua casa própria em lindo bairro da Capital – depois de 60 dias da assinatura do contrato. Para melhor esclarecimento procure hoje mesmo o Dr. Camargo à Rua Liberdade 196 – telefone ... (*A voz da raça*, ano II, 29 de dezembro de 1934, p. 02).

Fica claro, portanto, que os dois principais jornais da Imprensa Negra de São Paulo nas décadas de 1920 e 1930 estimulavam seus leitores a fazerem economias com vistas a realizarem a aquisição de imóveis para sua moradia. Embora essas campanhas não tenham tido um resultado direto, é fundamental identificar o seu empenho em ampliar a consciência do público negro acerca da importância da aquisição de imóvel próprio nesse período.

## Inspiração

As campanhas do *Clarim da Alvorada* e de *A voz da raça* não eram propriamente originais. Os anúncios da Companhia Santista de Crédito Predial, publicados nos diários de grande circulação de São Paulo, como *A Gazeta*, por exemplo, mais que apenas sugerir e apontar as vantagens da aquisição de imóvel para moradia, ofereciam um sistema de favorecimento para a construção da casa própria, operando por meio da venda de terrenos a prestações aos mutuários, sem juros e a prazo longo. Assim, uma das possíveis inspirações da campanha pela casa própria nos veículos da imprensa negra paulistana eram as Sociedades Mútuas e Companhias Prediais que operavam no período, no sentido da construção e do financiamento de moradias populares, algumas vezes com isenção de impostos, a exemplo da Companhia Economizadora, da Associação Predial de Santos e da Companhia Santista de Crédito Predial.

A história do mutualismo no Brasil, por sua vez, remete ao período anterior à Proclamação da República e à abolição da escravidão. As primeira Sociedades Mútuas e Beneficentes remontam à década de 1830, mas essa prática se populariza no final do século XIX, articulando a solidariedade em torno de questões étnicas, profissionais, religiosas, etc. (Batalha, 1999). De Luca (1990, p. 20) localiza 250 sociedades mutualistas na cidade de São Paulo entre 1855 e 1935, e outras tantas na cidade de Santos e no interior do Estado. Sua finalidade estava associada à proteção social, na forma de indenizações, pensões, previdência, aposentadoria ou socorro para problemas de saúde, de acidentes de trabalho ou morte. Segundo a autora, o processo de urbanização intensa associado à política de imigração e substituição da mão de obra negra escravizada pela branca imigrante, sobretudo após 1880, "estimulava a solidariedade operária, que se manifestava em ligas de resistência, sociedades de socorro mútuo e uniões" (*idem*, p. 18). Basicamente, as sociedades de socorro mútuo funcionavam por meio de contribuições mensais e doações, como uma forma de poupança coletiva para salvaguardar os interesses privados dos grupos mais pobres, independentemente da ação dos seus empregadores, embora algumas dessas sociedades fossem patronais.

Uma parte das sociedades de socorro mútuo era organizada segundo categorias profissionais. De Luca aponta que, entre 1890 e 1935, 18,2% das 68 sociedades identificadas nas cidades de Santos e São Paulo tinham por finalidade "construir casas para os sócios". Outra parte, totalizando 88 sociedades, organizava-se a partir da solidariedade étnica. Entre elas, predominaram as de nacionalidade europeia, organizadas entre os trabalhadores imigrantes (*idem*, p. 82 e 124).

Entre os negros, a associação mutualista também foi recorrente, sobretudo na segunda metade do século XIX, com a finalidade de prestar auxílio na conquista da liberdade, mas foram mais recorrentes no Rio de Janeiro, sede da Corte Imperial (Jogas, 2018). Esses estudos mostram, de diferentes ângulos, as transformações do associativismo afrodescendente que deixou de se articular em torno de confrarias para se organizar em sociedades de assistência mútua, educativa, recreativa ou de religião afro-brasileira. Além disso, ainda percebemos que as associações negras modernas herdaram algumas das principais funções das irmandades: promoção da sociabilidade, integração social e defesa de grupos racialmente discriminados. Para São Paulo, De Luca identificou apenas sete associações exclusivamente negras, fundadas entre 1902 e 1917, orientadas para o "desenvolvimento moral, intelectual e social dos membros" (De Luca, 1990, p. 152).

No entanto, é de se esperar que, por seus salários baixos e ocupações mal remuneradas, as sociedades mútuas negras tivessem menor prosperidade que as demais. Além disso, os negros eram mal vistos em associações de socorro mútuo não-negras, e muitas vezes eram expulsos por causa de sua cor.[2]

Paralelamente à experiência do mutualismo no Brasil, cresceu também, a partir da década de 1880, a tendência à associação para realização de empréstimos financeiros por meio de hipotecas. Os bancos hipotecários foram inicialmente estruturados para o oferecimento de crédito rural. A partir de 1909, porém, surgem uma série de sociedades mútuas urbanas que tinham a finalidade de pagar pecúlios e pensões aos seus associados. Nesse período, diversas sociedades prediais passam a captar a poupança de sociedades mútuas para realizarem obras de construção civil para interessados em adquirir uma residência (Correa e Gómez, 2013).

2 Batalha (1999, p. 64) aponta que, para o caso das sociedades profissionais anteriores à abolição da escravidão, a rejeição de negros esteve ligada à luta dos trabalhadores livres contra a própria exploração do trabalho na forma da escravidão. Naquele periodo, os escravos de ganho eram concorrentes imediatos dos trabalhadores livres, representando uma razão para a exclusão desse grupo. No entanto, no mesmo trabalho, apresenta evidência de uma associação profissonal carioca que, em 1875, não admitia "indivíduos de cor preta, os libertos de qualquer cor" entre seus associados, explicitando a exclusão por critério puramente racial.

Um exemplo dessas sociedades foi a Associação Predial de Santos, fundada em 1904, que administrava fundos mútuos de grupos de cooperados para a aquisição residencial. Cada grupo tinha cem cooperados que realizavam pagamentos fixos mensais para a aquisição de um dos imóveis construídos pela sociedade, com os recursos oriundos dos fundos. A aquisição dava-se por meio de sorteio entre os membros e a parte faltante do pagamento era coberta pela hipoteca do imóvel (Fernandes, 1942, p. 223).

Outra sociedade desse tipo foi a Companhia Santista de Crédito Predial. Anúncios publicados nos diários de grande circulação de São Paulo, como *A Gazeta*, por exemplo, ofereciam um sistema de favorecimento para a construção da casa própria, operando por meio da venda de terrenos a prestações aos mutuários, sem juros e a prazo longo. Em anúncio de 1927, a companhia publicava que dispunha de terrenos em Santos, São Vicente e São Bernardo (*A Gazeta*, 29 de julho de 1927, p. 04).

Tendo sido ou não inspiradas nas sociedades mutualistas e associações prediais urbanas do início do século XX, ambas as campanhas dos principais jornais negros de São Paulo não registraram sucesso, ou seja, não apresentaram, nas páginas dos periódicos, resultados concretos acerca de sua real influência sobre o público leitor ou estimativas acerca das famílias negras que tornaram-se proprietárias no período. Não é de estranhar, tendo em vista que o público desses periódicos, salvo exceções, tinha não condições de fazer poupança com as baixas remunerações a que estavam sujeitos (CENSO e *Anuário Estatístico*). No entanto, é fundamental perceber que o empenho daquelas campanhas fazia algum eco, se não no bolso dos trabalhadores negros, na sua consciência sobre a centralidade que a propriedade imobiliária ocupa na estruturação social urbana de que faziam parte, embora sem terem acesso a ela. Dessa forma, um dos fatores de sua desagregação e da dificuldade de inserção social derivou dessa condição.

## Propriedade imobiliária

No Brasil, o sonho da casa própria é alimentado pela determinação constitucional do direito de propriedade. Desde a Constituição imperial de 1824, a propriedade privada é um valor inviolável, o mais sólido entre os direitos subjetivos. Algumas mudanças substantivas no estatuto da propriedade foram implementadas constitucionalmente, sem afetar a sua centralidade. A mais importante delas, talvez, tenha sido a incorporação, em 1934, da função social da propriedade, limitando o direito de propriedade contra o interesse social e coletivo, na forma da lei, mas sem ser regulamentada naquele momento. O direito perpétuo à propriedade, independentemente do uso, e sem possibilidade de perda pelo não-uso, dava lugar à possibilidade da aplicação do instrumento da desapropriação por interesse público.

Seguindo o marco constitucional definidor da ordem jurídica nacional, as políticas públicas relacionadas ao direito à habitação têm sido elaboradas, sistematicamente, sob a orientação do princípio da posse do imóvel, sobretudo década de 1940, 1960 e 2010.

Desde meados da década de 1970, o problema da ideologia da casa própria tem sido sistematicamente analisado e criticado pela bibliografia especializada sobre o tema. Esses autores estavam mobilizados pela crítica à política de criação do BNH e a forma de aplicação dos recursos públicos disponíveis para habitação dela decorrente. Bolaffi (1975) foi um dos principais autores a elucidar as contradições de uma política habitacional inteiramente voltada para a provisão na forma da propriedade das unidades. Em seguida, Azevedo & Andrade (1982) identificam, na política formulada nos anos 1940, orientada pela criação da Fundação Casa Popular, as mesmas premissas definidoras da política, calcadas na ideologia da casa própria, favorecendo o populismo e o clientelismo. A "casa própria" era o princípio definidor questionado por esses e outros autores, à medida que a política pública era concebida antes para responder como impulso produtivo do setor da construção civil em um contexto de crise econômica que propriamente salvaguardar o direito universal à moradia. Mobilizando valores como a segurança, o *status*, o desejo de posse, a política difundiu a aspiração à casa própria como horizonte entre as classes trabalhadoras, embora tenha contribuído muito pouco para a sua realização. No mesmo período, por exemplo, falava-se em "déficit da casa própria" ao se referir ao déficit da habitação no Brasil.

Na mesma época, Oliveira (1972) demonstrava uma outra face do problema da provisão habitacional no Brasil, ao revelar, entre outras coisas, que o princípio balizador da propriedade privada como solução para a questão da moradia era referenciado, em primeiro lugar, na regulação do salário, e que os valores praticados no salário do trabalhador não incluíam os custos da habitação. Assim, a casa era convertida no maior bem material que alguém pode obter (Maricato, 1982), mas o salário não cobria o custo da sua aquisição. Nesse sentido, o principio da propriedade como norte e horizonte da política de habitação transformava o direito baseado na necessidade de habitar em um direito a possuir um bem, transformado em necessidade de adquiri-lo. O Estado passava a ser o agente dessa transformação, à medida que favorecia a obtenção da posse, porém não garantia os meios suficientes para sua obtenção (Araújo, 2015).

Entre os negros a campanha dos jornais da imprensa negra não surtiu efeito imediato, mas é preciso considerar o pioneirismo e a relevância da identificação do problema que a obstrução do acesso à casa própria representava para sua inserção social. As campanhas permitem reconhecer as razões pelas quais foi feita a defesa da casa própria, sob o ponto de vista dos negros organizados em torno dessa imprensa. Se as campanhas negras parecem ter surtido pouco efeito, esses resultados dialogam diretamente com a defesa "oficial" da casa própria pelas políticas públicas que, justamente entre os negros, formam tão inábeis no sentido de garantirem o emprego estável e os recursos financeiros na forma dos salários e benefícios.

As dificuldades encontradas pelos negros para encontrarem locais para residir na cidade eram muitas. Expressam-se, por exemplo, nas barreiras impostas na busca de residências de aluguel seguras, em função da discriminação racial; mas também para se organizarem coletivamente para adquirir uma casa, seja na forma de sociedades negras pensadas para esse fim, seja na forma de sua inclusão em sociedades já existente, porém quase sempre feitas por e para trabalhadores brancos.

## Referências

*Fontes impressas*

*A Gazeta*, São Paulo, 05 de junho de 1914.

*A Gazeta*, 29 de julho de 1927, p. 04.

Casas baratas para operários. *A Gazeta*. São Paulo, 19 de maio de 1917, p. 2.

Moysés Cintra. *O Clarim da Alvorada*, ano I, n. 7, 12 de outubro de 1924, p. 02.

Horácio da Cunha. Evolução. *O Clarim da Alvorada* , ano I, n. 23, 24 de julho de 1926, p. 01.

*O Clarim da Alvorada*, ano I, n. 07, 12 de agosto de 1928, p. 04

*A voz da raça*, ano 01, n. 03, 01 de abril de 1933, p. 03

*A voz da raça*,n. 33, de 17 de março de 1934

*A voz da raça*, ano i, número 07, 29 de abril de 1933, p. 01

*A voz da raça*, ano ii, 29 de dezembro de 1934, p. 02

*A voz da raça*, ano iv, número 68, agosto de 1937, p. 03

Arlindo Veiga dos Santos, Apelo à economia. *A voz da raça*, I (24) 28.10.1933, p. 01

Castelo Alves. "Flores do Campo", *A voz da raça*, ano I, n. 26, 25 de novembro de 1933, p. 01

*Obras Gerais*

ARAÚJO, Ana Cristina da Silva. A casa [própria] alugada: questões da política pública habitacional. *Risco.* v. 07, n. 01, 2015.

AZEVEDO, Sérgio de; ANDRADE, Luis Aureliano Gama de. *Habitação e Poder: da Fundação da Casa Popular* ao Banco Nacional. São Paulo: Zahar, 1982.

BASTIDE, Roger. A Imprensa Negra do Estado de São Paulo. In: BASTIDE, R. *Estudos afro-brasileiros.* São Paulo: Perspectiva, 1973.

BATALHA, Cláudio. Sociedades de trabalhadores no Rio de Janeiro do século XIX: algumas reflexões em torno da classe operária. *Cadernos AEL*, Campinas, v. 6, n. 10/11, p. 41-68, 1999.

BOLAFFI, Gabriel. Habitação e urbanismo: O problema e o falso problema. In: *Ensaios de opinião*, v. 12, n. 01, 1975, p. 73-83.

BONDUKI, Nabil Georgis. *As origens da habitação social no Brasil*: arquitetura moderna, lei do inquilinato e difusão da casa própria. 4a edição. São Paulo: Estação Liberdade, 2004.

CARPINTÉRO, Marisa Varanda T. *A construção de um sonho*: Os engenheiros-arquitetos e a formulação da política habitacional no Brasil.1a edição. Campinas: Ed. Unicamp, 1997.

CORREA, Fábio Rogério Cassimiro e Juan Lucas GÓMEZ. Un acercamiento al financiamento hipotecario en Argentina y Brasil durante la primera mitad del siglo XX: las experiencias de F.I.N.C.A. y la Associação Predial de Santos. In: *70 Congresso CEISAL*, 2013, Porto. 70 Congresso CEISAL, 2013.

De LUCA, Tânia Regina. *O sonho do futuro assegurado* (O Mutualismo em São Paulo). São Paulo: Contexto, 1990.

FERNANDES, Amando B. "A Associação Predial de Santos como Pioneira da 'Casa Própria' e o Muito que ela Poderá Fazer Nesse Sentido". *Revista do Arquivo Municipal (Jornada da Habitação Econômica)*. São Paulo, v. 83, n. 7, p. 219-226, 1942

FERNANDES, Florestan [1964]. *A integração do negro na sociedade de classes*. 2 v. Obras reunidas de Florestan Fernandes. São Paulo: Globo, 2008.

FERRARA, Miriam Nicolau. *A imprensa negra paulista* (1915-1963). São Paulo: FFLCH/USP, 1986.

JOGAS, Camila Menegardo Mendes. Mutualismo e Fronteira Racial: Sociedades De Trabalhadores Negros e Conselho de Estado no Rio De Janeiro do Século XIX. *Revista Trilhas da História*, Três Lagoas, v.7, nº14 jan-jun, 2018, p.5-25.

LAGO, Luciana Corrêa; RIBEIRO, Luiz C. Queiroz. A casa própria em tempo de crise: Os novos padrões de provisão de moradia nas grandes cidades. In: RIBEIRO, Luiz C. Queiroz; AZEVEDO, Sérgio (Orgs.). *A crise da moradia nas grandes cidades*: da questão da habitação à reforma urbana. Rio de Janeiro: UFRJ, 1996.

MARICATO, Ermínia. "Auto-Construção, a arquitetura possível". In: _________ (org.), *A produção capitalista da casa (e da cidade) no Brasil Industrial.* São Paulo: Alfa-Omega, 1979.

OLIVEIRA, Francisco de. "A Economia Brasileira: crítica à razão dualista". *Estudos Cebrap*, n.° 02, 1972.

PINTO, Regina Paim. *O movimento negro em São Paulo*: luta e identidade. Tese (Doutorado em Antropologia Social). [S.l.]: Faculdade de Filosofia, Letras e Ciências Humanas, Universidade de São Paulo, 1993.

SAMPAIO, M. R. A. O papel da iniciativa privada na formação da periferia paulistana. *Espaço & Debates* , v. 37, São Paulo, p. 19-33, 1994.

# Racismo ambiental no rompimento da barragem de Fundão:

## *as injustiças e as lutas dos movimentos sociais pela garantia do direito dos atingidos(as) no município de Barra Longa/MG*

Laura Lanna Carneiro[1]
Amanda Fernandes de Oliveira [2]

## Introdução: precedentes do rompimento

O rompimento da barragem de rejeito de Fundão e seus impactos demandam uma reflexão em relação a disposição de rejeitos da mineração, e como a mineração vem por anos se mostrando uma atividade extrativista-predatória perante o modelo de sociedade capitalista e sua perspectiva de desenvolvimento.

A exploração mineral no Brasil acontece desde do século XVIII, quando foram abertas as primeiras minas de ouro. No estado de Minas Gerais, esta atividade aconteceu predominantemente na perspectiva da escravidão, para Galeano (2010 p. 85) a "explosão do ouro não só incrementou a importação de escravos, mas também absorveu boa parte da mão de obra negra empregada nas plantações de cana-de-açúcar e tabaco de outras regiões do Brasil, [..] era insaciável a fome de escravos". A partir dos anos de 1970, a extração do ouro decai, sobressaltando o minério de ferro, processo que culmina na dependência econômica do Estado brasileiro sobre esse setor (LEROY, 2014 p. 27).

De acordo com Almeida (2018), o racismo é uma forma de discriminação sistemática que se utiliza da raça como seu prin-

1 Universidade Federal de Juiz de Fora – lauralannac@gmail.com
2 Universidade Federal de Ouro Preto – arq.amandafernandes@hotmail.com

cipal fundamento. O racismo é dominação, ele se manifesta na sociedade de maneiras práticas conscientes ou inconscientes, resultando em privilégios ou desvantagens para os indivíduos, dependendo do grupo racial ao qual eles fazem parte. A concepção do racismo institucional possui como alicerce principal as práticas institucionais, sendo que essas perpassem pelos conflitos raciais dos próprios indivíduos que as gerem. Nesse sentido, determinados grupos raciais buscam impor seus interesses econômicos e políticos, desfrutando de mecanismos institucionalizados para exercer a desigualdade racial.

Na contemporaneidade apesar de não possuir o caráter racial quanto aos trabalhadores da extração do minério, a localização dos resíduos provenientes dessa extração, armazenadas em barragens de rejeito, recai sobre grupos étnicos mais vulneráveis, ao se considerar um possível rompimento dessas estruturas. Para Acselrad (p.109, 2009), a escolha desses locais "não é aleatória, mas motivada pelas características socioeconômicas e raciais da população".

Seguindo este pensamento, Wanderley (2015) analisa a composição das principais comunidades atingidas pela lama de rejeito do rompimento da barragem de rejeito de Fundão, desastre-crime[3] que concretiza a afirmação anterior. No município de Mariana, o povoado de Bento Rodrigues apresenta 84,3% de sua população negra, Paracatu de Baixo 80%, seguindo o curso do rio Gualaxo do Norte no município de Barra Longa o povoado de

3 A escolha do termo desastre-crime é devido ao profundo jogo assimétrico de poderes que acontecem após o rompimento da barragem de Fundão, configurando disputas, conflitos entre atingidos, Estado, empresas e demais grupos de interesses. A simples menção a acidente, desastre ou desastre-crime acaba por definir um posicionamento quanto quem, de onde, porque e o que se fala nesse jogo de forças, de poderes, saberes e subjetividades.

Gesteira contem 70,4% e na cidade de Barra Longa a porcentagem é de 60,3%, tal fato caracteriza condições de racismo ambiental.

> O conceito "racismo ambiental" se refere a qualquer política, prática ou diretiva que afete ou prejudique, de formas diferentes, voluntária ou involuntariamente, a pessoas, grupos ou comunidades por motivos de raça ou cor. Esta ideia se associa com políticas públicas e práticas industriais encaminhadas a favorecer as empresas impondo altos custos às pessoas de cor. (...) A questão de quem paga e quem se beneficia das políticas ambientais e industriais é fundamental na análise do racismo ambiental (BULLARD, 2005).

Diante do exposto, é crucial apresentar como ocorreu o processo do licenciamento da barragem de rejeito supracitada, processo que reforça o racismo ambiental. O Estudo de Impacto Ambiental (EIA), produzido em 2005 pela consultora Brandt Meio Ambiente, aponta a barragem do Fundão como a última, das três barragens de rejeito no complexo de extração minerária da Samarco, a entrar em atividade. Até esta data, a empresa utilizava a barragem do Germano para disposição dos rejeitos. Com o fim da vida útil da barragem do Germano e novas expansões previstas e necessárias para obtenção de lucro, a empresa passou a buscar novos locais.

Seguindo as alternativas propostas no EIA o barramento poderia ser construído em três localidades: vale do córrego do Fundão, vale do córrego Natividade e vale do córrego Brumado – todos estes próximos a mina do Germano – sendo que o vale do Brumado já era visado como uma alternativa para uma futura barragem de rejeito.

A utilização do Córrego do Fundão trazia consigo uma economia por parte da empresa, a qual reaproveitaria todo o sistema já presente da microbacia de Germano. Em contrapartida, as outras duas opções, localizadas em microbacias distintas, não apresentavam riscos diretos a comunidade de Bento Rodrigues caso ocorresse algum rompimento. Desde modo:

> "[...] chama a atenção o fato da barragem do Fundão ser a única opção, dentre as três alternativas, que produziria impactos e efeito cumulativo diretos sobre as barragens do Germano, ao lado, e Santarém, a jusante, esta última onde se recuperava água para o processo de concentração" (MANSUR; WANDERLEY; PINTO. In: ZONTA; TROCATE. (Orgs.) 2016. p 68).

Para a empresa o efeito acumulativo do impacto e o aumento do risco ao se criar a interconexão fluvial entre as três barragens: Germano, Fundão e Santarém foi considerado como ponto positivo para o licenciamento, o qual mencionava apenas a localidade de Bento Rodrigues como área diretamente atingida. Assim, conforme observado por Wanderley (2015) há uma tendência de intensificação do predomínio de população negra quanto maior a exposição às situações de riscos relacionadas à proximidade com a exploração mineral de ferro e das barragens de rejeito da Samarco.

Após o rompimento da barragem de Fundão é preciso analisar tal racismo sobre outra perspectiva. A necessidade de intervenções nas áreas atingidas do município de Barra Longa, constituídas por dois núcleos rurais (Barreto e Gesteira) e uma área urbana (Barra Longa), acarretou em reformas e construções de casas, vias públicas, pontes, terreiros além das indenizações econômicas e materiais. Porém, através da vivencia no município e de dados do Movimentos dos Atingidos por Barragens (MAB) percebe-se distinção sobre as ações realizadas pela empresa, via Fundação Renova[4], entre as áreas rurais e a área urbana, reformulando o racimo ambiental. Isto posto, este artigo pretende apontar tais distinções, elucidando a mobilização e luta das comunidades rurais por seus direitos. Além de fazer uma reflexão sobre questões de injustiça ambiental na perspectiva do racismo ambiental.

No mais, para realização desse artigo, buscou-se aporte em autores que debatem as questões de racismo e a injustiça ambiental no Brasil, como Acselrad (2010), Almeida (2018) e Leroy (2011). Juntamente com pesquisadores do Grupo Política, Economia, Mineração, Ambiente e Sociedade (PoEMAS) que realizam estudos sobre o racismo ambiental no desastre-crime do rompimento da barragem de Fundão. A relação de injustiça e racismo ambiental nas comunidades de Gesteira, Barreto comparado a Barra Longa foram construídas a partir de observações pessoais aliadas a pesquisa de campo conjunto com os alunos e professores do Departamento de Arquitetura e Urbanismo da Universidade Federal de Ouro Preto do projeto "Observatório do Reassentamento – rede de ações e apoio aos atingidos nos municípios de Mariana e Barra Longa e "Narrativas Atingidas", acrescido de entrevista com a coordenadora da AEDAS (Associação Estadual de Defesa Ambiental e Social).

Assim, além dessa introdução e das considerações finais, este artigo está dividido em outras três partes. A primeira com-

4 A Fundação Renova é uma entidade privada criada pelas próprias mineradoras e possui a missão de implementar e gerir os programas de reparação, restauração e reconstrução das regiões impactadas pelo rompimento da barragem de Fundão. Os programas, previstos no Ter¬mo de Transação de Ajustamento de Conduta (TTAC), estão reunidos em duas principais frentes: socioambiental e socioeconômica." (Disponí¬vel em:<https://br.linkedin.com/company/funda%C3%A7%C3%A3o¬-renova>. Acessado em: 31 de outubro de 2018)

templa os impactos na comunidade rural de Gesteira e sua luta dentro do processo e espaços de decisões, a segunda aborda os impactos físicos e psicológicos da área urbana de Barra Longa, com ênfase nos distintos modos de tratamento segundo os locais atingidos pela lama. E por fim, uma análise sobre a importância do movimento social no território atingido, proporcionando empoderamento e enormes benefícios aos atingidos.

## Após o rompimento: impactos em Gesteira

Historicamente, a chegada da lama de rejeitos não foi a primeira catástrofe a passar por Gesteira. Em 1979, uma chuva intensa de vários dias na cabeceira do rio Gualaxo do Norte causou a enchente que inundou uma parte considerável da pequena comunidade. Diante da destruição das casas próximas ao leito do rio, através da doação de um novo terreno pela Arquidiocese de Mariana, os moradores do povoado se juntaram e construíram, com materiais de construções também doados, um novo povoado, chamado "Gesteira de Cima". Esse encontra-se algumas cotas acima do antigo assentamento, em um topo de morro, escolha que se deu em função do receio dos moradores de que uma nova enchente viesse a ocorrer. Apesar da realocação das habitações para a nova Gesteira de Cima ou Mutirão, os quintais produtivos dos atingidos continuavam a beira do rio Gualaxo do Norte, pois de acordo com os moradores da região a terra é considerada muito fértil e propicia para plantio. A Igreja católica e a escola municipal da comunidade também continuaram no local, garantindo a dinâmica de pessoas e atividades rotineiras.

A mudança de alguns dos moradores para o novo terreno configurou em uma nova formação de Gesteira. No entanto, cerca de 09 famílias optaram por reconstruir suas vidas ainda em Gesteira de Baixo, próxima ao rio. Desta forma, Gesteira de

Baixo era composta por moradias e quintais produtivos destas famílias e por 11 terrenos próximos ao rio Gualaxo do Norte que se tornaram quintais e locais de plantio dos moradores que hoje habitam Gesteira de Cima. Estes quintais, ricos em variedade de frutas, legumes e hortaliças abasteciam a comunidade de Gesteira e compunham a dinâmica de trocas entre moradores. Os moradores consumiam produtos que plantavam e o excedente trocavam entre si estabelecendo dinâmicas características da economia solidária e de autoconsumo.

Na comunidade de Gesteira, assim como várias outras localidades ao longo do Rio Doce, os primeiros contatos da população com a mineração ocorreram em razão da chegada da lama de rejeitos. Antes desse evento, eles não mantinham nenhum vínculo com as atividades minerárias. Porém, na madrugada de 06 de novembro de 2015, Gesteira de Baixo deixou de existir e virou um depósito de lama. Moradores contam que só souberam do que estava acontecendo porque parentes e amigos que estavam na cidade de Mariana, a cerca de 60 km, se deslocaram até o pequeno povoado para avisar os familiares. Toda a população ribeirinha ao redor do rio Gualaxo do Norte teve que procurar por conta própria locais seguros, para que pudessem passar a primeira noite antes do resgate chegar.

Quando a lama passou, Gesteira de Cima permanecia ilesa com relação a suas casas, porém seus habitantes e os moradores que ali se refugiaram da onda de rejeitos ficaram ilhados, sem água e sem luz. Voluntários levaram mantimentos, água e algumas roupas na primeira noite que os atingidos passaram em Gesteira e por mais de dias eles permaneceram sem ajuda e suporte nenhum por parte da empresa responsável pelo rompimento nem do poder público. Todos os materiais de higiene pessoal, alimentos e roupas que inicialmente vieram para os atingidos foram doados por pessoas da região e do país que se solidarizaram com a situação crítica em que esses se encontravam.

No site da Samarco, a primeira notícia apresentada que envolve a comunidade de Gesteira é datada no dia 10 de novembro de 2015, cinco dias após o rompimento. Porém, a nota se resume a uma satisfação da empresa para a população brasileira que aguardava notícias sobre o rompimento da Barragem do Fundão e os impactos decorrentes sobre as comunidades atingidas.

Após a chegada de funcionários da Samarco iniciou-se o processo de execução do Cadastro Integrado[5] de todos os atingidos e após algumas semanas, as pessoas que haviam perdido suas moradias foram realocados para casas alugadas pagas pela Samarco, onde elas permanecem até hoje esperando o reassentamento ou outro processo de ressarcimento. As casas disponíveis para locação dos desabrigados encontram-se desde Gesteira de Cima, a zona urbana de Barra Longa até a cidade de Mariana. Não houve por parte da Samarco a prioridade de deixar os moradores próximos e/ou próximos de suas antigas rotinas e histórias. O distanciamento das memórias afetivas dos atingidos com suas antigas moradias faz parte de mais uma estratégia da empresa em desvalorizar e precarizar as negociações em busca dos bens exato/próximo aos que eles perderam.

---

5 O Cadastro Integrado é um questionário extenso e complexo que constitui o instrumento único para o levantamento das perdas e danos das populações atingidas, servindo "como referência de dimensionamento e quantificação de todos os Programas Socioeconômicos" (SYNERGIA, 2016). Organizado em 33 módulos, ou blocos de perguntas que abordam variados temas ou "públicos-alvo", o questionário apresenta em sua versão digital impressa e atualizada (julho de 2016) um total de 471 páginas." (Parecer sobre o Cadastro Integrado do Programa de Levantamento e Cadastro dos Impactados (PLCI) elaborado pelas empresas Samarco e Synergia Consultoria Amb. GESTA/UFMG. 2016. Disponível em: https://goo.gl/5vzP9s. Acessado em: 15 de outubro de 2018)

Os processos vinculados ao reassentamento das casas não tiveram início desde o rompimento, embora a empresa tenha submetido dois terrenos à votação pelos moradores de Gesteira de Baixo. Em nota publicada[6] no site da Samarco, no dia 25/06/2016 foram apresentados dois terrenos: um de um hectare e outro de sete hectares. Assim, por possuir maior espaço, proximidade com a antiga comunidade e estar situado em uma cota mais elevada, o terreno dos "Macacos"[7] foi escolhido pela comunidade.

No entanto, este terreno apresentava entraves como um limite de expansão, e grande distância ao leito do rio, de forma que não havia como garantir a perpetuação dos modos de vida anteriores ao rompimento. Além disso, todo o processo em torno da sua escolha aconteceu sem a participação dos moradores da comunidade. A única participação dos moradores da comunidade se deu ao depositar seu voto na urna. Outro fator marcante neste processo de decisão foi a disponibilização de um material com linguagem técnica de difícil compreensão, prática recorrente já utilizada por empresas mineradoras para dificultar a participação efetiva na tomada de decisão. Após a votação a empresa explicou aos atingidos que ela ainda não tinha a perspectiva de adquirir tal terreno.

Colocar em votação um terreno que não se tinha perspectiva para compra é uma outra estratégia. O sentimento de incerteza e de desinformação ou de informações contraditórias acaba enfraquecendo as relações entre os atingidos e as expectativas com relação aos processos de ressarcimento. É

---

6 https://www.samarco.com/noticia/macacos-was-the-site-chosen-by--the-community-for-the-reconstruction-of-gesteira/

7 O termo é usado como referência a família proprietária do terreno, conhecida localmente como família dos Macacos.

interessante para a empresa que a população local se divida, pois, enfraquecer o vínculo criado entre os moradores que por anos viveram sob fortes relações afetivas, facilita ações futuras. Como, por exemplo, separar ações coletivas em ações individuais que diminuam economicamente os gastos da empresa nos ressarcimentos e que enfraqueçam o movimento de autonomia e de reinvindicações por processos mais justos, por parte das pessoas atingidas.

Ainda nesse processo, após um ano da primeira votação do terreno, a Fundação Renova informou à população de Gesteira de Baixo que o terreno eleito e de propriedade dos Macacos não havia sido comprado pois, os proprietários não tinham interesse em vendê-lo, apesar de toda negociação. Mais uma vez a Fundação Renova apresentou dois terrenos. O primeiro trata-se novamente do terreno dos Macacos e o outro consiste em uma área de uso capião de um dos atingidos de Gesteira de Baixo. A empresa pleiteava colocar outra vez em votação dois terrenos inviáveis para que em seguida, não tendo os atingidos a possibilidade de escolher nenhum dos terrenos, pudesse então, abrir para o Processo de Indenização Mediada (PIM).[8] É importante ressaltar que uma vez implementado o PIM desfaz-se a possibi-

8 "O Programa de Indenização Mediada (PIM) tem como objetivo ressarcir os impactados de maneira ágil, em comum acordo e sem os trâmites e custos de uma ação judicial. (...) O PIM é aberto a pessoas, famílias, micro e pequenas empresas que tenham sofrido perdas materiais ou referentes às suas atividades econômicas, em consequência direta e imediata do rompimento. A adesão é voluntária e gratuita. Os interessados que tenham processos judiciais podem aderir ao PIM. Porém, caso concordem com a proposta, devem extinguir o processo para receber o pagamento" (Esclarecimento sobre o programa de indenização mediada. Fundação Renova. 2018).

lidade de viabilizar o reassentamento coletivo dessa comunidade contribuindo para a sua desarticulação e desagregação.

Assim, após apresentar à comunidade de Gesteira de Baixo as dificuldades em reassentar as famílias que sofreram perdas de moradias em um novo local, a Samarco S.A iniciou a conversa com os atingidos a respeito do PIM. De acordo com a própria Fundação Renova, o PIM seria uma forma ágil e rápida de indenizar e reparar as famílias atingidas. Porém, a implementação do PIM fragiliza a luta coletiva pelos direitos dos atingidos levando a soluções individuais, além de retirar a possibilidade futura de questionar e reivindicar outros danos sofridos.

E foi diante desse contexto que outro importante agente atou no território. Adiante, serão abordadas questões a respeito dos movimentos feitos pelos atingidos em prol da conquista dos seus direitos.

## Após o rompimento: impactos no distrito sede de Barra Longa

Oriundo do encontro do Rios do Carmo e Gualaxo do Norte, o nome do município de Barra Longa também é dado ao seu distrito sede, local onde acontece este encontro. Após passar pelas comunidades rurais de Barreto e Gesteira, a lama de rejeito atingiu o distrito sede de Barra Longa, praticamente 12 horas após o rompimento da barragem em Mariana. De acordo com os moradores da cidade não houve nenhum aviso por parte da empresa Samarco, ou mesmo de entidades do governo. A comunidade foi informada sobre a chegada da lama somente de maneira informal por moradores das comunidades rurais. Carneiro e Stephan (2016) expõem "a pequena população não dormiu naquela noite, vendo descer junto com a lama árvores, carros, móveis, vidas... e também a sua história".

Apesar de frequente ciclos de inundações do Rio do Carmo na cidade, a onda de lama de rejeito misturado a água ultrapassou a cota do leito maior, alcançando 2,5 metros acima da planície (Costa *et al*, 2016). Fato que resultou na destruição de residências, dos espaços sociais e de lazer como a praça central, a prainha, o campo de futebol e a quadra da escola; além do andar térreo de diversas casas que foram tomados pela lama misturada a água.

Com toda essa destruição, iniciou-se ainda em 2015 o processo de retirada da lama de rejeito, reforma ou reconstrução das casas, da praça central, do campo de futebol. Este processo foi se afirmando no ano de 2016 com a chegada e instalação dos voluntários, trabalhadores da Samarco e empresas terceirizadas da construção civil, pesquisadores e curiosos. Aos poucos, a pacata cidade, na qual a população andava nas ruas sem nenhuma preocupação, sem medo, ficou sobrecarregada de pessoas desconhecidas, resultando no aumento quantitativo de restaurantes, movimento de veículos, locação de hotéis e casas. A nova dinâmica propiciou assaltos em bancos, correio e comércios, o espaço e lugares tornaram-se inseguros e incertos a práticas sociais habituais da cidade.

Diante disso, na área urbana cerca de 148 imóveis foram reparados, os quais abrangem casas residências e comércios (dados disponibilizados pela comissão dos atingidos de Barra Longa). Alguns ainda estão em processo de revisão por parte da Fundação, especialmente aqueles que mesmo depois da reforma apresentaram trincas e fissuras impossibilitando o retorno do morador. A maior concentração desses imóveis está localizada em áreas vulneráveis a outros impactos que envolvam a dinâmica hídrica e, de acordo com os microdados do IBGE (Censo 2010), no setor censitário que possui predominantemente população negra e de baixa renda (70% da população).

Os materiais de construção utilizados nas reformas poderiam ser escolhidos pelo proprietário do imóvel, limitado a algumas especificidades definidas pela Samarco. No entanto, é visível a diferença de materiais em determinadas casas a outras, especialmente dentro do setor censitário supracitado. "Algumas pessoas conseguiam fazer a escolha dos materiais, podiam acompanhar a obra, mas a maioria não, existe uma diferença de tratamento bem expressivo", argumenta Verônica coordenadora da Assessoria Técnica (entrevista realizada em outubro de 2018).

Relacionado a reconstruções dos espaços de lazer, em uma ordem cronológica, o primeiro entregue pela empresa foi a quadra da escola, que mesmo sendo um imóvel estadual não possui acesso público. Seguindo, a reconstrução da praça central, da prainha e do campo de futebol aconteceram simultaneamente. No entanto, a praça Manoel Lino Mol – praça central da cidade – tratada pela Samarco com grande ênfase pois, foi a principal imagem divulgada nas redes sociais sobre os impactos em Barra Longa. A reconstrução da praça contou com um plano de consulta popular denominado "A praça que queremos", porém, o apelo e escolhas que a população demandou de nada adiantou para a elaboração do projeto da praça. Ao final, a reconstrução foi feita de acordo com as escolhas dos técnicos e ainda contém pavimentação com blocos compostos parcialmente por rejeito, concretizando o desastre/crime no espaço físico da praça. O que chama atenção, no entanto, é a velocidade em que ocorreu a obra, entregue em 30 de outubro de 2016, antes mesmo da remoção dos rejeitos de minério nas áreas externas e dentro das casas em outras partes do município, especialmente na zona rural, na qual ainda se encontram áreas com rejeitos após três anos do rompimento.

O ressarcimento de bens materiais, iniciado no ano de 2016, também ocorreu de forma diferenciada ao longo da área urbana, e muito distinto da área rural. Segundo morador do setor censitário analisado anteriormente, para conseguir qualquer ressarcimento era necessário "levar o comprovante de compra do produto adquirido, com nota fiscal", o que limitava ou muitas vezes impossibilitava a reparação do produto. Uma reportagem e denúncia em fevereiro de 2016 feita pelo MAB conta a dificuldade de uma senhora moradora do Morro Vermelho (situado no setor censitário mencionado) na reposição da máquina de lavar: "assistente social exigiu que ela provasse que tinha realmente necessidade. "Ela me pediu que eu apresentasse um laudo médico que provasse que eu não tenho força para torcer a roupa. Eu tenho osteoporose, tomo vários remédios" (Reportagem do MAB em Barra Longa. MAB, 2016).

O processo de indenização, que teve início em 2017 encontra-se em andamento. Este processo ocorre segundo o PIM, apresenta uma matriz de danos deficiente, que desrespeita muitos diretos em especial das mulheres e dos idosos. No entanto, a contratação da Assessoria Técnica em julho de 2017 possibilitou reflexões sobre os processos impostos pela Samarco. Este marco na estruturação dos atingido contra as injustiças e racismo do desastre-crime será analisando adiante.

## Movimentos sociais: mobilização e luta

A mobilização de pessoas externas para o município de Barra Longa após o desastre-crime aconteceu alguns dias após a chegada da lama de rejeito. Eram voluntários, pessoas com doações, pesquisadores, e o representante do MAB (Movimento dos Atingidos por Barragem). A colocação dos movimentos sociais frente a grandes desastres é apontada como crucial para garantia dos direitos dos atingidos. De acordo com Miranda (p.218 2009) "os movimentos sociais são ações sociais de caráter sócio-

-político e cultural, que revelam formas distintas dos indivíduos e grupos se organizar e expressar suas demandas."

A premissa dos movimentos sociais é contribuir para o fortalecimento da autonomia dos atingidos nos processos de negociação entre Empresa e Estado. Diante de tantos acontecimentos e conflitos, há a necessidade dos atingidos serem protagonistas nos processos de ressarcimento, passando pela questão do reassentamento de casas, áreas produtivas economicamente, áreas de lazer, equipamentos públicos dentre outros temas.

Frente a organização dos atingidos em busca de seus diretos está o MAB, com seus integrantes moradores de Gesteira/Barra Longa, que vem ao longo dos meses construindo com diálogo o fortalecimento e emancipação frente as lutas pelos seus ressarcimentos. É importante ressaltar que nem todos os distritos e vilarejos atingidos possuem comissões organizadas por atingidos que buscam diariamente seus direitos frente às violências e violações exercidas pela empresa Samarco. A atuação do MAB, no início, foi de enorme importância, buscou-se promover o protagonismo do atingido, a auto-organização e a autonomia na luta pelos seus direitos e na conquista da reconstrução da cidade. Os atingidos não possuíam uma articulação, já que não estavam preparados para tamanha desordem. Desta forma, o movimento conquistou o adiantamento de R$20.000,00 para as famílias que tiveram deslocamento físico com perda material, a ampliação do cartão subsistência para famílias que perderam a renda fixa,

> o autoritarismo e a desorganização da empresa na cidade deixaram muitas pessoas sem o direito de receber o salário mínimo, mais 20% por dependente e o valor de uma cesta básica. Após muitas mobilizações dos atingidos, a empresa ampliou mais de 100 cartões na cidade e esta semana vai entregar

> novos, sobretudo para famílias que foram atingidas nos quintais (Nota de uma reunião de autoria de Thiago Alves representante do MAB em Barra Longa. Disponível em: http://tragedianunciada.mabnacional.org.br/2016/05/19/atingidospressionam-samarco-e-ampliam-direitos-em-barra-longa/. Acessado em: 18 de setembro de 2018).

Outros avanços estão no campo da saúde, com a contratação de médicos especialistas, psicólogos e assistentes sociais visto que a procura em postos de saúde teve um aumento de 100% segundo dados da secretaria de saúde do município. Além da mais importante conquista, a contratação de uma Assessoria Técnica – conquista advinda do MAB com a população – para auxilio dos atingidos/as frente aos técnicos da Samarco/Fundação Renova, especialmente a população da zona rural.

A contratação da Assessoria Técnica aconteceu via AEDAS e conta com 13 profissionais da área de agrárias, arquitetura e urbanismo, assistente social, direito, psicologia e ciências sociais. Diferente dos programas administrados pela Fundação Renova, elaborados em gabinete restrito a técnicos, as atividades desenvolvidas pela Assessoria vão ao encontro de demandas apontadas pelos próprios atingidos, tanto no distrito sede quanto na área rural. A forma operacional realizada pela AEDAS partiu da organização de grupos de base, formados de acordo com a proximidade dos atingidos, por grupos de ruas. Diante disso, foram constituídos 20 grupos de base – 17 na área urbana, 2 em Gesteira e 1 em Barreto. Estes grupos elencaram atividades prioritárias para intervenção, são elas: a moradia, a perda de renda, a indenização e restrito ao grupo de Gesteira o reassentamento.

O debate sobre a moradia foi amplamente discutido, pois além das 167 edificações atingidas diretamente pela lama de rejeito, somando a área rural e a área urbana, o trânsito ininterrupto de caminhões utilizados para reconstrução da cidade, provocou impactos estruturais em outras construções, expandido consideravelmente este número. O reconhecimento desse impacto e também dessas pessoas fez-se dificilmente, uma vez que foi impossível comprovar o grau do abalo individual em cada casa. Assim, como metodologia a AEDAS adotou "a auto declaração e o testemunho da comunidade" respaldando os abalos, ressalta Verônica responsável pela Assessoria Técnica em entrevista feita em 2018.

A perda de renda foi assistida por todos, proprietários de comércios, produtores rurais, artesãs, pescadores e também famílias que praticavam a agricultura de subsistência ou mesmo o trabalho informal. Diante desse fato, e com um programa de auxílio financeiro emergencial defasado e injusto, implicando em desavenças entre famílias e vizinhos, foi demandado discursões a respeito da perda de renda. O programa mencionado anteriormente disponibilizava um cartão financeiro para quem eles definiam como detentor da renda principal, normalmente o homem, caracterizando uma escolha notadamente patriarcal. Esse tipo de visão também foi abordado com relação a indenização, ou seja, houve exclusão de atividades pontuais, principalmente as realizadas pela mulher. Um esforço contrário, nos grupos de base juntamente com a Assessoria Técnica elaboram concomitante o aumento do reconhecimento para além da renda principal, uma matriz de danos mais abrangente e justa, sistematizando e organizando parâmetros e critérios para esse debate.

O povoado de Gesteira foi o único, no município de Barra Longa, onde houve destruição completa de imóveis. Sendo, assim, o primeiro a mencionar a demanda do reassentamento no grupo de base. Para a Fundação Renova o reassentamento deveria ocorrer apenas para as 09 famílias que tiveram perdas de casas, a escola e a igreja católica. No entanto, as discussões a respeito do reassentamento se reiniciaram, com efetivação de duas diretrizes propostas pela assessoria técnica para a tomadas de decisões: a mobilização e consequentemente o aumento da participação popular e transparência de informações, colocando os atingidos sempre como o centro das percepções.

Assim, após a realização de várias oficinas, como o auxílio da AEDAS, os atingidos chegaram nos parâmetros e critérios para alcançar a área da poligonal onde aconteceria o reassentamento. Esses critérios seriam pautados com base na vivência e necessidade da comunidade atingida, assim, inicialmente foram apontados sete critérios, com base nas visões que a comunidade possuía, como exemplo, sobre como coletivamente se organizava nas questões produtivas e em seus modos de vida. Foram estabelecidos então o direito ao reassentamento de pessoas ou unidades familiares: 1) Proprietários/as de terra; 2) Arrendatários/as; 3) Meeiros/as, 4) Posseiros; 5) Assalariados/as rurais ou diaristas; 6) Filhos/as que tinham relação produtiva maior de 18 anos e 7) Herdeiros que tem relação com a terra. Outras diretrizes também foram apresentadas como: 8) Pessoas que garantiriam a convivência familiar e sua ampliação; 9) participam e possuem relação com a terra no sentido de assegurar a continuidade da comunidade e 10) pessoas em área de risco, entretanto a Fundação Renova barrou estes últimos e expos que estes casos seriam estudados individualmente à medida que fossem aparecendo.

Os objetivos do reassentamento aliaram-se a necessidade da continuidade dos modos de vida, organização social da comunidade e os modos de produção e continuidade dos planos de vida. Com isso, de vinte representantes familiares ampliou-se para trinte e sete. A área que seria de sete hectares, semelhante a área anterior atingida, com base nos parâmetros decididos pela comunidade e para abrigar a área para o campo de futebol, as vias de acesso, o espaço de compensação pela perda do rio foi aumentada em torno de quarenta hectares, e está em via de ser comprada.

Os critérios elaborados nos grupos de base buscam assegurar o acesso à informação e a participação efetiva das famílias envolvidas no planejamento, nas tomadas de decisão e na realização do reassentamento, a garantia da reprodução dos modos de vida da comunidade e compensação pelas perdas coletivas. Toda mobilização da comunidade, especialmente com o auxílio da assessoria técnica enfatiza e evidencia a importância do movimento social na conquista de diretos frente a grandes empresas mineradoras.

## Considerações finais

A distinção atribuída pela Samarco, agora Fundação Renova, entre a área rural e a área urbana, e também em determinadas localidades urbanas, é evidente. Este fato nos fazer relacionar esses diferentes modos de tratamento com o grau de escolaridade, a distribuição de renda e também a cor/raça da população abdicada. Desta forma, mesmo sem controle sobre os locais onde a lama iria alcançar dentro no município, o tratamento desigual recebido pela população após o desastre revela traços de racismo ambiental. Racismo este que se iniciou na escolha do local da instalação da barragem de Fundão, sendo acentuado após o rompimento da mesma. Desta forma, apesar do município de Barra Longa não possuir extração mineral em seu território, a localização da barragem de rejeito de Fundão, fundamenta tal argumento, uma vez que, o município estudado nem sequer aparece como área de impacto no licenciamento da barragem de Fundão e apresenta uma composição racial acentuadamente negra, e vulneravelmente desprivilegiada.

As incertezas de reparação material e econômica dos atingidos pelo rompimento da barragem de Fundão, mesmo diante dos programas elaborados pela Fundação Renova, somado a ausência de reconhecimento de inúmeros atingidos, resulta na presença de um importante agente sobre o território: os movimentos sociais. Estes foram e são crucias para a garantia dos direitos dos atingidos. Assim, estruturados a partir de grupos de base, organização proposta pela Assistência Técnica, os atingidos do município de Barra Longa conseguiram elucidar e apontar as verdadeiras necessidades após o desastre--crime. Os encontros demostraram que a participação ativa dos atingidos apontam questões assertivas e que envolvem a realidade da vida da comunidade.

A assessoria técnica e o MAB trouxeram a Fundação Renova para o território da comunidade, visando restringir o modo como a empresa age sob as escolhas e direitos dos atingidos. É nas comunidades que os atingidos se sentem à vontade e fortalecidos para não se deixarem levar pelo comportamento controlado e imposto pelas empresas. Essas ações redimensionam os diálogos que são travados e geram decisões mais democráticas por serem tomadas em locais democráticos. Ainda há muitos espaços de luta a serem conquistados, como por exemplo o Conselho Curador da Fundação Renova, um espaço tomado majoritariamente pelas empresas, no qual apenas duas cadeiras são ocupadas por atingidos enquanto há seis ocupadas por representantes dos interesses da Samarco, Vale e BHP Billiton.

Em um contexto político que propõe a criminalização dos movimentos sociais, é importante fortalecer a luta daqueles que lutam pela garantia de direitos em espaços de disputas. O grande desafio dos atingidos é como enfrentar o poder mantido pelas empresas sobre os órgãos ambientais e os governamentais, enfrentar o choque de forças desproporcionais sobre as populações atingidas. Só o povo organizado é capaz de enfrentar os poderes, só o povo organizado através da pressão popular, através de seus parceiros e aliados, é capaz de garantir uma reparação justa, um processo justo. Deste modo, a exposição de diferentes grupos sociais tratados de maneira genérica como parte da "população" torna os efeitos do rompimento apenas como dados estatísticos. A forma de definir e categorizar os atingidos por impactos ambientais demonstra a maneira com que o Estado e empresa em busca de um "progresso nacional" recai sobre grupos, por vezes, com restritos poderes político-econômico caracterizando um processo de injustiça ambiental. Assim, na perspectiva do racismo ambiental a desigualdade racial, social e econômica refletida e reforçada pelo rompimento da barragem de Fundão acentua as injustiças ambientais, reflexo de um modo de produção incessante na busca pelo lucro.

## Referências

ACSELRAD, Henri. Ambientalização das lutas sociais – o caso do movimento por justiça ambiental. *Estudos avançados*. vol.24 nº.68 São Paulo 2010, p.103-119.

ACSELRAD, Henri. Apresentação. In: ZHOURI, A.; LASCHEFSKI, K.; PEREIRA, D. B.; (Org.). *A insustentável leveza da política ambiental*: desenvolvimento e conflitos socioambientais. Belo Horizonte e São Paulo: Autêntica Editora, 2005, p.7-8.

ACSELRAD, Henri. Justiça ambiental e construção social do risco. *Desenvolvimento e Meio ambientes*. n. 5. Editora UFPR. p. 49-60, 2002.

ACSELRAD, Henri; MELLO, Cecília Campello Amaral; BEZERRA, Gustavo das Neves. O que é Justiça Ambiental? Rio de Janeiro: Editora Garamond, 2009.

ALMEIDA, S. L.. *O que é racismo estrutural?* 1. ed. Belo Horizonte: Letramento, 2018. v. 1. 204p.

BULLARD, Robert. Ética e racismo ambiental. *Revista Eco 21*, ano XV, Nº 98, janeiro/2005. Acessado em 20 agosto de 2018 em<http://ambientes.ambientebrasil.com.br/educacao/textos_educativos/etica_e_racismo_ambiental.html>.

CARNEIRO, Camilla; STEPHAN, Ítalo. Barra Longa já não é mais a mesma. O colapso da barragem da mineradora Samarco e a tragédia ambiental. *Minha Cidade*, São Paulo, ano 16, n. 192.03, Vitruvius, jul. 2016. Disponível em: <http://www.vitruvius.com.br/revistas/read/minhacidade/16.192/6095>.

COSTA *et al.* A Tragédia Do Rio Doce: A Lama, O Povo e a Água. Relatório de Campo e Interpretações Preliminares Sobre as Consequências do Rompimento da Barragem de Rejeitos de Fundão (Samarco/Vale/Bhp). *Geografias: Revista do Departamento de Geografia/Programa de Pós-graduação em Geografia, Departamento de Geografia do Instituto de Geociências*, UFMG - Edição Especial. Belo Horizonte: UFMG, Departamento de Geografia, 2016.

GALEANO, Eduardo H. *As veias abertas da América Latina.* Tradução de Sergio Faraco. Porto Alegre, RS: L&PM, 2012.

LEROY, Jean Pierre. Flexibilização de direitos e justiça ambiental. In: ZHOURI, Andréa; VALENCIO, Norma (Orgs.). *Formas de matar, de morrer e de resistir*: Limites da resolução negociada de conflitos ambientais. Belo Horizonte: Editora UFMG, 2014.

MIRANDA, A.P.M. *Movimentos Sociais*, a construção de sujeitos de direitos e a busca por democratização do estado. *Lex Humana*, Universidade Católica de Petrópolis, nº 1. Petrópolis, 2009. p. 218-237.

WANDERLEY, L.J. *Indícios de racismo ambiental na tragédia de Mariana*: resultados preliminares e nota técnica. Grupo Política, Economia, Mineração, Ambiente e Sociedade (PoEMAS). Universidade Estadual do Rio de Janeiro – UERJ, 2015.

ZONTA, Marcio; TROCATE, Charles (ORGS.) *Antes fosse mais leve a carga*: reflexões sobre o desastre da Samarco/Vale/BHP Billiton. Marabá, PA: Editorial Iguana, 2016, p. 237

# Geografias da ação nas lutas anti-racismo:
*um olhar aproximativo*

Renato Emerson dos Santos[1]

## Introdução

Nos últimos anos, o território vem sendo cada vez mais mobilizado em lutas sociais por agentes historicamente subalternizados. Tal mobilização é marcada pela pluralidade – tanto de sentidos atribuídos ao(s) território(s) pelos atores em luta, quanto de formas de mobilização. O território aparece como objeto de disputa, como instrumento em disputas, e também como base de identidade e da organização de grupos para/em disputas. Ele aparece em suas diversas dimensões: material, simbólica, conceitual, como amálgama de práticas e relações, enfim, numa multiplicidade de agências que impõe reflexões sobre tal polissemia de sentidos. Estes novos usos sociais do conceito de território emergem na esteira da valorização do espaço no pensamento crítico (SOJA, 1993), movimento que alguns chamam de "virada espacial" (FOUCAULT, 2001; HAESBAERT, 2011; CLAVAL, 2013).

Temos então que em diversos em contextos de disputas de poder, atores subalternizados vêm valorizando não apenas território, mas também diversas categorias espaciais de interpretação, que na verdade são também instrumentos de ordenamento

1 Professor do IPPUR/UFRJ.

da realidade (não podemos esquecer que, p. ex., "região" advém do latim "regere", o que nos devolve à indissociabilidade entre compreender e agir sobre a realidade). Este regime político cria uma ambiência epistêmica na qual algumas produções comprometidas (teórica e politicamente) com a superação de injustiças valorizam, por exemplo, a categoria "lugar", que aparece em geografias feministas anglo-saxãs (MASSEY, 1993) e também em trabalhos sobre as lutas de comunidades negras colombianas (OSLENDER, 2002; ESCOBAR; 2004).

Isto nos leva a interrogar: De que formas as categorias e ferramentas espaciais de representação vem sendo mobilizadas/tensionadas na prática das lutas? Ler a mobilização de discursos e representações espaciais por lutas sociais, identificando como sujeitos subalternizados se apropriam de tal cabedal, nos conecta à proposta de Werlen (2005, p.47), de "uma mudança rigorosa de categorias do espaço à ação, ou do que eu chamo de uma 'geografia das coisas' para uma 'geografia dos sujeitos'". Esta "geografia dos sujeitos" ou, como propunha Ribeiro (2009), uma "geografia da ação", deve partir da identificação de repertórios espaciais de ação.

Pretendemos contribuir nestes debates a partir de algumas experiências de lutas anti-racismo do Movimento Negro Brasileiro. Nas últimas duas décadas, observa-se no Brasil um debate público sobre as relações raciais, marcado pela emergência de leituras críticas. Após séculos de relações raciais que tinham como marcas a assimetria e o silenciamento das vozes dos sujeitos subalternizados, vemos emergir a crítica das leituras hegemônicas, trazendo à tona a denúncia do racismo, seus mecanismos de reprodução, formas de operação e impactos sociais. Enfrentando a Ideologia da Democracia Racial, denunciada enquanto "Mito" (que não é apenas uma falsa versão, uma fábula, mas uma construção discursiva que tem papel fundamental na invisibilização e manutenção do próprio racismo), o protagonista central desta emergência é o Movimento Negro Brasileiro, ator social plural que dá então complexidade à pauta. Ensaiamos neste texto a leitura de experiências de ativismos que mobilizam dimensões espaciais como instrumento de luta e objeto de disputa no âmbito da luta anti-racismo do Movimento Negro Brasileiro.

Nosso percurso se inicia por uma discussão iluminada pela Teoria do Giro Decolonial sobre o racismo e o anti-racismo, tensionando como o sistema de dominação constitui agenciamentos à ação e engendra formas dos agentes e de atuação – movimento fundamental para compreendermos a pluralidade do Movimento Negro e atribuirmos unidade política e analítica para iniciativas individualizadas e distintas. Emerge aí a colonialidade, e o papel central do racismo constituindo geo-grafias (PORTO-GONÇALVES, 2003). Buscamos em seguida observar dimensões espaciais do anti-racismo, exemplos de mobilização de categorias e instrumentos espaciais em lutas do Movimento Negro Brasileiro, buscando construir uma geografia da ação, uma imaginação geográfica capaz de apreender as múltiplas formas de disputas espaciais empreendidas por este movimento no presente histórico. Abordaremos exemplos coletados no âmbito do projeto de pesquisa "Cartografagens da ação e dos conflitos sociais: análise comparativa de observações e representações do espaço-tempo do fazer político", na qual levantamos e analisamos experiências de cartografias relacionadas a movimentos sociais. Aqui trazemos notas sobre algumas (não todas) que dialogavam diretamente com a luta anti-racismo: os mapeamentos de religiões afro-brasileiras de Salvador e Rio de Janeiro; o Projeto Nova Cartografia Social da Amazônia; e o projeto "Zumbi Somos Nós".

## Sobre racismo e anti-racismo nos marcos da colonialidade[2]

As lutas históricas do Movimento Negro Brasileiro contra o racismo têm, como uma de suas marcas, a pluralidade. Para compreender os repertórios espaciais de ação (objeto do presente artigo), e também a própria formação dos sujeitos coletivos protagonistas, tomamos como ponto de partida a compreensão do próprio racismo, enquanto agenciamento à ação.

Diversos autores vêm apontando o racismo como um sistema de dominação, inerente a regimes históricos de poder (como, p. ex., o capitalismo). Tal compreensão promove o deslocamento do foco de análise estrita do fenômeno do racismo para a compreensão de seus papéis em processos de recortes históricos de longa duração. Esta abordagem constitui uma via de mão dupla: ela torna a leitura de tais marcos históricos fundamental para a compreensão do racismo, e ao mesmo passo coloca o racismo como fundamental para a compreensão de sistemas históricos de poder.

Temos, de dentro da geografia, nos aproximado de um conjunto de autores que vem buscando diálogo com uma vertente crítica de leitura da sociedade chamada de "Teoria do Giro Descolonial". Esta vertente vem apontando a colonialidade como padrão de poder hegemônico em escala planetária, com foco de seu olhar em particular para nossa região.

2 Nesta seção, retomamos livremente notas já compartilhadas em outras publicações de nossa autoria.

A colonialidade é ao mesmo tempo (I) o contraponto complementar da modernidade (não existiria modernidade sem colonialidade, e vice-versa); (II) herança, atualização e continuidade da colonização (que, mais do que a chegada do colonizador, era a chegada de um "pacote enredado de relações de poder"); e (III) uma forma de leitura totalizante do modo de produção capitalista que, ao invés de privilegiar uma forma específica de exploração, dominação e hierarquização (a relação de classe) como sendo aquela capaz de definir o todo, toma a ideia de que este modo de produção não se afirmaria sem a coexistência ("simultaneidade ativa" - MASSEY, 2008) de múltiplas formas de poder, operantes na complexidade das interações e do tecido social.

Segundo Grosfoguel (2010), o capitalismo se constitui e afirma no mundo através de um conjunto de relações de dominação e exploração, hierarquias sociais que pluralizam as experiências ordenando o primado de suas relações: (I) Uma hierarquia de classe; (II) uma divisão internacional do trabalho entre centro e periferia; (III) um sistema inter-estatal de organizações político-militares; (IV) uma hierarquia étnico-racial global que privilegia os europeus frente aos não europeus; (V) uma hierarquia sexual que coloca os homens acima das mulheres e o patriarcado europeu sobre outras formas de relação homem-mulher; (VI) uma hierarquia sexual que desqualifica homossexuais frente a heterossexuais; (VII) uma hierarquia espiritual que coloca cristãos acima de não-cristãos; (VIII) uma hierarquia epistêmica que coloca a cosmologia e o conhecimento ocidentais sobre os não-ocidentais; e (IX) uma hierarquia lingüística que privilegia as línguas européias - e, também, a comunicação e a produção de conhecimento e teorias a partir delas, enquanto as outras produzem folclore ou cultura.

Assim como classe, também raça, gênero, sexualidade, espaço (centro-periferia), cultura, conhecimento, espiritualidade, entre outras, são dimensões sine qua non para a mundialização do capitalismo. Os princípios de hierarquização social a que aludimos a partir de Grosfoguel são, então, reguladores de relações e interações sociais.

A perspectiva descolonial do fenômeno do racismo nos coloca alguns desafios. A inexorabilidade do imbricamento dos princípios de hierarquização nos conduz a pensar um fenômeno multidimensional. O dado racial se mistura aos (e se transforma nos) outros, como o de classe, o de gênero, o cultural, o linguístico, o da espiritualidade, etc.[3] Assim, tanto o racismo pode, por exemplo, aparecer mimetizado como discriminação religiosa quanto pode "se somar" a esta. Estamos dizendo aqui que, além do entrecruzamento de princípios distintos (o que parte da literatura feminista negra vem chamando de "interseccionalidade")[4], os princípios se

3 Segundo Nascimento (1981), o racismo no Brasil é mais que "(...) o rechaço de uma forma física, um conjunto de cor e de traços humanos. Essa teoria carece da profundidade analítica necessária para entender que, antes de chegar à recusa do elemento físico, do 'fenótipo', houve obrigatoriamente o repúdio de um povo na íntegra, com sua civilização, sua religião, história e sociedade. O rechaço do fenótipo é meramente um sintoma, desenvolvido como a expressão social externa de uma ideologia racista muito mais abrangente. Discriminamos o fenótipo negro ou indígena não porque o 'preconceito' nos leve gratuitamente a isso, mas porque ele simboliza todo um ser cultural, espiritual, ontológico, que consideramos inferior." (pg. 12)

4 Crenshaw (2002) define que "A interseccionalidade é uma conceituação do problema que busca capturar as consequências estruturais e dinâmicas da interação entre dois ou mais eixos de subordinação. Ela trata especificamente da forma pela qual o racismo, o patriarcalismo, a opressão de classe e outros sistemas discriminatórios criam desigualdades básicas que estruturam as posições relativas de mulheres, raças, etnias, classes e outras. Além disso, a interseccionalidade trata da forma como ações e políticas específicas geram opressões que fluem ao longo de tais eixos, constituindo aspectos dinâmicos ou ativos do desempoderamento." (p. 177).

transmutam em outros. Pluralizam-se assim, não apenas as formas de manifestação do racismo nas interações sociais como também as formas de combate a ele.

Tal configuração plural e complexa do racismo enquanto fenômeno multidimensional de relações de poder também pluraliza (i) formas e (ii) constituição de agentes/sujeitos de resistência e combate. Se existe o racismo e existem as resistências e combates a ele, qual o tipo de interconexão se pode estabelecer entre estas ações (de resistência e combate)? Existe "uma" luta anti-racismo ou diversas lutas anti-racismo? "Movimento negro", no singular (enquanto unidade – política ou analítica?) ou "movimentos negros"?

A empiria nos mostra, do ponto de vista da agregação política, uma pluralização dos agentes que exercem lutas anti-racismo. A pluralidade política é (ou deve ser lida como) também pluralidade analítica? Ou, se é possível falar de unidade analítica do racismo enquanto fenômeno e questão (caracterizado pela complexidade e diversidade de suas materializações fenomênicas no plano da realidade), por que não falar em unidade analítica das lutas e resistências a ele? Com efeito, lutas distintas (e, muitas vezes, sem acordos políticos entre aqueles que as realizam) podem produzir efeitos convergentes, cumulativos e/ou recíprocos. A luta de uma entidade de mulheres negras não é luta contra o racismo? A luta de um grupo de religião de matriz africana (mesmo que dentro do grupo haja muitos não-negros) não é uma luta contra o racismo? A luta de uma comunidade quilombola (mesmo que ela não se diga "movimento negro") não é uma luta contra o racismo? Se estas três lutas são lutas contra o racismo, podemos apontá-las como "movimento negro", ou pela sua pluralização política devemos chama-las "movimentos negros", no plural?

A dinâmica do Movimento Negro tem como marca a multiplicidade das formas de ação, pois ele congrega: entidades de caráter político, mas também social e outras de caráter cultural; entidades formalmente instituídas e outras sem institucionalização; indivíduos e grupos agindo pela luta anti-racismo dentro de outras entidades e lutas (p. ex., dentro de sindicatos, partidos políticos de diferentes matizes ideológicos, movimentos sociais, igrejas, etc., às vezes constituindo coletivos reconhecidos pela entidade, às vezes de maneira mais informal); coletivos diversos (p. ex., de estudantes, de mulheres, de juventude, etc.); indivíduos atuando de maneira mais permanente (e, às vezes, sistemática) pela igualdade racial em seus locais de trabalho, a partir de suas posições institucionais (p. ex., ativistas dentro de universidades); indivíduos discutindo e propondo em seus ambientes de socialização, entre outras. Um olhar sobre o Movimento Negro brasileiro não se pode, portanto, confundir "movimento" com "entidade" - ainda que em diversos momentos tenha havido tentativas de construção de uma entidade nacional que reunisse todas as iniciativas, como p. ex. o Movimento Negro Unificado (MNU) e a Coordenação Nacional de Entidades Negras (CONEN). Lembramos que, conforme aponta Santos (2011a), movimento social é uma forma específica de ação social, mas que em seu seio mistura diferentes formas de ação (individual e coletiva).

## Políticas de espaço na luta anti-racismo (1): múltiplas práticas e significações de cartografia

Começamos nosso tour pelos mapeamentos de grupos religiosos de matriz africana. Vem crescendo, nos últimos anos, a luta contra a intolerância religiosa direcionada às religiões de matriz africana. O histórico de opressões a tais matrizes, desde o período da escravização de africanos sequestrados e traficados para as Américas, envolveu um amplo repertório de violências físicas, materiais e simbólicas, como, por exemplo: proibição de realização e perseguição policial de cultos; legislações proibindo a identificação dos templos (presentes, p. ex, na *Constituição de 1824* e no Código Penal de 1830)[5]; pressão social e imposição de conversão às religiões dos dominantes ou, ao menos, sincretizações; desqualificação de práticas e saberes, configurando também epistemicídios; destruição física de templos, artefatos e locais de práticas; perseguição policial, prisão e assassinato de lideranças e praticantes, entre outras.

Como diversas destas violências envolvem diretamente dimensões espaciais (como, p. ex., a localização), algumas das estratégias e práticas de resistência engendradas também trazem a centralidade do espaço. Uma primeira forma de reagir às violências é a periferização de templos (PIRES, 2012), estratégia locacional que também oferece alternativas às pressões fundiárias e imobiliárias, que encarecem os terrenos em áreas centrais. Outro aspecto importante é o padrão arquitetônico dos templos das religiões de matriz africana, que difere de outras religiões (como as igrejas católicas, evangélicas, sinagogas judaicas, entre outras) cujos templos são formas pujantes no espaço urbano. As religiões afro-brasileiras, com raras exceções, tem seus templos em formas discretas (normalmente casas), condicionando uma forma de relação distanciada com os transeuntes que podem passar em frente a um e não saber que se trata de uma sede religiosa, a não ser que seja num horário de cerimônia e o som o anuncie[6] – diferente das outras matrizes

5 A *Constituição de 1824*, em seu Título 1º, Art. 5, dizia: "A Religião Católica Apostólica Romana continuará a ser a Religião do Império. Todas as outras Religiões serão permitidas com seu culto doméstico, ou particular em casa para isso destinadas, sem forma alguma exterior ao Templo". Já o Código Penal de 1830, no Art. 276, qualificava como crime "Celebrar em casa, ou edifício, que tenha alguma forma exterior de Templo, ou publicamente em qualquer lugar, o culto de outra Religião, que não seja a do Estado".

6 Registra-se a ocorrência de situações em que os cultos, em reação à violência contra eles impetrada, abrem mão mesmo do som, caso do

citadas, que tem uma arquitetura que chama a atenção para si no espaço urbano.

Fruto de imposições sociais na forma de violências históricas (no passado e no presente) e, em alguns contextos históricos, da própria repressão pelo Estado e seu aparato policial, a invisibilidade então se transformou num signo da opressão e ao mesmo tempo da resistência de muitos destes grupos: eles próprios passaram a utilizá-la como estratégia de sobrevivência social. Aqui, realçamos o duplo caráter dessa invisibilidade, que é imposição dos dominantes e ao mesmo tempo decisão dos grupos. Enquanto decisão própria dos grupos, constitui exemplo das formas de resistência histórica que nos indicam como suas estratégias são embebidas em raciocínios centrados no espaço. No período recente, entretanto, estes grupos vem adotando diversas estratégias de visibilização – de sua existência, das violências que sofrem, e de suas lutas. Uma delas é a realização de atos em espaços públicos, dos quais se destaca a Caminhada contra a Intolerância e pela Liberdade Religiosa, realizada anualmente em Copacabana, no Rio de Janeiro, iniciada em 2008 e que teve 12 edições até 2019 e uma 13ª edição virtual em 2020. Se tomamos como referência de análise as dimensões espaciais da ação desenvolvidas em Santos (2011a)[7], esta manifestação

fenômeno intitulado "Xangô rezado baixo" em Maceió na década de 1930, resultado da perseguição realizada em 1912 e intitulada "Quebra de Xangô" (RAFAEL, 2012).

7 Santos (2011a) constrói uma proposta de leitura geográfica da ação dos movimentos sociais, apontando oito dimensões espaciais da ação (individual e coletiva) dos movimentos: a materialização/manifestação, que seria a cartografia dos movimentos sociais em ato; recortes espaciais vinculando-se a construções identitárias; lutas por/com/a partir de território & territorialidades; a relação entre a ação, temário e agendas de lutas; espacialidades de interlocutores dos movimentos; espacialidades de atos, gestos e seus desdobramentos, impactos, efeitos, causas, origem; esferas institucionais dos movimentos como distintas dimensões espaço-temporais ou arenas de disputa; espacialidades dos sujeitos que constroem os movimentos.

corresponde a uma forma de materialização da ação no espaço, que inverte a estratégia da invisibilização.

A luta contra a invisibilidade de tais grupos vem assumindo também a forma de uma disputa cartográfica – a partir da difundida ideia de que como diz o ditado, o que "sumiu do mapa" não existe e, portanto, aparecer no mapa é atestar e legitimar sua existência, condição para o reconhecimento e sustentabilidade. Nos últimos anos, um conjunto de experiências de mapeamento vem sendo realizadas e desenvolvidas, se relacionando a processos de constituição de atores coletivos no campo, ao reconhecimento pelo Estado e à promoção de políticas públicas – estas, de caráter diferencialista e focadas em territórios, compreendidos como parte do patrimônio coletivo que instaura as dimensões identitárias. As primeiras experiências de vulto foram o Mapeamento das Casas de Religiões de Matriz Africana no Estado do Rio de Janeiro e o Mapeamento dos Terreiros de Salvador. Se seguiram iniciativas em diversas cidades de grande e médio porte, de norte a sul do país, como Belém e Porto Alegre.[8] Com diferentes metodologias, instrumentos cartográficos e articulações de atores (movimentos sociais, representantes e dirigentes de casas, esferas do Estado, ONGs, instituições de pesquisa, etc.), tais iniciativas vem trazendo formas de luta por territórios e territorialidades destes grupos através de ativismos cartográficos.

O projeto Mapeamento das Casas de Religiões de Matriz Africana no Estado do Rio de Janeiro foi uma parceria entre a Secretaria Especial de Políticas de Promoção da Igualdade Racial (SEPPIR), a PUC-Rio de Janeiro e movimentos sociais anti-racismo, que no processo se personificaram na figura do Conselho Griot - articulação de lideranças também envolvida na realização

8 Ver http://www.mapeandoaxe.org.br/oprojeto, consulta em 26/12/2020.

da Caminhada contra a Intolerância e pela Liberdade Religiosa, e que neste mapeamento desempenhou função de "governança", sendo mais que uma instância consultiva do processo. Tal projeto identificou e mapeou 847 casas, em diversos municípios do estado (FONSECA *et. al.*, 2014). Em desenho semelhante, o Mapeamento dos Terreiros de Salvador reuniu setores do Movimento Negro, a Prefeitura Municipal, através de uma articulação das Secretarias Municipais de Habitação e de Reparações, e o Centro de Estudos Afro-Orientais da Universidade Federal da Bahia, tendo posteriormente apoios também da Fundação Cultural Palmares e da SEPPIR.[9] Este levantamento contabilizou 1155 terreiros, e o mapa fica disponível na internet, e nele o usuário pode gerar produtos cartográficos temáticos distintos, escolhendo por nação, por regente ou por bairros.[10]

Ambas as iniciativas consistem em levantamentos de dados, georreferenciamento e mapeamentos das casas religiosas – o de Salvador disponibiliza o banco de dados numa página que permite ao usuário gerar diferentes mapas ao consultar. O ponto de partida para a elaboração do mapeamento era a constatação e reivindicação dos movimentos sociais sobre a invisibilidade das religiões afro-brasileiras nos cadastros oficiais – que aparece como uma dimensão institucional da negação da herança

9 Importante registrar a disputa classificatória existente na própria dinâmica destes grupos, e que aparece fortemente na questão da nomeação, como nos indicaria Bourdieu (1989). Vemos que um mapeamento fala de "Terreiros", enquanto outro fala de "Casas de Religiões de Matriz Africana". Iniciativas mais recentes vêm adotando também a denominação "Povos e Comunidades Tradicionais de Matriz Africana". Cada nomeação redefine critérios, abrangências, diálogos, posicionamentos e, em certa medida, exclusões. Aqui, adotamos livremente diversas denominações, tendo em vista nosso respeito a todos os posicionamentos que as diferentes tendências vêm assumindo.

10 Ver http://www.terreiros.ceao.ufba.br/, acesso em 26/12/2020.

africana pelo Estado Brasileiro. O que ao longo da história já assumiu a forma da perseguição policial, fechamento de casas e mesmo assassinatos de praticantes, hoje aparece na forma do desconhecimento que este mesmo Estado sustenta em relação a estes grupos, muitos então colocados na condição de ilegalidade por conta desta violência institucional que é também espiritual, religiosa e epistêmico-cultural.[11]

A cartografia, ferramenta espacial historicamente mobilizada como discurso de poder por segmentos sociais dominantes (HARLEY, 2009), neste caso é, portanto, um instrumento de reconhecimento estatal dos grupos envolvidos, instrumento de fortalecimento de articulações e identidades, e também uma ferramenta para a promoção de políticas públicas para grupos subalternizados. A ausência de informações sobre estas religiões nos formulários censitários, que só foi revertida no Censo 2010, impossibilitava reivindicações de ações do Estado em relação aos praticantes destas religiões. Esta falta de informações sistemáticas e reconhecidas, ao contribuir para a invisibilidade destas religiões, concedia terreno para a reprodução de violências e perseguições às religiões de matriz africana, que vêm se avolumando nos últimos anos no Brasil recentemente.

Ambos os bancos são, indiretamente, alimentados pelos próprios responsáveis por cada casa, respondendo a um questionário. Isto se configura num início de aplicação de princípios participativos no processo de produção do conhecimento carto-

11 Segundo uma liderança religiosa citada na página do Mapeamento das Casas de Religiões de Matriz Africana no Estado do Rio de Janeiro, "Só a partir desse censo, poderemos solicitar ao IBGE a inclusão das tradições em seu questionário no rol das religiões, para não sermos mais equiparadas no campo 'outros', o que contribui para a nossa invisibilidade sócio-política." Cf. http://www.terreiros.ceao.ufba.br/ (acesso em 26/12/2020).

gráfico, visto que quando casas não querem ser mapeadas, tais decisões são respeitadas. Entretanto, como as lideranças não compartilham informações diretamente sobre o objeto cartográfico, mas sim, através de um questionário, estas constituem apenas uma variante de mapeamento participativo, que relativiza o papel dos grupos sociais de protagonismo cartográfico: este é aqui ainda hegemonizado pelo núcleo que realiza o trabalho, que compartilha decisões sobre a pesquisa com um grupo de lideranças religiosas. Os grupos mapeados tem papel central na própria criação do processo (é o próprio movimento social que provoca os órgãos públicos a realizar o mapeamento, em parceria com a universidade), tem poder de decisão sobre entrar ou não no mapa, mas, há relações de poder e protagonismos diversos no processo, com um aprisionamento do objeto e processo cartográfico às determinações da técnica cartográfica, das convenções e do instrumento tecnológico utilizado.

Conforme tratado em Santos (2011b), há níveis e formas diferentes de participação, de compartilhamento de responsabilidades e de poder nos processos de mapeamento. Do ponto de vista do controle cartográfico, há experiências em que os grupos mapeados têm à sua disposição mais atribuições (e, consequentemente, poder) no processo de produção cartográfica – o que não necessariamente se reverte em mais poder do ponto de vista do controle territorial, mas os fortalece de instrumentos. O potencial construtor de identidades e de avanço das lutas a partir do processo (que é de articulação) e do objeto cartográfico, já são importantes nos mapeamentos de Salvador e Rio de Janeiro. Entretanto, vale também uma comparação das cartografias de religiões de matriz africana contempladas no âmbito de uma terceira iniciativa que aqui enfocamos, o Projeto Nova Cartografia Social da Amazônia (PNCSA). O PNCSA é, sem dúvida, a maior articulação de experiências de mapeamento participativo no Brasil e na América Latina. Constitui-se de um núcleo de pesquisadores liderado pelo antropólogo Alfredo Wagner Berno de Almeida, que foi quem iniciou a ação central do grupo: o mapeamento participativo de grupos sociais desfavorecidos e invisibilizados nas cartografias oficiais – e, também, dentro de articulações de movimentos sociais.

Foram mais de uma centena de mapeamentos realizados, o que nos leva a classificar como uma rede de experiências. Isto porque, mesmo cada experiência sendo realizada com um grupo em algum local (ou região) específicos, há um inegável protagonismo do núcleo na disseminação do uso da cartografia participativa como instrumento de lutas por direitos articulados a processos de fortalecimento e reconfiguração identitária. Esta atuação do núcleo é que constitui o cerne do ativismo cartográfico imanente às cento e tantas "cartografagens"[12] geradas.

---

12 Santos (2011b) usa o termo "cartografagens" para nomear um conjunto de experiências que, ao valorizar nexos, patrimônios e pertencimentos identitários e culturais de grupos, bem como buscar potencializar potenciais de representação de espacialidades sociais que consideram limitadas pelo conjunto de regras da produção cartográfica dadas pelas convenções assentadas neste campo de conhecimento, subvertem tais regras, realizam desobediências epistêmicas instaurando outras relações de poder. Isto permite, segundo o autor, a 3 ordens possíveis de transformações: (I) no processo de produção cartográfica, com o reposicionamento de sujeitos e compartilhamento de papéis e poderes de decisão; (II) no uso da cartografia, que historicamente foi instrumento de dominação (HARLEY, 2009); e (III) no próprio objeto-mapa, com a incorporação e criação de repertórios de representação em mapas, outros tipos de objetos (representação 3D, por exemplo) ou mesmo a própria grafagem de espaços associada à produção e divulgação cartográfica, como estratégia de negociação e disputa de imaginários e representações de indivíduos e grupos sobre seus espaços de vivência (e, com isso, influenciar suas subjetividades e "mapas mentais").

O projeto busca a valorização analítica e política da versão dos grupos afetados sobre a sua própria realidade, expressa no instrumento cartográfico - processo de (auto) mapeamento denominado, segundo o próprio núcleo do PNCSA, de "mapeamento situacional". Isto constitui importante ferramenta política de combate e de reconfiguração identitária dos próprios grupos. É neste sentido que se procede o mapeamento de grupos sociais pouco conhecidos, valorizando suas formas de existência, práticas, materializações, história, anseios, reivindicações.

O que se busca, então, não é mapear os grupos, mas sim, permitir aos grupos que eles próprios se mapeiem. O processo compreende a realização de oficinas (normalmente, com duração de um final de semana) junto a lideranças dos grupos, nas quais são trabalhados e discutidos conhecimentos cartográficos, quais as decisões (técnicas, políticas, analíticas) permeiam a elaboração de um mapa, e quais as possibilidades de representação que um mapa oferece. Com base nisto, ao dominar o ferramental cartográfico, o próprio grupo define a sua cartografia – escolhendo, então, aspectos como escala, delimitação da área a ser cartografada, o que se cartografa, aspectos visuais e simbólicos (legenda, elementos gráficos, que recorrem a uma iconografia que dialoga com o patrimônio cultural dos grupos, enfrentando assim o eurocentrismo cultural dos símbolos utilizados nas convenções cartográficas), entre outros.

Recorre-se, portanto, a cinco recursos narrativos: depoimentos; marcações de informações nas bases cartográficas através do GIS; descrição (que é diferente do depoimento, de caráter mais "livre"); o recurso fotográfico; e o vídeo. Os principais resultados cartográficos são fascículos concernentes a cada grupo. Estes fascículos contêm mapas (elaborados pelo grupo, a partir das oficinas realizadas pelo núcleo), informações sobre os grupos e um relato (ilustrado com fotos) da oficina/encontro realizada. São centenas de fascículos produzidos, além de vários livros, vídeos e mapas. Grande parte deste material está disponível na página eletrônica do núcleo.[13] Grupos como quebradeiras de coco babaçu, quilombolas, piaçabeiros, mulheres, ribeirinhos, trabalhadores agroextrativistas, artesãos, indígenas, populações de fundo de pasto, cipozeiros, pantaneiros, pescadores e, também, no meio urbano, homossexuais, afro-religiosos, catadores, pessoas com deficiência, feirantes, carvoeiros, faxinalenses, crianças, adolescentes e jovens, entre outros, compõem as articulações sociais e de ação e identidade coletiva que já realizaram processos de mapeamento a partir do PNCSA.

Uma das cartografias produzidas versa então sobre as religiões de matriz africana, como no fascículo "Afro-Religiosos na Cidade de Belém".[14] Este mapeamento nos conduz a outras dimensões da espacialidade desses grupos, ao trazer como escopo os seguintes tipos de itens discriminados na legenda do mapa: formas organizativas do movimento; formas organizativas com representação dos afro-religiosos; estruturas de apoio ao movimento; locais de realização de ritos públicos; áreas de coleta de folhas e cultos na mata; áreas de ritos nas águas (rios, igarapés e praias usados em cultos); territórios reivindicados; bairros com presença de casas de religiões afro-brasileiras (casas de cultos, terreiros, templos).

Observa-se, neste escopo, uma verdadeira "geografia da ação" – como propõe Werlen (2005) –, que registra diversas formas de materialização da ação dos grupos no espaço – formas organizativas, de representação, práticas religiosas, entre outras.

---

13 Ver http://novacartografiasocial.com.br/.

14 Ver http://novacartografiasocial.com.br/download/03-afro-religiosos-na-cidade-de-belem/, acesso em 26/12/2020.

Desloca-se assim a representação do território para as territorialidades construídas pelos grupos e isto, mesmo com a ressalva de que o mapa não registra as práticas individuais ligadas aos ritos, que se territorializam pelo espaço urbano interagindo com transeuntes. Uma representação cartográfica que trouxesse a espacialização de oferendas, oratórios, patrimônios e equipamentos urbanos sacralizados por gestos litúrgicos, entre outros, que nos mostram formas de como a experiência religiosa, através da hierofania, ressignifica o espaço vivido (ELIADE, 1992), nos redefiniria as leituras das territorialidades destas matrizes.

Aqui aparecem algumas dimensões fundamentais destas ressignificações do território levadas a cabo por novas (?) lutas sociais. Território é o recorte espacial de pertencimento dos grupos[15] (suas casas, templos, sedes), mas é também o conjunto de espaços praticados por eles, fundamentais à sua reprodução (religiosa, cultural, política, identitária) e que extrapolam aquele recorte, o que remete a uma terceira dimensão, a do território enquanto representação (RAFFESTIN, 1993) do próprio grupo, que aparece no ativismo que transforma objeto e processo cartográfico em instrumentos de lutas e de reconfiguração de identidades em ação.

Tais dimensões aparecem também nas cartografias de comunidades quilombolas efetuadas no âmbito do PNCSA. Um olhar sobre o mapa do fascículo "Quilombolas da Ilha do Marajó"[16] evidencia a pluralidade de agenciamentos que constroem a territorialidade destes grupos. Nele, aparece com ênfase

15 Ressaltamos tratar-se de uma relação de duplo pertencimento: o território pertence ao grupo, é seu; o grupo pertence ao território, tem no vínculo com ele um elemento fundamental de amálgama que fundamenta sua identidade, fazendo o indivíduo transcender-se ao coletivo.

16 http://novacartografiasocial.com.br/download/07-quilombolas-da-ilha-de-marajo-para/, acesso em 26/12/2020.

a dimensão dos conflitos por terra vivenciados pelas comunidades: fazendas, cercas elétricas, cercamento ilegal de povoamento quilombola, proibição de botarem roça, são elementos representados no mapa, indicando como o conflito é dimensão essencial das experiências de espaço daqueles grupos, e por isso emerge com centralidade no seu exercício de "auto-mapeamento". A etnicização (e racialização) da disputa fundiária "ganha relevo" na representação cartográfica, que nos faz retornar à complexidade do entrelaçamento/deslocamento terra-território enquanto signos e objetos de luta destes grupos (ARRUTI, 2001).

## Políticas de espaço na luta anti-racismo (2): grafando o espaço

Vemos nestes exemplos trazidos até aqui a multiplicidade de mobilizações de dimensões espaciais nas estratégias de disputa de grupos cujas lutas realizam o enfrentamento a diferentes facetas do racismo. Estratégias que mobilizam a ação no espaço (como as manifestações de rua contra a intolerância religiosa, as disputas territoriais de comunidades quilombolas) e a representação do espaço, através da cartografia. Este cruzamento entre agir no espaço e representar cartograficamente o espaço aparece fortemente também em outra iniciativa da luta anti-racismo, chamada de "Zumbi Somos Nós". Tal iniciativa é realizada pela "Frente 3 de Fevereiro", um grupo de pesquisa e intervenção artística de São Paulo, cujo coletivo é composto por artistas, cineastas e intelectuais, voltado para um ativismo contra as violências físicas e simbólicas do racismo na experiência de espaço urbano de jovens negros.

O grupo foi formado a partir de um episódio ocorrido em 2004, quando um jovem negro, recém-formado dentista, foi assassinado numa abordagem policial. Tratando-se de um jovem de classe média-alta, com elevado grau de escolarização, que sem qualquer antecedente criminal foi colocado na condição de suspeito, o grupo considerou que o fator preponderante para tal vivência foi seu pertencimento racial, traço mobilizado na definição de comportamentos violentos por parte do aparato policial. Tal episódio fez despertar no grupo a necessidade de compreensão e intervenção sobre as experiências espaciais das relações raciais no urbano, marcadas pelo racismo, que organiza espaços selecionando quem os frequenta e em que posições, e submetendo os não desejados a toda sorte de mecanismos repressores.

O grupo operou, então, associando a compreensão espacial desta experiência (levantando informações e depoimentos para explicar tal padrão de organização de relações sociais) com a intervenção no espaço – e a cartografia foi escolhida como o elo entre as duas dimensões da ação. Primeiramente, um conjunto de dados e entrevistas foram arregimentados, buscando a compreensão do racismo, do papel do aparato policial na sua constituição em nossa sociedade, e das formas como este sistema de dominação exerce controle sobre trajetórias e comportamentos. Mapas mostrando a distribuição espacial das mortes por operação policial são confrontados a uma leitura do que é ser negro no urbano:

> Você tem um ordenamento estético na cidade, onde as pessoas olham sempre o jovem negro com medo. Essas fronteiras que vão se erigindo na cidade são fronteiras objetivas, toda hora um grupo de meninos pobres, negros, jovens está sendo parado pela polícia, para entrar num shopping ou num ônibus ele vai ser revistado. Mas tem também as fronteiras subjetivas. Eu acho que o Brasil é um país muito cruel nesse sentido, você tem uma hierarquização social muito forte, lugares certos, lugares próprios, lugares impróprios, então o que eu acho que é mais

> cruel no Brasil e o que é mais difícil de lutar contra é esta internalização do olhar suspeitoso e toda barbárie que isso acarreta (Frente 3 de Fevereiro, entrevista de Vera Malaguti Batista, pág. 102).

Esta "internalização do olhar suspeito", padrão comportamental racializado, ordena o espaço e as experiências de espaço, definindo o que o coletivo chama de "muros invisíveis", barreiras que estruturam espaços de repressão e repulsa aos indivíduos pertencentes ao grupo discriminado racialmente.[17] Assim, a ação policial e sua cartografia são associadas a "cartografias sentimentais", geografias da percepção (do racismo, em específico) no urbano, cuja identificação é objeto da sensibilidade do cartógrafo. O cartógrafo é, então, aquele que identifica, representa e, também, aquele que age neste espaço:

> "Cartografia, para nós, é mais do que um mapa, é uma escrita em sentido amplo, uma postura diante do mundo. Somos cartógrafos quando reconhecemos e organizamos aquilo que nos convoca a agir e, então, damos ouvido, voz e forma às nossas angústias e desejos, expressando e inscrevendo poeticamente na realidade aquilo que nos move" (*Idem*, pg. 09).

Partindo desta premissa, o grupo iniciou um conjunto de intervenções no espaço urbano - desde intervenções artísticas, gravação e exibição de vídeos, atos simbólicos, até a produção de grafias urbanas. Tais grafias compreendiam, p. ex., a construção de "monumentos horizontais" (pinturas e esculturas, quase sem-

17 Ver também, sobre tal ordenamento, Santos (2009), tratando de uma organização espacializada das relações raciais, que constituem "fronteiras visíveis" e "fronteiras invisíveis".

pre trazendo datas e imitando os corpos caídos) no chão remetendo a este e outros episódios de assassinato de jovens negros nos locais onde ocorreram. Buscando perenizar no espaço a memória do genocídio da juventude negra, invisibilizado pelo papel ideológico do "mito da democracia racial", tais monumentos grafam as localizações dos assassinatos, enunciando algo que sem a intervenção não integraria o saber de quem por ali transita, de maneira a construir referência, e com isso disputam o significado atribuído àquele ponto do espaço. Assim, as intervenções constituem novos "lugares", fruto da ação política que disputa a memória e o significado imputando atributos a pontos do espaço urbano.[18] Ao invés de disputar territórios, aqui a disputa é pelo "lugar", como depositário da memória e instrumento da crítica do uso racista do biopoder do Estado através do seu aparato policial.

Outra intervenção do grupo no espaço urbano foi a colagem de cartazes com os dizeres "Racismo policial: quem policia a polícia?". Estes cartazes foram colados em pontos estratégicos da cidade, com destaque para o entorno de um batalhão de Polícia Militar cujas estatísticas apontavam ser o terceiro maior em número de mortes por ação policial na cidade. Assim, buscava-se tensionar transeuntes transmitindo-lhes uma leitura crítica das relações raciais e da ação policial, através de uma grafagem na paisagem urbana pelas mensagens impressas nos cartazes.

As ações do grupo Zumbi Somos Nós, desta maneira, além de ler e representar, grafam o espaço, realizam o que nos indica Porto-Gonçalves (2003), de que "geografia" também diz respeito ao ato de grafar a terra, transmutando o significado da geografia de descrição (substantivo) a ato (verbo), o que nos conduz a

18 Sobre o uso do lugar como instrumento de lutas políticas baseadas em construção identitária, ver a coletânea *Place and the politics of identity* (1993), organizada por Michael Keith e Steve Pile.

observar configurações associadas diretamente a protagonistas, fenômenos ou processos, que criam geo-grafias particulares. Se toda cartografia é um "texto" (Harley, 2009), uma interpretação de um dado da realidade que tem como objetivo transmitir uma mensagem ao leitor, de maneira a com ele interagir provocando reações (ou, controlando suas visões sobre o mundo e com isso seu comportamento!), as intervenções no espaço urbano levadas a cabo pelo Zumbi Somos Nós são cartografias grafadas no próprio espaço, visando provocar tensões nas compreensões e comportamentos de sujeitos em suas experiências de espaço urbano. É uma nova forma de ativismo mobilizando a cartografia, no caso, associado a uma dimensão da luta anti-racismo.

***

As experiências apresentadas aqui nos trazem a ideia de que, no âmbito das iniciativas que perfazem a luta anti-racismo do Movimento Negro Brasileiro, vem sendo desenvolvido e mobilizado um repertório plural de instrumentos espaciais (de representação, de análise, de intervenção) de luta, que dialogam com diversas categorias e ferramentas espaciais: território, lugar, representação espacial, entre outros, emergem.

A pluralidade de instrumentos mostra uma complexa "política de espaço" por parte dos movimentos, que guarda relação com o fato de que suas espacialidades também se mostram múltiplas. Políticas de representação revertendo a invisibilização no espaço (de suas práticas e das próprias casas, no caso das religiões de matriz africana) e a invisibilização nas próprias representações (quando se alude à ausência nos levantamentos de dados oficiais, como no IBGE, sendo portanto invisíveis para o Estado; ou quando se busca mapear ocorrências de assassinatos de jovens negros); políticas de ocupação, nas disputas territoriais de quilombolas, nas marchas contra a intolerância religiosa; políticas de ressignificação do espaço e do lugar (casos, p. ex., tanto das cartografias dos quilombolas de Marajó e de afro-religiosos de Belém, quanto nas intervenções urbanas feitas pelo grupo Zumbi Somos Nós e da Pequena África no Rio de Janeiro), buscando intervir nas experiências de espaço que constroem alienação através do apagamento da memória e dos patrimônios culturais dos grupos.

A leitura decolonial do racismo (e, por conseguinte, do anti-racismo), ao evidenciar a multiplicidade de eixos e formas de operação que viabilizam tal sistema de dominação que preza pela classificação de seres humanos na modernidade, nos provoca então para um novo regime de visibilização das relações raciais, que nos abre para novas geografias da ação.

## Referências

ARRUTI, José Maurício Andion. "Territórios Negros: propriedade ou território?". Koinonia. *Projeto Egbé* – Territórios Negros do Rio de Janeiro: história, antropologia e alternativas jurídicas. Rio de Janeiro: Koinonia/CEDI, 2001, pp. 9-21.

BALIBAR, Étienne & Wallerstein, Immanuel. *Raza, Nación y Clase*. Madri: Iapala, 1988.

BOURDIEU, Pierre. *O poder simbólico*. Lisboa/Rio de Janeiro: DIFEL/Bertrand Brasil, 1989.

CLAVAL (2013) , Paul. O território na transição da pós-modernidade. *GEOgraphia* nº 2, Revista da Pós-Graduação em Geografia da UFF. Niterói: UFF/EGG, 1999. Disponível em http://www.uff.br/geographia/ojs/index.php/geographia/article/view/16/14

CRENSHAW, Kimberlé. "Documento para o Encontro de Especialistas em Aspectos da Discriminação Racial relativos ao Gênero". *Estudos Feministas*, 2002, v. 10, n. 1, p. 171-188.

ELIADE, Mircea. *O sagrado e o profano*. São Paulo: Livraria Martins Fontes, 1992.

ESCOBAR, Arturo. "Actores, redes e novos produtores de conhecimento: os movimentos sociaise a transição paradigmática nas ciências". In: Santos, Boaventura de Souza (org.). *Conhecimento prudente para uma vida decente*: um discurso sobre as ciências revisitado. São Paulo: Cortez, 2004.

FONSECA, Denise P. R. ; Rego, Luiz Felipe G. ; GIACOMINI, S. *Cartografia social de terreiros no Rio de Janeiro*. 1. ed. Rio de Janeiro: PUC-Rio/ NIMA, 2014.

FOULCAULT, M. 2001. "De outros espaços". In: *Ditos & Escritos*. Rio de Janeiro: Forense Universitária.

Frente 3 de Fevereiro. *Zumbi somos nós* – cartografia do racismo para o jovem urbano. São Paulo: Instituto Pólis, 2007.

GROSFOGUEL Ramon. "Para descolonizar os estudos de economia política e os estudos pós-coloniais: Transmodernidade, pensamento de fronteira e colonialidade global". In: Santos, Boaventura de Sousa; Meneses, Maria Paula (Orgs.). *Epistemologias do Sul*. São Paulo: Cortez, 2010.

HAESBAERT, Rogério. Da multiterritorialidade aos novos muros: paradoxos da desterritorialização contemporânea. Niterói, Universidade Federal Fluminense, 2011, p.1-15. Disponível em <http://www.posgeo.uff.br/sites/default/files/da_multiterritorialidade_aos_novos_muros.pdf>. Acesso em 02 jan. 2013.

HARLEY, John Brian. Mapas, saber e poder. Confins [Online], 5 | 2009, posto online em 24 abril 2009. URL : http://confins.revues.org/index5724.html

MASSEY, Doreen. "Politics and space/time". In: Keith, Michael & Pile, Steve. Place and the politics of identity. London: Routledge, 1993, pg. 141-161.

_______. Pelo Espaço: Uma nova política da espacialidade. Rio de Janeiro: Bertrand Brasil, 2008.

NASCIMENTO, Elisa Larkin. Pan-Africanismo na América do Sul. Petrópolis: Vozes, 1981.

OSLENDER, Ulrich. "Espacio, lugar y movimientos sociales: hacia una 'espacialidad de resistencia'". Scripta Nova. Revista electrónica de geografía y ciencias sociales, Universidad de Barcelona, vol. VI, núm. 115, 1 de junio de 2002. http://www.ub.es/geocrit/sn/sn-115.htm[ISSN: 1138-9788]

PIRES, Álvaro Roberto. "Urbanidade sob o prisma da religião afro-brasileira: o que a intolerância religiosa tem a ver com isso?". In: Santos, Renato Emerson dos (Org.) Questões urbanas e racismo. Rio de Janeiro: DP et Alli & Associação Brasileira de Pesquisadores Negros, 2012.

PORTO-GONÇALVES, Carlos Walter. "A geograficidade do social: uma contribuição para o debate metodológico sobre estudos de conflito e movimentos sociais na América Latina". In: Seoane, José. Movimientos sociales y conflictos en América Latina. Buenos Aires: CLACSO, Consejo Latinoamericano de Ciencias Sociales, Programa OSAL. 2003. 288 p. ISBN: 950-9231-92-4. Disponible en la World Wide Web: http://bibliotecavirtual.clacso.org.ar/ar/libros/osal/seoane/porto.rtf

RAFAEL, Ulisses Neves. *Xangô rezado baixo*: religião e política na Primeira República. São Cristóvão: Editora UFS; Maceió: EDUFAL, 2012. 277 p.

RAFFESTIN, Claude. *Por uma Geografia do Poder.* São Paulo: Ática, 1993.

SANTOS, Renato Emerson dos. *Rediscutindo o ensino de geografia*: temas da Lei 10.639. Rio de Janeiro: CEAP, 2009.

_______. *Movimentos sociais e geografia*: sobre a(s) espacialidade(s) da ação social. Rio de Janeiro: Consequência, 2011a.

_______. "Ativismos cartográficos: notas sobre formas e usos da representação espacial e jogos de poder". *Revista Geográfica de América Central* (online), v. 2, p. 1; Costa Rica, 2011b;

SOJA, Edward. *Geografias pós-modernas:* a reafirmação do espaço na teoria social crítica. Rio de Janeiro: Jorge Zahar Ed., 1993.

WERLEN, Benno. Regions and Everyday Regionalizations: From a Space-centred Towards an Action-centred Human Geography. In: Houtum, Henk van; Kramsch, Olivier & Zierhofer, Wolfgang. *B/ordering space.* Burlington/USA: Ashgate Publishing Company, 2005.

# Juventude e os sentidos da mobilidade no ciclo de mobilizações pós-junho de 2013

Paolo Colosso

## Introdução

Em 2013, o aumento das passagens de transporte coletivo foi o estopim da maior mobilização social dos últimos trinta anos. Naquela conjuntura, ocorreu em São Paulo uma reorientação significativa na matriz de mobilidade, com investimentos em corredores e faixas exclusivas, tarifa zero para estudantes, além da ascensão dos cicloativismos e de coletivos em defesa do caminhar a pé pela cidade. A partir de 2016, no entanto, tal tendência reflui e a mobilidade, por sua vez, tende a ser secundarizada numa conjuntura nacional mais regressiva.

Tendo a cidade de São Paulo como recorte, este artigo tem o objetivo de analisar a capilarização da pauta da mobilidade urbana no tecido social e na opinião pública, em grande medida como desdobramento das mobilizações de junho de 2013, mas também como sinais de um momento histórico caracterizado por Luc Boltanski e Chiapello como um "mundo conexionista". No primeiro reconstituímos momentos da história recente da cidade de São Paulo, argumentando que nos últimos cinco anos a mobilidade urbana tende a se enraizar no tecido social e circular na opinião pública, assim como também se inscreve na cultura urbana, sobretudo porque atravessa a experiência de uma geração marcada por um ciclo de ações coletivas voltadas às ruas e praças, no esforço de disputar os rumos do fenômeno urbano e as narrativas a respeito deste. No segundo passo, suspendemos o recorte territorial em São Paulo para reconstituirmos obras de autores como Jean Luc Boltanski, Eve Chiapello e Jeremy Rifkin, que, ao refletirem sobre o contexto histórico-social do fim do século XX e início do XXI, defendem que o potencial de deslocamento e acesso a bens, a serviços e conhecimentos, portanto de mobilidade num sentido mais geral,[1] ganha um papel estruturante na vida social – tanto para a reprodução das relações de dominação e exploração quanto para os horizontes emancipatórios. A partir dessas contribuições, argumentamos que, nos tempos vindouros, a mobilidade urbana será progressivamente percebida como aspecto intrínseco à mobilidade social, a ponto de borrar os limites entre a primeira e a segunda.

## O lugar da mobilidade no ciclo de lutas pós-junho

Não vamos aqui disputar os sentidos do fenômeno junho de 2013, um evento que certamente ainda rende muitos debates. Dito de modo sintético, nossa chave de leitura se alinha às perspectivas de Singer (2013), para quem se tratou de um fenômeno com "ideologias cruzadas" e, ainda, com Bringel (2015), que trata aquele momento como uma "abertura societária". Ambos dão conta de destacar o caráter ambivalente daqueles dias convulsivos, reconhecendo que este evento seria apropriado com sentidos diversos, por forças antagônicas. Mas o fundamental aqui é salientar, com Maricato (2013), que os anos anteriores foram um período marcado por crescimento econômico – alavanca-

1 Ao longo do texto traremos com Eduardo Vasconcellos (2001) a definição de mobilidade urbana, no intuito de mostrar a relação desta com uma mobilidade em sentido mais geral.

do em grande medida pelos setores dos negócios imobiliários e construção civil - sentido, ao mesmo tempo, como regressão nas condições de vida de boa parte da população das grandes cidades. Tal acirramento ocorreu, em grande medida, por uma conjunção de fatores, a saber, o aumento no custo da moradia muito acima da inflação geral, a decorrente periferização das camadas populares, a vivência de bloqueio ligada aos grandes congestionamentos e más condições do transporte coletivo, além da já conhecida poluição. São contradições objetivas que tiveram impacto na cidade vivida e podem explicar, pelo menos em parte, os disparadores das insatisfações sociais.

Isto posto, lembramos que em 2013 a pauta da mobilidade foi puxada pelo Movimento Passe Livre (MPL), mas transbordou para amplos setores da sociedade. Nos meses seguintes, as mobilizações reverberam em diversas outras esferas da opinião pública como, por exemplo, a Bienal de Arquitetura de São Paulo, que reservou espaço privilegiado para cartazes, grafismos e documentários produzidos no calor da hora por integrantes desses levantes.[2] Em 2014, intervenções do Movimento Passe Livre circulam em outra exposição em São Paulo, esta sobre design gráfico, chamada *Cidade gráfica*.[3]

Na cidade de São Paulo, a pauta foi absorvida por uma administração que percebeu ali a possibilidade de implementar políticas de valorização do transporte coletivo de massa.

O próprio prefeito reconhecera, em entrevista ao jornal El País, que aquela conjuntura permitiu abrir em seis meses corredo-

---

2 Sobre o tema, conferir o número especial da revista *Monolito* sobre a X Bienal de São Paulo, n.17, 2013. Cf. também COLOSSO, P. (2014).

3 A exposição que contava com o manifesto do Movimento Passe Livre ocorreu no Itaú Cultural da avenida Paulista, entre os dias 20 de novembro de 2014 e 04 de janeiro de 2015. Disponível em: <http://novo.itaucultural.org.br/programe-se/agenda/evento/cidade-grafica/>.

res e faixas exclusivas que levariam quatro anos em clima de *realpolitik*.[4] Ainda desse lugar da política institucional, a abertura de ruas e avenidas aos pedestres foi no mesmo sentido de reforço dessas iniciativas do viver os espaços urbanos. Foi nessa mesma conjuntura do pós-junho de 2013 que ascenderam grupos cicloativistas, coletivos defensores do caminhar pela cidade, além de sites de mídia ativista. Com termos de Paulo Arantes(2014), pode-se falar numa "contiguidade contagiosa", com a qual podemos entender a multiplicação de ocupações por uso da cidade e, ainda, que tem a cidade como palco. Tem-se, de fato, um caldo de cultura urbana ligado à reapropriação coletiva dos espaços públicos, com expressiva reativação de uma vida urbana que passa pelo político, enquanto campo de disputa de narrativas sobre a cidade.[5]

No início de 2015, as mobilizações puxadas pelo Movimento Passe Livre conseguiram tarifa zero estudantil e, no ano seguinte, para desempregados ( depois revogada). À época as conquistas não seriam muito celebradas; apenas em 2018 o MPL reconhece que esses foram ganhos do movimento. Por conta da conjuntura nacional conturbada e adversa, marcada pelo impeachment da presidente Dilma Rousseff, pela austeridade com a cidadania, cortes em direitos básicos e fundamentais, a pauta da mobilidade foi secundarizada na opinião pública.

Mas no ano de 2017, quando o recém empossado prefeito João Dória (PSDB) cortou o passe livre estudantil, a pauta foi retomada por atores sociais ainda mais jovens, os estudantes secundaristas, cuja irreverência tem impactado até os mais céticos, a saber. Tais estudantes são aqueles mesmos que, dois

---

4 Cf. entrevista de Fernando Haddad ao jornal *El País*, em: <http://brasil.elpais.com/brasil/2014/01/03/politica/1388787506_411833.html>.

5 Este ponto já foi desenvolvido, em alguma medida, no último capítulo de Colosso (2017).

anos antes, ocuparam 200 escolas em defesa do ensino público e levaram à queda do Secretário de Educação do Estado de São Paulo (MEDEIROS et. al., 2016).

Nosso argumento é o de que esse ciclo de mobilizações atravessa – e não raro aproxima – uma geração de novos sujeitos coletivos, dos autônomos aos organizados de linhas progressistas diversas. No recorte desse artigo, lembramos de mais alguns episódios que envolvem três dessas novas forças, a saber, o Levante Popular da Juventude, o Juntos e o Rua. Do ponto de vista da identidade política dessas organizações, é arriscado aproximá-las, porque na disputa de espaços e instituições estudantis como Centros Acadêmicos, DCEs e a UNE, há mais diferenças do que pontos comuns. Devemos pontuar algumas antes de prosseguir.

O *Levante Popular da Juventude* nasceu em 2006 no Rio grande do Sul através de ações ligadas à luta por memória, verdade e justiça, que visavam trazer a público os crimes de torturadores da ditadura. O Levante se nacionalizou em 2012, mesmo ano em que recebera uma menção honrosa no Prêmio Direitos Humanos da Presidência da República, pelas ações em defesa da memória e justiça. Um de seus momentos altos são os acampamentos, tidos como sua maior plenária. A primeira edição (2012) levou 1.000 jovens a Porto Alegre, o segundo 3.000 à Cotia e o terceiro 7.000 jovens à Belo Horizonte.

O Levante reitera o caráter de movimento popular que se constrói cotidianamente, como "fermento na massa da juventude brasileira", cujo tripé é constituído por formação, organização e luta. Em São Paulo de 2018, o movimento conta com 14 células relativamente estáveis, sediadas em universidades públicas e privadas, e as células organizadas pelo território, em periferias da Zona Leste, Sul e Norte. Com tal tripé, o Levante visa cumprir o objetivo central de reaver o denominado trabalho de base e, desse modo, valer-se de uma tradição de movimentos sociais que colocam no centro das dinâmicas sociais o conflito de classes e no horizonte um projeto popular que culmine numa "sociedade sem classes."[6]

Os anos 2010 não foram uma explosão apenas para o Levante Popular da Juventude. Outras organizações reacenderam o movimento de juventude com ânimos renovados. Sem pretensão exaustiva, devemos incluir aqui pelos menos mais duas forças. A primeira seria o *Juntos*, que tem origem na São Paulo de 2011 como um jornal online feito pela e destinado à juventude. No mesmo ano organizou um primeiro acampamento e passa a construir a rede de cursinhos populares Emancipa. Não por acaso, o Juntos se define como a geração que se formou no caldo do movimento das praças – os indignados espanhóis, tunisianos, gregos, os estudantes chilenos –, nos termos deles, um "novo momento do mundo", diante do qual os jovens se colocam dispostos a construir "um mundo radicalmente novo."[7]

Em linha mais próxima daquela do Juntos, outra organização importante traz um nome elucidativo, o *Rua*. Sua identidade "anticapitalista" se fundamenta na ofensiva aberta pelo movimento *Occupy*, mas já amplamente difundida, de acordo com a qual nossas pretensas democracias são um regime socioeconômico que não representa 99% da população mundial.[8] Também para esses jovens, somente se pode pensar em liberdade numa sociedade pautada pela igualdade de condições de produção da

6 Estas diretrizes podem ser vistas no documento disponível em: <http://www.consultapopular.org.br/sites/default/files/CArtilha%204%20-%20trabalho%20de%20base.pdf>. Acesso em 08 abr. 2018.

7 Cf. https://juntos.org.br/quem-somos/. Acesso em 21 out. 2017.

8 Cf. a Tese do Rua para o 52º Congresso da UNE. Disponível em: https://docs.wixstatic.com/ugd/4eb36a_c42d3c5c27b546329029e0bf5a05b6cd.pdf. Acesso em 08 abr. 2018.

vida. O Rua divide suas frentes entre antiproibicionista, estudantil e popular. E é nessa última que ganha destaque a luta pelo "direito à cidade".[9]

Mas se de um ponto de vista próximo as diferenças entre essas organizações são fortemente demarcadas, de um ponto de vista histórico mais distanciado há afinidades bastante visíveis. Todas elas reconhecem a necessidade de colocar o movimento de juventude para além dos muros universitários, sobretudo nas periferias dos grandes centros urbanos. Todas atentam para o cotidiano sofrível das classes trabalhadoras e orientam suas análises por essa clivagem fundamental da sociedade. Todas pautam a interseccionalidade das relações de dominação entre gênero, raça e classe.[10] Já está evidente para esses grupos que a população espoliada no trabalho tem cor, são os negros e negras que carregam os ônus da tradição escravista e patriarcal brasileira. A luta contra essas desigualdades é também uma luta por outro modelo de sociabilidade e vida urbana. Já em termos de repertórios de ação, todos operam de modo híbrido entre as redes e as ruas,

---

9 Cf.<https://www.movimentorua.org/cultura-popular-e-periferia>. Acesso em jan. 2018: "A frente de Movimento Popular do RUA surge com o objetivo de reunir nossa atuação em favelas, quebradas, comunidades e bairros de norte a sul do Brasil. São pautas da frente o direito à cidade, à arte e cultura, à educação popular, à moradia, as pautas de combate às opressões, o esporte, a violência policial, combate à guerra às drogas, a luta contra o latifúndio, as pautas indígenas e quilombolas e quaisquer outros temas que digam respeito à vida cotidiana das quebradas do país. Combatemos, a partir de nossa frente de movimento popular, a lógica de empreendedorismo social que disputa conosco a perspectiva de transformação da realidade da juventude periférica popular. Estamos presentes realizando projetos e criando espaços de resistências como a Casa da BXD, os cursinhos populares +Nós e Educar é TransFormar, o Cine Campana e o Rap School."

10 A referência fundamental para esssa sobreposição é Angela Davis, em especial sua obra *Mulheres, Raça e Classe*.

com uma plataforma digital em forma de site, além de páginas em redes sociais, comunicação intensa via aplicativos de celulares.[11]

Para além dessas semelhanças, é mais importante para os nossos propósitos aqui o fato de que Rua, Juntos e Levante entenderam a importância da mobilidade urbana para a juventude que pretende avanços sociais. Todos estão nos atos contra aumento de tarifa, fazem formações a respeito e chamam plenárias com referências intelectuais e políticas no assunto,[12] mesmo que não tenham a pauta da mobilidade como única ou prioritária, como é o caso do Movimento Passe Livre.

Já em 2011, por exemplo, em suas primeiras publicações, o Juntos demonstrava apoio a "uma política como a dos 4000 jovens que vão às ruas de São Paulo dizer não a um aumento absurdo da tarifa do transporte público."[13] Em seguida, convoca a juventude aos protestos e lembra que o reajuste, acima da valorização do salário mínimo, impacta a vida cotidiana dos cidadãos.[14]

---

11 Todos têm páginas de Facebook (em março de 2018, Levante com 350 mil seguidores; Juntos com 63.900 mil, Rua com 42.500 mil)

12 A título de exemplificação, vale elencar aqui alguns artigos nos anos pós-2013. No site do Rua, de 2016: https://www.movimentorua.org/blog/tag/Passe%20Livre. Um do Levante Popular da Juventude, de 2015: http://levante.org.br/blog/?tag=passe-livre. Uma campanha do Juntos contra o corte do passe livre estudantil em 2017: https://juntos.org.br/passelivre/. O Congresso da União Brasileira de Estudantes Secundaristas, a UBES, contou com uma conferência de Lúcio Gregori, ex-secretário dos transportes na gestão Erundina e idealizador do projeto Tarifa Zero: https://ubes.org.br/2017/lucio-gregori-transporte-publico-hoje-tem-papel-segregador/

13 Disponível em: https://juntos.org.br/2011/04/acampamento-do-juntos-traz-a-juventude-para-a-luta/. Acesso em 08 abr. 2018.

14 Na ocasião, lembram, o salário mínimo aumentou 5,5%, a tarifa 11% e, no mesmo período, os vereadores de SP votaram um reajuste de 62% para si próprios. Disponível em: https://juntos.org.br/2011/01/contra-o-aumento-das-passagens-em-sao-paulo/. Acesso em 08 abr. 2018.

Desnecessário dizer que todos esses jovens estiveram nas manifestações de Junho de 2013 e produziram materiais a respeito naquela conjuntura. O Rua, num Encontro Nacional de Educação em 2014, fez circular um panfleto em que destaca:

> Na mobilidade urbana e na educação, encontramos uma situação semelhante em nosso país: ao mesmo tempo em que ambos são compreendidos no discurso oficial como direitos, na prática, estão condicionados em seu acesso, qualidade e funcionamento pelo lucro. Assim como precisamos pagar caro para garantir a nossa movimentação pela cidade, uma educação de qualidade só é acessível para quem pode pagar por ela; da mesma forma que o transporte mais precário é reservado às (aos) mais pobres, das (dos) mais pobres também são as piores escolas; se nossas ruas estão engarrafadas por veículos individuais – em detrimento do transporte coletivo, social e ecologicamente mais sustentável – porque é mais lucrativo para o grande capital, também a educação privada se prolifera em função do lucro. Por isso, as lutas educação e transporte públicos, gratuitos e de qualidade constituem uma só luta, uma luta anticapitalista [...] Tarifa zero nos transportes é fundamental para os estudantes irem até as escolas e universidades.[15]

Importante frisar como no excerto a mobilidade urbana não é um tema setorial ou técnico, como poderia ser tratado em círculos de especialistas. Para esses jovens, a dificuldade de se deslocar e acessar os bens urbanos toca o vivido, tem afinidades

15 Extraído de panfleto do Rua que circulou no Encontro Nacional de Educação de 2014.

com o que ocorre na educação, a saber, uma defasagem entre um arcabouço legal que os prevê como direito[16] e a realidade social que impõe o bloqueio a esses bens. Ainda segundo o texto do Rua, há afinidades entre uma economia política que rege a educação pública e aquela do transporte público; e mais, ainda, há uma contiguidade entre a defesa da primeira e a luta pelo segundo. Vale reforçar, tais nexos nem sempre são claros em debates técnicos, mas são constituídos e elaborados por essas/es jovens que vivem ambas adversidades.

Quando de um novo aumento nas tarifas em 2016, um artigo do Rua retoma o fenômeno Junho e reforça nosso argumento sobre a mobilidade atravessar uma geração – as ditas conexões geracionais.[17] Segundo as autoras, Junho colocou o Brasil "na rota internacional dos indignados"[18] que se insurgiram contra "os problemas cotidianos, com os partidos da ordem e as

16 Vale lembrar que a Educação é um Direito Constitucional. A mobilidade se torna um direito pela lei federal 12.587/2012.

17 RUA. "O aumento da tarifa veio quente ... nois já ta fervendo". 8 de janeiro de 2016. Disponível em: https://www.movimentorua.org/single-post/2016/1/8/O-aumento-da-tarifa-veio-quente%E2%80%A6-Nois-j%C3%A1-t%C3%A1-fervendo

18 Vale trazer o trecho completo: "A precarização da vida do povo brasileiro é uma realidade cada vez mais insuportável que colocou o Brasil na rota internacional dos indignados, onde milhares de pessoas foram às ruas nas manifestações de Junho de 2013, que também não era só por 0,20 centavos, mas uma indignação generalizada da população com os problemas cotidianos, com os partidos da ordem e as insituições democráticas. Foi Junho de 2013 que consolidou uma nova geração de lutadores e mostrou que mover-se é importante, que assim é possível conquistar vitórias. Não à toa vimos em 2015 a RUA ser o principal lugar de disputa das mentes e corações, e ainda hoje seguimos disputando com os setores da direita e governistas. Junho de 2013 ainda sopra seus ventos forte e fez emergir a luta dos secundaristas de São Paulo, Goiás, a Primavera Feminista, a luta contra o genocídio do povo negro e o #ForaCunha. Sem dúvidas, a RUA passou a ser o principal lugar da cidade".

instituições democráticas". Em tom de convocação para os atos da semana, destacam que junho "consolidou uma nova geração de lutadores e mostrou que mover-se é importante, que assim é possível conquistar vitórias". Lembra que os ventos de junho sopraram na luta dos secundaristas, na primavera feminista e, ainda, que "a RUA passou a ser o principal lugar da cidade".

Evento que merece destaque, envolvendo o Levante da Juventude e a questão da mobilidade, ocorreu em julho de 2017. Em frente à residência do prefeito João Dória – monitorada por câmeras e protegida por uma viatura da Guarda Civil militar –, o Levante monta um teatro, onde o protagonista põe em oferta bens públicos e patrimônios da cidade; a peça é musicada por canções que enfatizam um caráter elitista de um gestor que corta direitos no transporte estudantil (o passe livre de secundaristas), na alimentação de crianças de primeira idade e nos subsídios a coletivos culturais periféricos. Uma estrofe merece atenção:

> Ôh me libera, Dória!
> Deixa eu ir estudar
> Ôh me libera, Dória
> Passe livre eu quero sim
> Me libera, Dória
> E para de privatizar
> Cidade só e linda com o Projeto Popular
> Projeto popular (2x)[19]

A canção encarna a voz e os enunciados daqueles não-representados por uma gestão que não atende às demandas das camadas ditas populares, podemos entender, as que vivem de sua força de trabalho; a falta de prioridade dada à mobilidade é incluída nesse quadro da crítica. A ação toda se move nesse tom, que re-

19 Panfleto é do acervo pessoal do autor.

força a necessidade de outro projeto para a cidade. Subjaz nessa canção uma ressignificação do slogan oficial do prefeito, "cidade linda". Para os jovens, não se pode dizer que é bela uma cidade que não preveja a ampliação de direitos, entre os quais se destaca a mobilidade. A ação tem um efeito multiplicador imediato, vai quase simultaneamente para a versão online de grandes jornais – Estadão, Folha de S. Paulo –, de jornais menores como Brasil de Fato e sites como G1-Globo, Conversa Afiada, além de mídia-ativistas como Jornalistas Livres e Mídia Ninja.[20] Nesse evento, a pauta do corte do passe livre estudantil e a das privatizações explode em redes diversas de formação da opinião pública.

Podemos dizer que, para esses jovens, a experiência da imobilidade reitera outro conflito mais fundamental, uma contradição mais determinante, com a qual compreendem a sociedade. A partir da perspectiva do filósofo e sociólogo Henri Lefebvre (1968), podemos dizer que a cidade e o urbano são mediações privilegiadas para compreender como "a luta de classes, atualmente mais do que nunca, é lida no espaço" (Lefebvre, 1974, p. 68). Com isso, fica mais claro que as canções e declarações dos jovens estão atentas à

20 A ação ocorreu em 15 de julho de 2017, capa no site da *Folha de S. Paulo*, *Estadão*, *Globo G1*, *Brasil de Fato*, comentada em *Conversa Afiada*. Na *Folha*: http://www1.folha.uol.com.br/cotidiano/2017/07/1901564-doria-e-alvo-de-ato-contra-privatizacao-e-tem-muro-de-sua-casa-pichado.shtml; No *Conversa Afiada*: https://www.conversaafiada.com.br/tv-afiada/ao-vivo-levante-escracha-a-casa-do-prefake-doria; No *G1*: https://g1.globo.com/sao-paulo/noticia/protesto-em-frente-a-casa-de-doria-acaba-em-tumulto-e-manifestante-preso-por-pichacao.ghtml, No *Estadão*: http://sao-paulo.estadao.com.br/noticias/geral,manifestante-e-preso-durante-protesto-na-frente-da-casa-de-doria,70001891564. No *Brasil de Fato*: https://www.brasildefato.com.br/2017/07/15/levante-popular-da-juventude-faz-escracho-na-casa-de-doria-manifestante-e-detido/; *Jornalistas Livres* ao vivo no Facebook: https://www.facebook.com/jornalistaslivres/videos/566027756854439/

mobilidade urbana como um aspecto da disputa no e pelo espaço urbano. Obviamente não se trata de projetar nesses grupos uma perspectiva clara a respeito das teses lefebvrianas, mas trazer o autor para elucidar as intuições dessa juventude urbana que, definitivamente, adiciona novos conteúdos às lutas pelo direito à cidade.

Foi nesses mesmos dias de 2017 que ocorreu um encontro singular em nome de uma ação confluente entre jovens secundaristas e universitários, autônomos e organizados. Após cortes no passe livre estudantil, reconhecendo que a conjuntura era de fechamento, os estudantes do Rua, Juntos, Levante, União da Juventude Socialista e muitos outros redobram a aposta. Não apenas travam ruas, mas deliberam por ocupar a Câmara Municipal dos Vereadores.

**Figura 1 – Estudantes ocupam a Câmara dos Vereadores de SP, 09 de agosto de 2017**

*Imagem: Levante Popular da Juventude.*

Uma ação como esta não acontece sem mudança nas subjetividades. A decisão de bloquear o cotidiano de uma instituição de tal porte somente é vista como possível quando há um reforço recíproco entre os grupos, uma certeza de que se trata de uma pauta legítima e, ainda, de que as autoridades políticas não têm condições de defendê-las. Trata-se de uma insurgência de grande risco, mas que coletivamente os jovens avaliaram ser necessário correr a título de dar visibilidade pública àquilo que acreditavam ser justo.

A imagem da ocupação da Câmara dos Vereadores em 2017 foi uma boa síntese de nosso argumento. Podemos compreender essas aproximações e interações na chave das questões "geracionais", estudadas por Karl Mannheim (1952).[21] Não podemos dizer que há uma "unidade geracional" em torno da pauta da mobilidade urbana, porque não se forma nos sujeitos acima um grupo com alinhamento consistente e sem diferenças, com perspectivas e posições politicas unívocas.[22] Não podemos conceber uma unidade, mas podemos considerar que há uma "conexão geracional" em torno da pauta da mobilidade, bem como numa certa afinidade no repertório de ação dos jovens. Ainda com Mannheim, podemos dizer que tal conexão ocorre na medida em que a experiência social recente – em seus blo-

21 Recorremos aqui ao conceito de geração de Karl Mannheim (1952), mas mais especificamente da noção de "conexão geracional". Esta nos permite entender em que medida uma experiência coletiva pode marcar um grupo social de modo que esse construa significados comuns, mas sem que esses grupos se tornem um bloco unitário, o que os coloca em posições vizinhas, mas diversas. É suficientemente elucidativo a esse respeito o artigo de Wivian Weller "A atualidade do conceito de gerações de Karl Mannheim". Outro autor que tem trabalhado a noção de geração para pensar os desdobramentos pós-2013 é Rodrigo Nunes, em "Geração, acontecimento e perspectiva: pensar a mudança a partir do Brasil". Os desdobramentos de Nunes são outros, mas já é sintomática a mobilização dessa referência.

22 Ainda Mannheim (1952, p. 306): "Estas [unidades geracionais] se caracterizam não só pela livre participação de diferentes indivíduos em vivências coletivas, que, no entanto, adquirem para si o caráter de acontecimentos distintos, mas por uma identidade de repostas; uma certa afinidade no modo como todos se movem e se formam numa experiência em comum."

queios e oportunidades – os marca com uma tendência pelo menos próxima; isto os coloca em interações e em participação num destino coletivo comum, e os faz partilhar de conteúdos que estão relacionados de alguma forma.[23] São esses/as jovens que protagonizam as ações, elaboram e transmitem os significados que se enraízam no tecido social e na opinião pública acerca da necessidade da mobilidade como um direito de todos e todas.

A gestão municipal não se mostrou sensível à pauta, os estudantes não conseguiram reverter o corte, o que tende a acirrar os conflitos já existentes. Mas os congestionamentos continuam a aplacar o cotidiano urbano, o transporte coletivo permanece insuficiente às demandas e a imobilidade continua a ser uma pauta bastante transversal e de relativo consenso. Embora nem sempre apontem para as mesmas saídas coletivas, diversos estratos da população padecem das dificuldades de deslocamento e acesso a bens urbanos fundamentais – como lembra Maricato (2013), os congestionamentos não distinguem o valor do automóvel.

23 Há uma passagem de Mannheim bastante elucidativa a respeito dessas distinções (1952, p. 306): "Enquanto que a afinidade para a posição geracional seja apenas algo de caráter potencial, uma conexão geracional é constituída através da participação, dos indivíduos que pertencem à mesma posição geracional, no destino comum e nos conteúdos de conexão que, de alguma forma, formam parte disso. As unidades geracionais específicas podem nascer, então, dentro dessa comunidade de destino. Essas unidades geracionais são caracterizadas não só por significar várias conexões de eventos ligados em uma participação compartilhada fraca experimentada por diferentes indivíduos, mas também porque significam uma maneira de reagir unitariamente - um 'agitar juntos' e uma maneira de configurar que são moldados por um senso semelhante - dos indivíduos que são (na medida em que estão) diretamente ligados a uma certa conexão geracional. [...] Dentro da mesma conexão geracional, podem ser formadas várias unidades geracionais que lutam entre si a partir de posições polarizadas. Pois bem, essas unidades constituirão uma 'conexão' precisamente quando estiverem em sintonia entre si, ainda que se combatam."

Embora os jovens não tenham obtido resultados imediatos, a pauta não deixa de atravessá-los. Interessante perceber que desde pelo menos 2015 a "questão urbana" figura entre os tópicos do Conselho de Entidades Gerais da União Nacional dos Estudantes, com destaques para o tema da mobilidade e, especialmente, defesa do passe livre estudantil.[24] O mesmo acontece com o Congresso de 2017 da União Brasileira dos Estudantes Secundaristas (UBES) e na recepção de calouros de 2018 do Diretório Central dos Estudantes da Universidade de São Paulo (DCE-USP). [25] Essas redes de atores, cujas vozes circulam pelo tecido social e impactam a opinião pública com suas narrativas contra-hegemônicas, constituem os nós a partir dos quais a questão da mobilidade tem gerado novos marcos na cultura urbana, mesmo numa conjuntura adversa. Os eventos acima são paradigmáticos.

Antes de passarmos ao próximo tópico, é importante lembrar que esses movimentos jovens têm a difícil tarefa de realizar o trabalho de base – formação, organização e luta – com uma aposta nos ânimos coletivos, de modo a ampliar o campo do possível e, ao mesmo tempo, manterem-se atentos ao lugar de suas organizações na correlação de forças de âmbito nacional. Todos estão cientes de que autoproclamar uma radicalidade transformadora exige também a incidência capaz de uma construção social com tal status. Noutros termos, nenhum deles quer ser tido como um "esquerdismo" infan-

---

24 Cf. <https://www.une.org.br/noticias/especial-eleicoes-2016-une-quer--mais-mobilidade-e-qualidade-de-vida/> . Acesso em 08 abr. 2018.

25 O CONUBES de 2017 promoveu uma mesa com a participação de Lúcio Gregori, ex-secretário de transportes na gestão de Luiza Erundina (1989-1993), idealizador do projeto tarifa-zero. Na mesa sobre mobilidade urbana na recepção de calouros, promovida pelo DCE da USP, ocorrida na Faculdade Politécnica, em março de 2018, a organização convidou Nilce da Silveira, professora da FAU-USP, Jilmar Tatto, ex-secretário de transportes na gestão Haddad, e Paolo Colosso, autor deste artigo.

til.[26] Tampouco querem – olhando para o outro polo – reduzir-se a um burocratismo institucional ou a um pragmatismo *realpolitik* daqueles a quem pretendem se opor. Esse exercício constante de imprimir expansividade na luta e de localização na correlação de forças acontece mediante a colaboração de referências. Intelectuais, figuras públicas e quadros políticos cumprem esse papel de contribuir nos posicionamentos que influenciam a formulação de – estas por parte dos jovens – resoluções e teses. É importante que isso seja dito, também para evitarmos uma posição teoricamente redutora ou até desonesta de dizer que tais referências e partidos "aparelham" essa juventude; é mais justo dizer que tais referências produzem avaliações em última instância intencionalizadas, o que não impede que os jovens façam críticas e ponham em movimento o campo que constroem ou ao redor do qual orbitam.

De nossa parte, manteremos a seguinte linha. Trata-se de movimentos jovens em ascensão, cujos desdobramentos estão em aberto. Estão, portanto, no interior de um campo de possibilidades e limitações que vai ser construído na trajetória relacional com outros sujeitos sociais e no interior de cenários feitos de correlações locais, mas também nacionais e mesmo internacionais.

## A mobilidade sócio-espacial no "mundo conexionista"

Este tópico suspende o recorte espacial e o arco temporal no qual vínhamos trabalhando, sem perder de vista um solo histórico-social no qual se formaram indivíduos do fim do século XX e início do XXI. Elevamos um grau em termos de abstração, a fim de expor a centralidade da mobilidade nas condições produtivas pós-fordistas, que implicaram inovações diversas em

26 Referimo-nos ao clássico texto de Lenin, "Esquerdismo: doença infantil do comunismo" porque é justamente este o termo com o qual jovens atacam-se uns aos outros em contextos de acirramento.

tecnologias de informação e comunicação, um novo patamar nas trocas e fluxos globais de capitais, de conhecimentos e pessoas, além de uma outra divisão internacional do trabalho. Com Jean Luc Boltanski e Eve Chiapello (2009), podemos tratar tais reestruturações na chave de um "mundo conexionista", orientado por um "novo espírito do capitalismo". É neste quadro que a mobilidade, não apenas urbana, mas uma *mobilidade sócio-espacial* mais geral se torna um bem fundamental, portanto necessidade, objeto de desejo e de disputa dos sujeitos sociais.

Isso significa, primeiro, compreender com Eduardo Vasconcellos (2001) que a mobilidade não é apenas possibilidade de movimentar-se no espaço de acordo com condições físicas e de renda. É mais elucidativo tratar mobilidade urbana de um modo "que relacione a mobilidade no sentido tradicional [o deslocar-se] a um outro conceito mais amplo de acessibilidade. Esta é aqui entendida como a mobilidade para satisfazer as necessidades, ou seja, a mobilidade que permite à pessoa chegar aos destinos desejados" (Vasconcellos, 2001, p. 40-41). Nesse sentido, a mobilidade no espaço urbano está diretamente ligada às possibilidades de acesso ao trabalho, de interação na vida social e, ainda, na participação política.

É preciso nos valermos dessas considerações do autor para elevá-las agora à discussão sobre a mobilidade que inclui "acessibilidade" ao nível mais geral da formação econômico-social capitalista contemporânea. Este cenário é o que Boltanski e Chiapello chamam de um "mundo conexionista". Nesse, a possibilidade dos agentes – pessoas físicas e jurídicas – serem bem-sucedidos está diretamente ligada a seu potencial de deslocamento e estabelecimento de conexões promissoras. Além disso, o acesso às redes infraestruturais é uma condição de possibilidade à cidadania e ao pleno desenvolvimento das classes subalternas, mantidas sob o risco de fixidez, isolamento e bloqueio.

Como lembram os autores (2009), este "novo espírito do capitalismo" envolve transformações nas relações de trabalho, nas justificativas ao engajamento na vida para acúmulo de capital, na relação com o dinheiro e com propriedades, na importância do acesso à informação e saberes, além de um baralhamento entre vida privada e vida profissional. Esses são alguns dos aspectos de um mundo orientado pela lógica das redes, no qual o tempo é uma raridade a ser gerida,[27] a moral do trabalho é pautada não tanto pelo ascetismo racional weberiano, *mas pela valorização das atividades*. Essas, por sua vez, não se dão mais no interior de empregos estáveis, mas na forma de sucessivos projetos com fins determinados.[28]Por isso, "fazer alguma coisa, mexer-se, mudar são coisas valorizadas em relação à estabilidade, frequentemente considerada como sinônimo de inação" (Boltanski; Chiapello, 2009, p. 193). Essa é a chave para entendermos que

> num mundo conexionista, a mobilidade, a capacidade de deslocar-se com autonomia, não só no espaço geográfico, mas também entre as pessoas ou

---

27 "A principal raridade em nossas sociedade, pelo menos nas categorias não confrontadas com a necessidade imediata, como a dos executivos, não diz respeito aos bens materiais, mas ao tempo [...] Evidentemente, isso vale sobretudo para o tempo dedicado aos outros: não perder tempo é reservá-lo para estabelecer e manter conexões mais lucrativas, ou seja, as mais improváveis ou as mais longínquas, em vez de desperdiçá-lo na relação com pessoas próximas ou com pessoas cujo trato propicia unicamente prazer de ordem afetiva ou lúdica. Mas a boa administração do tempo livre também significa (e as duas coisas estão frequentemente juntas) acesso à informação e acesso ao dinheiro" (Boltanski; Chiapello, 2009, p. 190).

28 "A vida é concebida como uma sucessão de projetos, válidos sobretudo por serem diferentes uns dos outros. [...] É exatamente por ser uma forma transitória que o projeto se ajusta a um mundo em rede: *sucessão de projetos, multiplicando as conexões* e provocando a proliferação de seus elos, tem como efeito *ampliar as redes*." (Boltanski; Chiapello, 2009, p. 142-143, grifos dos autores).

> mesmo em espaços mentais, entre ideias, é uma qualidade essencial dos grandes, de tal modo que os pequenos se caracterizam primordialmente por sua fixidez (Boltanski; Chiapello, 2009, p. 370).

Vale ressaltar, como fazem os autores, que nessa realidade a mobilidade propriamente espacial não se distingue de outras formas de circulação e acesso. Tanto que ambos tratam "mobilidade" de maneira geral, sem um distintivo. Isso porque as conexões se traduzem, em algum momento, em aproximação geográfica e, inversamente, as desconexões tem grande probabilidade de redundar em distanciamento em termos espaciais. "A mobilidade geográfica ou espacial, portanto, pode ser sempre considerada como expressão paradigmática da mobilidade" (Boltanski; Chiapello, 2009, p. 370).

Para os autores, o potencial de mobilidade nas redes não é um problema ou mal por si só, mas um atributo cujo valor gera duas figuras (personagens) e horizontes distintos. O primeiro pode ser entendido como o "integrador de redes" [mailleur], na medida em que coloca essas qualidades a serviço de um bem comum, gerando resultados compartilhados e apontando para formas de vida justas. É isso o que Boltanski e Chiapello entendem por "formação de uma cidade" - uma gramática de hábitos e valorações, instituições e direitos que conformam um mundo minimamente organizado, aceitável como legítimo.[29] Já

29 Como lembram os autores, cidade aqui é um termo figurativo, entendida como um construto social, com uma gramática própria, coletivamente aceito como minimamente justo. Nos termos dos autores, "metafísicas políticas que, tal como as culturas e as línguas, tem existência histórica e são, portanto, situáveis no tempo e no espaço. Por isso, é pertinente apreendê-las numa duração, num devir, a partir do momento de sua formação até seu refluxo, passando pelo seu enraizamento em dispositivos, objetos e direito. Em certo momento da história uma forma de

o segundo personagem é o oportunista, que se vale do potencial de mobilidade, seu acesso a estados superiores, exclusivamente para seus próprios fins e em detrimento de outros a quem ele torna imóveis, fixados. Esse é chamado de "redeiro", ou "networker". Essas duas figuras, concluem os autores, "compartilham do essencial, com a diferença (fundamental na lógica da cidade) de que o sucesso do redeiro só é proveitoso para ele mesmo, ao passo que o acesso do integrador de redes aos estados superiores é proveitoso a toda a cidade, sendo, portanto, um bem comum" (Boltanski; Chiapello, 2009, p. 364)

Mas algo tem de ser destacado dessa argumentação. Nesse quadro, *a mobilidade é um bem em disputa*. Por isso, não menos importante é atentar para redefinições nas formas de exploração (Boltanski; Chiapello, 2009, p. 375ss.) enquanto forma de usar a divisão social do trabalho para que o sucesso e a força de uns decorram, pelo menos parcialmente, da atividade de outros atores cuja atividade não é reconhecida nem valorizada. Boltanski e Chiapello argumentam que o mundo conexionista é habitado por uma tensão forte entre o próximo e o distante, o local e o global. Para adquirir grandeza, convém deslocar-se incessantemente, a fim de tecer novos elos. A divisão social do trabalho mais marcante se dá, portanto, num gráfico entre "os mais ligados e os menos ligados, os mais conectados e os menos conec-

---

vida é identificada e generalizada com o fito de servir de suporte a uma definição do bem comum e de padrão para juízos sobre o valor dos seres segundo a contribuição que eles dão para o bem de todos, assim concebido". Logo adiante, "a cidade mostra-se então como um dispositivo crítico autorreferencial, interno, imanente a um mundo em vias de se fazer, mundo que precisa limitar-se para durar. Uma das características fundamentais da ordem das cidades é, de fato, impor limites à força dos fortes e dizer que eles somente serão grandes (legítimos, autorizados a revelar e usar sua força) se interiorizarem esses limites e a eles se adequarem" (Boltanski; Chiapello, 2009, p. 520-522).

tados à rede, os incluídos no centro do diagrama e os excluídos, relegados às suas margens" (Boltanski; Chiapello, 2009, p. 369). Em termos sintéticos, os pequenos permanecem no lugar e permitem aos grandes se deslocarem e estabelecerem relações de maior distância.[30]

É nesse momento em que se estabelece uma relação de exploração - sutil, sem enfrentamento *face to face* –, a saber, a imobilidade de uns é condição para a mobilidade por meio da qual outros extraem mais-valia. Nesse sentido, os autores desenvolvem o argumento: "o diferencial de mobilidade é hoje uma nova mercadoria muito apreciada. Seu preço está subindo com rapidez e é pago exclusivamente pelos 'lentos', que assim conseguem que os 'rápidos' combinem seu ritmo e desacelerem um pouco." No entanto, adicionam, "os rápidos não poderiam sobreviver sem o sustentáculo de atividades sedentárias, e a rede que eles animam não pode prescindir da inserção em territórios nem do trabalho de máquinas e homens, pesos pesados por excelência" (Boltanki; Chiapello, 2009, p. 381). Essa mobilidade, vale lembrar, gera acesso diferencial a capitais, relações e saberes, fundamental para o êxito no espaço conexionista das redes.

Ainda segundo Boltanski e Chiapello, essas relações baseadas em "diferencial de mobilidade" se dão não só entre os funcionários precarizados e a alta cúpula de uma empresa, mas ocorrem também no nível macro, isto é, valem para mercados financeiros versus países; mercados financeiros versus empresas ligadas à produção; multinacionais versus países; grandes terceirizadores versus pequenos terceirizados.

30 "Num mundo em rede, cada um vive na angústia permanente de ser desconectado, ficar entregue à própria sorte, abandonado no local por aqueles que se deslocam" (Boltanski; Chiapello, 2009, p. 373).

O que tais autores não desenvolvem são as formas com as quais, do ponto de vista do cotidiano urbano, esse diferencial de mobilidade determina as possibilidades de gerir o tempo e os acessos. Trata-se, por exemplo, de poder escolher o local de moradia; no caso de jovens, controlar o tempo e a distância da escola. Ou ainda, o modo de locomoção ao trabalho e o horário de ir e voltar desse. A classe detentora de capital decide seus ritmos no cotidiano urbano; já o tempo dos subalternos é determinado pelo transporte público, pelo horário previsto em seu contrato com a empresa. No caso de trabalhadores/as ambulantes não apenas seu tempo, mas também seu local de trabalho é em grande medida imposto pelas condições do mercado urbano: em dias chuvosos vendem guarda-chuva em eventos públicos, noutros dias vendem pequenos aparelhos eletrônicos no cruzamento de avenidas, ou também distribuem panfletos em frente à lançamentos imobiliários. Não muito diferente acontece com os empregados terceirizados.

Esse "diferencial de mobilidade" – tão importante em nosso "mundo conexionista" – explica, em alguma medida, por que razões uma juventude percebe a cidade de São Paulo como um bloqueio nas suas possibilidades de acesso à vida urbana. Estão tão cientes das deficiências da mobilidade urbana paulistana que seus protestos também respondem na mesma linha, isto é, bloqueiam a cidade.

Já o autor Jeremy Rifkin (2000), ao cartografar a nova cultura do capitalismo e seus traços dominantes nos modos de vida, destaca o papel do "acesso". Para Rifkin, as forças propulsoras dessa economia são o "capital intelectual" – conceitos, ideias, imagens, imaginação e criatividade humana – e o conjunto de relações que constituem "redes" (2000, p. 4). O sucesso nessa economia de acesso depende menos das trocas individuais de bens no mercado e mais do estabelecimento de relações comerciais a longo prazo de troca de serviços. As transações de mercado dão lugar a alianças estratégicas, ao uso conjunto de recursos e a acordos para a divisão dos ganhos. Por isso: "a propriedade é uma instituição lenta demais para se ajustar à nova velocidade de uma cultura veloz" (Rifkin, 2000, p. 5). Não significa, vale reforçar, suprimir a propriedade, mas deslocá-la para um regime de bloqueio – o uso limitado, restrito – ou de abertura ao acesso.

Do ponto de vista da composição de capitais, isso explica por que empresas diminuem investimentos em ativos fixos e aumentam o investimento em ativos intangíveis. Do ponto de vista das relações de trabalho, explica a crescente importância nos setores de desenvolvimento do "conceito" e da "cultura" das marcas e, ao mesmo tempo, a terceirização e deslocamento da produção a países periféricos.

Para Rifkin, tais transformações marcam a passagem da economia de produção industrial para a economia do acesso e produção de experiências culturais. Se o capitalismo industrial, atravessado por uma ética da disciplina e do trabalho, significou a introdução do trabalho como mercadoria, esse novo momento se fundamenta numa "ética da diversão", e é esta que se torna o centro das atenções e das buscas por oportunidades: "a luta entre a esfera cultural e a esfera comercial para controlar tanto o acesso quanto o conteúdo da diversão é um dos elementos definidores da próxima era" (Rifkin, 2000, p. 5). Trata-se do tempo dos parques temáticos, das comunidades de prestígio, da venda de estilos de vida, do leasing de automóveis e máquinas, da compra de créditos e de *time-shares*[31] de imóveis, da assinatura

31 O paradigma da comunidade fechada é a *Disney World*. O *time-share*, por sua vez, é uma forma de subdividir o uso, a compra do acesso temporário a um condomínio, seja ele uma casa ou um resort (Rifkin, 2009, p. 93-108).

de serviços e, no que diz respeito às formas urbanas, o tempo de condominização e comunidades fechadas.

Não conseguiremos avaliar aqui em que medida Rifkin é crítico a essa realidade, mas pode-se dizer que o texto se mantém ambíguo a respeito de tais fenômenos e deposita um tanto de entusiasmo noutro tópico, qual seja, o papel do "ciberespaço". O autor crê que "o material dá lugar ao imaterial e a transformação do tempo em *commodity* se torna mais importante que a expropriação do espaço" e, ainda, que "as noções convencionais de relações de propriedade e de mercados, que vieram a definir o estilo industrial de vida, tornam-se cada vez menos relevantes" (Rifkin, 2000, p. 12). Mas a visão de Rifkin não chega a ser apologética, o autor lembra que "embora 1/5 da população mundial esteja migrando para o ciberespaço e para relações de acesso, o resto da humanidade ainda é vitima no mundo da escassez física" (2000, p. 11). Rifkin tem em conta o abismo entre as redes virtuais de trocas intensificadas e um mundo sem acesso a bens básicos e fundamentais.

De nossa parte, entendemos a necessidade de reter de Rifkin a tônica na relevância do "acesso", elevando a discussão sobre o papel do *espaço urbano conexionista* nessa tensão entre, por um lado, a intensificação das trocas e interações - mercantis, mas também de saberes, horizontes de ação coletiva - no interior das redes e, de outro, o atraso gerado pela imobilidade urbana, o que em São Paulo envolve grandes parcelas da população.[32] O isolamento enquanto negação do acesso nunca foi tão

32 Em pesquisa de 2017 da Rede Nossa São Paulo mostra que, para 47% da população paulistana o meio de transporte mais usado é o ônibus municipal; para 22% é o automóvel e para 8% é o metro. A mesma pesquisa mostra que, numa escala de 01 a 10 de satisfação, a amostra confere nota 3,8 para o transporte público em geral e 3,4 para o "tempo gasto para se deslocar na cidade". Cf. http://www.nossasaopaulo.org.

danoso à cidadania, ou mais, nunca foi tão constritivo ao desenvolvimento das potencialidades humanas como atualmente. A formulação positiva desta equação também é válida, isto é, conferir mobilidade aos sujeitos expropriados da centralidade urbana nunca teve tamanha potência emancipatória como agora.

Ora, essas reestruturações produtivas no ciclo de acumulação de capitais, nas relações de trabalho e na sociabilidade cotidiana implicam ainda mudanças significativas nos horizontes existenciais das necessidades e desejos, do esforço diário pela sobrevivência às formas de usufruto do tempo livre. Não por outra razão, é nesse enquadramento, o do "*mundo conexionista*" de Boltanski e Chiapello, que emergem os mais significativos tensionamentos, os conflitos sociais e outras formas de subversão de restrições. É em torno da luta por mobilidade (deslocamento e acesso), geográfica e comunicacional, que se dão as disputas, insatisfações sociais e anseios de transformação.

Outro aspecto relevante. Tais reestruturações produtivas implicam mudanças nas competências técnicas e nas habilidades relacionais dos sujeitos que, em algum momento, decidem insurgir-se contra o ordenamento social que os impõe bloqueios. Nesse sentido, essas mesmas habilidades se tornam instrumentos de contestação, de organização social na pressão a governantes. Entra em cena um repertório de ação mais ligado ao bloqueio de certos fluxos, a intensificação de outros e, ainda, a ocupação de espaços considerados estratégicos.

Em nossa perspectiva, essas problematizações acerca da mobilidade sócio-espacial devem elevar a um novo patamar o debate sobre os conflitos urbanos que se intensificaram na ci-

---

br/noticias/rede-nossa-sao-paulo-e-cidade-dos-sonhos-lancam-11a-edicao-da-pesquisa-de-mobilidade-urbana. A pesquisa de satisfação se encontra na página 10 da apresentação.

dade de São Paulo no fim da década de 2010 e inicio de 2020. Com as contribuições de autores como Boltanski, Chiapello e Rifkin fica mais evidente que, em nossas condições históricas, manter a imobilidade dos indivíduos, estancar o acesso desses a bens materiais e a saberes, é um modo de bloquear o pleno desenvolvimento desses sujeitos e da sociedade. Dito de outro modo, *atualmente garantir a mobilidade a todos e todas tem um potencial transformador nada desprezível.*

## Considerações finais

Nossa contribuição ao debate acerca da mobilidade urbana se deu em dois passos. No primeiro, argumentamos que esta pauta atravessa boa parte de uma juventude paulistana marcada em grande medida pelos desdobramentos pós-junho de 2013. Não há entre esses jovens uma unidade, mas sim "conexões geracionais" que permitem interações, reforços recíprocos e ações convergentes. Subjaz a essa exposição uma premissa: para pensarmos o avanço na mobilidade urbana, não podemos recair na aposta de que há um único sujeito que protagoniza as transformações, mas também não podemos achar que leis e diretrizes tem força social de efetivação da agenda. Será necessário atentar para essas forças reais que despontam na cultura urbana. Com esses, abrir diálogos, construir saberes e práticas condizentes com as energias transformadoras que animam. Isso significa entrar na disputa de narrativas coletivas, defender que a mobilidade seja um direito fundamental e parte de um horizonte de cidade reumanizada, de interações mais concretas, vida urbana mais vibrante, com caráter efetivamente democrático. Uma cidade que possa ser chamada de nossa por todas e todos. Esse desafio se torna maior na virada para os anos 2020, quando se configura um quadro bastante mais regressivo.

Num segundo momento do texto, resgatamos o lugar central da mobilidade não apenas urbana, mas uma *mobilidade sócio-espacial*, num quadro social e econômico no qual o deslocamento, o acesso a bens, informações e saberes é tão importante quanto a produção de mercadorias. Isso, vale lembrar, incide no horizonte de desejos e necessidades, físicas e simbólicas de todas e todos os sujeitos constituídos nesse enquadramento. Deve ter ficado mais claro que, nesse momento histórico, mobilidade urbana *mobilidade urbana se torna fator fundamental de uma mobilidade social e, nessa linha, guarda um potencial emancipatório.* Essa parece uma reflexão abstrata, mas já aparece, em alguma medida, nas canções, nas palavras de ordem e outras elaborações da juventude urbana que luta pleno desenvolvimento de suas faculdades e da sociedade.

## Referências

BOITO, A. 2017. "O legado dos governos do PT". In: MARINGONI, G; MEDEIROS, J. *Cinco mil dias*: o Brasil na era do lulismo". São Paulo, Fundação Lauro Campos/ Boitempo.

BOLTANSKI, L.; CHIAPELLO, È. 2009. *O Novo Espírito do Capitalismo*. Trad. de Ivone C. Benedetti. São Paulo: Ed. Martins Fontes.

BRINGEL, B.; PLEYERS, G. 2015. "Junho de 2013: dois anos depois – polarização, impactos e reconfiguração do ativismo no Brasil". *Nueva Sociedad*. Disponível em: http://nuso.org/media/articles/downloads/COY1_Bringel_Pleyers.pdf. Acesso em 08 abr. 2018.

CARLOS, A. F. 2013a. "Espaço público e 'nova urbanidade' no contexto do direito à cidade". *Confins*, v. 18. Disponível em: http://journals.openedition.org/confins/8391?gathStatIcon=-true&lang=pt#quotation . Acesso em 08 abr. 2018.

______. 2013b. "A luta é urbana, o caminho está ainda sendo

construído". 2013b. Disponível em: <http://gesp.fflch.usp.br/node/197>. Acesso em 08 abr. 2018.

______. 2015. A cidade como negócio. São Paulo: Ed. Contexto.

COLOSSO, P. 2014. "Uma Bienal como intervenção socioespacial. Breves comentários sobre a X Bienal de Arquitetura de São Paulo". *Drops*, ano 14, n. 081.02. Disponível em: <http://www.vitruvius.com.br/revistas/read/drops/14.081/5197>. Acesso em 08 abr. 2018.

______. 2017. *Rem Koolhaas nas metrópoles delirantes*: entre a Bigness e o big business. São Paulo: Annablume.

LEFEBVRE, H. 2000 [1974]. *La production de l'espace*. Paris: ed. Anthropos/ Economica.

______. 2001 [1968]. Droit à la ville. Paris: ed. Anthropos.

MANNHEIM, K. 1952. "The sociological problem of generations". In: KECSKEMETI, P. (Ed.). Essays on the Sociology of Knowledge: Londres: Routledge and Kegan Paul, pp. 276-322.

MARICATO, E. 2013. "É a questão urbana, estúpido". In: *Cidades Rebeldes*. São Paulo: Boitempo.

MEDEIROS, J. et. al. 2016. *Escolas de luta*. São Paulo: Veneta.

NEGRI, A.; HARDT, M. 2016. *Bem-estar comum*. Rio de Janeiro: Record.

NUNES, R. 2014. "Generación, acontecimiento, perspectiva. Pensar el cambio a partir de Brasil". In: *Nueva Sociedad*, n. 251. Disponível em: <www.nuso.org/upload/articulos/4027_1.pdf>.

PALLAMIN, V. 2015. *Arte, cultura e cidade* – aspectos estético-políticos contemporâneos. São Paulo: Annablume.

RIFKIN, J. 2001. *A era do acesso*. São Paulo: Pearson do Brasil.

SADER, É. 1998. *Quando novos personagens entram em cena*. São Paulo: Paz e Terra.

SANTO AMORE, C. *et al.* 2015. Minha casa... e a cidade. Rio de Janeiro: Letra Capital.

SINGER, A. 2013. "Brasil, junho de 2013: classes e ideologias cruzadas". In: Novos Estudos CEBRAP, n. 97.

______. 2016. As contradições do lulismo: a que ponto chegamos? São Paulo: Boitempo.

______. 2017. "A ideia de lulismo". In: MARINGONI, G; MEDEIROS, J. Cinco mil dias: o Brasil na era do lulismo". São Paulo, Fundação Lauro Campos/ Boitempo.

VASCONCELLOS, E. 2001. Transporte urbano, espaço e equidade: análise das políticas públicas. São Paulo: Annablume.

WELLER, W. 2010. "A atualidade do conceito de gerações de Karl Mannheim". In: Sociedade e Estado, v. 25, n. 2. , 2017.

*Sites consultados:*

Exposição "Cidade Gráfica". Disponível em: http://novo.itaucultural.org.br/programe-se/agenda/evento/cidade-grafica/>. Consultado em 10/08/2018

JUNTOS. https://juntos.org.br/quem-somos/. Consultado em 21 de outubro de 2017.

RUA. Tese para o 52 Congresso da UNE. Disponível em: https://docs.wixstatic.com/ugd/4eb36a_c42d3c5c27b546329029e0bf5a05b6cd.pdf

https://www.movimentorua.org/cultura-popular-e-periferia .

https://www.une.org.br/noticias/especial-eleicoes-2016-une-quer-mais-mobilidade-e-qualidade-de-vida/. Consultado em 10/08/2018

Pesquisa Nossa São Paulo. Cf. http://www.nossasaopaulo.org.br/noticias/rede-nossa-sao-paulo-e-cidade-dos-sonhos-lancam-11a-edicao-da-pesquisa-de-mobilidade-urbana. Consultado em 10/08/2018

# Resistência social e novas formas de vida:
## *a emergência das batalhas de* MCs *em Natal/RN*

Gilnadson da Silva Bertuleza[1]
Angela Lúcia Ferreira[2]

## Introdução

Mesmo diante da situação de escassez de investimentos em que se encontram atualmente grande parte das áreas públicas em Natal, os jovens, especialmente os de regiões periféricas, têm buscado meios de reivindicar os seus direitos através da expressão de sua arte e da (re)apropriação desses espaços. Nesse contexto, ganham força as batalhas de *MCs*, que acontecem na cidade desde 2010.

Se o cenário de descaso e de desvalorização do espaço público pode ser notório em grande parte das cidades no Brasil, também se observa nestes centros a presença de ações para a (re)ocupação dos espaços tidos como inutilizáveis por parcelas da população e/ou que não recebem uma atenção adequada da administração local. É neste contexto que se assiste ao (re)surgimento e a emergência de organizações coletivas (comunitárias, associativistas e/ou colaborativas), que se firmam como um espaço de discussão e cooperação, de resgate da cidadania e de resistência cultural.

1 Universidade Federal do Rio Grande do Norte. E-mail: gilnadson.bertuleza@gmail.com

2 Universidade Federal do Rio Grande do Norte. E-mail: angela.lucia.ferreira@ufrn.br

Considerados por Pedro Arantes e Natacha Rena (2017) como "novos ativismos urbanos", esses vêm imbuídos de práticas inovadoras de organização e mobilização com a inclusão de modelos mais horizontais de participação e de tomadas de decisão, "além de uma dimensão de experimentação e prefiguração imediata de novas maneiras de ocupar, resistir e existir na cidade". Os autores acrescentam que "a intensa utilização tecnopolítica dos múltiplos dispositivos de luta envolvendo redes e ruas, novas cartografias e estratégias comunicativas, também marca a atuação destes novos coletivos ativistas" (2017, p.2).

A reflexão aqui empreendida busca contribuir nesse debate com o estudo específico a respeito da inserção das ações de um desses coletivos, as batalhas de *rap*, no (re)uso e (re)significação dos espaços públicos em Natal/RN, apontando elementos que estimulem a discussão acerca de uma nova cultura de apropriação dos lugares comuns. Nesse contexto, a vivência dos autores com os movimentos urbanos e os estudos preliminares realizados, já indicam uma interpretação desses grupos como fomentadores de novas formas de pensar a cidade contemporânea.

Em linhas gerais, a pesquisa firma-se por seu caráter qualitativo com a realização de entrevistas, aplicação de questionários, observação participante, tomada de imagens, levantamento de dados, a partir de um recorte temporal entre 2010 e 2018. A discussão pretendida se dará em torno dos coletivos que se relacionam com a luta pela "reconquista do espaço público" (ARANTES; RENA, 2017). Para o entendimento mais geral sobre o tema foram basilares os aportes de autores como: Michael Hardt e Antonio Negri (2014) e Pedro Arantes e Natacha Rena (2017). As contribuições de Glaucie Coelho e Emika Takaki (2009) e Laudenides dos Santos e Silvia Ortigoza (2017), acrescentaram importantes subsídios à análise mais específica do caso estudado.

A seguir, apresenta-se no primeiro tópico um panorama geral sobre a reapropriação dos espaços públicos, especialmente por meio dos coletivos que se sustentam no contexto do *hip-hop*. No segundo, abordam-se as batalhas de *MCs* que, no período estudado, atuavam em Natal, as atividades e ações desenvolvidas pelos seus organizadores.

## A (re) invenção urbana: as áreas públicas como local de intervenção das batalhas de *MCs*

Na medida em que se reproduz a cidade capitalista, impelem-se para o espaço físico as desigualdades que lhes são próprias e inerentes. Esse espaço, por sua vez, tem papel fundamental na construção e desenvolvimento de uma sociedade. A forma com que ele é tratado e as transformações que passa durante sua existência, muito têm a dizer sobre a identidade do local, uma vez que as histórias vividas pelos seus usuários têm influências sobre ele (e vice-versa). O espaço público e o seu uso, remetendo a Laudenides dos Santos e Silvia Ortigoza (2017), trazem à tona essas questões. Uma delas se refere aos espaços livres nas periferias que são essenciais para o lazer dos jovens; serviço que, cabe lembrar, em geral tem se "transformado em mercadoria, restringindo o seu acesso conforme o poder aquisitivo das pessoas". Além disso, "o leque de opções é muito reduzido, por conta de fatores estruturais, como a falta de recursos e de insuficiência de espaços públicos onde estas atividades possam ser praticadas" (SANTOS, ORTIGOZA, 2017, p.159).

Ao colocar em xeque essa lógica de produção do espaço, ganham destaque formas alternativas, como as batalhas de *rap*. Assim, é necessário contextualizar o surgimento dessas batalhas e sua inserção nas cidades. Em geral, são manifestações que se sustentam na cultura do *Hip-Hop* para desenvolver suas atividades e propagar o que acreditam ser melhor para a coletividade. De acordo com Paulo do Carmo (2003, p.176) "o termo *Hip-Hop* engloba todas as manifestações de rua: dos *Rappers* aos *DJ's*, dos dançarinos de *break* aos graffiteiros. Não é só música, é uma cultura de rua". Para Tereza Ventura (2009, p.605),

> A cultura que veio a ser conhecida como hip-hop propagava-se a partir de festas de rua e festivais que estimulavam o desenvolvimento e a aprendizagem de práticas relacionadas com a música, a dança break, o rhythm and poetry e a arte gráfica. Tais práticas e experiências, que se realizavam de forma desagregada e privada, passaram a ser histórica e socialmente associadas à semântica subcultural hip-hop e integradas num horizonte interpretativo comum a partir do qual se configuram como fonte de motivação para ações de resistência estética e política.

Nessa perspectiva, Glaucie Coelho e Emika Takaki (2009, p.04) veem a rua como o local ideal para o desenvolvimento de ações culturais, onde tais manifestações ganham feições de movimento social e assim o *hip-hop* conseguiu se tornar uma das formas de comunicação mais eficazes dos moradores das regiões periféricas com os demais locais da cidade. Trata-se daquilo que as autoras denominam de "atuação das periferias sociais", em que o *Hip-Hop* incentiva e chama atenção para a manifestação em favor da vida pública, "convertendo-se ele mesmo no próprio espaço (lugar), e que é propício à construção e afirmação de identidades ao mesmo tempo em que cria o espaço físico para sua manifestação".

Isso se explica pelo caráter do movimento, pois vem imbuído, dentre outros motivos, da "criação de outros itinerários possíveis para os sujeitos silenciados e subalternizados em nossa história" (OLIVEIRA, 2011, p. 102). Assim, "o *Hip-Hop* tem por natureza o protesto que reivindica a presença da periferia urbana como ator social ativo não sujeito a cultura do outro, mas atuante no processo de formação da sociedade" (COELHO; TAKAKI, 2009, p.06).

Partindo do que foi exposto, pode-se inferir que é no âmbito público que se dão as ações desses movimentos, formados em sua grande maioria por jovens negros e de periferias. No entanto, suas reivindicações não se restringem nem priorizam necessariamente esses grupos. Trata-se de iniciativas mais abrangentes, que comumente buscam o melhor para coletividade, ou seja, cidades onde todos possam se expressar e existir da maneira que lhes convier. Em linhas gerais, os jovens envolvidos nesse movimento social reivindicam o seu direito à Cidade por meio da (re)ocupação do espaço urbano.

É a reboque dessa consciência transformadora que surgem as batalhas de *MCs* no contexto brasileiro. São atividades que se sustentam nos quatro pilares do *hip-hop* e que se realizam na trama do cotidiano, tomando como lócus de suas ações as áreas públicas. Movimentos desse tipo podem ser vistos e foram estudados em diversas localidades, como por exemplo, no Rio de Janeiro (COELHO; TAKAKI, 2009), em Maceió (SANTOS; FERREIRA, 2017), em São Paulo (VENTURA, 2009), no Rio Grande do Sul (SILVA, 2014), no Distrito Federal (PERES; BESSA, 2017), além do universo deste estudo, que é a cidade de Natal/RN.

Essa discussão, no entanto, insere-se num contexto maior de insurreição de "novos ativismos urbanos" no mundo. No caso do Brasil, Arantes e Rena (2017, p.2) afirmam:

> Vimos acontecer nas cidades brasileiras uma explosão de ocupações de espaços públicos e pri-

> vados, ações de movimentos populares e novos coletivos intervindo em áreas públicas, dispersos ou organizados, reclamando o "direito à cidade", numa grande multiplicidade de iniciativas que tem sido descritas por expressões como "reconquista do espaço público" ou "novos ativismos urbanos".

De acordo com Michael Hardt e Antônio Negri (2014), os grupos de ativistas, "os agentes da mudança", constituem-se a partir das lutas pelos espaços de uso público e parecem reivindicar a cidade como bem comum do povo. Dentre as características que exibem, inclui-se a luta pelo comum, do que é ou deveria ser de fato público, tendo em vista que contestam as ideias do neoliberalismo e, em última instância, a regra da propriedade privada. Igualmente, esse ciclo de lutas também se opõe à regra da propriedade pública e ao controle do Estado. Em geral, para os autores, pouco se vê dos tradicionais movimentos nas ideias defendidas e propagadas pelos novos grupos.

## As batalhas de *MCs* em Natal/RN

Tem-se visto emergir na cidade de Natal e Região Metropolitana, organizações coletivas que estão discutindo, dentre outras questões, as transformações, a apropriação e as configurações dos espaços coletivos. Na forma como se explicita, uma parte significativa desses movimentos se dedica a reivindicar por melhores condições de vida na cidade, como é o caso das Batalhas de *MCs*.

Atualmente, existem em Natal nove "Batalhas de *MCs*" (Figura1): Batalha da Vermelha; Batalha do Vinho; Batalha da Esperança-ZO; Batalha do DED-Barcelona; Batalha do Disco; Batalha da Cívica; Batalha do Templo – ZO; Batalha do Arco; e Batalha do C4.

Essas batalhas têm sido caracterizadas por uma sucessão de organizações, algumas desaparecendo ou diminuindo seu peso, outras surgindo e ganhando força ao longo dos anos. Está havendo uma pulverização dessas iniciativas nos bairros da cidade, independente das suas características socioeconômicas e culturais. Por exemplo, os bairros da Candelária, de Petrópolis e de Ponta Negra, são marcados historicamente pela presença de grupos de poder aquisitivos médios e altos. Já a Cidade Alta, Cidade da Esperança, Felipe Camarão, Mãe Luiza e Pajuçara, são bairros de camadas mais populares. A inclusão desta heterogeneidade de feições de bairros não implica necessariamente na homogeneidade dos grupos que fazem uso de seus espaços.

Isto se relaciona com as ideias Glaucie Coelho e Emika Takaki, ao afirmarem que na medida em que esses coletivos são vistos como "territórios culturalmente expressivos", vão sendo criadas "possibilidades de trocas entre um número mais expressivo de atores sociais", num processo onde se coloca em relevo "as diferenças e as experiências". Ademais, "cria-se ainda condições para que a sociedade cresça e melhore ao valorizar a diversidade que se manifesta através dos movimentos culturais das periferias sociais" (2009, p.5).

**Figura 1 – Localização dos bairros de Natal/RN e de suas Regiões Administrativas – destaque em vermelho para os bairros onde atuam as batalhas de *rap***

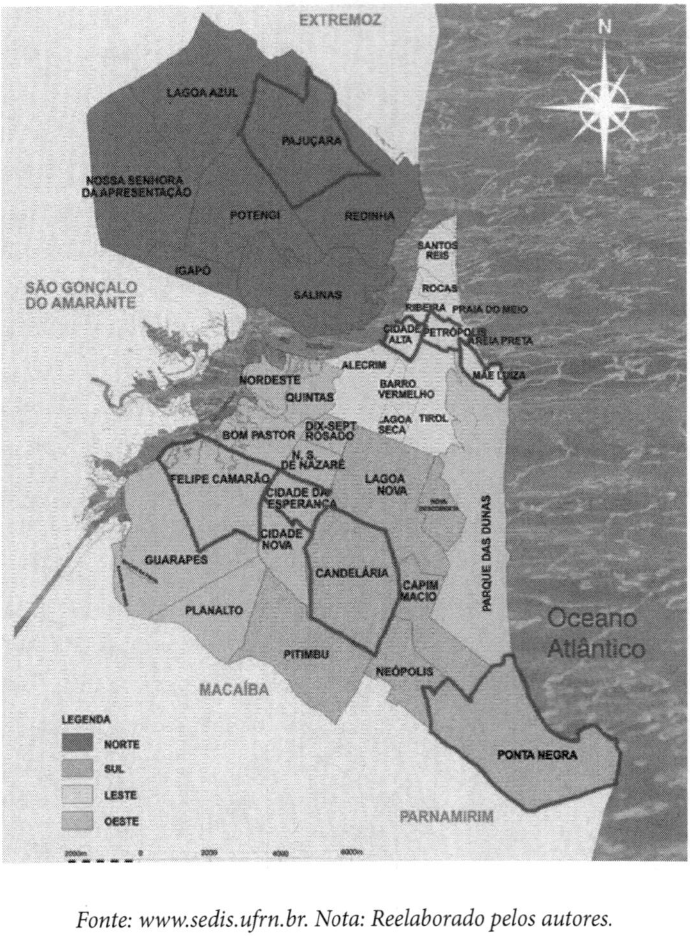


*Fonte: www.sedis.ufrn.br. Nota: Reelaborado pelos autores.*

Neste contexto, as batalhas de *rap* iniciam suas atividades no Rio Grande do Norte por volta de 2010, tendo como precursora a chamada "Batalha da Vermelha", a qual era realizada regularmente todas as sextas-feiras na Praça da Vermelha, no bairro central e histórico da Cidade Alta. No entanto, devido às inúmeras dificuldades – como escassez de tempo e de equipamentos –, os seus organizadores foram levados a interromper as atividades.

Meses após a fundação da primeira "batalha", surgiu a "Batalha do Vinho", criada a partir de uma brincadeira de jovens amigos que se reuniam em frente ao Ginásio Nélio Dias na Zona Norte[3] para se dedicarem às rimas. "MC Bolla" teve a ideia de formalizar a proposta e contou com a contribuição de outras pessoas que se dispuseram a ajudar. Na visão de um dos líderes, Roney Miranda,[4] "o *Hip-Hop* é um dos maiores movimentos urbanos de rua que interagem com a juventude. Assim sendo, quando começamos a 'brincar' de rimar e vimos a coisa ganhando corpo, decidimos que deveríamos criar uma batalha e batizá-la".

A "Batalha do Vinho" se estruturou tomando como referência o duelo de *MCs* Nacional, mas também teve forte influência da "Batalha da Vermelha". Apesar de esta ter sido a primeira criada no estado, foi a BDV[5] a grande incentivadora das demais batalhas do RN. De acordo com Roney,[6] diversas são as atividades desenvolvidas pelo movimento, que vão desde as batalhas de *MCs* (Figura 2 e Figura 3), que ocorrem todos os sábados no Centro Cultural Jesiel Figueiredo (Zona Norte de Natal), até os

3 Zona formada por bairros e estes principalmente por conjuntos habitacionais promovidos pela COOHAB/RN e que hoje ao possuir uma dinâmica econômica própria deixou em parte de ser uma cidade dormitório de Natal, embora sofra com a deficiência de vários equipamentos e serviços públicos urbanos, principalmente de transportes interbairros.

4 Diretor, e atualmente organizador da Batalha do Vinho, em entrevista concedida no dia 23 de junho de 2018.

5 Termo utilizado pelos *MCs* se referindo a Batalha do Vinho.

6 Vale ressaltar que no decorrer do trabalho, em alguns momentos, os participantes/organizadores serão citados com o nome pelo qual eles são conhecidos nas batalhas.

trabalhos sociais, com arrecadação de alimentos e distribuição para as famílias necessitadas. São feitas também rodas de conversas sobre variados temas, acompanhamento dos *MCs* mais novos com preparação por meio de estudos e contribuição com o fortalecimento de outros coletivos, dentre outras atividades.

**Figura 2 – Equipamentos da BDV**

*Fonte: Acervo cedido pelo movimento.*

**Figura 3 – Público presente na BDV**

*Fonte: Acervo cedido pelo movimento.*

As atividades são organizadas coletivamente e qualquer pessoa pode propor uma ideia, que é posta em votação, e, se acatada pela maioria, o núcleo põe em prática. Porém, no geral a programação com os horários de cada atração é montada por Roney. Além disso, toda e qualquer pessoa tem o direito de opinar, mas a decisão final cabe à organização geral da batalha, levando em consideração o que está sendo proposto para cada evento.

É importante ressaltar que a BDV foi catalogada pela instituição organizadora do Duelo Nacional de *MCs* ("Família de Rua") como a maior do Nordeste quando se fala em público semanal.[7] "A comunidade tem uma aceitação muito grande, tendo em vista que todos os sábados agente recebe de 400 a 700 pessoas no espaço para prestigiar a batalha", acrescenta Roney.[8]

A Batalha do Vinho já passou por vários momentos de dificuldades, os quais exigiram dos seus idealizadores muita força de vontade. Parte desse histórico de lutas pode ser visto através de uma publicação realizada pelo núcleo da BDV em sua página no Facebook:

> A batalha do vinho está se encaminhando para o seu 7 ano de existência, são 7 anos de vários momentos, desde repressão policial até conquistas como patrocínio do poder público. Passamos por várias situações, se passaram vários artistas por nossos microfones, e hoje parando pra refletir, observamos a dimensão que tomamos para a vida das pessoas. A batalha hoje movimenta até mesmo a economia local, quando a gente vê vários ambulantes montando suas barracas para trabalhar na batalha, a gente observa o quanto é importante

7 Roney, em entrevista concedida no dia 23 de junho de 2018.

8 Em entrevista concedida no dia 23 de junho de 2018.

> lutar por isso tudo. Quando a gente observa *MCs* falarem que a BDV mudou sua vida, a gente sabe que vale a pena resistir. Dito isso, agradecemos a todos que já passaram e que de forma direta ou indireta, ajudaram a batalha a crescer e hoje estar da dimensão que está. Satisfação total.[9]

Durante aproximadamente cinco anos a "Batalha do Vinho" se manteve sozinha na cena Potiguar, apesar da existência da Batalha da Vermelha, que por problemas já mencionados, não conseguiu levar as atividades adiante. Em maio de 2016, surgiu em Natal, no bairro da Cidade da Esperança, Zona Oeste,[10] a "Batalha da Esperança-ZO". A batalha é uma idealização de jovens moradores do bairro, que motivados pela ausência de eventos culturais que atendessem às necessidades da população jovem local, decidiram unir suas forças e realizar seus próprios eventos culturais. As batalhas ocorrem todas as quintas-feiras às 18h30 no Teatro de Arena.

Para Willyam Souza,[11] o principal objetivo da "Batalha da Esperança-ZO" é mostrar para todas as gerações, especial-

9 Publicação realizada no dia 28 de maio de 2018.

10 Zona formada por bairros, sendo alguns deles subdivididos em conjuntos, como é o caso da Cidade da Esperança (Conjunto PROMORAR) e Felipe Camarão (Jardim América e Morada Nova). Foram construídos originalmente na periferia da cidade de Natal, distantes do centro. No entanto, pode-se observar que em alguns desses bairros uma aparente elevação da renda de seus habitantes, aliada a outras potencialidades como localização, acessibilidade e infraestrutura, proporcionou-lhes uma ascensão em termos de status urbano e de centralidade, que trouxe para o seu perímetro diversas atividades institucionais e comerciais/serviços.

11 Morador do bairro da Cidade da Esperança, inseriu-se na "Batalha" ainda na primeira edição, mas apenas como participante. A partir de uma iniciativa própria, decidiu registar por meio de vídeos todo o movimento para posterior publicação e divulgação em canal no youtube.

mente aquelas mais antigas, que o *rap* não é "coisa de bandido" e sim uma cultura, onde as batalhas (Figura 4 e 5) se encaixam para dar espaço a quem tem interesse em aprender conteúdos novos e a rimar.

**Figura 4 – Batalha de *MCs* em julho de 2017**

*Fonte: Acervo próprio dos autores.*

---

Dessa forma, já no segundo encontro ele estava responsável pelo setor das divulgações. Paulatinamente foi se inserindo no movimento e depois de certo tempo se tornou um *MC*, participando assim das batalhas. Sua participação no movimento se encerrou como apresentador das batalhas. Hoje, para dar espaço a outros *MCs* e também por motivos de trabalho ele precisou se distanciar da organização. No entanto, permanece participando dos eventos e ajudando sempre que possível.

**Figura 5 – Batalha de *MCs*, Teatro de Arena**

*Fonte: Acervo próprio dos autores*

Atualmente, a "Batalha da Esperança-ZO" e a "Batalha do Vinho" são as batalhas mais consolidadas de Natal e as que possuem uma estrutura física e organizacional melhor composta. Por isso geralmente servem como inspiração para que outras iniciativas sejam criadas, como a "Batalha do DED-Barcelona". Esse movimento até o momento contempla apenas os duelos de *MCs*, mas vem crescendo com o apoio de outras batalhas, especialmente da "Esperança-ZO". A organização ainda não possui equipamentos que possibilitem a realização de eventos maiores (Figura 6 e Figura 7). Por um lado, isso aproxima o público e *MCs* nos duelos, mas, por outro lado, diminui o poder de alcance das batalhas, limitando-se a um grupo reduzido. O que está posto é a disseminação de uma ideia de se reunir a qualquer custo, sendo o espaço público o local de suporte para as atividades. Ou seja, a ausência de infraestrutura não determina necessariamente o desenvolvimento dos eventos.

**Figura 6 – Público na Batalha do DED**

*Fonte: Acervo cedido pelo movimento.*

**Figura 7– Foto do vencedor da noite**

*Fonte: Acervo cedido pelo movimento.*

Outra batalha que vem conseguindo se manter, apesar de todos os percalços, é a "Batalha do Disco". Realizada todas as quartas-feiras na Praça do Disco, no conjunto de Ponta Negra no bairro homônimo,[12] suas atividades estão centradas nos duelos de *MCs*, pois o grupo ainda não possui uma estrutura que possibilite o desenvolvimento de atividades de grande dimensão. Assim como nas duas batalhas anteriores, os duelos são realizados apenas com a caixa de som (Figura 8), não existe uma estrutura maior, como se vê na BDV. No entanto, o grupo possui um núcleo que tem procurado se estruturar e aperfeiçoar suas atividades com o auxílio de outras batalhas. Dessa forma, pode-se inferir que os caminhos percorridos apontam para uma possível consolidação e ampliação da Batalha do Disco no contexto da cidade de Natal.

**Figura 8 – Público prestigiando a Batalha do Disco na Praça do Disco**

*Fonte: Acervo cedido pelo movimento.*

Apesar de ainda prematura, a "Batalha do C4" (no estacionamento do supermercado Carrefour),[13] já conta com meios

12 Bairro da Zona Sul de Natal de características heterogêneas em sua histórica ocupação, que vai de uma antiga vila de pescadores à conjuntos habitacionais promovidos pelo INOCOOP, passando por mudanças de uso nos lotes individuais dos diversos parcelamentos que compõe o bairro, conhecido por seus equipamentos vinculados à atividade turística.

13 Área privada, espaçosa e elevada, proporcionando ampla visão da paisagem, onde desde algum tempo vem se reunindo espontaneamente jovens para promover festas, reuniões de diversos tipos ou simplesmente para estar e contemplar o cenário ou as atividades.

de divulgação amplos (Facebook, Instagram e Canal no Youtube), por meio dos quais são feitas todas as convocações e mudanças de plano. Por se tratar de um espaço privado, a Batalha do C4 vem passando por alguns problemas. Recentemente, foram estabelecidas algumas regras pela diretoria do Carrefour, como por exemplo, a proibição do uso de som (até mesmo de celulares), para que as batalhas pudessem continuar sendo realizadas no estacionamento do referido supermercado (Figura10). Essas proibições dificultariam os duelos, tendo em vista que o som é um material imprescindível nas batalhas de *MCs*. Por isso, a organização da "C4" decidiu migrar para a Praça do Conjunto Habitacional Mirassol (Figura 9), pois dessa forma não haveria restrições.

**Figura 9 – Primeira Batalha da C4 na Praça de Mirassol**

*Fonte: Acervo cedido pelo movimento.*

**Figura 10 – Batalha da C4 no estacionamento do Carrefour**

*Fonte: Acervo cedido pelo movimento.*

Merece destaque ainda os encontros entre as diferentes batalhas, o "desafio de ida x volta". Era um evento já tradicional entre as batalhas da Esperença-ZO e do Vinho, devido à "rivalidade" existente entre os *MC'* da Zona Oeste e os da Zona Norte. No ano de 2018 a ideia se expandiu, servindo como meio de seleção dos *MCs* para a seletiva regional.

De posse dessas informações, cabe ressaltar que as batalhas são organizadas da seguinte maneira: pelo menos dois *MCs* (podendo ser ambos do mesmo sexo ou não)[14] se enfrentam em uma competição de rimas improvisadas com um fundo musical de algum *rap*. Podem ser estabelecidos temas previamente, e os organizadores definem os duelos da forma que acharem mais

14 Tem-se observado nos últimos eventos promovidos pelas batalhas, bem como nos duelos semanais uma presença cada vez maior do público feminino. As mulheres estão se fazendo mais presentes principalmente pelo desejo pessoal delas de fazerem parte dessa realidade, mas também pela solicitação dos próprios *MCs*.

conveniente, geralmente levando em consideração o público participante. Além disso, contam com jurados destinados a avaliação, e por vezes a plateia pode exercer essa função. Qualquer pessoa pode participar, basta se inscrever no local no dia do evento (ou como for previamente definido pelo núcleo). "É só chegar e rimar".[15]

Os temas discutidos nas batalhas são decididos em conjunto entre participantes e organizadores, geralmente a partir de enquetes - onde ganham os mais votados -, e giram em torno de questões, dentre outras, como: violência policial, cultura do estupro, população negra, pena de morte, machismo no *hip-hop* e desigualdade social. Dependendo do evento a ser realizado, os temas são informados com antecedência, para que o/a *MC* tenha possibilidade de estudar e, dessa forma, enriquecer os duelos (BERTULEZA, 2018). Em geral, todas as batalhas utilizam como meio de comunicação as redes sociais, tida por eles como a forma mais eficiente e gratuita de atingir um número maior de pessoas.

Devido às dificuldades enfrentadas pela falta de incentivos e de materiais, assim como pela ausência de tempo por parte dos organizadores, uma vez que muitos deles possuem uma vida profissional em paralelo, algumas batalhas interrompem suas atividades ao longo da caminhada. Entretanto, sempre que possível começam a funcionar novamente. Um exemplo é a "Batalha da Vermelha", a primeira do estado, que durante um tempo ficou inativa, mas no ano de 2017 retomou suas atividades, chegando ainda a realizar diversas batalhas, mesmo diante de todas as dificuldades apresentadas. O mesmo vem ocorrendo com a "Batalha

15 Expressão utilizada pelos organizadores das batalhas para informar que qualquer pessoa que sentir o desejo de participar dos duelos, pode chegar no dia do evento e se inscrever.

do Templo - ZO", em Felipe Camarão, área popular com o estigma de ser uma das mais violentas; "Batalha da Cívica", no bairro elitizado de Petrópolis;[16] e "Batalha do Arco", na antiga ocupação irregular, hoje bairro de em Mãe Luiza. São grupos que ainda não possuem uma estrutura consolidada, tanto na parte material quanto na de organização, o que acaba dificultando uma constância e regularidade nos trabalhos desenvolvidos.

As batalhas estão exercendo um papel importante na ressocialização dos jovens nas periferias de Natal. Há um sentimento de pertencimento por ser algo que os agrada e também por se tratar de uma cultura, uma forma de ver a vida que os representa, ou seja, a cultura de periferia - o *Hip-hop*. Para Roney,[17] "a batalha de *MCs* mostra muito do potencial dos jovens periféricos, eu observei isso, aquilo me fazia feliz, então eu me interessei e hoje faço parte".

Por fim, é importante destacar a relação das batalhas com a (re)ocupação dos espaços públicos de Natal. "As batalhas de *MCs* estão invadindo as praças públicas. A prova disso são as diversas batalhas que acontecem em Natal quase que todos os dias. Isso é muito importante, pois assim levamos a cultura de rua para a juventude e as famílias que frequentam essas praças".[18]

São manifestações que utilizam como local das suas atividades as áreas públicas, com o intuito de suprir suas carências no que tange ao acesso às atividades de lazer e de cultura. A partir das atividades, essas batalhas possibilitam a construção de um novo espaço: o espaço da criatividade, do conhecimento, da críti-

16 Isso mostra que as ideias dos jovens de periferia estão reverberando para os jovens de outros grupos sociais, talvez nem tanto pela discussão trazida por essas manifestações, e sim, mais pelo estilo. Entretanto essa é uma questão que merece aprofundamento.

17 Em entrevista concedida no dia 23 de junho de 2018.

18 Roney, em entrevista concedida no dia 23 de junho de 2018.

ca social, da reinvindicação e do encontro com a diferença (haja vista que a intenção deles é fazer com que as pessoas se sintam seguras e acolhidas pela rua) e, consequentemente, da segurança.

Assim, de forma mais intensa em alguns momentos, dispersa na cidade, com propensões diferentes de indignação ou de externar conflitos em cidades de diferentes portes, desde o início de sua atuação, conforme Coelho e Takaki (2009), o movimento deixa transparecer a partir de suas atividades o "potencial transformador de realidades" que detém, em outras palavras, "a capacidade que ele tem para transformar em ação social sua cultura". Por este motivo, encontrou no Brasil forte receptividade, e também "devido ao fato da cultura *Hip-Hop* representar um lugar de construção identitária, em que a periferia se coloca não mais como ator social coadjuvante, mas sim como uns dos centros de criação cultural" (COELHO; TAKAKI, 2009, p.06).

## Considerações finais

A delimitação das ações dos "novos ativismos urbanos" no tempo e no espaço vislumbra em um primeiro momento apenas uma alteração no uso das áreas onde suas atividades são desenvolvidas. Todavia, apropriando-se das ideias de Horacio Capel sobre os movimentos populares (2013, p.15), sua persistência, resistência e reivindicações, muitas vezes, podem levar à paralisação de determinadas "decisões já tomadas" sobre os seus territórios ou até mesmo na promoção de novas deliberações, transformando-os de atores a agentes modeladores do espaço urbano.

Assim, ao se apropriarem dos espaços urbanos – como praças e viadutos – os jovens procuram viabilizar a prática dos elementos do *Hip-hop*. É uma cultura que tem como foco a busca por visibilidade, ao mesmo tempo em que procura pôr em evidência os processos de sociabilidade dos jovens com a cidade, que se expressam procurando reconhecimento e se apropriando dela como forma de pertencimento (SANTOS; FERREIRA, 2017).

Os significados que a cultura do *Hip-hop* reverbera vão além da sua própria motivação que, ao se pulverizar por vários locais com características socioeconômicas e culturais distintas, induz a criação de microcosmos, onde com o auxílio das atividades desenvolvidas, os jovens procuram vencer a violência e a exclusão social tão presentes nas cidades brasileiras.

A ressignificação da figura do líder no âmbito desses movimentos de ocupação do espaço público aponta para a ausência de uma estrutura hierárquica definida. Nesse sentido, por serem organizados horizontalmente e insistirem na ideia de democracia em todos os níveis, a força desses grupos é elevada. As pessoas são tidas como "livres" para pensar e agir dentro de discussões abertas e com um vasto leque de pontos de vista. Dessa forma, estabelece-se uma relação com o aquilo que Hardt e Negri (2014) chamam de "Comum".

É importante destacar ainda que as batalhas são formadas predominantemente por jovens negros de periferia e grupos de baixo-médio poder aquisitivo. Estudos sobre o as batalhas de *rap* em Natal desenvolvidos por Bertuleza (2018) mostraram que em um universo de aproximadamente cinquenta entrevistados, cerca de 80% é proveniente do ensino público e apenas alguns tiveram/têm contato com ensino superior. Normalmente devido à necessidade de trabalhar e/ou de procurar outros meios para se sustentar, os indivíduos acabam se dedicando a outras questões, o que não os impede de buscar conhecimento, de aprender sobre os mais variados assuntos, principalmente aqueles que os envolvem dentro da comunidade.

Os participantes das batalhas partem do princípio de que é por meio da articulação entre os diversos ativismos urbanos (coletivos negros, de mulheres, dentre outros), da união de suas forças e do compartilhamento de conhecimento e das dores/dificuldades, que conseguirão transpor os obstáculos e apontar para um horizonte transformador do seu espaço do cotidiano. Para Santos e Ferreira (2017, p.66), os praticantes do *hip-hop*, "alicerçados nos processos interacionais constituídos em seus grupos, criam estratégias de inserção nos espaços e possibilitam a visibilidade tanto dos seus grupos quanto dos símbolos de sua cultura".

Os duelos nas batalhas de *rap* implicam, mais que aptidão, conhecimentos que os praticantes adquirem buscando informações e gerando reflexões sobre a realidade que os circunda, tornando-se assim mais preparado para se manifestar e lutar pelos seus direitos e, consequentemente, para transformar a sua realidade.

Outra particularidade evidenciada através do contato com os organizadores dos movimentos é o desejo cada vez maior de (re)ocupação dos espaços abandonados e/ou que estão em desuso, pois por estarem nessas condições, facilitam o acesso para desenvolvimento de suas atividades e propagação de seus princípios. Com isso, há uma (re)significação dessas áreas que, por sua vez, deixam de ser o espaço do medo e do abandono, e passam a ser o espaço da crítica social, do conhecimento, da resistência sociocultural, política e urbana, ou seja, o espaço de tudo e de todos.

A expansão territorial da cidade de Natal é caracterizada em partes pela proliferação dos conjuntos habitacionais por meio do INOCOOP e da COOPHAB. Nota-se que é geralmente nesses espaços onde as batalhas atuam. Essas evidências nos levam a questionar se essa ocupação se dá devido a disponibilidade maior de espaços livres nessas áreas ou se seria pelas características da população moradora dessas áreas. Trata-se de uma hipótese que requer um estudo aprofundado, sendo assim uma perspectiva de análise para trabalhos posteriores.

Vivenciar novas formas de viver em coletividade a partir do engajamento com a comunidade e com a cidade é tão importante quanto obter avanços concretos no cenário político tradicional. A pretensão é chamar a atenção para a precariedade dos espaços e a qualidade de vida limitada a que estão expostos os moradores de bairros populares; ainda, apresentando alternativas de apropriação dos espaços públicos e possibilitando a construção de uma consciência, individual e coletiva, de autonomia de interferir e influir no curso do desenvolvimento da vida em sociedade.[19]

## Referências

ARANTES, Pedro; RENA, Natacha. Ativismo Urbano: novas formas de conflitos territoriais. In: *Desenvolvimento, crise e resistência*: quais os caminhos do planejamento urbano e regional? XVII ENANPUR, 2017, São Paulo. Anais eletrônicos [...] São Paulo: ANPUR, v. 17, n. 1 (2017).

BERTULEZA, Gilnadson. (Re)existir é resistir: a (re) ocupação das áreas públicas sob a ótica dos movimentos sociais contemporâneos – o caso da Cidade da Esperança, Natal/RN. 2018. Dissertação (Mestrado em Estudos Urbanos e Regionais) – Universidade Federal do Rio Grande do Norte, Natal/RN, 2018

CAPEL, Horácio. *La morfologia de las ciudades*. Vol. I. Sociedad, cultura y paisaje urbano. Barcelona, Ediciones del Serbal, 2013.

CARMO, P. S. *Culturas da rebeldia*: a juventude em questão. São Paulo: Senac, 2003.

19 Agradecimento: Somos gratos aos representantes e participantes das batalhas de *MCs* de Natal pela gentileza e disponibilidade em contribuir com a realização deste estudo. Agradecemos também ao CNPq pela bolsa de Produtividade em Pesquisa recebida pela autora.

COELHO, Glaucie; TAKAKI, Emika. O resgate do espaço público como lugar de vivência: a experiência da ação cultural Hip-Hop sob o viaduto de Madureira no Rio de Janeiro. In: ENANPUR. *Planejamento e Gestão do Território*: escalas, conflitos e incertezas, 13., 2009, Florianópolis. Anais... Florianópolis, maio 2009.

HARDT, Michael; NEGRI, Antonio. *Declaração*: isto não é um manifesto. Tradução: Carlos Szlak. São Paulo: n-1 Edições, 2014.

OLIVEIRA, Denilson Araújo de. Cultura Política Urbana: uma análise da inscrição territorial do hip-hop no bairro de Monjolos, São Gonçalo (RJ). *Revista Critica Cultural*, 2011.

PERES, Janaina L. P.; BESSA, Luis F. M. Cultura periférica, Cidadania e Espaço Público: o potencial político do movimento hip hop da Ceilândia/DF. In: *Congreso Internacional em Gobierno, Administración Y Políticas Públicas* Gigapp. 13., 2017, Madrid. Anais... Madrid, 25 al 28 de septiembre de 2017.

SANTOS, Laudenides Pontes dos; ORTIGOZA, Silvia Aparecida Guarnieri. *A realidade socioespacial dos espaços públicos de lazer de Teresina-PI*: utilização e conservação. Sociedade e Território, Natal. v. 29, n. 2, p. 154-174, jul./dez. 2017.

SANTOS, Sérgio da Silva; FERREIRA, Érika do C. L. Espaços públicos e processos de significação: questões sobre juventudes e Hip Hop no meio urbano de Maceió-AL. *Olhares Plurais*: Revista eletrônica multidisciplinar, Dossiê "Urbanidades, Sujeitos e Territórios", n.16, v. 1, 2017.

SILVA, Amanda R. F. *Batalha dos Bombeiros*: elementos da cultura hip hop como ferramenta de resistência sociopolítica. 2014. 96f. Monografia (Graduação em Comunicação Social - Publicidade e Propaganda) - Departamento de Ciências da Comunicação. Universidade Federal de Santa Maria, Santa Maria, 2014.

VENTURA, Tereza. *Hip-hop e graffiti*: uma abordagem comparativa entre o Rio de Janeiro e São Paulo. Análise Social, v. 44, n. 192, p. 605-634, 2009.

# Mulheres, direitos e movimentos sociais:
## *notas etnográficas sobre advocacia feminista e antirracista no Brasil*

Andressa Lídicy Morais Lima[1]

## Introdução

Como se sabe, o direito ocupa uma centralidade nos debates políticos atuais e um lócus estratégico para os (novos) movimentos sociais. Mais, em se tratando das sociedades modernas e do Estado Democrático Liberal, o direito constitui a principal fonte de legitimidade institucional. Se nas chamadas sociedades "pré-modernas" ou tradicionais, a "crença" na legitimidade da dominação institucional se ancorava em fontes diversas (tradição, carisma e religião), nas modernas sociedades liberais ocidentais, cabe ao direito desempenhar a forma de legitimidade mais importante, afirmava Max Weber.

Em consequência, conforme destacado por Jünger Habermas, a crescente centralidade do direito na administração da vida social não vem ocorrendo sem conflitos, mas o próprio direito se converteu em arena de disputas políticas da sociedade. No Brasil, não muito diferente, com o processo de redemo-

1 Doutora em Antropologia Social pela Universidade de Brasília (PPGAS/UnB). Pesquisadora do Laboratório de Estudos da Cidadania, Administração de Conflitos e Justiça (CAJU/UnB), do Grupo de Pesquisa Social (GPS/UFRN) e do Instituto de Estudos Comparados em Administração Institucional de Conflitos da Universidade Federal Fluminense (INCT-INEAC/UFF). E-mail: andmoraislima@gmail.com

cratização e a crescente permeabilidade das instituições para a participação popular, criou-se um cenário de estímulo à mobilização dos movimentos sociais no interior dos espaços estatais. A democratização e a Constituição Federal de 1988 acabaram por desenhar um novo aparato do Estado que, em consequência, tornou possível a inserção de um maior número de atores sociais no interior da arena de disputas do direito (CARDOSO; FANTI, 2013, p. 238). Com efeito, o período da redemocratização fez emergir o comportamento de se buscar cada vez mais o judiciário na tentativa de efetivar direitos constitucionais. A promulgação da Constituição Federal de 1988 é um exemplo emblemático desse tipo de acesso à justiça; podemos dizer que este feito representa o percurso inicial do que se entende por judicialização, isto é, a transferência de resoluções de questões para serem resolvidas no âmbito da justiça e dos tribunais. Não por acaso, atualmente, em nosso país, fala-se de um crescente processo de judicialização dos conflitos sociais, processo que teve início por volta dos anos 1980 (WERNECK VIANNA, 1999). Em consequência, o poder judiciário emergiu como um espaço em disputa. Paradoxalmente, enquanto se fala atualmente em "crise" institucional dos poderes legislativos e executivo, cresce a procura da sociedade civil pelo judiciário para a resolução de demandas que não estão sendo ouvidas ou sanadas pelo executivo e legislativo.

Dentre os atores da sociedade civil, são os movimentos sociais que se destacam nas investidas no campo do direito. um desses casos é o Movimento dos Trabalhadores Rurais Sem Terra (MST) que a partir da década de 1980 se organiza na luta por reforma agrária, de maneira que tenta efetivar seu direito à terra e ao trabalho com base na Constituição Federal de 1988, uma vez que esta postula por um lado a dignidade humana e por outro o direito de propriedade privada, todavia considerando que este direito de propriedade privada deverá, por condição inequívoca, cumprir com a função social da terra para que assim seja efetivado. Ainda nesse contexto de redemocratização o movimento de lésbicas, gays, bissexuais, travestis, transexuais, transgêneros, queers, intersexuais – LGBTQI+ – também se destaca como protagonista de conquistas ocorridas no âmbito do judiciário via a crescente judicialização de conflitos sociais. Isto ocorre com base em princípios jurídicos constitucionais da dignidade da pessoa humana, da proibição de discriminações odiosas, da busca por igualdade, por liberdade e pela proteção à segurança jurídica que salvaguarda esta população, mas à custa de grandes conflitos em tribunais e dentro de um contexto macrossocial onde as instituições passam cada vez mais a discutir e se reeducar para o respeito a esta população. Com efeito, o papel do Supremo Tribunal Federal (STF) ganha bastante protagonismo e tem adotado atitude "liberal" e "progressista" quanto às demandas apresentadas por este segmento da população brasileira, cabe mencionar o percurso do movimento na luta pela conquista de direitos e pelo fortalecimento do combate às discriminações contra pessoas LGBTQI+ na luta pela garantia do direito à diferença (FACCHINI, 2003). Em relação às demandas apresentadas pelas pessoas negras volto meu olhar para o ano de 2009, quando o Supremo Tribunal Federal foi acionado pelo Partido Democratas (DEM) para arbitrar sobre a constitucionalidade ou não da reserva de vagas por sistema de cotas raciais adotadas pela Universidade de Brasília (UnB) através do pedido de Arguição de Descumprimento de Preceito Fundamental (ADPF 186) que decidiu pela constitucionalidade das políticas de ações afirmativas para acesso de negras/os por meio de cotas raciais às universidades públicas. Aqui, mais uma vez, um caso de judicialização da luta por reconhecimento, isto é, quando as disputas políticas são levadas ao interior do judiciário.

Em alguma medida tais lutas diversificam e atualizam ao longo das interações estabelecidas entre seus agentes a nossa compreensão sobre direitos e reconhecimento de grupos sociais. De modo geral, conforme destacado por Cardoso e Fanti (2013), a relação entre movimentos sociais e direito tem sido caracterizada, sobretudo, pelo fenômeno de "mobilização do direito" nas demandas de justiça e reconhecimento de diferentes movimentos sociais. Se no passado a esfera política era a principal arena de luta institucional na qual atuavam os movimentos sociais, agora também a esfera do direito tem sido palco da agência dos movimentos sociais.

Além disso, a luta institucional inicialmente protagonizada pelos movimentos de luta por direitos civis, em particular, pelo movimento negro, agora tem envolvido e engajado outros agentes coletivos (movimentos dos trabalhadores sem-terra, movimento feminista, movimento LGBTQI+, movimento ecológico, movimento em defesa dos direitos animais, entre outros). Porém, convém ressaltar, a relação dos movimentos sociais com o direito deve ser compreendida como marcada por ambiguidades. Em determinadas situações, o Poder Judiciário pode tomar decisões que frustram expectativas de demandas de justiça e reconhecimento dos movimentos sociais (aqui vale lembrar das recorrentes ordens de despejo e desalojo enfrentadas pelo movimento de luta por moradia ou da luta das mulheres pelo aborto legal), assim como em outras situações, podemos encontrar o mesmo Poder Judiciário incorporando em sua gramática jurídica novos sentidos de justiça (GEERTZ, 2013) e de reconhecimento articulados inicialmente fora da esfera jurídica pelos próprios movimentos sociais. Sobre isso, Cardoso e Fanti (2013, p. 239) assinalam, por exemplo, que os movimentos sociais por terra e moradia costumam ter uma relação mais "reativa" ou "defensiva" com o Poder Judiciário, ao passo que movimentos sociais como o LGBTQI+ se relacionam de modo mais "propositivo" e "inclusivo".

Não obstante, parece acertado o diagnóstico sobre o "fato social" que envolve a relação entre movimentos sociais e direito: na atualidade, os movimentos sociais têm se servido dos dispositivos do direito em suas lutas por reconhecimento (MORAIS-LIMA, 2012; 2020). Nesse sentido, gostaria de mencionar o histórico de lutas protagonizadas pelo Movimento Okupa no Brasil como modelar do que foi dito, uma vez que entre suas práticas de intervenção urbana e luta para consolidação de um projeto de moradia coletiva e centros comunitários, muitas vezes recorrem ao próprio ordenamento jurídico como forma de dar legitimidade às suas demandas, por exemplo, quando buscam afirmar o direito à moradia digna ou o direito à cidade (MORAIS LIMA, 2012).

Conforme já foi dito alguns parágrafos anteriores o fenômeno do engajamento de operadoras/es do direito em causas coletivas está associado ao processo de redefinição das bases constitucionais e institucionais do país com a promulgação da CF/1988. Mas não por outra razão senão aquela que redefine as condições de participação do direito no reconhecimento de demandas sociais a partir de uma relação mais autônoma adquirida pelo Poder Judiciário no Brasil. Todavia, a efervescência desse fenômeno no Brasil está relacionada com o uso do espaço judicial para promoção de causas coletivas, sobre o qual irei discorrer aqui, isto é, falarei de um grupo de advogadas feministas e antirracistas da Rede TamoJuntas[2] que está atuando em Salvador (BA) desde 2016 em torno da luta por reconhecimento das mulheres.

## Mulheres negras mobilizando o direito

É possível dizer que há hoje um forte campo aberto de investigações em torno da "mobilização de direitos no Brasil" e que essas operadoras do direito têm constituído uma nova movimentação feminista e antirracista através de sua atuação na defesa de mulheres em situação de violência doméstica, ao mesmo tempo em que lutam pelo reconhecimento de mulheres negras

2 A TamoJuntas teve início através de uma ação de uma de suas advogadas, Laina Crisóstomo, ao fazer uma postagem em sua rede social facebook oferecendo um atendimento jurídico gratuito por mês para mulheres em situação de violência. Tal iniciativa surgiu dentro de uma campanha "solidária" das redes sociais chamada "mais amor entre nós", que tinha por objetivo o compartilhamento de trocas de serviços entre mulheres como rede de apoio. A partir desta postagem, começaram a chegar várias mensagens de mulheres em situação de violência pedindo o aceite para o serviço gratuito, bem como outras advogadas se propondo a fazer o mesmo atendimento que Laina. A postagem teve inúmeros compartilhamentos e curtidas gerando um inchaço de mensagens no serviço in box da advogada. Diante da demanda intensa, ela começou a contatar outras advogadas que enviaram mensagens se disponibilizando também ao mesmo trabalho de advocacia pro bono (gratuita) e com isso juntaram-se mais duas advogadas para gerir as mensagens e formularem uma estratégia de trabalho para atendimento, Aline Nascimento e Carolina Rola. Nesse contexto, as três mulheres se organizaram e criaram a página da rede social facebook com o perfil "TamoJuntas". Essa postagem foi feita em 8 de abril de 2016, em 12 de maio as advogadas decidem por se organizarem em coletivo e com isso fundar a ONG TamoJuntas. Esse processo, segundo nos conta as fundadoras Laina Crisóstomo e Aline Nascimento, aconteceu em menos de um mês e, atualmente, a ONG está com voluntárias em quase todos os estados do país. Para conhecer mais sobre a organização acesse o site e/ou a página do facebook em: < http://tamojuntas.org.br/ > e/ou < https://www.facebook.com/tamojuntas/ >.

no judiciário brasileiro. Trata-se especialmente de um dos múltiplos vínculos possíveis entre agência coletiva, direito e justiça que aparece na TamoJuntas.

Sobre isso, a Antropologia do Direito (KANT DE LIMA, 1983) tem acumulado conhecimento empírico sobre o direito, as instituições do Poder Judiciário, a lei e as normas que regulam a vida social, com ênfase em etnografias das diferentes sensibilidades jurídicas e sentidos de justiça que operam nos modos de resolução de conflitos em diferentes contextos. A mobilização de advogadas/os é conhecida como advogadas/os de causa ou advocacia de causa, conforme definição de Sarat e Scheingold (1998), isto é, um tipo modelar de advogada/o profissional que também é engajado nas causas que defende. Podemos falar sobre diferentes modelos de ação que configuram a advocacia de modo engajado e que estão presentes tanto na tradição da advocacia estadunidense quanto na tradição da advocacia brasileira, é o caso dos advogados populares ou da advocacia de interesse público mais conhecida nos Estados Unidos como advocacia de causa (cause lawyer), conforme aponta Maciel (2015). São características da advocacia de causa o uso de suas competências jurídicas na promoção de uma visão de boa sociedade e o "ativismo moral" (moral activism) como marca constitutiva da agência. De acordo com Sarat e Scheingold (1998), o que distingue a/o advogada/o ativista é que esta/e compartilha com o cliente valores e ideias perseguidos na representação. Dito noutros termos, a prática jurídica da advocacia de causa vai além da simples prestação instrumental do serviço jurídico, pois a/o advogada/o de causa assume o compromisso moral de contribuir para a construção da ideia de boa sociedade. Porém, esse tipo de atividade judicial não ocorre sem tensões, uma vez que é visto como ameaça à profissão da advocacia, sobretudo, por desestabilizar uma imagem dominante da prática da advocacia como atividade regida pela "neutralidade moral" e restrita ao uso instrumental da competência técnica (SARAT; SCHEINGOLD, 1998, p. 3-4).

Mas voltando-me ao meu campo de observação etnográfica, questionando-me a respeito do potencial analítico desses trabalhos e, claro, me somando com uma investigação sobre o mesmo fenômeno, o faço a partir de outras lentes, não para enxergar melhor a "verdade objetiva" dos fatos, mas acrescentar um outro ângulo ou escala possível sobre os mesmos fatos. Fazer aparecer o olhar antropológico e seus modos etnográficos de habitar o mundo. Sendo assim, uma das questões que tomei por interesse foi estudar a advocacia como um potencial eixo de formação de um novo movimento social, entendendo que a antropologia tem algo a dizer sobre a politização do direito, por um lado, a luta política dos movimentos sociais por outro, bem como sobre a diversidade de modos de ser e fazer movimentações no Brasil contemporâneo, a partir dos sujeitos que fazem o movimento ser o que ele é.

Entendo que a ênfase deve ser no relacional, naquilo que faz mulheres negras profissionais do direito repensarem seu próprio modos operandi a partir de sua atuação profissional e a modelagem de seu self no engajamento político em causas feministas e antirracistas. Observem que o tema guarda uma certa simplicidade, pois encobre um fenômeno mais amplo que envolve fundamentalmente as relações entre pares e as marcações raciais, de gênero, de classe e geração. É certo que nós temos que assumir como tarefa que o simbólico não se revela facilmente. Por um lado, porque nós não sabemos bem o que estamos procurando quando estamos nos deixando levar pelo campo; por outro lado, pelo fato de estar situada numa coordenada de observação, precisamente aquela que é guiada pelo convívio com as interlocutoras. Nessa coordenada, sem talvez jamais ser, tento aprender a ser uma habitante de mundos simbólicos ao modo de ser, sentir e habitar de minhas interlocutoras. Sim, aceito com muita tranquilidade qualquer crítica que se dirija ao meu esforço pessoal de co-habitar o ponto de vista das minhas interlocutoras, de tentar encontrar o fazer sentido das práticas sociais de mulheres que não desejam ser de Atenas. Afirmar que o significado das condutas, das práticas, do sistema organizacional e do repertório de causas e campanhas, bem como a práticas dessas mulheres (suas ações e suas interações) tem algo que desperta interesse antropológico por deter a diversidade e a alteridade diante da sua maneira de habitar, sentir e avaliar o mundo sobre o direito contemporâneo brasileiro e sobre as novas faces dos movimentos sociais. Revelando assim uma dupla militância que se faz não só pela defesa judicial das mulheres em situação de violência, mas quando advogadas negras experimentam a reificação racial (MORAIS-LIMA, 2020) e desqualificação que questionam se realmente são advogadas, se realmente são operadoras do direito, quando em muitas situações são lidas socialmente como auxiliares de serviços gerais, como "parte" do processo ou como alguém que ocupa um lugar de servir. Perceber esse lugar posicionado de uma defesa de si e de outras mulheres contra opressões que estruturam o sistema de justiça me permitiu falar em novas movimentações feministas e antirracistas, alavancadas por advogadas que fazem a crítica quando dizem "direito racista", "direito machista" e "direito elitista". Esta crítica reposiciona o seu impensado com um destino social diferente para mulheres negras: como vencedoras, pois são advogadas.

Assim, a Teoria do Reconhecimento forneceu uma importante gramática de compreensão desses conflitos sociais que estava observando. Articulada inicialmente para pensar as demandas de justiça dos novos movimentos sociais (feministas, negras/os, LGBTI, indígenas, quilombolas, ciganos, refugiados e imigrantes), a categoria reconhecimento passou a ser central nas teorias sociais contemporâneas. Desse modo, nomes como os de Axel Honneth (2003), Amy Allen (2015), Jünger Habermas (2003), Nancy Fraser (1997; 2007), Charles Taylor (2000) e Iris Young (1990), passaram a incorporar em suas análises dos movimentos sociais a problemática do reconhecimento. De modo geral, apesar das diferenças entre essas pensadoras e pensadores, todas e todos compartilhavam um ponto de partida comum, isto é, a ideia que a construção da identidade pressupõe experiências de reconhecimento intersubjetivo. E, mais do que isso, a busca do reconhecimento intersubjetivo constitui o pano de fundo moral das principais formas de lutas sociais, diferenciando-se internamente conforme o conteúdo do reconhecimento demandado (amor, respeito, solidariedade, estima social).

Contudo, a teoria do reconhecimento também foi fortemente contestada por autores e autoras contemporâneos. Sobre essas críticas, Nancy Fraser se destacou como principal referência no debate contemporâneo envolvendo a Teoria do Reconhecimento. Sua crítica se baseia fundamentalmente na ideia de que após o final da Guerra Fria e a consolidação do Estado de Bem Estar Social houve um deslocamento das lutas motivadas por justiça distributiva para as lutas motivadas por demandas de reconhecimento. Ainda em sua crítica Fraser (1997; 2007) salientou que esse deslocamento resultou na falsa compreensão de que o problema da desigualdade socioeconômica estava superado nas sociedades capitalistas contemporâneas e que, portanto, as questões centrais na atualidade giram em torno de problemas de violências e práticas de opressão expressas nas relações interpessoais cotidianas. Contra essa visão, Fraser chamou atenção para a necessidade imperativa de se rearticular "redistribuição" e "reconhecimento" em torno de uma mesma teoria crítica da sociedade. Alguns autores aceitaram esse desafio e tentaram rearticular essas duas dimensões numa única gramática de compreensão das formas de desigualdades nas sociedades.

Aqui eu gostaria de destacar duas tentativas de rearticulação que, no meu entendimento, merecem ser revisitadas. A primeira foi desenvolvida pelo sociólogo britânico Andrew Sayer (2005) e se caracterizava por uma articulação da teoria do reconhecimento com a teoria da luta de classes. Segundo este autor toda e qualquer abordagem contemporânea preocupada com o estudo dos conflitos de classe deveria considerar a dimensão moral desses conflitos. Para Sayer (2005), os conflitos de classe também se traduzem em conflitos entre moralidades de classes concorrentes. Na linguagem da teoria do reconhecimento, demandas de reconhecimento assumem traduções diferenciadas conforme a pertença de classe social. Ou, noutras palavras, o que se entende por estima não é o mesmo entre pessoas situadas em classes sociais diferentes, por exemplo, na classe média, estima social pode ter um sentido e nas classes populares estima social pode significar outra coisa. Sendo assim, outro sociólogo que tentou rearticular reconhecimento e redistribuição a partir de uma teoria de classes foi o sociólogo brasileiro Jessé Souza. Inspirado em uma síntese entre Charles Taylor e Pierre Bourdieu, Souza (2006) defendeu que as lutas por reconhecimento podem assumir formas diferenciadas conforme a posição de classe. Para Souza (2006), nas classes médias o principal ideal de reconhecimento perseguido é a ética de autenticidade. Nas classes populares, ou trabalhadoras, a dignidade do trabalho é a principal fonte de reconhecimento. Souza deduz também que a questão da autenticidade vem a ser uma questão central nas lutas de classes do capitalismo central, e nas sociedades de capitalismo periférico o problema da dignidade constitui a principal gramática de reconhecimento das lutas sociais. Apesar do esforço desses dois autores em rearticular reconhecimento e redistribuição, acredito que os dois compartilham o mesmo déficit socioestrutural na análise dos conflitos sociais contemporâneos, qual seja, a centralidade da classe na análise das lutas por reconhecimento.

Posto isso, gostaria de propor uma correção analítica nessas teorias, assim como nas teorias do reconhecimento, a partir de um outro tipo de rearticulação e síntese. Com efeito, acredito que a teoria do reconhecimento pode superar limitações já apontadas por Nancy Fraser e outros autores, a partir de uma conexão não com a teoria de classes, mas com a teoria da interseccionalidade (CHOO; FERREE, 2010; CRENSHAW, 2002). Como é sabido, o que caracteriza as teorias interseccionais é a problematização de que toda e qualquer análise das desigualdades, deve envolver uma preocupação com a interdependência entre classe, raça, gênero e outras variáveis. Esse me parece ser o ponto de partida de qualquer abordagem estratificada do reconhecimento. É preciso compreender não somente como demandas de reconhecimento são significadas conforme a posição de classe, mas também conforme propriedades raciais e de gênero dos indivíduos.

Bom, considerando que possa ser verdade que um indivíduo da classe popular pode articular demandas de estima social diferente de um indivíduo da classe média, por que não considerar que mulheres negras das classes populares podem articular demandas de reconhecimento que são distintas daquelas demandas articuladas por mulheres brancas das classes médias? É isso que procurei problematizar em minha pesquisa de doutoramento sobre os modos de engajamento feminista e antirracista no sistema de justiça brasileiro (MORAIS-LIMA, 2020). Para dar um exemplo do que estou dizendo, gostaria de destacar aqui particularmente o debate entre posições abolicionistas e punitivistas em torno da violência de gênero. Em uma mesa, na qual estive participando juntamente com duas advogadas feministas, uma negra de classe popular e nordestina e uma branca de classe média sudestina, ambas apresentaram uma leitura distinta para a ideia de "abolicionismo penal", as duas atuam na defesa de mulheres em situação de violência. A primeira, a advogada negra se colocava contra a o "abolicionismo penal" que chegou a se popularizar no Brasil a partir da filósofa Angela Davis, que contextualmente estava pensando a realidade norte-americana para defender a sua tese sobre a perspectiva abolicionista. Essa advogada negra dizia que não poderia corroborar com a ideia de abolicionismo, uma vez que na realidade dela, os homens agressores de mulheres quando estavam em situação de liberdade voltavam para agredir novamente as ex-companheiras, colocando essas mulheres em alto risco de feminicídio, ao descumprirem as Medidas Protetivas (previstas na Lei nº 11.340/2006, conhecida Lei Maria da Penha), que garantem uma distância mínima entre o agressor e a mulher em situação de violência. Ela foi enfática em dizer que a defesa de uma perspectiva abolicionista para o caso brasileiro não chegaria aonde deveria chegar, isto é, em mulheres negras, homens negros que são presos por envolvimento com tráfico, mas chegaria para homens e mulheres brancos, que cometem crimes de colarinho "branco", portanto haveria nessa defesa uma incongruência e uma falsa ideia de abolicionismo das populações negras brasileiras. Na outra parte, a advogada branca havia argumentado no sentido de que o "abolicionismo penal" traria a abertura das prisões e acabaríamos com esse tipo de sistema carcerário brasileiro que se mostra, aos nossos olhos, falido e viciado. Ela defendia que o sistema prendia mais pretos e por isso o abolicionismo viria para acabar com essa realidade. Sua ideia estava baseada na percepção da filósofa negra Angela Davis. Mas o que via era uma leitura e interpretação dissonante a respeito do abolicionismo penal. A primeira palestrante fazia o recorte interseccional, via além, ao dizer que, por exemplo, a prisão domiciliar não chegava na população negra, nem mesmo nas mulheres negras grávidas e recém paridas, então porque ela defenderia tal concepção se na prática a "classe" sobressaía e a ideia de abolicionismo tal qual pensada com base na história de luta pela libertação do povo negro seria corrompida e utilizada para beneficiar homens brancos. Ambas feministas e antirracistas, mas divergentes sobre os modos práticos de lidar com situações semelhantes.

## Posicionando o olhar sobre o campo pesquisado

Comecei por pesquisas exploratórias em ambientes virtuais, quando tomei conhecimento dos coletivos e passei a observá-los.[3] Com a interação presencial, as advogadas passaram a me convidar para acompanhar outras atividades. As interlocutoras da Rede TamoJuntas (ONG sediada em Salvador-BA) estiveram disponíveis para a realização da pesquisa em todo momento, desde as entrevistas, tomada de notas, indicações de textos e compartilhamento de matérias que envolvam causas relacionadas ao trabalho que os grupos realizam até o momento. A TamoJuntas segue a vertente do feminismo negro[4] e articula

3 Em geral, realizei entrevistas em profundidade, observação direta e participante das atividades cotidianas das advogadas em diferentes cenas institucionais de ação e interação (audiências, assistência na sede, atendimento em escritório, cursos de curta duração na ESA-OAB, visitas ao Fórum Rui Barbosa, audiências de mediação, mobilização em comunidades, entrevistas em televisão, audiência pública, entre outros).

4 Ver Patricia Hill Collins (2017): <http://www.scielo.br/pdf/cpa/n51/1809-4449-cpa-18094449201700510018.pdf >.

a importância do tratamento interseccional nas suas condutas profissionais: autoafirmação da identidade racial associada à identidade profissional como potencial de empoderamento das mulheres negras, redefinindo os contornos de sua agência. Isso aparece de maneira mais explícita na apresentação que fazem de si mesmas em diversos espaços de fala: "sou advogada preta"; "sou advogada feminista preta".

De outro modo, essa concepção da interseccionalidade também se apresenta na maneira com a qual elas concebem a prática do atendimento às assistidas. Seu público-alvo é composto por mulheres negras, de baixa renda, periféricas e em situação de violência. Razão pela qual Laina Crisóstomo[5] (presidenta e co-fundadora da TamoJuntas) vai defender que:

> É importante ter advogadas negras feministas para atender as mulheres negras em situação de violência. Mulheres que precisam ser ouvidas sem julgamento, porque existe muita mulher precisando de ajuda e esse judiciário ainda diz que a Lei Maria da Penha é excesso. Por isso, é importante atender numa perspectiva antidiscriminatória sobre suas dores, que essa preta saiba que não está sozinha numa sociedade que já julga, exclui e violenta essas mulheres.

5 Laina Crisóstomo, tem 29 anos, conforme já mencionei é a presidenta e co-fundadora da Organização Não Governamental TamoJuntas, uma instituição que oferece atendimento multidisciplinar para mulheres em situação de violência. Fundada em 2016, em Salvador (BA), a ONG TamoJuntas presta assessoria jurídica e multidisciplinar a mulheres em situação de violência. Adoto a gramática "rede" para me referir ao espalhamento das relações que surgem em torno dessas mulheres, entendendo que sua atuação feminista e antirracista não se encerra nas atividades da ONG e que vão além de atividades institucionais e organizacionais.

Nesse sentido, é imperativo destacar que as mulheres negras sofrem mais com os efeitos das desigualdades e são com frequência mais violentadas que mulheres não negras, dados que são registrados e publicados por IBGE,[6] IPEA[7] e o Atlas da Violência 2017.[8] Com isso, minhas interlocutoras estariam desenhando o perfil do grupo em consonância com o maior extrato de mulheres em situação de violência no contexto observado. Para essas advogadas negras o fato de serem elas atendendo as mulheres em situação de violência permite um "acolhimento" diferenciado, pois elas teriam um universo de experiências de sofrimento compartilhadas socialmente, e isso poderia minimizar os efeitos de "revitimização", já que as assistidas teriam em suas advogadas negras a expressão de um "rosto conhecido que acolhe". A partir disso, percebia na experiência da TamoJuntas uma prática de advocacia feminista e antirracista, isto é, um coletivo que pode ser lido como uma expressão do modo como os movimentos sociais têm se relacionado com o direito atualmente e o seu estudo aprofundado pode ampliar o conhecimento sobre as configurações da prática jurídica e dos movimentos sociais no interior do sistema de justiça brasileiro, assim como possíveis redefinições de suas fronteiras simbólicas.

Além disso, o trabalho da rede se expressa em diferentes frentes, a saber, prestando assessoria jurídica de forma pro bono para mulheres em situação de violência, promovendo mutirões

6 Ver: < https://agenciadenoticias.ibge.gov.br/agencia-noticias/2012-agencia-de-noticias/noticias/21206-ibge-mostra-ascores-da-desigualdade.html > . Acesso em 26, jun., 2018.

7 Ver:<http://ipea.gov.br/portal/index.php?option=com_content&id=20978 >. Acesso em 20, jun., 2018.

8 Ver:<http://www.ipea.gov.br/portal/index.php?option=com_content&view=article&id=30253 >. Acesso em 23, jun., 2018.

de atendimento coletivo em comunidades periféricas, realizando rodas de conversas sobre temas diversos inseridos na perspectiva de gênero e raça, formação de uma rede nacional de advocacia feminista e antirracista, realização de cursos de formação (presencial e também na modalidade à distância) sobre direito e gênero para advogadas, participação e inserção na esfera pública virtual e midiática. Mas além do serviço de advocacia pro bono, que é o marco fundador da TamoJuntas, o perfil se hibridiza, reinventando-se no meio do caminho e incorporando profissionais da psicologia e do serviço social para oferecer um atendimento multidisciplinar às mulheres em situação de violência e para praticar ativismo e militância para fora da ONG.

Essa ideia de modulação do self para fora do ambiente da sede, pode ser melhor expressa numa das conversas com Laina quando ela narra para mim uma situação curiosa que acontecera com ela em agosto de 2017. Em tom de indignação ela descreve um passeio no shopping da cidade interrompido por gritos acusatórios que diziam "ela roubou, ela roubou". Atenta Laina procurou se inteirar do que estava acontecendo e encontrou a seguinte situação, conforme narra, sobre o ocorrido:

> Entrei numa loja de sapatos onde essa menina estava e vi várias pessoas ao redor olhando para ela e a julgando. Ela estava apenas de sutiã e short e com um jarro na mão, chorava e gritava ao mesmo tempo e os seguranças do shopping tentavam conter ela à força. Segundo ela, decidiu ouvir a orientação do segurança do shopping e caminhar até a loja X. Nessa caminhada fui tentando conversar com ela, mas ela estava muito nervosa e não conseguia formar frases para que eu entendesse o que estava acontecendo.

Laina conta que havia um certo tumulto em torno da situação envolvendo a menina, muitas pessoas curiosas olhando, a menina já exposta, então a advogada se prontificou a ajudar e acompanhar o que estava acontecendo se colocando como "advogada" da menina:

> Era uma menina jovem negra e pobre, os seguranças ao me verem seguir atrás dela e deles imediatamente perguntaram o que que eu era dela. Eu me apresentei enquanto advogada dela, disse que não a deixaria sozinha porque eu sabia qual era a prática corriqueira de lojas de departamento e a abordagem em shopping em Salvador. Apesar da minha apresentação eles não acreditaram que de fato era advogada quando mostrei minha carteira da OAB.

Parece que o ato de mostrar a carteira da Ordem dos Advogados do Brasil não foi suficiente para que Laina de fato fosse reconhecida como advogada em face de sua apresentação para acompanhar a sua cliente. Questionada sobre a veracidade de sua identidade, Laina se viu mais uma vez surpreendida com o desenrolar da história. O shopping interessado em colocar um fim no ocorrido sugeriu a saída do estabelecimento e que se dirigissem até um posto policial em frente ao shopping. Laina conta que esse posto estava desativado, mas que ao chegar lá já havia uma guarnição da polícia para fazer o encaminhamento para a delegacia. Porém, ao chegar no posto, percebeu que um dos seguranças do shopping detinha a posse de uma chave que daria acesso ao posto. Não só ele abriu a porta para que entrassem, como sugeriu que lá aguardassem a chegada da viatura da polícia, foi nesse momento que Laina passou a conversar com a menina para entender o que estava acontecendo. A menina narrou que foi agredida pelo segurança do shopping até ambos entrarem em luta corporal e ele chegar ao ponto de rasgar a roupa dela. Laina já havia se apresentado como advogada para os seguranças do shopping e não sendo reconhecida como tal, conta que resolve permanecer com a carteira da OAB em mãos "*para não gerar nenhum tipo de dúvida*". Segundo relata é comum ela passar por situações de desconfiança quando se apresenta como advogada, em geral, as pessoas não só gesticulam de modo a franzir a testa, inclinar a cabeça ou mover os lábios, como também explicitam verbalmente com questionamentos do tipo "*você é mesmo advogada?*". O fato é que com a chegada da viatura Laina se viu mais uma vez numa situação vexatória:

> Após a viatura da polícia chegar, eu que sempre sofro discriminação e incredulidade de ser advogada, já costumo ficar com a carteira da OAB em mãos para não gerar nenhum tipo de dúvida. Então levantei minha carteira da OAB quando vi o policial chegar, ele simplesmente ao entrar no módulo policial, vendo a minha OAB, me perguntou se eu havia roubado com ela. Na hora não consegui pensar em nada, mas o respondi à altura e por isso ele me proibiu de ir à viatura "dele".

O caso chamou bastante atenção porque ganhou repercussão em âmbito local e foi publicado em texto pela advogada tempos depois. Laina, que também é bastante atuante na esfera pública local, logo fez circular um texto expondo a situação ao público em que questiona no título "o que é ser advogada negra em Salvador?". Além da situação de rebaixamento social que Laina experenciou naquele momento, há dimensões outras do mesmo conflito envolvendo o policial que também era negro e mesmo assim reproduziu a narrativa de descredito quanto ao perfil profissional afirmado por Laina. A advogada questiona:

> Isso foi em agosto e até hoje me dói falar sobre isso, escrevo esse texto ainda chorando a dor de ver um homem preto se transformar em capitão do mato para me ofender e me desrespeitar. Na delegacia foi semelhante, mas não me calei, briguei, resisti e no dia seguinte as advogadas Carla Lima e Letícia Ferreira conseguiram a liberdade daquela menina. Mas não posso negar que chorei demais, passar cinco anos na faculdade, ter três especializações, ser estudante de mestrado não te muda a cor e por isso não te faz sofrer menos discriminação.

A partir desse caso, assim como outros casos que não cabe mencionar agora, percebi um padrão de não reconhecimento da estima social (HONNETH, 2003) das advogadas negras, pois em relação às advogadas brancas esses tipos de relato não apareceram. Em campo, durante as entrevistas com as advogadas negras foi possível atentar para os diferentes atos de reconhecimento e denegação vividos por elas.

Entretanto, o sistema de justiça é onde mora os principais incômodos de se sentir tratadas de maneira rebaixada. Na maneira como elas interagem entre si, enquanto mulheres negras que participam de movimentos sociais, elas se percebem reconhecidas quando são convidadas para participar de palestras, rodas de conversas, ministrar cursos fazer debates junto com outras mulheres negras de outras profissões, por serem negras são, na maioria das vezes, consideradas por outras negras/os, aqui reside seu pertencimento de cor. Mas em interação com outros atores sociais dos universos institucionais pelos quais circulam, os marcadores de identidade como a cor da pele, a vestimenta ou mesmo o tipo de cabelo interferem no modo como elas são tratadas quando descrevem os atos de desqualificação vivenciados como este mencionado por Laina. Ser negra estaria mais associada as categorias denegativas e reificadoras como ser uma mulher agredida ou violentada, mas nunca uma "doutora advogada". Com isso, a noção de indignação vem fortemente acompanhada por uma "percepção" descrita por minhas interlocutoras como "direito racista", para se referir à maneira como são tratadas e recebidas nas instituições que circulam e como os profissionais com os quais interagem nesses espaços reproduzem percepções acerca do lugar social da mulher negra. O caso de Laina é modelar de um tipo de desconsideração social que pode ser lida na perspectiva teórica interpretativa do antropólogo Luís Roberto Cardoso de Oliveira (2002) como insulto moral.

Segundo Cardoso de Oliveira, o insulto moral seria qualquer ato ou atitude que agrida os valores éticos e morais, posto que fere a dignidade da pessoa naquilo que ela tem genuinamente como substância moral - seu self. Laina se viu em situação vexatória, pois mesmo após apresentar sua carteira da OAB, continuou a ser tratada com desconfiança e incredulidade. A expectativa de receber um tratamento coerente com o porte do documento não somente foi frustrada como também levou a uma sobreinterpretação por parte dos atores envolvidos em acusá-la de praticar o crime de falsidade ideológica, uma vez que o policial não acreditou que o documento da OAB era original. Ainda conforme assinala Cardoso de Oliveira (2002), em muitos casos, não necessariamente é preciso uma violência física, mas ressalta ainda a intenção que o agressor comunica para a vítima. O insulto moral está associado ao tipo de agressão que fere e atenta à dignidade da pessoa. Da condição de advogada em atividade profissional, a advogada negra passou para a condição de vítima de violência moral. Laina argumenta que situações como essa não só tem incidência em Salvador como são muito comuns em seu cotidiano e que há dificuldade em mudar essa percepção, uma vez que ela estaria associada a uma estrutura social que classifica mulheres negras sempre como "parte" ou como alguém dos serviços gerais.

## Considerações finais

A violência moral, de certo modo, incide tão violentamente contra o corpo como uma violência física, pois tal maneira de agredir provoca lesões na autocompreensão da pessoa que a sofre, deixando rastros traumáticos em sua autoestima, comprometendo seu autorrespeito, sua autoestima. Ao que pude observar em campo na relação entre advogadas negras e o direito, há formas diferentes de vínculo entre a noção de justiça e valores que são socialmente institucionalizados. A pesquisa com advogadas negras atualiza a noção de desconsideração e insulto moral, além de trazer ao primeiro plano os sentimentos morais que articulam. Quando Laina diz "Mas não posso negar que chorei demais, passar cinco anos na faculdade, ter três especializações, ser estudante de mestrado não te muda a cor e por isso não te faz sofrer menos discriminação", significa que embora ela tenha formação e estudo, lidos como signos de prestígio social, o tratamento que ela recebe é de denegação da estima social e com isso ela ressalta a variável cor como determinante para que tenha recebido o insulto. Sobre isso, Cardoso de Oliveira argumenta que nem sempre é possível trazer para dentro da esfera jurídica os meios pelos quais responder adequadamente às demandas de consideração almejadas pelas pessoas agredidas:

> A percepção de desonra ou de indignação experimentada pelo ator que vê sua identidade negada, diminuída, ou insultada não encontra instrumentos institucionalizados adequados para viabilizar a definição do evento como uma agressão socialmente reprovável, nem mecanismos que permitam a reestruturação da integridade moral dos concernidos (CARDOSO DE OLIVEIRA, 2002, p. 123).

Nesse sentido, as advogadas negras que estão engajadas com a causa feminista e antirracista, fazem a autoafirmação da identidade como um meio de produzir aprendizado moral nos espaços nos quais circulam e por isso fazem questão de se apresentarem publicamente como "advogada negra", "advogada preta", "advogada feminista e antirracista". Mas reconhecem que isso não tem sido suficiente, razão pela qual elas se reposicionam nesses espaços de modo a propor cursos de atualização e capacitação para formação de profissionais operadoras/es do direito com o propósito de abordar aspectos relacionados ao trato de questões raciais e de gênero.

As advogadas negras entendem como frente de atuação não só a defesa da causa de mulheres em situação de violência, mas a redefinição das relações no ambiente do sistema de justiça, de modo a trazer para esse plano de atuação as concepções raciais na prática advocatícia e com isso propor redefinições para Teorias do Direito, aplicação da Lei, atuação profissional, a partir de lentes feministas e antirracistas. Para elas tão importante é a defesa das mulheres que são assistidas pela TamoJuntas quanto a batalha para serem tratadas como operadoras do direito.

O argumento que volta ao primeiro plano é de que elas merecem igual tratamento por serem "advogadas", merecem reconhecimento que as/os demais advogadas/os na vida pública e no exercício de sua profissão costumam receber. Percebe-se com isso que minhas interlocutoras buscam ao mesmo tempo o autorrespeito e o respeito para suas assistidas, atuam não só numa litigância feminista e antirracista ao defender mulheres em situação de violência, como também militam para dar novos contornos epistêmicos ao direito e ao Poder Judiciário. Elas apontam para o sistema de classificação social como espaço de reprodução de estigma, estereótipos e violências morais e sua autoafirmação como advogadas feministas e antirracistas é uma forma de comunicar seu pertencimento racial e de gênero.

Os atos de desqualificação que sofrem são lidos e significados como experiências de racismo e machismo, pois descrevem em suas queixas aspectos como a aparência, o tipo de vestimenta, cor da pele, tipo de cabelo, maneira de gestualizar que são ressaltados quando diante dos insultos por elas recebidos: "Você é advogada? Você com esse cabelo? Você com essa roupa?". Assim, buscar o direito, para minhas interlocutoras, é não só uma maneira de se profissionalizar, um modo de trabalho, mas uma maneira de recompor suas narrativas e sua autocompreensão, mais do que isso, passa a ser também uma maneira de modelar seu self e uma prática de liberdade (ALLEN, 2015) para si e para outras mulheres, isto é, uma maneira de lutar por reconhecimento. Por isso, juntas, em coletivo, atuam na defesa de outras mulheres, mobilizam-se para alavancar causas e construir uma luta pelo reconhecimento das mulheres no espaço do direito e do sistema de justiça brasileiro. Pensando o direito e o movimentos sociais, a TamoJuntas se inscreve como um tipo híbrido que incorpora não só novas epistemologias para o mundo jurídico, informada pelo feminismo jurídico, justiça de gênero, teorias interseccionais, mas também ampliando a noção de cidadania para suas assistidas, tendo como foco o respeito pela diversidade dos modos de ser mulher no Brasil contemporâneo.

Desse modo, trazer tais notas etnográficas sobre a TamoJuntas me permitem refletir sobre a efervescência de ações coletivas protagonizadas por essas advogadas em torno da construção de um novo campo de estudos e lutas sociais: a advocacia feminista e antirracista no Brasil. As experiências vividas dessas mulheres nos fazem compreender de que modo elas constroem suas identidades pessoais e introduzem novas sensibilidades morais no sistema de justiça brasileiro.

## Referências

ALLEN, Amy. Emancipação sem utopia. *Novos Estudos CEBRAP*, Nov. 2015, 103, p. 115-132.

CARDOSO, Evorah Lusci; FANTI, Fabíola. Movimentos Sociais e Direito: o poder judiciário em disputa in SILVA, Felipe Gonçalves; RODRIGUEZ, José Rodrigo (coord.). *Manual de Sociologia Jurídica*. São Paulo: Saraiva, 2013.

CARDOSO DE OLIVEIRA, Luís Roberto. *Direito Legal e Insulto Moral - Dilemas da cidadania no Brasil, Quebec e EUA*. Rio de Janeiro: Relume Dumará, 2002, 157 p.

CHOO, Hae Yeon; FERREE, Myra Marx. *Practicing Intersectionality in Sociological Research*: A Critical Analysis of Inclusions, Interactions, and Institutions in the Study of Inequalities. Sociological Theory. 28:2, jun. 2010, p.129-149.

CRENSHAW, Kimberlè. "Documento para o encontro de especialistas em aspectos da discriminação racial relativos ao gênero". *Revista de Estudos Feministas*, v. 7, n. 12, 2002. p. 171-88.

FRASER, Nancy. *Justice Interruptus*: Critical Reflections on the "Postsocialist" Condition. New York. Routledge, 1997.

_______. Reconhecimento sem Ética? In SOUZA, Jessé; MATTOS (Orgs.). *Teoria Crítica no Século XXI*. Minas Gerais, Annablume, 2007, p.113-140.

FACCHINI, Regina. 2003. "Movimento homossexual no Brasil: recompondo um histórico". In: GREEN, James & MALUF, Sônia. (eds.). *Cadernos AEL: homossexualidade, sociedade, movimento e lutas. Vol. 10, nº 18-19.*

GEERTZ, Clifford. *O Saber Local*. Rio de Janeiro, Petrópolis, Vozes, 2013.

HABERMAS, Jürgen. *Mudança estrutural da esfera pública*: investigações quanto a uma categoria da sociedade burguesa. Trad. Flávio R. Kothe. Rio de Janeiro: Tempo Brasileiro, 2003.

HONNETH, Axel. *Luta por reconhecimento*: A gramática moral dos conflitos sociais. São Paulo: Ed. 34, 2003.

KANT DE LIMA, Roberto. Por uma Antropologia do Direito no Brasil. In: FALCÃO, Joaquim de Arruda. *Pesquisa Científica e Direito*. Recife: Massangana, 1983. p. 89-116.

MACIEL, Débora Alves. "Ação Coletiva, Mobilização do Direito e Instituições Políticas: o caso da Campanha da Lei Maria da Penha". In: *Revista Brasileira de Ciências Sociais*, São Paulo, v. 26, n. 77, outubro, 2011, pp. 97-111.

MORAIS LIMA, Andressa Lídicy. *Azul Profundo*: Etnografia das práticas de advocacia feminista e antirracista na Bahia. 447f. Tese (Doutorado em Antropologia Social) – Universidade de Brasília, Brasília, 2020.

______. *Okupar, resistir, insistir*: uma etnografia de práticas de ocupação urbana Fortaleza / Ceará. 2012. 168 f. Dissestação (Mestrado em antropologia Social) - Universidade Federal do Rio Grande do Norte, 2012.

SAYER, Andrew. The Moral Significance of Class. Cambridge University Press, 2005. SARAT, A.; SCHEINGOLD, S. 1998. "Cause lawyering and the reproduction of professional authority: an introduction". In: SARAT, A.; SCHINGOLD, S. (eds.). *Cause lawyering political commitments and professional responsabilities*. New York: Oxford University Press. (Coll. "Oxford Socio-Legal Studies")

SOUZA, Jessé. *A construção social da subcidadania*. Rio de Janeiro, IUPERJ, 2006.

TAYLOR, Charles. *A política do reconhecimento*; A política liberal e a esfera pública in Argumentos filosóficos. São Paulo: Edições Loyola, 2000, p. 241- 274; p.275-304.

YOUNG, Iris Marion. Justice and Politics of Difference. Princiton University Press, 1990. WERNECK VIANNA, Luiz. *A judicialização da política e das relações sociais no Brasil*. Rio de Janeiro: Revan, 1999

# A Vila Mimosa e a cidade pela perspectiva de suas prostitutas

Patricia Luana Costa Araújo[1]
Leticia Castilhos Coelho[2]
Felipe Gonçalves Amaral[3]

## Introdução

Planejadas em sua maioria por homens, as cidades sempre tiveram um caráter de servir ao patriarcado, resultante de uma visão econômica e produtiva do espaço. Essa produção do espaço urbano que prioriza as necessidades dos homens e da estrutura patriarcal, segrega de múltiplas maneiras as mulheres e suas possibilidades de experiências na cidade.

---

1 Mestranda em Geografia pela Universidade Federal do Rio de Janeiro (PPGG-UFRJ). Pesquisadora do Grupo de Pesquisa Território e Cidadania. E-mail: patricialcaraujo@gmail.com

2 Doutora em Planejamento Urbano e Regional pelo Instituto de Pesquisa e Planejamento Urbano e Regional da Universidade Federal do Rio de Janeiro (IPPUR – UFRJ). Professora Adjunta no Departamento de Urbanismo e Meio Ambiente (DPUR) na Faculdade de Arquitetura Urbanismo da Universidade Federal do Rio de Janeiro (FAU-UFRJ). É pesquisadora do Laboratório de Projetos Urbanos (LAPU/PROURB/UFRJ), e colaboradora do Grupo de Pesquisa Modernidade e Cultura (GPMC/IPPUR/UFRJ). E-mail: leticiaccoelho@fau.ufrj.br

3 Doutorando em Geografia pela Universidade Federal do Rio de Janeiro (PPGG-UFRJ). É pesquisador do Laboratório Espaço de Sensoriamento Remoto e Estudos Ambientais (ESPAÇO/IGEO/UFRJ). Tem foco de pesquisa nas áreas de Representação e Análise Espacial e Geotecnologias aplicadas a Análises Urbanas e Ambientais. E-mail: felipeamaral@igeo.ufrj.br

O estudo histórico sobre a prostituição de Robert (1998) aponta que as mulheres que tinham como profissão a prostituição foram as primeiras a se apropriarem dos espaços públicos e tal fato implicou a estas valores de caráter negativo. Logo, foi criado uma imagem sobre essa atividade e seus atores, de algo pecaminoso, associado a sujeira, impureza e que estes não mereciam respeito, principalmente as prostitutas (ROBERT 1998; SIMÕES 2010; RAMOS 2015).

Pouco se fala sobre as problemáticas espaciais que os grupos de prostitutas passam nas cidades. Muitos desses problemas, tem fundamentação na construção das próprias cidades, que a partir dos ideais de seus planejadores e por agentes hegemônicos se preocupam em isolar essa atividade (SIMÕES 2010; RAMOS 2015). Nesse sentindo, os atores do *métier* sobretudo as prostitutas, ficam impossibilitados de exercerem o seu direito à cidade nos espaços que em muitos casos são o seu lugar de trabalho e moradia.

Diante dessa problemática, o movimento social de prostitutas tem um papel importante sobre vários aspectos que implicam no exercício da profissão. Mas vale destacar a força e a atuação desses movimentos na luta por seus territórios, por reivindicar melhores direitos e condições físicas de trabalho e moradia das profissionais e por garantir que as mesmas tenham acesso à cidade como qualquer outro cidadão teria.

Entendendo que homens e mulheres possuem experiências diferentes no espaço urbano, sobretudo as mulheres inseridas na classe de trabalho da prostituição, como já visto, é importante entender as questões específicas que se relacionam a esse grupo na cidade. Com isso, o objetivo deste trabalho é de entender as problemáticas urbanas existentes no entorno imediato da zona de prostituição da Vila Mimosa, localizada na cidade do Rio de Janeiro, a partir da perspectiva de seu grupo de prostitutas e consequentemente suas demandas e necessidades espaciais. Para isso será feito uma correlação de informações fornecidas pelas próprias profissionais e demais dados primários coletados em trabalho de campo com dados secundários disponibilizados pela prefeitura da cidade.

## Evolução histórica e espacial da prostituição na cidade do Rio de Janeiro

De acordo com Robert (1998) a prostituição é uma profissão que faz parte da formação, da cultura e da memória do povo brasileiro. Ainda que seja uma atividade que sofre com o juízo de valor social, é ao mesmo tempo, um mal necessário (ENGEL, 2004) e que acompanhou as mudanças de planejamento urbano das cidades brasileiras, sobretudo na antiga capital do país, o Rio de Janeiro.

No Rio de janeiro, de acordo com Priore (2005) em 1845, existiam três tipologias espaciais que eram associadas às classes de meretrizes. A tipologia de sobrado que era destinado às prostitutas aristocratas e que consistiam em casas nobres. Os sobradinhos, que eram conjuntos de hotéis e casas de costureiras, destinados às prostitutas de segunda classe. E por fim, existiam os casebres e cortiços, destinados às prostitutas de classe baixa. Essas últimas exerciam também sua profissão nos espaços públicos como praças e avenidas. Isso demostra uma distinção de valor dentro do "universo" da própria prostituição que foi instituído a partir das localizações onde realizavam a atividade e o tipo de público frequentador.

No final do século XIX início do século XX, segundo Engel (2004) devido ao crescimento da cidade, as áreas de prostituição tiveram uma importância por algum tempo na zona sul do

Rio de Janeiro. Segundo a autora tais espaços se configuraram como cabarés, cafés-encontros, cabarés de alto luxo, teatros e restaurantes. Isso foi muito significativo, num momento em que a cidade recebia muitas figuras estrangeiras consideradas importantes e na consolidação de uma imagem cosmopolita do Rio de Janeiro. Logo, possuir prostitutas de luxo em espaços nobres era um bom negócio.

Em contra partida, de acordo com Engel (2004), a prostituição considerada de baixo meretrício que se localizava no centro da cidade sofria repressão social e institucional a partir desta época. A prostituição incomodava, muitas vezes por ocupar áreas valorizadas do ponto de vista imobiliário. Logo, a necessidade de delimitar o espaço da prostituição movimentou as primeiras campanhas de repressão na cidade do Rio de Janeiro. Essa necessidade se deu tanto pela questão moral e normalizadora da conduta quanto por uma lógica de mercado em relação ao espaço urbano (RAGO, 1997).

De acordo com Rago (1997) outra forma de garantir a exclusão das prostitutas ocorreu através do projeto de normalização higiênica do corpo. O discurso criava categorias de doenças e dentre elas constava a prostituição, que era chamada de doença social, disseminando a ideia de que as áreas onde ocorriam a prostituição proliferavam doenças. Para esses regulamentistas, os bordéis deveriam estar localizados em bairros afastados das escolas, das igrejas, dos internatos e de áreas residenciais. Assim como, as meretrizes deveriam ter poucas permissões de saídas, ficando mais reclusas dentro dos bordéis, diminuindo a possibilidade de ocuparem a cidade.

Após tantos conflitos desencadeados nessa época, de acordo com Simões (2010) no século XX é criada a zona de baixo meretriz conhecida como Mangue, localizada na Praça

Onze. Nos anos de 1950, a zona do Mangue foi fechada, expulsando as prostitutas para áreas mais afastadas. Depois de diversas atuações políticas do Estado, no sentido de disciplinar a atividade, a prostituição em grandes cidades brasileiras ficou restrita a determinadas áreas, funcionando de forma mais discreta até os dias atuais. Com isso, as prostitutas de todo o país perceberam a necessidade de se organizarem enquanto grupos sociais políticos e ideológicos na defesa de seus direitos e por melhor acesso à cidade.

## Movimento social de prostitutas no Brasil

O movimento social das prostitutas se organiza em diferentes associações que acontecem em diversas regiões brasileiras. Esse movimento, de acordo com Caminhas (2016), tem o intuito de entender as necessidades básicas consensuais formuladas pelas próprias prostitutas. As associações se formaram pela demanda por regulamentação da prostituição junto a outras reivindicações de natureza material e simbólica, visando a formulação dos direitos considerados básicos para melhorar a condição de trabalho e de vida na prostituição. No movimento existem duas redes principais que articulam os objetivos e ideais políticos gerais dos grupos. São elas: a Rede Brasileira de Prostitutas (RBP) e a Central Única de Trabalhadoras e Trabalhadores Sexuais (CUTS).

A Rede Brasileira de Prostitutas foi criada em 1987 e tem como compromisso, desde sua fundação, o reconhecimento da atividade como ocupação legal. A rede constitui-se como um grupo político, ideológico e representativo, formado pelas próprias prostitutas, e suas causas são em prol de si mesmas. A RBP apresenta como metas: a) assumir a identidade profissional e buscar o reconhecimento; b) promover a igualdade social das prostitutas; c) favorecer a liberdade, a dignidade e o respeito; d) incentivar o protagonismo e a autonomia; e) colaborar com a elevação da autoestima; f) rejeitar o abolicionismo e a vitimização das prostitutas; g) lutar pelo direito à cidadania; e h) recusar o gueto social e simbólico (CAMINHAS, 2016).

A CUTS, de acordo com Caminhas (2016), é um grupo mais recente e iniciou suas atividades em 2015. Defende a regulamentação profissional, a descriminalização do entorno da prostituição e o reconhecimento oficial/social do trabalho; promove ações contra o estigma, a violência e o preconceito; e incentiva a educação sexual e a segurança na atividade.

O Estado do Rio de Janeiro possui um grupo importante que é o Davida, criado em 1992 pela fundadora da Rede Brasileira de Prostitutas, Grabriela Leite. O Davida tem como compromisso criar oportunidades para o fortalecimento da cidadania das prostitutas por meio de organização da categoria, da defesa e promoção de direitos, da mobilização e do controle social (FUNDOS DIREITOS HUMANOS, 2009). Esse grupo já promoveu muitas ações na cidade do Rio de Janeiro como forma de adquirir visibilidade para as problemáticas enfrentadas na vida da prostituição.

Portanto, entende-se que o movimento social de prostitutas, voltado para garantir a luta pelo direito à cidadania e recusar o gueto social e simbólico, pontos citados acima, tem um papel importante no que diz respeito ao acesso ao direito a cidade dessas mulheres. Como visto anteriormente, o grupo de prostitutas por ser marginalizado sofre com a invisibilidade espacial o que impacta em sua restrição a usos do cotidiano. O movimento social, como aponta Dias (2017), em outros Estados é protagonista nos ganhos sobre as lutas de território e por conseguir que o Estado promova ações nas áreas de prostituição nas demais cidades brasileiras.

## Vila Mimosa: trajetórias, espaços e práticas de resistência

A Vila Mimosa, de acordo com Simões (2010), nasce na conhecida zona do Mangue após a realização, em 1979, do projeto urbanístico do Centro Administrativo São Sebastião (CASS) como sede da administração municipal da cidade. Esse projeto foi edificado sobre um grande espaço que servia de circulação para as prostitutas. Com isso, o Mangue passou a ser apenas uma travessa de casas na fronteira entre os bairros do Estácio e Cidade Nova, em uma vila existente com o nome de Vila Mimoza, onde resistiam as últimas casas de bordeis.

No início da década de 80 houve fatos significativos nessa trajetória. Segundo Simões (2010), a área remanescente do Mangue passa a ser conhecida como Vila Mimosa, onde se formou a primeira organização de prostitutas no Brasil, a Associação de Prostitutas do Rio de Janeiro. Em 1987, houve o I Encontro Nacional de Prostitutas e um ato-show no Circo Voador chamado "Mangue-resiste", devido às várias remoções acontecidas com o grupo. Todos esses acontecimentos fermentaram uma identidade relacionada ao grupo e um símbolo de resistência do Mangue.

Porém, nos anos 90, de acordo com Simões (2010), essa região é totalmente destruída, devido ao projeto urbano do Teleporto, que previa um entorno totalmente novo para o CASS. Diante disso, durante a demolição dos imóveis a Associação das Prostitutas atuou ativamente junto ao poder público, que as indenizou. A presidente da associação, na época, foi acusada de ter sumido com o dinheiro e as prostitutas e as donas de casa de prostíbulos se reuniram para adquirir um galpão na Praça da Bandeira em 1996.

Assim formou-se a nova Vila Mimosa, persistindo com o mesmo nome no sentido de traçar um elo entre os dois momentos principais de sua história, antes e depois do Mangue, sendo que as características originais da zona ainda permanecem no imaginário. A Vila Mimosa carrega uma memória coletiva, espacial e histórica de expulsões, segregações, resistência e identidade em relação ao seu espaço prostitucional, sendo mais um exemplo de como se constituem as cidades brasileiras, principalmente o Rio de Janeiro.

## Área de estudo

A nova sede da Vila Mimosa está instalada no bairro da Praça da Bandeira, localizado na zona norte do Rio de Janeiro, fazendo limite com os bairros do Maracanã, São Cristóvão, Santo Cristo, Cidade Nova, Estácio, Rio Comprido e Tijuca, estando a 1,2km do Centro da Cidade (Figura 1).

A área de estudo possui um aspecto de "ilha" devido à configuração do tecido urbano, formado por linhas de trem, do metrô e pelas vias largas da Avenida Osvaldo de Teixeira e a Avenida Teixeira Soares, que se torna Radial Oeste em determinado momento. Esse seccionamento do tecido, interfere nas características de ambos os lados do bairro da Praça da Bandeira, dividindo as relações sociais e segregando um dos lados. Tal espaço, possui em grande parte de seus limites a antiga Estação de Trem da Leopoldina – e toda a extensão do seu terreno, atualmente sem uso – e as linhas de trem e metrô da Central do Brasil. Possui 4 ruas: a rua Sotero Reis, onde fica localizada a Vila Mimosa; rua Hilário Ribeiro; rua Lopes de Souza e rua Ceará, acesso principal ao local de estudo, aberta em 2014 para dar mais permeabilidade a região.

**Figura 1 – Mapa de localização da Vila Mimosa dentro das áreas de estudo**

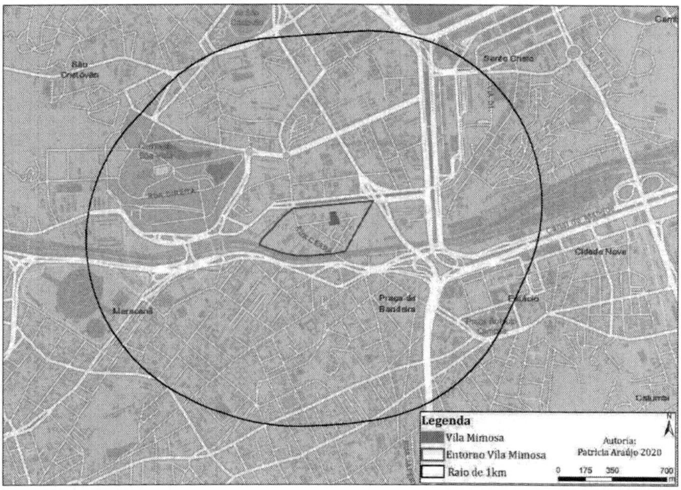


## Metodologia

Para que fosse possível fazer uma leitura urbana sobre o entorno da Vila Mimosa e as diretrizes de planejamento urbano, o método construído utiliza duas categorias de análise que a todo momento foram sendo comparadas. Suas intenções previam coletar informações básicas que correspondessem a realidade dos atores em questão.

Para isso foi feita uma análise espacial com duas delimitações. O primeiro limite que este trabalho se propôs a estudar foi o entorno imediato da rua Sotero dos Reis, onde se localiza a zona de prostituição da Vila Mimosa. Essa primeira delimitação foi necessária para entender como é o contexto imediato à zona e como as prostitutas percebem e se relacionam nessa escala interna do bairro.

O segundo limite que foi estabelecido por meio de um raio de 1km a partir do entorno imediato da zona de prostituição, ou seja, a primeira delimitação espacial descrita anteriormente. A medida do raio é considerada dentro dos parâmetros urbanísticos como a capacidade máxima de forma confortável para o pedestre caminhar (ITDP, 2018). Como consequência disso, para essa pesquisa, foi considerado também uma distância onde podem ocorrer as maiores interações sociais. Diante disso é relevante entender como as prostitutas se associam a esta escala da cidade.

A partir dessas delimitações espaciais definidas, foram realizados dois tipos de procedimentos: o trabalho de campo e o levantamento de dados. Com a reunião dessas informações, as mesmas foram organizadas e correlacionadas para que assim pudesse ser feita uma análise a partir da perspectiva das próprias prostitutas em relação ao que existe em ambas as escalas de experiência. Essas relações tiveram o propósito de entender quais as diretrizes de planejamento seriam necessárias e em qual escala elas seriam melhor aplicadas.

Destrinchando esse procedimento, é relevante dizer que o levantamento de dados teve como propósito a realização de mapas através de sistemas de informações geográficas (SIGs) para entender a dinâmica dos dois recortes definidos por esta pesquisa. Enquanto o trabalho de campo consistiu na realização de entrevistas com as prostitutas da Vila Mimosa e alguns relatos, a fim de entender como as mesmas compreendem esses recortes, bem como, suas necessidades e reivindicações. Outro ponto importante foi a coleta de dados durante o campo sobre a morfologia desses espaços que só foi possível a partir da observação empírica.

## Resultados

De acordo com o recorte feito, de um raio de 1km a partir do entorno imediato da zona de prostituição da Vila Mimosa, pode-se identificar que essa área possui uma grande variedade de equipamentos urbanos. Na categoria de equipamentos educacionais, existem: três creches municipais, três colégios estaduais, duas escolas técnicas, o colégio Pedro II e a Escola Nacional de Circo. Encontram-se também dois equipamentos de saúde: uma policlínica e um centro municipal de saúde. Duas delegacias: a 17ª e a 18ª DP e por fim, um grande equipamento cultural e de lazer, a Quinta da Boa Vista e o Museu Nacional (figura 2).

O entorno imediato da Vila Mimosa possui usos predominantes de comércio e serviço, que na maioria são bares, mecânicas e lojas de autopeças. Seguidos de uso residencial, constituído por meio de vilas e conjuntos de casas germinadas. Também são encontrados, de forma pontual, usos mistos com comércio no térreo e habitação no sobrado, tal qual, o conjunto de casas e galpões que formam a zona de prostituição. A área apresenta muitas edificações sem uso e algumas em que não foi possível identificar qual atividade abriga (figura 3).

## Figura 2 – Mapa de equipamentos urbanos próximo ao entorno da Vila Mimosa

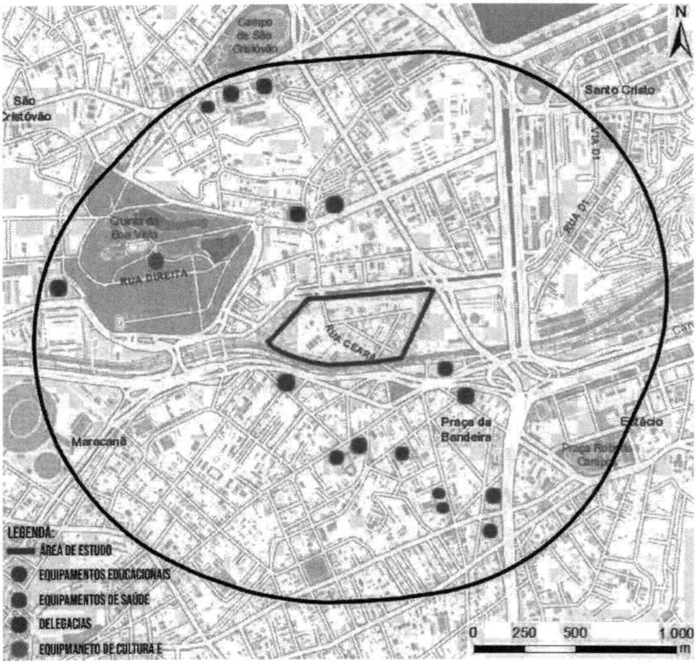

**Figura 3 – Mapa de usos do entorno imediato da Vila Mimosa**

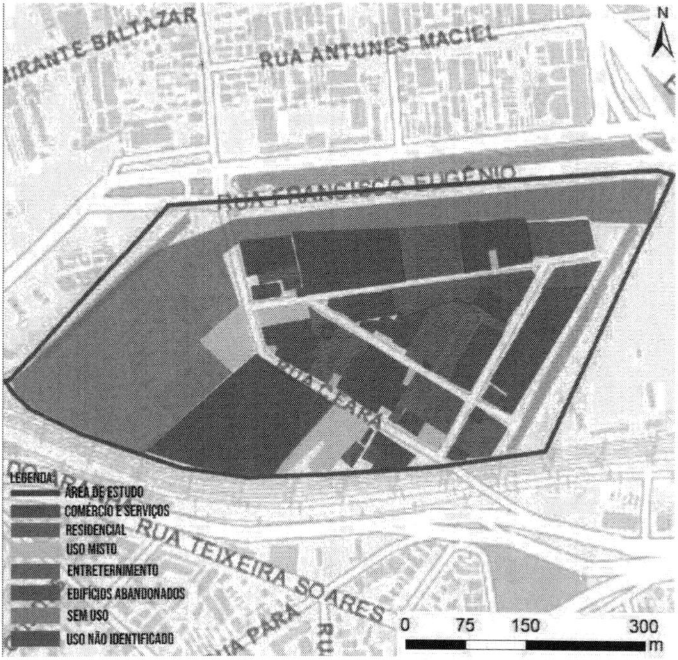


Entre as dez prostitutas entrevistadas, foi consenso a reivindicação de um equipamento de saúde e de um espaço destinado a descompressão para elas, algo que reunisse atividades de artesanato, costura, pintura, entre outros. Muitas prostitutas possuem ou querem aprender outras atividades, como forma de possuir outra renda que complemente a atual. Das atividades apontadas, existe uma forte vontade de que voltem os cursos (que existiam em outra época), assim como, é percebida a importância de reuniões da Vila Mimosa, como maneira de constituir um grupo de prostituição que busque garantir seus direitos de trabalho. Foram unânimes também os relatos sobre a falta de segurança fora da zona, ou seja, fora da rua Sotero do Reis que abrange o entorno imediato e o raio de 1km como pode ser observado no trecho abaixo.

> "O que você mudaria na Vila Mimosa ou no entorno dela?
> Aqui precisa de um Posto de Saúde só pra gente, ir lá fora na rua do Matoso é complicado porque eu perco cliente, se tivesse um aqui dentro a gente não ia precisar dos esquemas do posto de lá. Seria legal ter um banco ou 24 horas pra gente pagar as contas. Eu sempre tenho que pedir a um amigo meu para pagar minhas contas lá fora" (Prostituta, Vila Mimosa 2018).

Durante o trabalho de campo, a partir das observações empíricas, pode-se perceber as condições das moradias que são inseguras, degradadas e algumas insalubres. Existe um problema notório de enchente nesta área da cidade que consequentemente afeta a zona de prostituição. Também foi identificado a precariedade da iluminação pública, que é um elemento que contribui para a sensação de insegurança nos momentos noturnos. As calçadas apresentam problemas de excesso de buracos, algo que também foi relatado pelas entrevistadas que demostraram insatisfação por serem estreitas. Condição que se torna um grande problema, visto que a rua é também o posto e o local de trabalho das prostitutas.

## Discussão

A partir dos resultados obtidos pode-se fazer a associação das informações dadas pelas prostitutas e o levantamento das áreas de estudo. Dessa forma, analisa-se que por mais que a Vila Mimosa esteja a 1km de grandes equipamentos urbanos (figura 2) necessários para a vida cotidiana, as prostitutas que moram e trabalham na zona de prostituição relatam que o acesso a esses espaços é difícil. Não apenas pelo problema da caminhabilidade, visto que esse grupo majoritariamente se locomove a pé, mas também pelo problema do estigma, por serem rostos conhecidos na região.

Dessa forma, essas mulheres optam em ir para outras áreas da cidade para exercerem suas atividades cotidianas. Pôde-se perceber nas entrevistas que elas associam essa região apenas como um local de trabalho, ainda que algumas morem ali. O medo de ser identificada faz com que muitas delas não exerçam seu direito de ir e vir tranquilamente.

No que diz respeito ao entorno imediato da zona de prostituição (figura 3), chama a atenção o fato de não existir uma variedade de usos, e o tipo de comércio e serviço ofertados nessa parte do bairro não suprir as necessidades de seus moradores e trabalhadores no cotidiano. Isso reforça a ideia de que essa área oferta atividades a um público externo que eventualmente passa por ali com algum propósito. Com isso, as prostitutas muitas vezes necessitam ir a outros bairros.

Diante de todas essas problemáticas e as necessidades relatadas pelas prostitutas, entende-se a urgência de existirem diretrizes de planejamento na escala da rua, voltadas para esse público. Entendendo que esse grupo possui uma particularidade na maneira de ocupar a cidade e que deve ser considerado no planejamento urbano, visto que, a prostituição e seus atores, como foi demonstrado neste trabalho, estão presentes na formação dos espaços urbanos ao longo da história do país.

Considerando que as prostitutas são as principais agentes no entorno imediato da zona, suas necessidades precisam ser atendidas em primeiro plano. Nesse sentindo, as diretrizes foram divididas em três eixos: serviços básicos, empoderamento e infraestrutura. Visto que, essas mulheres passam grande parte do tempo nas edificações da rua Sotero dos Reis, planejar equipamentos de saúde, lazer, trabalho e moradia torna-se um direito, assim como, promover espaços que sejam adequados para o tipo de trabalho que exercem.

Logo, a partir dos eixos indicados, o programa de necessidades para a rua Sotero dos Reis ficou respectivamente: unidade básica de saúde em edificações sem uso e melhoria nas habitações; atividades criativas para as prostitutas em edificações abandonadas; sistema de macrodrenagem das ruas, iluminação pública, arborização, alargamento e qualificação nas calçadas. A partir dessas diretrizes, percebe-se a necessidade de intervir nas edificações pré-existentes e subutilizadas na rua Sotero dos Reis. Por fim, utilizar o princípio de um planejamento urbano que vise atuar pontualmente, buscando não descaracterizar a ambiência existente, não impulsionar processos de "gentrificação" e, sim, garantir soluções às problemáticas apresentadas com a participação ativa das prostitutas da Vila Mimosa.

## Considerações finais

Após correlacionar as análises espaciais com os relatos das prostitutas, foi possível entender como suas dificuldades cotidianas no entorno da Vila Mimosa passam desapercebidas, se não consideramos a perspectiva desse grupo. Da mesma forma, acessar como ocorrem suas demandas e necessidades, dadas as particularidades relacionadas à profissão que exercem, devendo ser considerada tão importante e digna quanto qualquer outra.

Foram apontados problemas como: falta de um equipamento de saúde qualificado; carência de espaços para atender outras atividades, onde também seja possível promover cursos, reuniões e encontro das prostitutas, visto que elas tinham esses espaços e os mesmos foram perdidos; ambientes de trabalho insalubres; problemas de enchentes nas ruas; moradias precárias, que acontecem em pensões improvisadas; e, por fim, a sensação de insegurança "fora" da zona, ou seja, todo o espaço entre a delimitação da área de estudo e o raio de 1km.

Foi identificado também, a partir do trabalho de campo, que a área de estudo como um todo possui problemas como: falta de iluminação e arborização; calçadas estreitas para os pedestres; excesso de fachadas inativas gerando sensação de insegurança e um aspecto de "não lugar"; edificações degradadas, sem características arquitetônicas relevantes e edificações e espaços subutilizados.

O método utilizado foi importante para chegar com maior clareza nos resultados obtidos. A escolha de fazer uma pesquisa que utilizasse tanto os levantamentos de dados urbanísticos quanto os relatos das entrevistas e as observações no campo foram essenciais para se aproximar da realidade vivenciada por esse grupo na cidade.

Com isso, entende-se que entorno imediato da Vila Mimosa necessita de ações que qualifiquem seu espaço primeiramente em prol das prostitutas, para que o trabalhar, morar e conviver delas seja garantindo de forma cidadã e esteja integrado aos serviços e ofertas da cidade; em segundo plano, existem demandas de infraestrutura urbana que consequentemente afetam as mesmas.

Para esse conjunto de problemas, as diretrizes de planejamento urbano devem sanar todas as reivindicações relatadas, bem como, aquelas observadas durante o trabalho de campo. Portanto, sempre sendo participativo e garantindo que o grupo de prostitutas da Vila Mimosa consigam permanecer em seu território mesmo com as transformações ao longo do tempo.

## Referências

BRASIL, I. T. D. P. Índice de caminhabilidade-Ferramenta versão 2.0. Instituto de Políticas de Transporte e desenvolvimento, p. 66, 2018.

CAMINHAS, Lorena. "Regulamentação da prostituição como condição para justiça: uma análise das demandas de prostitutas reunidas em associações". 40° Encontro Anual da Associação Nacional de Pós-Graduação e Pesquisa em Ciências Sociais (ANPOCS), vol. 1, p. 1-23, Caxambu (MG), Brasil, 2016.

DIAS, Lucas Bernardo. A prostituição no Brasil: percursos sobre a regulamentação do métier. Trabalho de Conclusão de Curso - Gestão Pública para o Desenvolvimento Econômico e Social (GPDES) – IPPUR/UFRJ, 2017.

ENGEL, Magali. *Meretrizes e doutores*: saber médico e prostituição no Rio de Janeiro (1840-1890). São Paulo: Brasiliense, 2004.

PARK, Robert Ezra. The city: Sugestions for the Investigation of Human behavior in urban environment. In: Park, Robert Ezra.; Burgess, Ernest W. (orgs). *The City*: Sugestions for 14 the Investigation of Human behavior in urban environment. Chicago: The University of Chicago Press – Midway Reprint, 1984.

PRIORE, Del. Mary. *História do amor no Brasil.* São Paulo: Contexto, 2005.

RAMOS, Diana Helene. "Preta, pobre e puta": a segregação urbana da prostituição em Campinas-Jardim Itatinga. 2015. Tese de Doutorado–Programa de Pós-graduação em Planejamento

Urbano e Regional. Universidade Federal do Rio de Janeiro, Rio de Janeiro, 2015.

RAGO, Margareth. Sexualidade e identidade na historiografia brasileira. Resgate: *Revista Interdisciplinar de Cultura*, v. 6, n. 1, p. 59-74, 1997.

ROBERTS, Nickie. *As prostitutas na história*. São Paulo: Ed. Rosa dos Tempos, 1998.

SIMÕES, Soraya S. "Identidade e política: a prostituição e o reconhecimento de um métier no Brasil". *Revista de Antropologia Social dos Alunos do PPGAS-UFSCar.*, v.2, n.1, jan/jun, 2010.

# PARTE III
# Movimentos sociais para além do urbano

# Cooperativas dos assentados da reforma agrária no Estado do Paraná:
## *políticas públicas e incentivo à geração de renda*

Alexandre Maurício Sandri[1]
Antonio Gonçalves de Oliveira[2]

## Introdução

Embora o senso comum, pelo fato de o Brasil ser reconhecido como uma grande potência agrícola exportadora, conduza a outras possíveis interpretações, é fato que a agricultura familiar responde pela maior quantidade de alimentos colocados na mesa da população brasileira (MDA, 2009). Por ser ela produtora de alimentos primários, maneira pela qual se dá a comercialização dos produtos principalmente de forma in natura, fica então sujeita às variações sazonais e de preços que são ditados pelo mercado e pela dependência de atravessadores. Neste contexto, as cooperativas de agricultores assentados da reforma agrária podem diminuir tal dependência, auxiliando na mudança de papel do assentado, que de simples coadjuvante, possa ser protagonista do processo.

A organização em cooperativas no meio rural configura-se como importante dispositivo coletivo na mediação da relação entre agricultores e mercado, não se limitando ao ato de comprar e vender mercadorias, mas também de acessar a financiamen-

1 Instituto Nacional de Colonização e Reforma Agrária (INCRA). Email: alemasa69@gmail.com

2 Universidade Tecnológica Federal do Paraná (UTFPR). Email: agoliveira@utfpr.edu.br.

tos, tecnologias, conhecimento e assistência técnica (DA SILVA, CAMILA M. V; SCHULTZ, GLAUCO, 2017). Nesse matiz, o incentivo governamental por intermédio de políticas públicas destinadas ao financiamento de equipamentos e infraestrutura, somado à capacitação de gestores, além da disponibilização de assistência técnica aos associados, torna-se fundamental para a manutenção e o fortalecimento das cooperativas de assentados existentes no mercado, bem como para o surgimento de novas.

As entidades de representação de assentados da reforma agrária, frequentemente demandam do governo federal, políticas de incentivo para a estruturação de cooperativas nos assentamentos. No ano de 2003, o Instituto Nacional de Colonização e Reforma Agrária (Incra) lançou o II Plano Nacional de Reforma Agrária que continha em escopo um programa de apoio às cooperativas e associações (PNRA, 2003). Nesta linha, no ano de 2004 foi lançado o Programa Terra Sol com o objetivo de fortalecer as associações e cooperativas de beneficiários da reforma agrária, por meio do fomento à agroindustrialização e comercialização, gestão e implantação ou recuperação de agroindústrias (NORMA EXECUÇÃO TERRA SOL 109/2012). Desta forma, este capítulo tem como objetivo demostrar as ações disponibilizadas por intermédio das políticas públicas destinadas ao atendimento das demandas das cooperativas de assentados da reforma agrária no Estado do Paraná, verificando-se se estas políticas têm contribuído para uma melhor gestão das cooperativas, e consequentemente na melhoria da qualidade de vida de seus cooperados.

Além desta introdução, este capítulo está estruturado em cinco partes. A segunda parte traz o referencial teórico acerca do cooperativismo; a terceira versa sobre as políticas públicas acessadas pelas associações e cooperativas de assentados da reforma agrária; a quarta parte refere-se aos aspectos metodológicos; a quinta traz os resultados e discussões; e pôr fim a sexta parte contempla as considerações finais.

## Cooperativismo no brasil: das cooperativas agropecuárias às de assentados da reforma agrária

O cooperativismo no Brasil teve início em meados do século XIX, sendo que as cooperativas agropecuárias remontam do início do século XX, baseadas em modelos europeus (MAPA, 2006). Para Pinho (1977), no Brasil, as primeiras cooperativas estavam voltadas às atividades agropecuárias. Já em 1903 possibilita-se facultativamente aos sindicatos exercerem a função de intermediários de crédito a favor dos sócios, bem como venderem, por suas contas, os produtos da exploração em espécie, bonificados ou de qualquer modo transformados (DECRETO LEGISLATIVO 979/1903). Com a criação da Lei 5.764 de 16 de dezembro de 1971, foi então definida a Política Nacional de Cooperativismo, com a instituição do regime jurídico das cooperativas como sociedades de pessoas, com forma e natureza jurídica própria, de natureza civil, não sujeitas a falência, constituídas para prestar serviços aos associados (LEI 5.764/1971).

Destaque-se que, consoante sua relevância, a Constituição de 1988 em seu artigo 187 faz referência ao cooperativismo, salientando a importância da política agrícola planejada e executada na forma da lei, com a participação dos meios de produção, envolvendo os produtores, trabalhadores rurais e os setores de comercialização e armazenamento (BRASIL, 1988).

Nem tudo é perfeito como se delineia a partir da ideia do cooperativismo, pois ao mesmo tempo em que algumas cooperativas cresceram, também perderam a essência sobretudo sob o ponto de vista social, mantendo os princípios cooperativistas apenas no aspecto discursivo. Assim, se por um lado houve o aumento da renda agrícola com ganho de produção e produtividade para os agricultores que se adaptaram à nova lógica produtiva, por outro, os agricultores que não se adaptaram ao novo sistema dito moderno, foram empurrados para áreas periféricas ou se direcionaram para outras fronteiras agrícolas, ou mesmo foram excluídos, se obrigando a migrarem para núcleos urbanos.

Em resposta ao assolamento inflacionário durante a década de 1990, as cooperativas agropecuárias passaram a atuar como banco, fazendo empréstimo aos cooperados que não conseguiam financiamento da safra em instituições financeiras. Assim, criativamente as próprias cooperativas captavam recurso nos bancos, financiando a safra do cooperado e trocando a dívida por equivalente produto. Desta maneira, a cooperativa assumia o risco, ainda mais quando ocorria frustação de safra e o cooperado não conseguia honrar o compromisso assumido, tendo a cooperativa que renegociar a dívida com o agente financeiro com alta taxas de juros. (GONZALEZ; COSTA, 1998).

Com a chegada da globalização, as cooperativas perceberam que, para não perder competitividade para as empresas privadas, havia a necessidade de realizar mudanças na forma de gestão, surgindo assim o cooperativismo empresarial que, embora siga a estrutura do cooperativismo em relação à doutrina e a filosofia, apresenta em relação ao gerenciamento, características de empresas. Desta forma, as cooperativas vinculadas ao Sistema Ocepar (Sindicato e Organização das Cooperativas do Estado do Paraná) por intermédio de seus representantes políticos conseguem benefícios governamentais (OCEPAR, 2013).

Pela sua significância econômica e referência no âmbito cooperativista, falando-se em Paraná há estimativas de que cerca de 18% do PIB estadual são gerados pelas cooperativas, atingindo um faturamento de 70,6 bilhões de reais (OCEPAR, 2017), sendo que 58 % da produção agropecuária do Paraná é originado a partir de atividades das referidas cooperativas (IPARDES, 1974; OCEPAR, 2017).

No âmbito da agricultura familiar, a representação das cooperativas é a UNICAFES – União das Cooperativas de Agricultura Familiar e Economia Solidária, que tem como missão: "Tornar o cooperativismo um instrumento popular de desenvolvimento local sustentável e solidário dos agricultores familiares, articulando iniciativas econômicas que ampliem as oportunidades de trabalho, de distribuição de renda, de produção de alimentos e melhoria de qualidade de vida...". (UNICAFES, 2018).

Por outro lado, os beneficiários da reforma agrária por intermédio de entidades ligadas ao Movimento dos Trabalhadores Rurais Sem Terra – MST, criaram a Confederação das Cooperativas de Reforma Agrária do Brasil - CONCRAB como entidade representativa de suas cooperativas, as quais, juntamente com as políticas públicas a elas afetas, são o objeto central deste capítulo.

Devido à disputa pelo mercado, as cooperativas empresariais vão se adaptando e se moldando ao máximo dentro do que permite a legislação como se fossem verdadeiras empresas, movimento que não ocorre com as cooperativas de agricultores familiares e de assentados da reforma agrária, que sofrem pela falta desse poder de transformação, pois a força política está mais distribuída entre os associados. As cooperativas agrárias estão envolvidas no desenvolvimento territorial, sendo organizações democráticas controladas por seus membros que atuam de forma efetiva no estabelecimento de políticas e nas formas de decisão (VARGAS PIETRO, 2017).

Segundo Mojima (2016) os efeitos da atuação cooperativista podem ser mais perceptíveis em municípios com menos de 20 mil habitantes, para o qual a geração de emprego e renda no segmento agroindustrial pode ser mais significativa para aquelas camadas da população com menor rendimento, dada a menor complexidade econômica do local. São nessas regiões, em municípios pequenos e com pouca infraestrutura, distantes dos centros consumidores, onde a maior parte dos assentamentos de reforma agrária no Estado do Paraná estão localizados.

Tão necessário quanto o acesso à terra, é a disponibilização de linhas de crédito com condições que incentivem a produção e o investimento. Além de uma assistência técnica que ofereça ao beneficiário da reforma agrária uma matriz tecnológica de base ecológica, buscando o desenvolvimento sustentável e qualidade de vida que viabilize a permanência das famílias assentadas no campo, são necessárias também, políticas de incentivo a agroindustrialização por meio de associações e cooperativas, com linhas de crédito indutoras voltadas à promoção de desenvolvimento da produção e da gestão dessas cooperativas, capacitando seus associados para que as mesmas possam estar preparadas para enfrentar o mercado competitivo. Neste contexto, máxime que a execução da reforma agrária somente com a destinação de terras aos assentados não se torna completa, sendo fundamental a identificação e implementação de políticas sociais para o desenvolvimento dos assentamentos.

As primeiras cooperativas ligadas à reforma agrária surgiram pela iniciativa do Movimento dos Trabalhadores Rurais Sem-Terra – MST, no início da década de 1990, sendo a partir delas o surgimento das Cooperativas de Produção Agropecuária (DAL RI; VIEITEZ, 2004). Neste trilho, em 1991 foi fundada a Cooperativa Central de Reforma Agrária do Paraná – CCA/PR, com a finalidade de planejar e coordenar o desenvolvimento das cooperativas de assentados da reforma agrária no Estado do Paraná, sendo que no ano seguinte criada a Confederação das Cooperativas de Reforma Agrária do Brasil - CONCRAB. No entanto, a falta de uma experiência mais aprofundada em gestão, a concorrência acirrada no mercado e dificuldades em obter recursos para capital de giro, foram e ainda são fatores limitantes para a sobrevivência e o desenvolvimento das cooperativas da reforma agrária. Dadas tais dificuldades, algumas contraiam dívidas, se tornando inativas deixando de realizar as atividades durante certo período, sendo que outras fecharam definitivamente as portas.

O governo federal por intermédio do Incra, criou o programa Terra Sol de apoio às cooperativas e associações de assentados da reforma agrária que, tem por objetivos, dentre outros: estimular a agroindustrialização e comercialização; e proporcionar condições para transformação da matéria-prima e agregação da produção dos produtos oriundos de assentamentos. Este programa foi incluído no II Plano Nacional de Reforma Agrária no ano de 2003 e lançado pelo Incra em 2004, disponibilizado para associações e cooperativas de beneficiários da reforma agrária (NE 109/2013 e MANUAL TERRA SOL/2012). Neste sentido, a partir do ano 2007, foram implementadas políticas públicas de apoio a agroindustrialização, comercialização e gestão de cooperativas em assentamentos da reforma agrária no Paraná, por meio da formalização de diversos convênios realizados com entidades públicas, tais como prefeituras e SEAB - Secretaria da Agricultura e Abastecimento, além de um Termo de Parceria com a Fundação Terra - Fundação de Apoio ao Desenvolvimento Rural, beneficiando quatorze cooperativas de assentados no Estado do Paraná.

## Políticas públicas voltada às cooperativas de assentados

Para Camargo (2004), "a estruturação dos programas sociais e, portanto, a definição das políticas públicas deve estar alicerçada nos objetivos que os programas sociais pretendam atender". Por sua vez, Santos et. al. (2007, p.83) advertem que "elaborar uma política pública significa definir quem define o quê, quando, com que consequências e para quem". Segundo Souza (2006), os países da América Latina não conseguiram formar coalizões políticas capazes de formatar políticas públicas para impulsionar o desenvolvimento econômico e promover a inclusão social de grande parte de sua população. Deste modo, os grupos sociais organizados pressionam o governo para que partes dessas políticas públicas tenham como destino suas bases, por meio de entidades ligadas ao movimento social. De acordo com Gelinski (2008), as inclusões dos movimentos populares no processo político criam uma nova categoria de decisão política, registrando-se que a incorporação da agenda nas políticas setoriais depende da vontade política do governo e/ou do poder de pressão da sociedade civil.

Segundo Heidemann (2009), as políticas públicas (ação e intenção) e a diferenciação destas com as políticas sociais, sejam essas políticas de Estado ou de governo, estão contidas em quatro etapas do ciclo conceitual das políticas públicas, sendo: decisão política, implementação, satisfação das partes interessadas e avaliação. No caso do Programa Terra Sol, havia uma demanda dos movimentos sociais ligados à reforma agrária para a criação de um programa de apoio às cooperativas com estímulo à agroindustrialização, devido ao conceito de que não basta apenas disponibilizar terra aos assentados, mas também a necessidade de se criar as condições para que os mesmos possam produzir e transformar a matéria prima, agregando valor ao produto. Pode-se então dizer que é uma política social, devido à baixa contrapartida financeira empregada pelos beneficiários, sendo que, em alguns casos, quem absorve a contrapartida é a administração pública estadual ou municipal onde as cooperativas estão instaladas.

O Programa Terra Sol é uma política pública formatada pelo Incra, voltado ao desenvolvimento econômico dos assentamentos, visando atender as demandas de associações e cooperativas de assentados da reforma agrária, por meio do fomento à agroindustrialização e de atividades pluriativas solidárias, objetivando a melhoria da renda das famílias beneficiárias a partir de financiamento de atividades econômicas sustentáveis, com valorização das práticas regionais, com ênfase à agroecologia e a materialização de atividades socioeconômicas sustentáveis. Na prática entende-se que essas atividades promovem um desenvolvimento no sentido integral, envolvendo os aspectos econômico, sustentável, político, inclusivo, social, englobando também o humano e o cultural (HEIDEMANN, 2009).

Nessa linha de raciocínio, o desenvolvimento sustentável almejado para o país, supõe o estabelecimento de estilos de agricultura, extrativismo e pesca igualmente sustentáveis, que não podem ser alcançados unicamente por meio de transferência de tecnologias (MDA, 2004, p. 5).

Máxime que uma das premissas da reforma agrária é a justiça social, na qual os beneficiários almejam produzir e comercializar a produção buscando o desenvolvimento sustentável. Para Furtado (1988), o conceito de desenvolvimento não pode ser apenas econômico, mas deve abordar uma questão multidisciplinar. Deste modo, o associativismo e o cooperativismo são maneiras que os assentados da reforma agrária têm para superar os desafios relativos à produção e à comercialização, para alcançar uma melhor remuneração de seus produtos e consequentemente uma melhor qualidade de vida.

## Resultados e discussões

As políticas públicas têm beneficiado diversas cooperativas de assentados da reforma agrária em várias regiões do Estado do Paraná. Como exemplo, tem-se os recursos descentralizados pelo Programa Terra Sol, por meio de convênios firmados com prefeituras e Secretaria de Agricultura e Abastecimento do Estado. Estes convênios, dizem respeito tanto ao apoio técnico à qualificação da gestão, elaboração e execução de projetos nas atividades de agroindustrialização, comercialização e em infraestrutura por intermédio da liberação de recursos para ampliação de agroindústria, como para aquisição de equipamentos e veículos de carga para o transporte de produtos.

Entre os convênios firmados destaca-se o termo de parceria nº 798246/2012, entre a Fundação Terra e o INCRA/PR na contratação de 25 técnicos que teve como objetivo prestar apoio à gestão de 14 cooperativas distribuídas em 13 municípios no Estado do Paraná por um período de trinta e seis meses. As cooperativas beneficiadas foram as seguintes: Coana (Querência do Norte); Copercan (Renascença); Coapra (Pitanga); Copermate

(Santa Maria do Oeste); Coopercontestado (Bituruna); Copran (Arapongas); Cooperativa Terra Livre (Lapa); Copavi e Corau (Paranacity); Coperjunho (Laranjeiras do Sul); Coanop (São Jerônimo da Serra); Coocamp (São Miguel do Iguaçu); Cooperterra (Bituruna) e Cocavi (Jardim Alegre).

Além disso, foram formalizados seis outros convênios para aquisição de equipamentos com o objetivo de atender a demanda das cooperativas Coperjunho (convênio 723473/2009 firmado com a Prefeitura Municipal de Laranjeiras do Sul); Copran (convênio 796012/2013 firmado com a Prefeitura Municipal de Arapongas); Coopercontestado (convênio 777207/2012 firmado com a Prefeitura Municipal de Bituruna); Copaia (convênio 796153/2013 firmado com a Prefeitura Municipal de Rio Bonito do Iguaçu); Cooperativa Terra Livre (convênio 778202/2012 firmado com a Prefeitura Municipal da Lapa), este para a compra de equipamentos para processamento de hortaliças; e Coana (convênio 796117/2013 firmado com a Prefeitura Municipal de Querência do Norte) para aquisição de um conjunto completo para parboilização de arroz, objetivando assim, contribuir para o desenvolvimento local dos municípios aonde as cooperativas estão inseridas.

No matiz do desenvolvimento local e regional, máxime os entendimentos de Da Silva; Schultz, (2017) para quem o cooperativismo representa um importante instrumento na viabilização do acesso ao mercado, sendo muitas vezes, o único mecanismo por meio do qual alguns agricultores conseguem escoar a sua produção, agregando valor aos seus produtos e possibilitando melhores condições de preço, pois o cooperativismo em marcha promove, assim, a dinamização econômica dos municípios e territórios rurais.

A maioria das cooperativas de assentados não processam os produtos por meio da agroindustrialização. Tais cooperativas tem uma atuação maior como facilitadoras ou intermediadoras na distribuição e comercialização da produção dos associados. Algumas, com um pouco mais de estrutura, oferecem outros serviços como o fornecimento de produtos (insumos e crédito em mercados). As cooperativas que por sua vez oferecem assistência técnica, atuam com maior ênfase na agroindustrialização da produção com objetivo na agregação de valor. Para Souza e Caldas (2018) as formas alternativas de distribuição realizadas pelos pequenos produtores ganham força na comercialização de produtos orgânicos, sendo essa uma forma mais sustentável, com valores ligados à justiça social e preservação ambiental.

No Estado do Paraná, as cooperativas de assentados estão ligadas em rede, facilitando a comercialização e a troca de informações. A rede de cooperativas dos assentados, denominada Cooperativa Central de Reforma Agrária do Paraná – CCA/PR foi fundada em 1991, com a finalidade de planejar e coordenar o desenvolvimento socioeconômico das famílias assentadas no Estado do Paraná, da qual fazem parte 20 (vinte) cooperativas ligadas à reforma agrária. A articulação em rede é uma forma de potencializar o desenvolvimento buscando eficiência na comercialização e agroindustrialização, espaço de formação e informação, almejando a viabilidade socioeconômica dos assentados cooperados.

Outro exemplo de atuação em rede, com participação efetiva de agricultores familiares e assentados, é a Rede ECOVIDA que atua na promoção da agroecologia e certificação participativa de produtos orgânicos. Segundo Darolt *et al.* (2016) o circuito e circulação da comercialização por intermédio da Rede Ecovida de Agroecologia no Sul do Brasil é uma experiência pioneira. De acordo com Magnanti (2008), o gargalo histórico da comercialização para a expansão da Agroecologia, foi resolvido pela criação do Circuito Sul de Circulação de Alimentos da Rede Ecovida de Agroecologia, diante da necessidade de manter os mercados locais abastecidos com diversidade, quantidade e qualidade durante todo ano. A exigência de produtos certificados pela Rede Ecovida, a fidelidade de participação da organização ou grupo à rede e, o compromisso de quem vende, de comprar produtos dos demais produtores (intercâmbio e circulação de produtos), são as características do processo de comercialização dessa rede.

No desenvolvimento da experiência do circuito em redes, iniciada pela Rede Ecovida, surgiram alguns desafios neste tipo de comercialização, que para Magnanti (2008), referem-se à "necessidade de consolidação de sua capacidade de obtenção e manutenção de resultados econômicos efetivos sem que para isso abra mão dos princípios da economia solidária e da Agroecologia que regem a Rede Ecovida". Para Fagundes (2017), a necessidade de aumentar o número de estações dentro da própria rede é também um desafio. Segundo Fagundes (2017) a Rede é formada por cerca de quatro mil agricultores, em 30 núcleos. Participam diretamente no circuito entre 1.200 a 1.500 agricultores, distribuídos em 12 núcleos. No ano de 2015 foram comercializados cerca de 6.000 produtos, dos quais 120 eram produtos diferenciados, comercializados principalmente nos programas institucionais e feiras.

Há também as cooperativas descentralizadas constituídas por unidades de produção agroindustriais localizadas nas comunidades rurais ou nas propriedades dos agricultores. Para Estevam *et al.* (2014) e Mior *et al.* (2014), as cooperativas descentralizadas são constituídas por unidades de produção agroindustrial e/ou filiais localizadas nas propriedades ou comunidades rurais dos associados com uma sede (que pode ser virtual).

A formalização desses empreendimentos é realizada sob o aspecto legal por contrato de comodato, de "cessão de uso", sendo as unidades descentralizadas consideradas empreendimentos formais filiados às cooperativas. Esse formato de cooperativa tem viabilidade, porque os agricultores repassam as instalações nas respectivas propriedades para a cooperativa, através de contrato de comodato, a qual a cooperativa passa a ser a gestora da agroindústria (MIOR,2014).

Segundo Krolow; Riedl (2004) "o assistencialismo gera insegurança na maioria dos agricultores, em termos de políticas, que parece estar condicionada à falta de informações qualitativas sobre as maneiras de acessar e gerenciar o recurso". Deste modo, "a cooperativa contribui para a percepção da autovalorização do trabalho e do potencial decisório do agricultor e, consequentemente, da ruptura do assistencialismo característico de muitos programas de políticas públicas agrícolas". Para Becker (1999), "o desenvolvimento regional para ser diferenciado necessita valorizar aspectos culturais e naturais". Segundo Abramovay (1998) "nos lugares onde a agricultura familiar for mais forte, maiores serão as chances de existirem movimentos associativos e instituições estáveis, capazes de incorporar a sinergia, sem a qual não há desenvolvimento". Desta forma, o Estado tem o dever de incentivar e implementar políticas públicas direcionadas para a agricultura familiar, auxiliando no desenvolvimento do setor.

Na mesma direção Da Silva e Schultz, (2017) entendem que o cooperativismo é importante instrumento de viabilização do acesso ao mercado, ao mesmo tempo em que:

> Para os agricultores familiares, a cooperativa é muitas vezes o único mecanismo através (sic.) do qual conseguem escoar sua produção, não se tratando apenas de um meio para ganho de escala, agregação de valor ou

> aumento do poder de barganha por melhores condições de preço. De modo mais amplo, tratam-se de organizações que atuam como fator distribuidor de renda, gerador de empregos e arrecadação, promovendo a dinamização econômica dos municípios e territórios rurais.

Um exemplo de incentivo governamental para as associações e cooperativas ligadas à agricultura familiar, é o preconizado pelo Fundo Nacional da Educação no qual o poder público deve adotar políticas e ações necessárias para promover e garantir a segurança alimentar e nutricional da população conforme disposto no Lei nº 11.346/2006 com a criação do Sistema Nacional de Segurança Alimentar e Nutricional.

A lei 11.947/2009 "Dispõe sobre o atendimento da alimentação escolar e do Programa Dinheiro Direto na Escola aos alunos da educação básica" em seu artigo 14º estabelece que no mínimo trinta por cento dos recursos do PNAE repassados pelo Fundo nacional da Educação, deverão ser adquiridos diretamente da agricultura familiar e do empreendedor familiar rural, ou suas organizações, com prioridade para os assentamentos da reforma agrária, comunidades tradicionais indígenas e quilombolas, para compra de gêneros alimentícios.

Aderente à política pública delineada nos contorno da Lei 11.947/2019, o disposto na Nota Técnica nº 03/2018 teve o objetivo de regulamentar a participação das centrais de cooperativas de agricultores familiares no abastecimento da alimentação escolar, estabelecendo sua ordem de priorização entre os projetos de renda habilitados para os editais de chamada pública, "considerando o fortalecimento da agricultura familiar e sua contribuição para o desenvolvimento econômico e local" e, também, "orientar a priorização de projetos de venda dos agricultores familiares e suas organizações concorrentes ao edital de chamada pública local."

Apesar de a legislação garantir nas compras governamentais – PNAE municipal e estadual, PAA – a participação de agricultores e de entidades de agricultores da agricultura familiar e assentados da reforma agrária, é necessário que haja organização entre os agricultores. A falta de capacitação e condições de manter uma assessoria técnica para auxiliar na organização dos agricultores acaba frustrando as expectativas de comercialização, pois é fundamental o planejamento da propriedade para produzir com constância e qualidade. O "Programa de Aquisição de Alimentos - PAA e o Programa Nacional de Alimentação Escolar - PNAE possibilitam o fortalecimento na estruturação econômica da agricultura familiar e no apoio à comercialização agrícola" (GRISA; PORTO, 2015, p. 173).

Além do PAA e do PNAE, é fundamental que associações e cooperativas de agricultores familiares e de assentados da reforma agrária busquem outros canais de comercialização, não ficando dependente apenas do mercado institucional, que pode ser considerado como "uma escola" para as entidades se prepararem na busca de novas formas de comercialização. Pode-se citar, como exemplo, a situação ocorrida com o PAA, programa do governo federal operacionalizado pela Companhia Nacional de Abastecimento – CONAB, que desde o ano de 2012 tem diminuído de forma significativa os recursos, conforme pode ser observado na tabela 1 que traz a evolução dos recursos aplicados nos últimos anos pelo programa de aquisição de alimentos.

Tabela 1 – Evolução dos recursos aplicados na aquisição de produtos do PAA de 2003 a 2017 (SEAD e MDS)

| Ano | Valor (R$) | | | | | Total |
|---|---|---|---|---|---|---|
| | Centro-Oeste | Nordeste | Norte | Sudeste | Sul | |
| 2003 | 12.238.974 | 31.672.408 | 12.386.912 | 7.603.665 | *17.639.249* | 81.541.207 |
| 2004 | 3.386.094 | 42.307.978 | 28.391.528 | 8.903.396 | *24.196.831* | 107.185.826 |
| 2005 | 5.538.352 | 34.745.917 | 16.149.222 | 13.876.678 | *42.481.492* | 112.791.660 |
| 2006 | 10.045.899 | 54.857.717 | 17.812.507 | 32.440.707 | *85.510.564* | 200.667.394 |
| 2007 | 8.706.953 | 56.116.343 | 18.799.859 | 42.080.968 | *102.648.840* | 228.352.963 |
| 2008 | 9.893.516 | 80.838.353 | 15.679.112 | 73.486.284 | *93.032.175* | 272.929.439 |
| 2009 | 13.225.303 | 102.830.480 | 15.549.939 | 78.842.348 | *153.516.158* | 363.964.228 |
| 2010 | 21.400.943 | 121.858.906 | 28.348.787 | 79.151.714 | *128.975.115* | 379.735.466 |
| 2011 | 32.025.103 | 153.674.198 | 29.386.137 | 111.741.509 | *124.209.257* | 451.036.204 |
| 2012 | 43.282.942 | 154.904.344 | 36.045.217 | 131.776.716 | *220.557.912* | 586.567.131 |
| 2013 | 24.075.247 | 66.487.273 | 22.938.796 | 67.812.376 | *43.203.433* | 224.517.124 |
| 2014 | 31.155.531 | 79.992.989 | 37.860.917 | 128.709.065 | 60.286.440 | 338.004.942 |
| 2015 | 29.589.161 | 92.549.198 | 33.399.258 | 77.902.561 | 54.075.037 | 287.515.216 |
| 2016 | 17.187.827 | 88.470.743 | 27.873.958 | 41.313.390 | 22.730.799 | 197.576.718 |
| 2017 | 8.858.337 | 48.870.701 | 20.628.993 | 19.644.592 | 26.705.879 | 124.708.502 |
| Total | 270.610.181 | 1.210.177.548 | 361.251.143 | 915.285.968 | *1.199.769.182* | 3.957.094.022 |

*Fonte: Conab*

Conforme se observa na tabela 1, a operacionalização do PAA teve início em 2003 com a descentralização de pouco mais de dezessete milhões de reais na região sul. O ápice do programa foi em 2012 com o repasse de cerca de duzentos e vinte milhões de reais, ou seja, um incremento de doze vezes em relação ao primeiro ano do programa. A partir de 2013, devido à alteração de normas fomentada por órgão de controle, de uma forma abrupta, houve forte redução na descentralização dos recursos, sendo que em 2017 foi operacionalizado somente pouco mais de vinte e seis milhões de reais.

Assim, devido ao fato de muitas entidades de agricultores familiares e assentados da reforma agrária atuarem fortemente com o PAA, desembolsando recursos financeiros para o plantio de culturas para posterior venda ao programa, acabaram por ficar em dificuldade financeira, sendo que muitas delas deixaram de funcionar, além do prejuízo ocasionado aos agricultores pela perda da produção deixada na lavoura.

No âmbito do programa Terra Sol, devido ao contingenciamento de recursos do governo federal a partir de 2015, houve queda significativa na descentralização de recursos para as superintendências regionais do Incra, sendo que no Paraná não houve descentralização de recursos destinado ao programa no ano de 2018.

## Considerações finais

A promoção de políticas públicas por meio de programas governamentais voltadas às cooperativas e associações da agricultura familiar e de assentados da reforma agrária é fundamental para impulsionar o desenvolvimento local e regional, contribuindo para a geração de emprego, renda e melhoria da qualidade de vida das famílias do campo.

Como política pública de incentivo para a criação e desenvolvimento de associações e cooperativas de assentados da reforma agrária, o governo federal tem realizado por meio do Programa Terra Sol, ações de apoio à agroindustrialização e comercialização com o objetivo de viabilizar as associações e cooperativas nos aspectos econômico, ambiental e social, sendo as agroindústrias um instrumento para o desenvolvimento deste público beneficiário. O apoio na qualificação da gestão das cooperativas, o planejamento nos setores administrativo, financeiro e produtivo, inclusive voltados ao mercado institucional, como os programas PAA e PNAE, tem contribuído para o desenvolvimento dessas instituições.

O ponto negativo ficou por conta do contingenciamento de recursos realizados pelo governo federal a partir de 2015, no âmbito dos programas PAA e Terra Sol, destinado ao público da reforma agrária, afetando economicamente diversas entidades e causando prejuízo àquelas representativas de agricultores que dependiam majoritariamente dos mercados institucionais.

Para as entidades representativas de agricultores que moram em municípios pequenos, distante de grandes centros consumidores, a presença do estado através dos programas institucionais tem um significado maior, mas isso não os exime de ir em busca de novas parcerias.

Desta forma, é fundamental o planejamento das entidades na busca de uma atuação forte em canais alternativos de comercialização, diferenciação da produção e fidelização do consumidor a partir da venda de produtos de base ecológica, adequação à legislação sanitária, capacitação de gestores, organização da produção pelos cooperados, além da padronização dos produtos, objetivando a ampliação e consolidação no mercado.

Considerando a amplitude do campo de pesquisa nos assuntos alusivos às cooperativas familiares e de assentados da reforma agrária, tendo como interface a agroecologia, reconhecendo-se a delimitação deste estudo, sugere-se novos possíveis trabalhos que versem sobre os seguintes temas: (i) fatores limitantes enfrentados pelas cooperativas de assentados na comercialização dos produtos de base ecológica; (ii) cooperativas de assentados e os circuitos de comercialização: gargalos e potencialidades; (iii) quantificação dos cooperados da reforma agrária e sua distribuição nas categorias: certificados, em transição, e convencionais; (iv) impacto econômico e social das cooperativas familiares e de assentados nos pequenos municípios do Estado do Paraná.

Além destes, outros trabalhos podem ser desenvolvidos em contribuição para um quadro mais realista da situação em que se encontram cooperativas familiares e de assentados da reforma agrária, além da possibilidade do surgimento de novas proposições que poderão ser inseridas em agendas para formulação de novas políticas públicas.

## Referências

BRASIL. *Decreto Legislativo* 979/1903. http://www.planalto.gov.br/ccivil_03/decreto/ antigos/d0979.htm>, acesso em 02 nov. 2018.

BRASIL. Lei 11.947, de 16 de junho de 2009. Dispõe sobre o atendimento da alimentação escolar e do Programa Dinheiro Direto na Escola aos alunos da educação básica e dá outras providências. Disponível em http://www.planalto.gov.br/ccivil_03/_Ato2007-2010/2009/Lei/ L11947.htm>, acessado em 05 nov. 2018.

BRASIL. Constituição Federal, 1988. Disponível em http://www.planalto.gov.br/ccivil-03/constituicao/constituicao.htm>, acessado em 03 nov. 2018.

BRASIL. Ministério da Educação. Sistema Nacional de Segurança Alimentar e Nutricional – SISAN. Lei 11.346/2006. Disponível em http://www.planalto.gov.br/ccivil_03/_Ato2004-2006/2006/Lei/L11346.htm., acessado em 04 de nov. 2018.

BRASIL. Ministério da Educação. Nota Técnica 03/2018DIDAF/COSAN/CGPAE/DIRAE. Disponível em www.mec.gov.br acessado em 04 de nov. 2018.

BRASIL. Ministério da Agricultura, Pecuária e Abastecimento. Evolução do cooperativismo no Brasil: DENACOOP em ação. Brasília: MAPA, 2006.

BRASIL. Manual Programa Terra Sol http://www.incra.gov.br/sites/default /files/ uploads/incra-nos-estados/goias-sr-04/manual--terrasol.pdf>, acessado em 04 de nov. 2018.

BRASIL. Ministério do Desenvolvimento Agrário. Política Nacional de Assistência Técnica e Extensão Rural. Brasília, p.5, 2004.

BRASIL. Ministério do Desenvolvimento Agrário. Agricultura Familiar no Brasil e o Censo Agropecuário 2006. Brasília: MDA/IBGE., 2009.

CAMARGO, 1.M. *Política social no Brasil*: prioridades erradas, incentivos perversos. São Paulo em Perspectiva, 18(2): 68-77, 2004.

CONAB. *Compêndio de Estudos*. V.13, 2018.

DA SILVA, Camila Marques Viana; SCHULTZ, Glauco. Acesso a mercados e gestão de cooperativas da agricultura familiar no Brasil. *Revista Espacios* Vol. 38, nº 44, pág. 23, 2017.

ESTEVAM, Dimas de Oliveira; MIOR, Luiz C. (Org.). Inovações na agricultura familiar: as cooperativas descentralizadas em Santa Catarina. Florianópolis: Insular, 2014.

FURTADO, Celso. Desenvolvimento. In: CAIDEN, Gerald; CARAVANTES, Geraldo. Reconsideração do conceito de desenvolvimento. Caxias do Sul: EDUCS, 1988.

GELINSKI, Carmem Rosário Ortiz G.; SEIBEL, Erni José. Formulação de políticas públicas: questões metodológicas relevantes. Revista de Ciências Humanas, Florianópolis, EDUFSC, v. 42, n. I e 2, p. 227-240, abr. e out. de 2008.

GONZALEZ, Bernardo Celso de Rezende; COSTA, Silvia Maria Almeida Lima. Agricultura brasileira: modernização e desempenho. Teoria e evidência econômica, v.5, n.10, 1998.

GRISA, Catia; PORTO, Silvio Isopo. Dez anos de PAA: As contribuições e os desafios para o desenvolvimento rural. In: GRISA, Catia; SCHNEIDER, Sergio. Políticas públicas de desenvolvimento rural no Brasil. Porto Alegre: Editora da UFRGS, 2015.

HEIDEMANN, Francisco; SALM, José Francisco. Políticas Públicas e Desenvolvimento: Bases Epistemológicas e Modelos de Análise. Brasília: Editora Unb, 2009.

IPARDES. Cooperativas de Produção Agropecuária do Estado do Paraná. Diagnóstico e Análises. Curitiba, 1974.

KROLOW, Laura Regina Cardoso; RIEDL, Mário. Cooperativismo e Agroecologia como elementos para o desenvolvimento regional, 2004.

MIOR, Luiz Carlos. *et al.* Inovações organizacionais da agricultura familiar: as agroindústrias e cooperativas descentralizadas no sul catarinense. In: CONGRESSO SOBER – Sociedade Brasileira de Economia, Administração e Sociologia Rural, 52p., 2014.

MOJIMA, Daniel. As Cooperativas Agrícolas e o Desenvolvimento Econômico dos Municípios Paranaenses: conjecturas a partir do IDHM, *Revista Paranaense de Desenvolvimento*, Curitiba, v.37, n.130, p.45-62, jan. /jun. 2016.

OCEPAR. Ações de Responsabilidade Social do Cooperativismo Paranaense. *Revista Paraná Cooperativo*, Edição Especial. Curitiba, 155p., 2013.

OCEPAR. *Relatório de Atividades e Prestação de Contas*. Curitiba, 150 p., 2017.

SOUZA, Ronaldo Tavares de; CALDAS, Eduardo de Lima. Redes alimentares alternativas e potencialidade ao desenvolvimento do capital social. Estudos Sociedade e Agricultura, vol. 26, n. 2, p. 426-446, junho de 2018.

SOUZA, Celina. *Políticas Públicas*: uma revisão da literatura, 2006.

UNICAFES. http://www.unicafesparana.org.br, acessado em 02 de nov. 2018.

# A prática contra hegemônica do MST e a produção social do espaço

Marisela García Hernández[1]

## Introdução

Movimento dos Trabalhadores Sem Terra, MST, atualmente organizado em 24 estados nas cinco regiões que integram o Brasil, tem acumulado durante seus mais de 30 anos de existência, um amplo repertório de conquistas que expressam assertividade em termos de estratégia e de práticas políticas. Entre estas conquistas, podemos destacar o acesso à terra por cerca de 350 mil famílias assentadas; a implantação de 96 agroindústrias; a construção de 2 mil escolas públicas em acampamentos e assentamentos; a alfabetização de mais de 50 mil adultos; o alargamento do atendimento das demandas de educação superior e técnica dos assentados por meio da implantação de mais de 100 cursos de graduação em parceria com universidades públicas; ser o maior produtor de arroz orgânico de América Latina, dentre outras. A participação, organização e mobilização política dos trabalhadores e trabalhadoras rurais Sem Terra[2] tirou do papel direitos constitucionais, revitalizando um tecido social margina-

1 Marisela García Hernández, Universidade Federal da Fronteira Sul, marisela.hernandez@uffs.edu.br

2 A denominação "Sem Terra" faz referência à base do MST, ou seja, aos acampados e assentados vinculados à luta pela terra e a reforma agrária organizada pelo Movimento dos Trabalhadores Rurais Sem Terra.

lizado, modificando a natureza regulatório do estado e inclusive alargando a democracia. Para além das conquistas materiais e democráticas, suas práticas políticas têm contribuído para evidenciar, junto a sua base e a sociedade, as relações naturalizadas de dominação, assim como na construção de significados compartilhados sobre uma visão classista da marginalização.

O presente artigo tem por objetivo identificar particularidades da prática política do MST tanto junto à sua base, os Sem Terra, como junto ao Estado, no período compreendido desde seu nascimento até o primeiro governo Lula. Trata-se de evidenciar características de uma *práxis* contra hegemônica capaz de mudar a produção do espaço, a natureza do papel regulatório do Estado, assim como de alimentar a esperança de uma sociedade diferente, mais justa e fraterna.

Após esta introdução, apontamos características importantes da ação política do MST tais como, o tensionamento e explicitação do conflito, à utilização de formas de luta já instituídas e alternativas, à participação massiva direta, à ação política articulada em diversas escalas, a unidade de ação, o alongamento do conflito e o estabelecimento de alianças. Em seguida, apresentamos particularidades dos processos organizativos e de formação política dos Sem Terra, assim como sua contribuição para sua ação política. Posteriormente, refletimos sobre a práxis política do MST e seus desdobramento para o planejamento e a construção social do espaço. Por último, pontuamos algumas considerações finais.

Importante mencionar que a realização deste artigo, além de se sustentar em uma revisão bibliográfica e na realização de duas entrevistas junto às lideranças de expressão regional e nacional do Movimento, também considerou a experiência do autor junto ao MST como servidor público de instituições que celebraram parcerias junto a este movimento.

## A luta pela terra e o MST

A década de 1980 caracterizou-se pela volta das discussões da Reforma Agrária animadas pelo forte crescimento das ocupações e acampamentos, assim como pela elaboração de uma nova Carta Magna. Dentre as condicionantes históricas vinculadas a esta discussão encontramos dois elementos centrais: uma estrutura fundiária altamente concentrada e uma longa trajetória de lutas pela terra que não desaguo na democratização de seu acesso. Em 1988, a nova Constituição, aprovada em um contexto de redemocratização e de forte debate sobre a questão fundiária, incorpora os artigos 184 e 186, que garantem a desapropriação de terras que não cumpram sua função social,[3] proporcionando um instrumento legal para a luta pela terra.

Em 1984 nasce O MST cimentado em três objetivos principais: lutar pela terra, lutar pela reforma agrária e lutar por mudanças sociais no país.[4] Segundo Caldart (2001, p.208), este movimento apresenta características sui generis que o distinguem de outros movimentos sociais do campo, a saber,

– a "radicalidade do seu jeito de fazer a luta e os sujeitos que ela envolve", haja vista a utilização da ocupação do latifúndio

3 Segundo o artigo 186 da Constituição Federal da República Federativa do Brasil (1988), a função social da terra é cumprida quando a propriedade rural atende, simultaneamente, segundo critérios e graus de exigência estabelecidos em lei, aos seguintes requisitos:
I – aproveitamento racional e adequado;
II – utilização adequada dos recursos naturais disponíveis e preservação do meio ambiente;
III – observância das disposições que regulam as relações de trabalho;
IV – exploração que favoreça o bem-estar dos proprietários e dos trabalhadores.

4 Dados retirados de informação constante no site do MST (http://www.mst.org.br/).

como a principal forma de luta pela terra e a mobilização em massa dos Sem Terra;

– "a multiplicidade de dimensões em que atua", cujo epicentro é a luta pela terra, mas que estende demandas para as áreas de produção, educação, saúde, cultura, direitos humanos, dentre outros; ampliando suas reivindicações "à medida que se aprofunda o próprio processo de humanização de seus sujeitos, que se reconhecem cada vez mais como sujeitos de direitos, direitos de uma humanidade plena";

– "a combinação de formatos organizativos diversos", dando lhe características de uma organização social de massas, na qual "é aceito todo mundo que queira lutar pela terra, o tempo todo"; com variadas formas e estruturas organizacionais próprias e flexíveis, mas duradouras;

– a capacidade que vem construindo para tornar a Reforma Agrária e outras bandeiras deste movimento em lutas não apenas dos trabalhadores Sem Terra, mas de outros segmentos da sociedade no campo e na cidade.

Se bem é certo estas características colocam o MST como um movimento, diferente aos movimentos pela terra que lhe antecederam, entendemos que sua principal diferença radica na sua capacidade de revelar e desestabilizar as relações naturalizadas de dominação. Esta diferença outorga à práxis política do MST um caráter contra hegemônico na medida que evidencia e deslegitima a dominação, míngua o controle estatal, e questiona a governança neoliberal.

## A ação política do MST

Os instrumentos de luta de caráter massivo do MST são fundamentalmente a ocupação de terra, de rodovias, de prédios e praças públicas; as caminhadas, particularmente rumo às capitais dos Estados e a Brasília; os acampamentos na vera das estradas e em frente as cedes dos governos federais, estaduais e municipais, dentre outros. No fortalecimento de sua luta, também utiliza os espaços do poder legislativo, por meio de alianças junto aos partidos e/ou figuras partidárias; os espaços de poder formais conquistados nos municípios como conselhos locais, territoriais; a celebração de parcerias junto às universidades, igreja, movimento sindical, sem teto, etc. O Movimento combina o uso de práticas e espaços legais e formais, com práticas informais e de oposição; que ocupa e aciona de forma combinada, tanto nos espaços constituídos, governamentais; como nos espaços inventados, não sancionados pelas autoridades. Não elimina nenhum instrumento nem espaço de luta, construindo uma atitude não binária que tem ampliado sua capacidade de pressão. Esta característica se identifica com a práxis apontadas por Miraftab, ao referir-se aos movimentos contra hegemônicos da cidade:

> [...] os movimentos de base usam as aberturas políticas do sistema hegemônico para fazer movimentos contra hegemônicos e vice-versa. Os movimentos insurgentes não se limitam aos espaços de participação cidadã sancionados pelas autoridades (espaços convidados); eles inventam novos espaços ou re-apropriam os antigos onde podem invocar seus direitos de cidadania para promover seus interesses contra hegemônicos. A fluidez caracteriza as práticas de cidadania insurgente: através do emaranhamento da inclusão e da resistência, eles se movem através dos espaços de cidadania convidados e inventados (MIRAFTAB, 2009, p.35, tradução livre).

Diferentemente do pregado pelas políticas neoliberais e organismos internacionais, para o MST a construção e acesso à políticas que beneficiem os Sem Terra, assim como a amplos setores da sociedade, não resulta de consensos e das práticas da boa governança. Para o Movimento a implantação de políticas de Estado que atendam demandas de caráter estruturante decorrem da participação social massiva organizada que exerce pressão direta sobre as autoridades. Nesse sentido, Gilmar Mauro, membro da Coordenação Nacional do MST, aponta:

> Neste país, os câmbios políticos estruturantes favoráveis aos interesses da classe trabalhadora sempre têm sido resultado de uma forte pressão das massas, que modifica à favor dos trabalhadores a correlação de forças existente na sociedade. É essa força que garante as negociações com o governo. As mudanças não resultam de ações localizadas e isoladas, nem de negociações que não decorram ou tenham por trás uma ampla participação das massas.

Diferentemente do pregado pelas boas práticas de governança, que colocam ênfase na parceria da sociedade civil, no intercâmbio de ideias e nos consensos, este depoimento permite identificar como o tensionamento, oriundo da capacidade de mobilização massiva e pressão, coloca novas prioridades à agenda do Estado. Para o dirigente do MST, é o conflito evidenciado e tensionado, que civiliza a ação do Estado, sem que isto signifique alterar o interesse de classe predominante no seu interior, mais se o reconhecimento da contestação sociopolítica como fenômeno que moldei-a a intervenção de um Estado não monolítico. Para Karriem (2009), a ação de Estado é continuamente contestada por forças contrárias, reformulada por tensões, divisões no bloco no poder, e adaptada às mudanças. Nesse sentido Rossoto Ioris comenta:

> O Estado é um conjunto institucional dos centros de poder que não existe no isolamento do equilíbrio das forças políticas, mas estas forças são em efeito responsáveis pelo modelamento - pelo menos em parte - da estrutura e intervenção do Estado (Jessop,[5] 1982, p.221). No entanto, nunca há uma plena correspondência entre o Estado capitalista e os interesses das classes dominantes, mas a cooptação, pressão e colonização da administração pública pelos grupos hegemônicos - que Miliband[6] (1969: 53) chama de "homens pertencentes ao mundo dos negócios, e em particular do grande negócio" - não es absoluta. Isso significa que em certa medida o Estado capitalista permanece politicamente separado dos circuitos da capital e de acumulação (Offe,[7] 1996) e, portanto, precisa ser entendido como uma instituição dinâmica que oferece oportunidades desiguais para diferentes grupos sociais para alcançar os seus fins políticos específicos. Esta seletividade do Estado não é dada com antecedência, mas é o resultado da interação entre as prioridades estaduais e a contestação sociopolíticas dentro e fora das instituições do Estado (JESSOP,[8] 1990) (IORIS, 2011, p.7, tradução livre).

5 JESSOP, Bob. *The Capitalist State*: Marxist Theories and Methods. Oxford: Martin Robertson, 1982.

6 MILIBAND, Ralph. *The State in Capitalist Society*. London: Melbourne; New York: Quarter Books, 1969.

7 OFFE, Clauss. *Modernity & The State*: East, West. Cambridge: Polity Press, 1996

8 JESSOP, Bob. *State Theory*. University Park, PA: Pennsylvania State University Press, 1990.

Segundo Purcell (2009), não pode existir uma política radical sem a definição de um adversário, o que requer a aceitação da irredutibilidade do antagonismo. A ação estratégica do Movimento questiona "o estabelecimento de interesses da classe dominante como interesses universais, os participantes defendem seus interesses particulares acima dos interesses dos outros". Na política a inclusão nunca pode ser total, "[...] todo grupo que é incluído necessariamente exclui outro. Todo 'nós' necessariamente implica 'eles' (PURCELL, 2009, p.153). Para Gilmar Mauro do MST, a participação dos trabalhadores na luta é indispensável para reconhecer tanto seus interesses, como os contrários, assim como os limites da ação do Estado:

> É no processo de luta que as massas entendem o funcionamento, as possibilidades e os limites da ação do Estado, das instituições governamentais e do sistema para atender as demandas sociais. É na luta que ficam claros os interesses de classe que estão por trás do conflito, em particular daqueles diretamente envolvidos na luta pela terra: Sem Terra e latifundiários ou agronegócio. Cada conquista da classe trabalhadora significa a defesa de seus interesses.

A capacidade de articulação de bandeiras de lutas de caráter nacional, em 24 estados do Brasil, assim como seu caráter massivo, envolvendo milhares de Sem Terra, permite ao MST, tensionar fortemente o Estado e imprimir aos conflitos um caráter público, evidenciando suas demandas junto à sociedade, assim com a incapacidade do Estado na efetivação de direitos já existentes. Estes fenômenos resultam em uma forte capacidade de agência que pressiona com vistas ao cumprimento da lei, mas também no sentido de ampliar o espaço de participação dos Sem Terra, a partir da implementação de novos direitos.[9] Nesse sentido, Costa aponta:

9 Dentre os novos direitos conquistas na área de educação pelo MST, podemos citar: o Programa Nacional de Educação na Reforma Agrária,

> Caberá à práxis política, à articulação e embate entre a sociedade e o Estado transformar a natureza do papel regulatório do Estado, garantindo, por tanto, não apenas as condições gerais de reprodução, mas as bases da reprodução social mais ampla, incluindo-se aí a extensão dos direitos ou deveres associados a uma cidadania plena (COSTA, 2008, p.85-86).

Quando as vias formais não dão conta das demandas dos Sem Terra, o Movimento tece novas situações, cria fatos novos, inventa instrumentos de luta alternativos, desafiando o *status quo*, e apontando novas formas de ação e participação política.[10] Miraftab, referindo-se ao uso dos canais informais e formais de luta dos movimentos urbanos aponta:

> [...] Eles usam seus direitos constitucionais e um discurso baseado em direitos para alcançar sua justa reivindicação de abrigo e meios de subsistência, mas não têm ilusões sobre limitar sua luta aos procedimentos judiciais de reivindicação ou aos canais

---

PRONERA, que garante o direito de jovens e adultos, trabalhadoras e trabalhadores das áreas de Reforma Agrária de alfabetizar-se e de continuar os estudos em diferentes níveis de ensino; a Escola Itinerante, sob responsabilidade dos Estados, que visa atender as necessidades de educação das crianças, adolescentes e jovens acampados. Já na área da produção podemos mencionar: as diferentes modalidades do crédito instalação, que permitem a inserir as famílias nos assentamentos recém criados, assim como o desenvolvimento de atividades produtivas nos lotes da Reforma Agrária; o *Pronaf Microcrédito*, voltado à inclusão produtiva das famílias, com vistas ao aumento da capacidade de produção e o ingresso de seus produtos no mercado a partir de assistência técnica; o *Pronaf Investimento*, voltado à estruturação do lote; o *Pronaf Custeio*, com vistas ao financiamento de atividades agropecuárias.

10 A principal ferramenta de luta do MST, a ocupação de terra, tem caráter ilegal, da mesma forma que a ocupação de prédios e praças públicas; a instalação de escolas na vera de estrada quando da morosidade na implantação de escolas itinerantes nos acampamentos, dentre outras.

> governamentais e não governamentais sancionados. Eles usam espaços formais quando são vantajosos, e desafiam-nos quando se mostram injustos e limitantes. Quando os canais formais falham, eles inovam canais alternativos para afirmar seus direitos de cidadania e alcançar uma cidade justa (MIRAFTAB, 2009, p.37, tradução livre).

Outra importante característica da ação política do MST é a combinação de lutas em diversas escalas: nacional, estatal, municipal, territorial, regional, e inclusive mundial.[11] Esta particularidade tem permitido ao MST multiplicar sua força de contestação e/ou reivindicação. Sua ação na escala nacional está ancorada no reconhecimento do governo federal como o principal ator na configuração da política pública. As lutas nas escalas subnacionais são utilizadas como engrenagens que fortalecem as lutas nacionais, e também como meios para reivindicar bandeiras de responsabilidade da ação municipal ou de alguma outra escala diferente à nacional. O Movimento articula lutas em diversas escalas políticas a partir das generalidades e singularidades das bandeiras. Pressiona o governo federal, mas sem deixar de pressionar os governos estaduais e municipais conforme o que está em disputa. Sobre a luta nas diferentes escalas, Elemar Cezimbra, integrante da Direção Regional Centro-oeste do MST do Estado do Paraná, opina:

---

11 O MST ao longo da sua história tem articulado ações junto a parceiros internacionais que lhe permitiram pressionar o governo federal com vista ao alcance de seus objetivos. Quando do massacre de Eldorado dos Carajás, 1996, a articulação do MST junto aos parceiros internacionais provocou o desgaste e da imagem do governo Fernando Henrique Cardoso, contribuindo para o reconhecimento da justeza e legalidade do Movimento, como também com ganhos concretos em termos da concretização de demandas

> As lutas locais ou regionais, próximas ao lugar dos fatos, não lhe dão ao Movimento maior possibilidade de mudança sem a articulação na esfera nacional, como o demostram as lutas pela terra dos movimentos regionais ou locais anteriores ao MST. A capacidade de pressão aumenta fortemente quando você tem mais de 20 estados com ações articuladas sob uma mesma pauta, e com ações massivas. Não é possível desencadear um processo de Reforma Agrária sem pressão a escala nacional. As lutas locais têm a ver com políticas públicas de responsabilidade do município ou governos estaduais, elas contribuem também para o despertar e o fortalecimento de outros setores, como os sindicatos. Muitas das nossas conquistas a nível local beneficiam não somente os Sem Terra, como a população em geral.[12]

A ação do MST em diferentes escalas também possibilita conhecer as particularidades de dinâmicas políticas específicas, assim como a identificação de atores políticos que se contrapõem ou apoiam as demandas e interesses dos Sem Terra, como por exemplo: partidos, bancadas no poder legislativo, representantes do poder público, figuras públicas, instituições, organizações não governamentais, empresas, dentre outros. Segundo Vainer (2006, p.11), "a escala de ação política parece ser crucial tanto para aqueles que querem compreender o mundo contemporâneo, quanto para aqueles que querem transformá-lo".

Os inúmeros enfrentamentos travados pelo Movimento, suas conquistas, assim como a leitura política da sua ação tem permitido a seus integrantes reconhecer facilmente não somente a força decisiva da organização e mobilização das massas, mais

---

12 Entrevista #2 realizada em 14 de junho de 2017, Laranjeiras do Sul, Paraná.

também a indispensabilidade da unidade de ação como parte essencial da sua prática política. Nesse sentido, o depoimento de Elemar Cezimbra, membro do MST, é esclarecedor,

> A unidade de ação e a disciplina são princípios políticos do MST, eles são respeitados em todas as instâncias. Uma vez discutida e tomada uma decisão deverá ser obedecida pela militância de forma a garantir as ações do Movimento. Esta conduta é aprendida nos processos de formação política do Movimento. O MST forma e age a partir de seus princípios, o que tem sido indispensável para avançar na luta.

Na mesma direção, Gilmar Mauro, comenta,

> Todo militante, em suas respectivas instâncias de participação, pode e deve participar das decisões políticas do movimento. Nos processos de discussão existe uma diversidade de opiniões, todos os pontos de vista são escutados, muitas vezes acontecem intensos debates derivados de distintos posicionamentos. Mas uma vez tomada uma decisão, ela passa a ser a decisão de todos os militantes do MST, garantido a força da ação política do Movimento. Todo militante passa agir em uma mesma direção, atuando como um mesmo homem.[13]

Na medida que do cotidiano das famílias Sem Terra emergem novas necessidades, outras bandeiras de luta são incluídas, tais como educação, saúde, lazer, gênero, cultura, entre outras. Mançano (1996) aponta que a luta pela terra não tem por objetivo ser corporativa, e se ser parte de uma longa luta muito mais

13 Entrevista #1 realizada em 30 de maio de 2017, Campinas, SP.

ampla que inicia pela terra, logo se expande para outras áreas, alongando horizontes e aglutinando novos e diversos setores sociais à luta do MST. Para além das demandas concretas do MST, também se estabelecem alianças com outros movimentos políticos nacionais e internacionais,[14] com vista ao fortalecimento de bandeiras mais gerais, que não poderiam ser ganhar força de forma isolada. Estas ações políticas coletivas expressam a combinação do interesse próprio com o interesse de outras forças para criar contraofensivas maiores e fortalecer uma consciência contra hegemônicas a nível nacional e internacional. Nestas alianças aglutinam-se grupos que buscam transformações nas relações existentes, mas que possuem diferenças. Segundo Purcell, estes grupos compõem "cadeias equivalentes" que agem em conjunto a pesar de não ter idênticos interesses:

> Cada um dos grupos na cadeia tem sua própria relação com a hegemonia existente, a experiência e interesse de cada grupo são irredutíveis aos outros. Cada um mantêm sua diferença. No entanto, eles são capazes de agir em conjunto em torno de uma agenda de equivalência. Ou seja, eles se vêm como equivalentes em desvantagem pelas relações de poder existentes. "Equivalente" neste caso não significa idênticos. Eles não são prejudicados preci-

14 Entre as bandeiras de luta fortalecidas a partir das alianças com outros movimentos nacionais e internacionais podemos citar: a Campanha Contra a Dívida Externa; a Campanha Contra a Privatização da PETROBRAS; a Campanha Contra a ALCA; a Campanha Permanente Contra os Agrotóxicos e Pela Vida; a Campanha Continental dos Quinhentos Anos de Resistência Indígena, Negra e Popular; mais recentemente tem se celebrado alianças Contra o Impeachment da presidenta Dilma, Contra o Governo Temer, Contra a PEC 241, a favor das "Direitas Já", dentre outras.

> samente da mesma forma, Laclau e Mouffe rejeitam explicitamente os estilos dos antigos movimentos sociais que reduziram os participantes a uma única posição social, geralmente classe (PURCELL, 2009, p.159, tradução livre).

As características da *práxis* política do MST acima relatada, concretiza uma inclusão "substantiva" dos Sem Terra, isto é, uma inclusão política e social que resulta de alguma maneira em uma redistribuição da riqueza (da terra), na ampliação de direitos, na construção de sujeitos que desafiam as relações de poder existente e realizam mudanças a partir da sua intervenção política. Este tipo de inclusão se contrapõem à inclusão "formal" junto às instituições do Estado proposta pelo planejamento participativo, caracterizada por sua despolitização, pela consulta relativa à implementação de ações localizadas, sem constituir-se em uma racionalidade diferente à instrumental em termos de resultados.

A prática política do MST não esconde o conflito, nem exclui o uso de práticas com vistas à construção de compreensões e consenso comuns junto a segmentos com interesses de classe contrários. O Movimento tem uma clara percepção de que os interesses diferentes que possuem aqueles em distintas posições estruturais não se resolvem simplesmente por meio do intercâmbio de ideias, pois em última instância "*the power of words depends on the power of the speakers*" (FAINSTEIN, 2000, p.458).

O MST se constituiu como um ator eminentemente político, que desafia a ideologia do fim da história, que manifesta que outras alternativas são possíveis de serem construídas agora e futuramente. Aqui vale recordar as palavras de Bourdieu, recolhidas por Vainer, em relação à ideologia da inevitável continuidade do presente:

> Ora, se tal ou qual processo parece inevitável e sem alternativas, é porque, como disse Bourdieu (1998, p.34), [15] há um poderoso aparato que inculca ideologias e banaliza os processos. Ao eliminar a possibilidade de escolha, esse exercício do poder simbólico lança a política ao lixo da história e nega a própria historicidade do momento vivido - sem alternativas não há mais história, apenas a reprodução do existente num futuro que, na verdade, já deixou se sê-lo para transformar-se apenas num presente continuo (VAINER, 2006, p.17-18).

## A prática organizativa e formação política

A organização e a formação no Movimento resultam de um projeto de transformação para a conquista da cidadania no sentido do ser sujeito da história, assim como para o desenho de uma outra forma de sociedade. A luta pela terra e a Reforma Agrária são acompanhadas por amplos processos de formação política e práticas organizativas. O acampamento é por excelência o espaço de luta, resistência, do aprendizado da ação coletiva, de formação e organização construído pelo MST. É a partir do acampamento que os trabalhadores partem para o enfrentamento direto com o Estado e com os latifundiários. Quando nasce um acampamento rapidamente se apropria de uma estrutura organizativa construída e aperfeiçoada ao longo dos anos de existência do Movimento, que está arquitetada em distintas instâncias de caráter coletivo como assembleias, núcleos, setores, coordenações, direções, dentre outras. Esta organização procura garantir as mobilizações

15 BOURDIEU, Pierre. *Contre-feux*: propos pour servir à la résistance contre l´invasion neolibérale. Paris: Éditions Líber - Raisons d'Agir, 1998. p.34.

indispensáveis à luta, o atendimento às necessidades dos acampados, e o equacionamento dos problemas internos derivados da vida em comum. No assentamento, existe um certo recolhimento na participação política devido à necessidade de cuidar da produção, da estruturação da unidade de produção, à dispersão geográfica das famílias, e inclusive pela efetivação da conquista da terra, dentre outros fatores. As práticas organizativas continuam, mas com menor força, a intensidade da mobilização diminui, as reuniões são mais distanciadas. Na fase de assentamento, uma nova estrutura organizativa é construída e novas bandeiras de luta são encampadas como o crédito, a escola, a implantação de estradas, a assistência técnica, etc.

Tanto os acampamentos, como os assentamentos fazem parte de instâncias de organização regional a nível dos estados, que integram instâncias nacionais. A não divisão deste dois públicos – assentados e camponeses em ocupações de terra – tem contribuído para o fortalecimento político do MST, uma vez que considera o interesse de classe acima da diferenciação advinda da posse da terra. Tanto a nível estadual como nacional existe a representação de cada um dos setores que integram o MST, tais como educação, formação, saúde, produção, comunicação, frente de massas, dentre outros. Todas as instâncias de decisão são coletivas; não existem presidentes, nem diretores, sendo o Congresso Nacional a instância de decisão de maior hierarquia.

Karriem (2009, p.31), se referindo a Gramsci, menciona que o senso comum é a maneira inconsciente e acrítica em que os indivíduos percebem o mundo; é a esfera das ideais de dominação, onde o pensamento contra hegemônico deve ser cultivado. Isso requer uma crítica sustentada do sentido comum, permitindo que os indivíduos se desloquem para o "bom senso", o que Gramsci chama, um "senso comum popular". A compreensão do MST da indispensabilidade da quebra do senso comum na luta de classes, faz com que a formação política seja considerada elemento-chave da luta política e ideológica. Os acampamentos e assentamentos, mas fundamentalmente o acampamento, são espaços onde o senso comum é desestruturado e disputado, instituindo-se, em maior ou menor grau, um "senso comum popular". Ela inicia nos núcleos do acampamento, nos quais se organizam o conjunto das famílias, e se espalha em diferentes formatos em todas as instâncias do Movimento. A metodologia da formação política do Movimento junto à base recolhe as experiências pedagógicas da educação popular, e seu conteúdo é diferenciado conforme as exigências da participação na luta política de cada militante. Em relação à necessidade da formação política da militância e dirigentes do Movimento, Elemar Cezimbra, membro do MST, aponta:

> A luta pela Reforma Agrária é uma luta longa que exige militantes e dirigentes com preparação que lhe permita embasar sua ação política, elaborar táticas e estratégias, construir alianças no momento adequado, entender os interesses de classe, fazer a leitura da conjuntura nacional, etc. Para ser dirigente tem que dominar determinados conteúdos de economia, da política, da história, de forma a compreender a realidade e ser capaz de desenhar horizontes de luta. O papel da formação é dar conhecimentos para a ação política, para qualificar a participação dos Sem Terra no processo de luta.[16]

Para Gilmar Mauro, membro do MST, a formação política tem objetivos e fontes:

16 Entrevista #2 realizada em 14 de junho de 2017, Laranjeiras do Sul, Paraná.

> [...] a formação política deve desconstruir o senso comum, dar origem a compreensão de como funciona a sociedade, e apontar os rumos da prática política. A formação política não somente emana do conhecimento da teoria, mas fundamentalmente do conhecimento somado à prática política, à luta concreta.[17]

Sobre a importância da formação de intelectuais ao interior dos movimentos, Karriem (2009), citando a Gramsci[18] (1971), escreve,

> A formação de intelectuais orgânicos é necessária para fazer emergir a consciência e transformar ideias em forças materiais. Isto não significa que os intelectuais dirijam uma guerra de posições. Para Gramsci a transformação da política está baseada na participação das massas e os movimentos têm que estar continuamente formando novos intelectuais orgânicos que tenham uma ativa participação na vida prática, como construtores, organizadores, mobilizadores e não simplesmente como oradores. (Tradução livre).

Em relação aos resultados das experiências pedagógicas nos processos de formação construídos ao interior do MST, Mançano (1996, p.228), cita as palavras de Tarelho[19] (1989),

17 Entrevista em 30 de maio de 2017, Campinas, SP.

18 GRAMSCI, Antônio. *Selections from the Prision Notebook*. New York: International Publishers, 1971.

19 TARELHO, Luiz Carlos. O Movimento Sem Terra de Sumaré: espaço de conscientização de luta pela posse da terra. *Terra Livre,* São Paulo, n.6, p.98, ago. 1989.

> São experiências pedagógicas que tornaram visíveis as relações de poder e os conflitos sociais, em um espaço mediado por concepções e por valores que contribuíram para a tomada de consciência de estados coletivos de privação, para a reelaboração da noção de direitos instituída e para a afirmação de sujeitos coletivos capazes de ação.

Ainda sobre os processos pedagógicos do MST, Mançano (1996) aponta a importância do resgate da história de lutas e das demandas dos trabalhadores, da política do Estado, com o objetivo de os Sem Terra se perceberem como excluídos, desrespeitados em seus direitos de forma a tomar consciência da necessidade de lutar por eles. Sobre a importância do resgate da memória social nos processos de formação, Miraftab (2009, p.45), aponta:

> Essa consciência historicizada é um princípio constitutivo do planejamento insurgente. Enquanto o capitalismo neoliberal promove uma amnésia social coletiva, uma importante tarefa de planejamento contra hegemônico e insurgente é estimular memórias coletivas históricas e historizar os problemas decorrentes das ações e inativações das autoridades – o que Sandercock chama historiografias insurgentes (SANDERCOCK,[20] 1998).

Os processos de formação política no Movimento não estão desvinculados dos processos organizativos, ao contrário, são estes que possibilitam a aquisição de competências e conhecimentos elementares e indispensáveis para poder

20 SANDERCOCK, Leonie. Framing Insurgent Historiographies for Planning. In: *Making the Invisible Visible*: A Multicultural Planning History. Berkeley: University of California Press, 1998. p.1-33.

participar de forma ativa e qualificada nos distintos espaços de decisão. A formação também contribui de forma decisiva para a modificação dos motivos iniciais de participação na luta - calçados em demandas meramente econômicas como o acesso à terra – , para a ampliação à motivações de caráter político vinculados a outros níveis de consciência, alimentando de alguma maneira o sonho de uma sociedade diferente, mais solidária e justa.

Para Mançano (1996), a territorialização nacional do Movimento não é somente um resultado da conquista da terra, é também resultado da espacialização de práticas organizativas e políticas iniciadas no acampamento, que desafiam a construção do poder dominante, e são instigadas a se qualificar constantemente pelos novos desafios da luta.

## Práticas e modificação do espaço

A ação política do Movimento tem consequências espaciais. A conquista definitiva da terra, isto é, de frações de território, levará a importantes modificações no espaço e no ambiente social anteriormente construído. A partir do assentamento, um novo tecido social se instalará mudando as formas de uso do espaço. Prontamente surgiram as moradias; empregos serão gerados; haverá produção; infraestrutura social será instalada; a economia da região será aquecida em função da produção, do consumo e da renda gerada pelos assentados; novas relações serão estabelecidas com o entorno social, inclusive passando a modificar a percepção da população próxima aos assentamentos sobre a natureza dos Sem Terra. Na medida em que os assentamentos são maiores,[21] as modificações do espaço são mais

21 No maior assentamento organizado pelo MST, de nome Itamarati, localizado no Estado de Mato Grosso do Sul, vivem mais de 17 mil assentados. A maior área reformada do país a partir das lutas do MST,

complexas e se fazem mais presentes. Para Costa (2008, p.42), "estas modificações, resultado do fazer político, se contrapõem a crença 'no papel redentor do planejamento' em si, e não no resultado das políticas construídas a partir do embate de forças sociais a elas relacionadas". No que se refere à força de transformação do planejamento "insurgente", Miraftab (2009, p.43), faz uma importante observação,

> As práticas do planejamento insurgente reconhecem o que o impulso hegemônico do capitalismo neoliberal tenta obscurecer: as potentes práticas de oposição e transformativas que os cidadãos e as populações marginalizadas inventam na definição de inclusão do capitalismo global. As práticas de planejamento insurgentes eliminam a "democracia" e a "inclusão" de seus elementos formalistas, reconhecendo a importância dos movimentos contra hegemônicos de escolher seus próprios modos de constituir suas coletividades e sua participação (GILLS , 2001).[22]

As conquistas derivadas da luta do Movimento colocam em segundo plano os processos de planejamento oficial do órgão responsável pela política de Reforma Agrária, o INCRA, cuja ação é praticamente pautada pela pressão do Movimento. Mas para além do ritmo e amplitude que as ações do MST colocam aos órgãos governamentais, a práxis do Movimento constrói um "planejamento insurgente" que além de se contrapor às propostas governamentais de planejamento participativo ao reformular as relações entre sociedade e Estado, monstra que o planejamento

---

localizada no Estado do Paraná, possui aproximadamente 3.500 famílias assentadas e 2000 famílias acampadas

22 GILLS, Barry. Introduction: Globalization and the Politics of Resistance. In: *Globalization and the Politics of Resistance*. New York: Palgrave, 2001. p.3-11.

não é um campo exclusivo dos profissionais da área. Nesse sentido, Miraftab (2009) retomando reflexões de Fainstein (2000), Friedmann (1973), Leavitt (2004), e Sandercock (1998), sobre o planejamento profissional, aponta:

> O planejamento insurgente não é uma subjetividade exclusiva, assim como as práticas de planejamento em geral não se limitam a planejadores profissionalmente treinados. De fato, o planejamento é um campo contestado de atividades interativas por vários atores. Esse reconhecimento repousa em décadas de estudos de planejamento radical que desmantelam o mito do planejamento como uma prerrogativa de profissionais que atuam isoladamente de outras esferas de ação (2009, p.41).

Nessa mesma direção, Miraftab, afirma:

> Planejamento de equidade, planejamento participativo e planejamento comunicativo (Forester,[23] 1989; Healey,[24] 1999; Innes,[25] 2004; Krumholz,[26] 1994), são perspectivas críticas que permaneceram dentro dos limites da sabedoria convencional que conceitua os planejadores como profissionais que ficam fora da sociedade, embora atingindo a inclusão dos cidadãos,

23 FORESTER, John. *Planning in the Face of Power*. Berkeley: University of California Press, 1989.

24 HEALEY, Patsy. Institutionalist Analysis, Communicative Planning and Shaping Places. *Journal of Planning Education and Research*, v.19, p.111-121, 1999.

25 INNES, Judith. Consensus Building: Clarification for the Critics. *Planning Theory*, v.3, n.1, p.5-20, 2004.

26 KRUMHOLZ, Norman. Dilemmas in Equity Planning: A Personal Memoir. *Planning Theory*, v.10, n.11, p.45-56, 1994.

> talvez através da redistribuição, pelo menos pela comunicação. (MIRAFTAB, 2009, p.42, tradução livre).

Para Randolph (2007), a colaboração proposta pelo planejamento participativo, apresentado por Healey, se encontraria limitada praticamente ao nível simbólico, haja vista seu ponto de partida: a articulação de diferentes interesses de segmentos sociais comumente contrários. Se bem é certo que este formato de planejamento exigiria a participação relativa da população, a mesma estaria restrita no nível das decisões e formulação de propostas de caráter tático, referentes à consultas relativas a implementação de ações localizadas, mas não ao nível das decisões políticas e estratégicas, onde de fato podem ser atendidas as demandas de caráter estruturante. Já as práticas contra-hegemônicas, indesejáveis por setores hegemônicos, constituem uma racionalidade em termos de ação e dos resultados.

Por último, é importante mencionar a importância do cultivo da utopia de uma sociedade justa e solidária praticado pelo MST, partir do que o Movimento denomina "mística". A mísitica, presente em todas as ações coletivas, projeta representações de uma sociedade diferente a atual, cujo objetivo principal é estar ao serviço da coletividade; imagina experiências sociais passiveis de serem realizadas no longo prazo, mas também no atual a partir da prática de novos valores na cotidianidade, das mudanças processuais e incrementais, de forma contrair o futuro, e expandir o presente. A mística cria nos Sem Terra, em especial na sua militância, uma representação de espaços fraternos, justos de forma a dar sentido à transformação social.

## Considerações finais

A ação política do MST pode ser definida como planejamento insurgente conforme a conceituação de Miraftaf (2009, p.33),

> As práticas de planejamento insurgente são caracterizadas como contra hegemônicas, transgressivas e imaginativas. Eles são contra hegemônicos na medida em que desestabilizam a ordem normalizada das coisas; transgredem o tempo ao lugar, localizando a memória histórica e a consciência transnacional no coração de suas práticas. Elas são imaginativas ao promover o conceito de um mundo diferente, como Walter Rodney diz, sendo tanto possível quanto necessário.

O Movimento assume o papel de mediador classista entre as demandas dos Sem Terra e o Estado. Sua pratica política tensiona e explicita o conflito para acionar o governo; politiza a participação da sua base; se apropria e cria espaços de participação política; usa de forma eclética instrumentos de luta formais e informais, legais e sancionados. Sua ação política desestabiliza o status quo, resulta na produção social de novos espaços, e recupera a utopia, a imaginação e o sonho de um futuro alternativo possível de ser construído por sujeitos da história: os Sem Terra, os trabalhadores.

A prática política do MST, a qual não está livre de derrotas e equívocos, tem mostrado efeitos duradouros que possibilitam modificar a correlação de forças, tem contribuído para criar uma cultura de participação democrática fincada na mobilização massiva e politizada. Na luta política, assim como nas vivências comuns derivadas desta, o Movimento cria identidades, afetos e experiências que modificam a concepção abstrata do espaço, mostrando que sua construção não está submetida exclusivamente aos imperativos do capitalismo.

## Referências

ALMEIDA, Lucio Flávio de; SÁNCHEZ, Felix Ruiz. The Landless Workers' Movement and Social Struggles Against

Neoliberalism. Disponível em: <http://journals.sagepub.com/doi/abs/10.1177/0094582X0002700502>. Acesso em: 11 maio 2017.

BRASIL. Constituição da República Federativa do Brasil de 1988. Disponível em: <http://www.planalto.gov.br/ccivil_03/constituicao/constituicao.htm>. Acesso em: 10 maio 2017.

CALDART, Roseli Salete. O MST e a formação dos sem terra: o movimento social como princípio educativo. *Estudos Avançados*, São Paulo, v.15, n.43, p.207-224, dez. 2001. Disponível em: <http://www.scielo.br/scielo.php?script=sci_arttext& pid=S0103-40142001000300016&lng=en&nrm=iso>. Acesso em: 16 jun. 2017.

COMPARATO, Bruno Konder. A ação política do MST. *São Paulo em Perspectiva*, v.15, n.4, p.105-118, 2001. Disponível em: <http://www.scielo.br/pdf/spp/v15n4/ 10377.pdf>. Acesso em: 23 maio 2017.

COSTA, Heloisa Soares de Moura. A trajetória da temática ambiental no planejamento urbano no Brasil: o encontro de racionalidades distintas. In: COSTA, Geraldo Magela; MENDONÇA, Jupira Gomes de (Org.). *Planejamento urbano no Brasil*: trajetória, avanços e perspectivas. Belo Horizonte: C/Arte, 2008. p.81-92. (Coleção Estado da Arte).

FAINSTEIN, Susan F. New directions in planning theory. *Urban Affairs Review*, v.35, n.4, p.451-478, Mar. 2000.

HEALEY, Patsy. Collaborative planning in perspective. *Planning Theory*, v.2, n.2, p.101-123, 2003.

IORIS, Antonio Augusto Rossotto. *Applying the strategic-relational approach to Urban Political Ecology*: The Water

Management Problems of the Baixada Fluminense, Rio de Janeiro, Brazil. Antipode, p.1-33, 2011.

KARRIEM, Abdurazack. The rise and transformation of the Brazilian landless movement into a counter-hegemonic political actor: a Gramscian analysis. Geoforum, v.40, n.3, p.316-325, 2009.

MANÇANO, Bernardo. *MST: formação e territorialização.* São Paulo: Hucitec, 1996. (Coleção Geografia Teoria e Realidade).

MIRAFTAB, Faranak. *Insurgent planning*: Situating Radical Planning in the Global South. Planning Theory, v.8, n.1, p.32-50, 2009.

MOVIMENTO DOS TRABALHADORES RURAIS SEM TERRA (MST). A luta continua: como se organiza os assentados. *Cadernos de Formação*, São Paulo, n.10, 1986a.

MOVIMENTO DOS TRABALHADORES RURAIS SEM TERRA (MST). Como se organiza o Movimento dos Trabalhadores Rurais Sem Terra. *Cadernos de Formação*, São Paulo, n.5, 1986b.

MOVIMENTO DOS TRABALHADORES RURAIS SEM TERRA (MST). Elementos sobre a teoria da organização no campo. *Cadernos de Formação*, São Paulo, n.11, 1986c.

MOVIMENTO DOS TRABALHADORES RURAIS SEM TERRA (MST). Organização do movimento, quem é quem na luta pela terra. *Cadernos de Formação*, São Paulo, n.1, 1986d.

MOVIMENTO DOS TRABALHADORES RURAIS SEM TERRA (MST). *Canções da luta*. São Paulo: MST, 1992.

MOVIMENTO DOS TRABALHADORES RURAIS SEM TERRA (MST). Como trabalhar a comunicação nos assentamentos e acampamentos. *Boletim da Educação*, n.3, 1993.

MOVIMENTO DOS TRABALHADORES RURAIS SEM TERRA (MST). Método de trabalho de base e organização popular. *Caderno de Formação*, São Paulo, n.28, 2009.

MOVIMENTO DOS TRABALHADORES RURAIS SEM TERRA (MST). *MST: lutas e conquistas*. 2.ed. São Paulo: MST, 2010. Disponível em: <https://pt.scribd.com/ document/85210982/MST-Lutas-e-Conquistas-PDF>. Acesso em: 19 maio 2017.

MOVIMENTO DOS TRABALHADORES RURAIS SEM TERRA (MST). *Educação*. Disponível em: <http://www.mst.org.br/educacao/> Acesso em: 02 maio 2017.

MOVIMENTO DOS TRABALHADORES RURAIS SEM TERRA (MST). *Nossa história*. Disponível em: <http://www.mst.org.br/nossa-historia/>. Acesso em: 1.o jun. 2017.

MOVIMENTO DOS TRABALHADORES RURAIS SEM TERRA (MST). *Nossa produção*. Disponível em: <http://www.mst.org.br/nossa-producao/. Acesso em: 04 maio 2017.

PELOSO, Ranulfo. *A força que anima os militantes*: mística. São Paulo: MST, 1995.

PURCELL, Mark. *Resisting Neoliberalization*: Communicative Planning or Counter-Hegemonic Movements? Planning Theory, v.8, n.2, p.140-165, 2009.

RANDOLPH, Rainer. Do planejamento colaborativo ao planejamento "subversivo": reflexões sobre limitações e potencialidades de Planos Diretores no Brasil. Scripta Nova, *Revista electrónica de geografia e ciências sociales*, Barcelona, v.11, n.245, (17), ago. 2007. Disponível em: <http://www.ub.es/geocrit/sn/sn-24517.htm>. Acesso em: 10 maio 2017.

VAINER, Carlos B. *Lugar, região, nação, mundo*: explorações históricas do debate acerca das escalas da ação política. Revista Brasileira de Estudos Urbanos e Regionais, v.8, n.2, p.9-29, nov. 2006. Disponível em: <http://rbeur.anpur.org.br/rbeur/article/view/159>. Acesso em: 18 jun. 2017.

# PARTE IV
# Desdobramentos e mutações contemporâneas

# Territorializando o espaço:

## *mídias socias e fontes ideológicas dos movimentos de direita do Brasil*

Lalita Kraus[1]

## Introdução

O presente trabalho surge por interesse em compreender as novas dinâmicas sociopolíticas ligadas aos movimentos sociais de direita no Brasil contemporâneo. Para tanto, adotamos uma concepção de sociedade enquanto conceito abstrato, mas que assume conotações concretas a partir de um conjunto de configurações relacionais. O presente trabalho foca nas relações e ações de movimentos de direita para poder determinar de que forma essa configuração relacional se articula a partir de estruturas sociais específicas que determinam o elemento comum de coesão e reciprocidade.

O ponto de partida é o reconhecimento da existência de espaços onde, a partir de novas dinâmicas relacionais, concretizam-se e viabilizam-se novos projetos políticos. Constitui-se um espaço sócio-comunicacional complexo, já que o espaço não se vincula apenas às marcas físicas, mas também às dinâmicas infocomunicacionais. Nesse sentido, as mídias sociais representam um espaço sócio-comunicacional que desempenha um papel central na significação da vida política e social.

1 Professora adjunta do Instituto de Pesquisa e Planejamento Urbano e Regional (IPPUR) da Universidade Federal do Rio de Janeiro (UFRJ). E-mail: kraus.lalita@gmail.com

Identificamos as manifestações de 2015 como um marco importante da ação sociopolítica de movimentos com profundas conotações de conservadorismo comportamental e direitismo político. Tratou-se de manifestações que refletiam um profundo descontentamento com o governo federal e exigiam o afastamento da presidenta Dilma. Como a pesquisa de Ortellado e Solano (2016) ressalta, esses novos movimentos sociais ganharam a confiança dos manifestantes a partir de um posicionamento antiestablishment, que explorou politicamente esse sentimento de insatisfação e de indignação.

Muitos desses movimentos se apresentaram, desde o início, como uma multidão espontânea e autônoma em busca de um projeto de renovação política. Mas de que forma os discursos mobilizados por esses movimentos refletem e representam um verdadeiro projeto de renovação e autonomia política?

Para responder a essa pergunta, o presente trabalho foca na compreensão das dinâmicas dessa nova direita, objetivando identificar os principais atores e suas fontes discursivas. Identificamos o Movimento Brasil Livre (MBL) como um ator importante das mobilizações dessa "nova direita", a partir de uma ampla articulação nas mídias sociais (DEMIER, 2016). Considerando que a apropriação e o uso do espaço das mídias sociais reflete específicas configurações relacionais e de poder, podemos afirmar que acontece um processo de territorialização desse espaço sócio-comunicacional.

O amplo uso das mídias faz assim que existam muitas informações sociais online que constituem um material importante de investigação. Por isso, do ponto de vista metodológico, a análise de rede permite efetivar uma abordagem relacional a partir das mídias sociais como campo de pesquisa. Isto possibilita identificar a rede de atores da direita ligada ao MBL, destacando os mais influentes e populares do ponto de vista da produção discursiva.

## Movimentos em rede

Existem inúmeros e amplos os estudos que reconhecem e investigam o valor ético e político da ação dos movimentos sociais que se contrapõem ao poder instituído, tentando reverter as formas de injustiça social (CABALLERO & GRAVANTE, 2017; DELLA PORTA e DIANI, 2006; GOHN, 2011; MELUCCI, 2001; PASSY, 2003; TOURAINE, 1996; SCHERERWARREN, 2011). Mas, por outro lado, são em parte negligenciados aqueles voltados para os movimentos conservadores e de direita, embora haja algumas exceções (CAIANI e WAGEMANN, 2009; SOLANO e ORTELLATO, 2015).

Em geral, adotar o termo movimento social significa remeter à organização de grupos sociais, que se organizam e perseguem objetivos sociais compartilhados (VIANA, 2016). A dinâmica do compartilhamento é potencializada na internet, na medida em que, por exemplo, cada like e cada comentário podem representar um sinal de viabilidade de ideias e ações, que demonstra que algo é possível porque socialmente compartilhado (MARGETTS, 2017). É, assim que online é oferecido um espaço que favorece a criação de um sentido de pertencimento e de identidade (CAIANI e WAGEMANN, 2009), que constitui o "comum" que mobiliza e articula atores em rede.

Alguns estudos (CAIANI e WAGEMANN, 2009; ORTELLADO e SOLANO, 2015) reconhecem o papel da internet na articulação e potencialização da ação social em rede dos movimentos de direita. Adotamos o conceito de midiatização para compreender o nível de penetrabilidade da mídia na sociedade, apontando, não apenas para a influência da mídia na sociedade, mas também para "o processo pelo qual a sociedade, em um grau cada vez maior, está submetida a ou torna-se dependente da mídia e de sua lógica" (HJARVARD, 2012,

p. 64). Nesse contexto, também a organização da ação social é transformada pela dinâmica e lógica das mídias sociais, que se impuseram como espaço de mobilização e disputa na esfera cultural, social e política.

A ação do MBL se estrutura a partir de uma estratégia midiática extremamente articulada, que se beneficia de múltiplas plataformas digitais, como Twitter, Facebook, Youtube e Instagram. Através de uma atenta observação é possível reconhecer que os membros do movimento produzem e divulgam notícias, segundo uma estratégia comunicacional pautada na ampla produção audiovisual e no uso do apelo emotivo através de uma linguagem simples e sensacionalista. A fábrica de memes e a difusão de fake news, por exemplo, são claramente voltadas para viralizar conteúdos, cuja divulgação influencia o debate e a pauta política, levando, em última instância, à mobilização social. Trata-se de uma estratégia que tem efeitos concretos quando, por exemplo, o MBL lidera a operação Minerva, contribuindo para fazer avançar o processo de impeachment da presidenta Dilma Rousseff em 2016, e consegue articular a onda de protestos nas redes sociais, que levou ao encerramento da exposição Queermuseum em Porto Alegre em 2017.

Trata-se, assim, de uma nova prática política que se torna mais dependente e focada no uso dos meios de comunicação (MAZZOLENI e SCHULZ, 1999). Essa lógica de adaptação e dependência é politicamente relevante na medida em que as mídias sociais se tornam um novo espaço hegemônico onde atores, como o MBL, disputam narrativas.

## Territorializando o espaço

O conceito de midiatização e as diversificadas estratégias de manipulação do debate nos espaços digitais permitem compreender a relevância dos espaços sócio-comunicacionais enquanto espaços de produção discursiva e significação simbólica, que refletem determinadas relações e sistemas de poder.

Podemos interpretar as mídias sociais como um novo espaço, ou novos espaços, de significação da vida política e social. Como ressalta Raffestin (2008), o espaço é constituído a partir da ação dos atores sociais em qualquer nível. Tais relações acontecem, não apenas no espaço físico, mas, em geral, no espaço da vida social onde ocorrem as relações cotidianas (LEFEBVRE, 1992). A partir disso, podemos afirmar que, já que os atores sociais vivem cotidianamente relações sociais na internet, essas moldam e caracterizam novos espaços sociopolíticos.

Para Raffestin (1993, p. 143), o sujeito "ao se apropriar de um espaço, concreta ou abstratamente [...] territorializa o espaço", mostrando que os atores sociais operam transformações espaciais, a partir de suas dinâmicas relacionais. Um elemento chave para compreender esse processo de territorialização é a relevância da dimensão simbólica, isto é a produção de significados e significações (HAESBAERT, 2007). A produção simbólica tem a ver com as relações de poder, que se expressam na difusão de uma determinada visão de mundo. Isto é, a dimensão simbólica possibilita territorializar o espaço, trazendo determinadas representações que surgem da dinâmica relacional e de poder dos atores sociais.

As relações online, baseadas em produções imagético-discursivas, significam a vida social e se estruturam a partir de sistemas simbólicos, que determinam as relações de poder enquanto sistemas de conhecimento e de comunicação, assim como definido por Pierre Bourdieu (2010). Assim, por um lado, o sistema simbólico define uma forma de conhecimento em função do sujeito e das estruturas objetivas nas quais está inserido.

Por outro lado, os símbolos, quando comunicados e compartilhados no universo das relações sociais, garantem um consenso acerca do sentido do mundo social.

Nesse sentido, a produção simbólica se torna um elemento central nas relações de poder, na medida em que qualquer projeto político se fundamenta e realiza a partir do consenso social. A dinâmica do consenso social pode ser compreendido através do conceito de hegemonia, entendida como a direção intelectual e moral, através da qual grupos dominantes mantém a própria condição de poder (GRAMSCI, 1975).

O MBL reproduz um tipo de conhecimento que tem validade na medida em que é amplamente divulgado com o intuito de criar um consenso social entorno de determinados princípios e valores. Um dos leader do movimento, Kim Kataguiri, declara numa reportagem do The Guardian que o MBL surgiu de uma "ansiedade para criar uma linguagem simples e espalhar e transformar o liberalismo econômico e político em uma força política relevante no Brasil" (PHILLIPS, 2017).

Diferentes grupos, ou classes, estão envolvidos em luta simbólica para impor uma visão do mundo conforme aos próprios interesses. Esta luta pode ser conduzida diretamente por esses grupos ou indiretamente por especialistas da produção simbólicas, os "produtores a tempo inteiro". Nessa luta, "está em jogo o monopólio da violência simbólica legítima" (BOURDIEU, 2010, pag. 12). A definição da luta simbólica tem muito em comum com a "guerra de posição" gramsciana, assim como os produtores podem ser interpretados como tendo o mesmo papel dos intelectuais no pensamento de Antonio Gramsci (1975).

Os produtores produzem códigos simbólicos, que transmitem percepções do mundo através de esquemas de percepção. Essa transmissão supões um trabalho de legitimação, que faz esquecer ou disfarçar toda a parte de arbítrio que está na sua base (BOURDIEU e WACQUANT, 1992). O poder, assim definido, é irreconhecível, na medida em que opera através de um processo de dissimulação e transfiguração, disfarçando a relação de força que está por trás desse processo (BOURDIEU, 2010). Da mesma forma o papel dos intelectuais gramscianos é elaborar e mediar as ideologias, cujo objetivo último pode ser a criação de uma nova cultura, que não se reduz apenas a formação de uma vontade coletiva, mas também a difusão de uma nova cosmovisão e concepção de mundo.

Embora o MBL se apresente como um movimento autônomo e desvinculado dos interesses de grupos ou classes sociais, acreditamos que atue mais como intelectual, ou seja, com uma função político-social na construção e afirmação de uma determinada hegemonia. Por isso, a presente pesquisa foca na investigação das fontes discursivas do MBL com o intuito de compreender o seu papel "orgânico" e a função das mídias sociais como espaço de atuação de aparelhos privados de hegemonia.

## Abordagem metodológica

Do ponto de vista metodológico, reconhecemos que a abordagem de rede, a partir de uma perspectiva relacional e processual, permite trazer à tona elementos e características de um fenômeno social. Essa perspectiva, retomando o pensamento de Georg Simmel (2006), permite superar a falsa dicotomia entre indivíduo e sociedade, concebendo a sociedade a partir de relações sociais.

Para Simmel (2006), a sociedade de constitui a partir da reciprocidade da ação e de inter-relações que constituem a forma de sociação que estrutura o social. Dessa forma, seria a emergência de interações que determinaria a existência da sociedade (SIMMEL, 2006). Podemos considerar as mídias sociais como um novo espaço social onde se efetivam formas de sociação.

Para operacionalizar essa abordagem relacional, adotamos a análise de redes sociais na medida em que permite identificar e observar as relações que determinados atores estabelecem entre si (Recuero, 2011). O conceito de rede permite a análise de fenômenos que não podem ser compreendidos pelo uso de macro-categorias, como o Estado, ou de atores individuais. Na presente pesquisa a abordagem de rede possibilita identificar a reciprocidade entre atores que, compartilhando uma afinidade discursiva, participam de um projeto político comum.

Será aplicada a análise de redes sociais ao Facebook. Para desenvolver uma pesquisa exploratória que permita identificar os principais atores envolvidos entorno de um discurso e projeto político comum, foi identificado o MBL como um dos principais movimentos articuladores das mobilizações políticas de 2015 e foram identificados os atores que participaram dos congressos nacionais e estaduais do MBL em 2015, 2016 e 2017. Mapeia-se, assim, a rede ideológica do MBL. Para cada participante foi identificada a página pública oficial no Facebook (nós sementes) e, segundo a técnica de bola de neve, para cada página foram minerados os dados relativos às páginas curtidas. A partir dessa análise foi identificada uma rede composta por 14.078 páginas, que podemos interpretar como uma rede de filiação e pertencimento.

Consideramos a forma como as páginas se seguem como reflexo de um fato social, uma mediação entre fenômenos associativos, que podem ser, entre outros motivos, de cunho ideológico. É, assim, um artifício que permite destacar importantes características relativas ao compartilhamento de ideias e valores.

## A rede liberal-conservadora

A imagem 1 apresenta o resultado da pesquisa através do software GEPHI. É, assim, representada uma rede composta por páginas (nós), a partir de um laço (aresta) determinado pela curtida. O ato de curtir cria uma ligação na rede social que, além de abrir um canal para o recebimento de informações, reflete uma relação com conotações ideológicas, já que geralmente são as páginas de polo ideológico assemelhado que se seguem. A partir disso, pode ser interpretada como uma rede de filiação e pertencimento.

**Imagem 1 – A rede liberal-conservadora**

*Fonte: Imagem produzida pela autora*

Pela finalidade da pesquisa, focamos em métricas que permitam identificar a fonte ideológica e discursiva da rede, tais como a modularidade e o grau de entrada. A cor delimita a modularidade, isto é a partição em subgrupos ou comunidades, a partir da densidade de conexões e laços mais fortes. Isto permite identificar subgrupos que possuem elementos discursivos e ideológicos próximos, que os distinguem dos demais subgrupos. Podemos distinguir e destacar 5 comunidades principais, com base na aproximação de conteúdo produzido e no grau de interação: comunidade liberal-midiática estadunidense (cor vermelha), conservadora-midiática estadunidense (cor cinza), político-midiática (cor azul), evangélica (cor verde) e liberal brasileira (cor rosa).

Além disso, o tamanho do nó e do rotulo é relativo à dimensão quantitativa, o grau de entrada, isto é as curtidas recebidas, que refletem o nível de popularidade e reputação de determinadas figuras públicas e instituições. Representaria, assim, um indicador do nível de influência de um determinado ator. Foram filtradas as páginas que tem um grau de entrada de 180 a 417, permitindo destacar 26 páginas.

Apesar de a rede ter sido concebida a partir dos congressos do MBL, a comunidade liberal brasileira não possui nós com alto grau de entrada e, portanto, seus membros não aparecem na imagem 1. Da mesma forma, na comunidade evangélica não se destacam páginas específicas, mas a emergência de uma comunidade composta por um conjunto de páginas ligadas a grupos, figuras e movimentos da comunidade evangélica mostra que os valores religiosos e o conservadorismo moral constituem uma característica importante dessa rede.

O resultado central da análise é relativo ao fato que, apesar dos nós-sementes serem em sua maioria páginas de atores e instituições brasileiras, aparecem duas influentes comunidades internacionais ligadas aos Estados Unidos, e que definimos como comunidade liberal e comunidade conservadora estadunidense. É interessante ressaltar que das 26 páginas com maior grau de entrada, 15 pertencem a essas duas comunidades. Iremos destacar aqui as mais relevantes.

A comunidade liberal é composta por atores e instituições de diferente natureza, como por exemplo, empresas midiáticas, jornalistas, think tanks, grupos de advocacy e lobbying, assim como instituições educacionais e filantrópicas. O elemento comum é a defesa de projetos políticos de cunho liberal.

A página que possui o maior grau de entrada é do Cato Institute, um think tank fundado pelos irmão Koch, empresários bilionários da Koch Industries, e que é classificado entre os 15 institutos mais influente do mundo (McGANN, 2018). No caso do Cato Institute, assim como de outros institutos da rede, o financiamento privado por parte de grandes empresários, como os irmão Koch, e a agressiva estratégia de influência e pressão política fazem aparecer essas instituições como defensoras de causas e políticas "partidárias", mais do que institutos independentes. Através de uma atenta investigação, identificamos que membros do Cato Institute, como Jason Kuznicki e Mark Calabria, participam dos congressos do MBL, assim como os membros do movimento são convidados para proferir palestras nos Estados Unidos.

Um dos fatores determinantes dessa reciprocidade ideológica é o papel da formação enquanto pilar no processo de produção e difusão de conhecimento de muitos think tanks. O Cato Institute é um dos financiadores da Atlas Leadership Academy, onde muitos dos membros fundadores do MBL se formaram (AMARAL, 2015). O programa de formação tem como objetivo fazer com que as pessoas formadas possam "aplicar o que aprenderam no lugar onde vivem e trabalham" (ATLAS, 2015). Segundo Cindy Cerquitella, diretora da Atlas Leadership Academy, o programa é voltado para aprender a alcançar objetivos, assim como impactar o público. Trata-se, assim, de uma formação com foco na estratégia comunicacional e na formação de think tank leaders, com o intuito de preparar formadores de opinião. Isso explicaria a dinâmica da ação social do MBL.

Essa dinâmica é esclarecida pela presença na rede de outro ator importante, o Student For Liberty (SFL). Parceiro do Estudantes pela Liberdade (EPL), em que se formaram alguns dos membros fundadores do MBL como Kim Kataguiri, essas organizações estudantis surgem para criar e formar uma rede internacional de jovens liberais, por meio do financiamento de organizações como o Atlas Network. O intuito é criar uma estética liberal juvenil.

Durante as manifestações brasileiras de 2015, apareceram nas redes sociais fotos do diretor do Atlas Network, Alejandro Chafuen, com membros do MBL. Isso é devido, além da afinidade ideológica, ao fato que o Estudantes pela Liberdade (EPL), parceiro brasileiro do Students for Liberty, é diretamente ligado ao MBL pois seus membros fundadores, como Kim Kataguiri, eram prévios membros do EPL. Ao ser entrevistado, Alejandro Chafuen declarou que o Atlas tem um papel de "nutrição" em relação ao EPL, que apoia através de investimentos financeiros e de formação, embora ressalte não apoiar partidos políticos (AMARAL, 2015). Apesar disso, Juliano Torres, diretor executivo do EPL, declarou que o MBL surgiu da necessidade de participar de manifestações políticas sem comprometer as organizações americanas, como o Atlas, que são impedidas de apoiar ativistas políticos pela legislação da receita americana (AMARAL, 2015). O MBL teria, assim, surgido como braço articulador e mobilizador político. Diante disso, não surpreende que Chaufen, durante o Fórum da Liberdade de 2017, comentando as manifestações de 2015, tenha declarado: "em toda a América Latina surgiu uma abertura - uma crise - e uma demanda por mudanças, e nós tínhamos pessoas treinadas para pressionar por certas políticas. No nosso caso, preferimos soluções privadas aos problemas públicos". Dessa forma, a ligação com o Cato Institute e com o Students for Liberty mostra como as ideias e a estratégia de mobilização do MBL têm fontes específicas e propósitos oriundos de um projeto político maior.

A importância da esfera educacional e formativa na rede é reforçada pela presença na rede da Foundation for Economic Education (FEE), a Learn Liberty e o Mises Institute que investem na formação para incentivar a penetração e a impregnação cultural de um projeto liberal.

Analisando as dinâmicas relacionais em busca de fontes discursivas, na rede apresentada na imagem 1 aparecem atores da esfera midiática. As páginas do jornalista John Stossel e da revista liberal, *Reason Magazine*, mostram a relevância da esfera da difusão midiática. A revista é publicada pela Reason Foundation, um dos institutos liberais mais influentes. O jornalista e repórter da ABC News e Fox Channel, John Stossel, é conhecido pela defesa explícita do livre mercado e em sua programação semanal teve como convidados o SFL e representantes do MBL, como Marcel Van Hatten.

Um conjunto de atores revela outra característica ideológica dessa rede. A página Young Americans for Liberty e Campaign for Liberty são páginas de campanha política de Paul Ron. Trata-se de um político estadunidense republicano que por três vezes foi candidato à presidência e se aproximou do Tea Party, a corrente radical de direita no partido republicano americano. Delcourt (2016) define o MBL como um Tea Party tropical, uma vez que é uma direita que mobiliza a rua, erigindo-se como defensor das tradições, dos costumes e das liberdades individuais. Essa comparação é significativa porque revela movimentos com características comuns, apesar de surgidos diferentes países, e que contam com consistentes financiamentos de empresas e fundações privadas (AMARAL, 2015a; DELCOURT, 2016).

A última comunidade em destaque é a comunidade conservadora estadunidense, que é composta por grupos, instituições e figuras públicas estadunidenses que defendem valores e princípios liberais, patrióticos e conservadores. Destaca-se a Heritage Foundation, que representa o oitavo think tank mais influente do mundo (McGANN, 2018). Assim como indicado no site oficial, a missão da fundação é formular e promover políticas públicas conservadoras, a limitação do papel governamental, assim como a promoção dos valores tradicionais e da defesa nacional. Isso aponta a sua natureza conservadora em defesa de princípios e valores tradicionais e patrióticos. Por isso, enquanto o Cato Institute defende a liberdade individual em todas as esferas da vida, a Heritage Foundation se posiciona mais contra o aborto e os direitos LGBT. É interessante observar que seus principais pilares discursivos, tais como o ataque aos modelos de sociedade cubano e venezuelano, a defesa da segurança nacional e o combate à corrupção e à imigração, estão atualmente ecoando e ressonando em muitos países, entre os quais o Brasil.

As características das comunidades acima citadas revelam elementos e atributos das fontes ideológicas que produzem os discursos e as ações de uma rede liberal-conservadora, que atua vigorosamente também no Brasil. Muitos dos atores dessa rede defendem pautas políticas investindo em estratégias de influência da opinião pública. O Cato Institute e Heritage Foundation, por exemplo, investem mais em divulgação e marketing do que em pesquisa. Essa dinâmica se manifesta também quando alguns desses atores instauram uma relação direta com o MBL voltada para a formação, a articulação e o suporte na mobilização política do movimento no Brasil.

## Considerações finais

As mídias sociais, uma vez que constituem um espaço de atuação estratégica de movimentos como o MBL, tornam-se um campo de pesquisa para desvendar a estrutura subjacente à sua produção discursiva. Nesse sentido, embora não exista necessariamente uma relação direta ou explícita entre os atores que compõem a rede, as comunidades e as páginas com maior grau de entrada podem revelar características importantes do fenômeno ligado aos movimentos de direita no Brasil. A representação de uma rede de curtidas é um construto intelectual que, além de mostrar a existência de um canal direto de comunicação, revela figuras e instituições mais influentes ou populares, permitindo destacar elementos de uma ideologia e produção discursiva compartilhada. A pesquisa desconstrói a ideia de que se o MBL e, em geral, o recente fenômeno liberal brasileiro represente um novo projeto político, já que está ligado a velhas bandeiras políticas internacionais. Ao mesmo tempo, pretendemos desconstruir o discurso do movimento em defesa de causas universais, já que existem, entre outros, interesses corporativos por trás de muitos dos atores e instituições que compõem a rede. Assim, a pesquisa desvenda, embora parcialmente, as relações de poder que são disfarçadas por trás da ação do MBL a partir de gênese social de sua produção discursiva.

## Referências

ABELSON, D.E. *Do Think Tanks Matter?* Assessing the Impact of Public Policy Institutes. Montreal: McGill-Queen's University Press, 2002.

AMARAL, M. A nova roupa da direita. *Agência Pública*, 23 de junho de 2015. Disponível em: https://apublica.org/2015/06/a-nova-roupa-da-direita/ [Acesso em 03/05/2018]

AMADEU, S. Governo de algoritmos. *Revista de Políticas Públicas*, v. 21, n.1, 2017.

ARNAUDO, D. Computacional Propaganda in Brasil: social boots during the elections. Working paper n. 2017.8, 2017.

ASP, K. *Mäktiga massmedier*: Studier i politisk opinionsbildning [Powerful mass media: studies in political opinion-formation]. Stockholm: Akademilitteratur. 1986.

BOURDIEU, P. *O poder simbólico*. Rio de Janeiro: Bertrand Brasil, 2000.

BOURDIEU, P.& WACQUANT, L. Réponses Pour une anthropologie réflexive. *Libre Examen — Politique Éds. duSeuil*, 1992.

DEMIER, F. A revolta a favour da ordem: a ofensiva da oposição de direita. In: Demier, Felipe; Hoeveler, Rejane (org.). *A onda conservadora*: ensaios sobre os atuais tempos sombrios no Brasil. Rio de Janeiro: Mauad, 2016, pag. 51-57.

ELIAS, N. *A sociedade dos indivíduos*. Rio de Janeiro: Jorge Zahar, 1994.

GRAMSCI, A. *Quaderni del carcere*. Turim, Einaudi, 1975.

GRAMSCI, A., 1979. *Intelectuais e a Organização da Cultura*. São Paulo: Civilização Brasileira.

HAESBAERT, R. *Des-territorialização e identidade*: a rede gaúcha no Nordeste. Niterói: Eduff, 1997.

HAESBAERT, R. Concepções de território para entender desterritorialização. In SANTOS, Milton; BECKER, Bertha. *Território, territórios*: ensaios sobre o ordenamento territorial. 3. ed. Rio de Janeiro: Lamparina, 2007.

HJARVARD, S. Midiatização: teorizando a mídia como agente de mudança social e cultural. *Matrizes*, vol. 5, núm. 2, enero-junio, 2012.

LEFEBVRE, H. *The production of space*. Oxford: Blackwell, 1992.

MARGETTS, H. Political behaviour and the acoustics of social media. *Nature Human Behaviour* 1, 0086, 2017.

MAZZOLENI, G. & SCHULZ, W. "Mediatization" of Politics: A challenge for Democracy? *Political Communication*, v. 16, n. 3, p.247-261, 1999.

MCGANN, J. *Ideas and Influence*: Think Tanks, Politics and Public Policy. Edward Elgar Publishing, 2003.

McGANN, J. *Think Tanks and Policy Advice in The US*. Foreign Policy Research Institute, 2005.

MCGANN, J. *The Fifth Estate*: Think Tanks, Public Policy, and Governance. Brookings Institution Press, 2016.

MELO, D. A direita ganha as ruas: elementos para um estudo das raízes ideológicas da direita brasileira. In: Demier, Felipe; Hoeveler, Rejane (org.). *A onda conservadora*: ensaios sobre os atuais tempos sombrios no Brasil. Rio de Janeiro: Mauad, 2016, p. 67-77.

ORTELLADO, P.; SOLANO, E. Pesquisa com os participantes da manifestação do dia 12 de abril de 2015. Disponível em: http://www.lage.ib.usp.br/manif/ [acesso em 20.07.18].

ORTELLADO, P.; SOLANO, E. Nova direita nas ruas? Uma análise do descompasso entre manifestantes e os convocantes dos protestos antigo. Nº 11, Ano 7, 2016. Disponível em: https://fpabramo.org.br/csbh/wp-content/uploads/sites/3/2017/04/T07Perseu11.-ORTELLADOPabloSOLANO.pdf [Acesso em 15/07/2018]

PHILLIPS, D. Brazil's right on the rise as anger grows over scandal and corruption. *The Guardian*, 26 de Julho de 2017. Disponível em: https://www.theguardian.com/world/2017/jul/26/brazil-rightwing-dilma-rousseff-lula

RAFFESTIN, C. *Por uma geografia do poder*. São Paulo: Ática, 1993.

RECUERO, R. *Redes sociais na internet*. Porto Alegre: Sulina, 2011.

RIEDER, B. Studying Facebook via data extraction: the Netvizz application. Anais do "5th Annual ACM Web Science Conference", 2013. Disponível em: https://dl.acm.org/citation.cfm?id=2464475 [Acesso em 10/07/2018]

RIVADULLA, M.J.A.; MARKOFF, J., MONTECINOS, V. The trans-american market advocacy think tank movement. Uña, G. e GARCÉ, A. (org.), *Think tanks and public policies in Latin*. Buenos Aires: Fundación CIPPEC; Fundación Siena, 2010, pg. 172 – 199.

SARTORI, G. *Homo videns* – la sociedad teledirigida. Buenos Aires: Taurus Ed., 1998.

SAQUET, M. *Abordagens e concepções de território*. 3° ed. São Paulo: Expressão popular. 2013.

SIMMEL, G. *Questões fundamentais da sociologia*: indivíduo e sociedade. Rio de Janeiro: Jorge Zahar, 2006.

TATEO, Luca. The Italian Extreme Right On-line Network: An Exploratory Study Using na Integrated Social Network Analysis and Content Analysis Approach. Journal of *Computer-Mediated Communication*, v.10, n. 2, 2005. Disponível em: https://onlinelibrary.wiley.com/doi/full/10.1111/j.1083-6101.2005.tb00247.x [Acesso em 10/08/2018]

We Are Social. Global Digital Report, 2018. *Relatório We Are Social,* 2018. Disponível em: https://digitalreport.wearesocial.com/ [Acesso em 10/08/2018]

# O legado de junho de 2013:
## *percepção dos movimentos sociais urbanos em Natal/ RN*

Raquel Maria da Costa Silveira[1]
Lindijane de Souza Bento Almeida [2]
João Victor Moura Lima[3]
Ana Vitória Araújo Fernandes[4]
Pedro Henrique Correia do Nascimento de Oliveira[5]

## Introdução

As manifestações de junho de 2013 foram interpretadas sob diversas óticas. Nesse sentido, áreas distintas do conhecimento, sobretudo as ciências sociais e os estudos urbanos, têm se dedicado nos últimos anos a investigar e tentar compreender, amiúde, as narrativas sobre as Jornadas de Junho de 2013.

Segundo Gohn (2017, p. 26), "em junho de 2013, as manifestações foram de protesto com repertório completamente diferente de demandas e denúncias dos movimentos clássicos (...) ou dos (...) emancipatórios, de luta por direitos e contra regimes ditatoriais". Dentre as diversas perspectivas existentes, pode ser citada a abordagem dos estudos urbanos (VAINER, 2013), para a qual as manifestações configuraram o movimen-

1 Raquel Maria da Costa Silveira - Universidade Federal do Rio Grande do Norte – raquelmcsilveira@hotmail.com

2 Lindijane de Souza Bento Almeida - Universidade Federal do Rio Grande do Norte – almeida.lindijane@gmail.com

3 João Victor Moura Lima – Universidade Federal do Rio Grande do Norte - joaovictormlima@gmail.com

4 Ana Vitória Araújo Fernandes – Universidade Federal do Rio Grande do Norte - avitoriaaf@gmail.com

5 Pedro Henrique Correia do Nascimento de Oliveira – Universidade Federal do Rio Grande do Norte – pedrohcorreiano@gmail.com

to das cidades indo às ruas, com vistas a expressar sua inconformidade com os problemas urbanos.

Diante desse debate, o presente artigo discutirá a percepção dos principais movimentos sociais urbanos de Natal sobre as jornadas de junho de 2013 e os desdobramentos das manifestações referidas na relação entre Estado e sociedade. Objetiva- se compreender os reflexos dos protestos de junho de 2013, no que tange à gestão democrática da cidade. Para tanto, busca-se responder a seguinte pergunta de pesquisa: qual é a percepção dos movimentos sociais sobre os acontecimentos de junho de 2013 e os seus desdobramentos no que tange à gestão democrática da cidade?

Trata-se de uma proposta que se constitui como uma continuidade de pesquisa desenvolvida nos últimos anos acerca da temática da participação social no contexto da política urbana. Em um primeiro momento, a pesquisa identificou os principais movimentos sociais presentes e atuantes nas ruas da capital do RN durante as jornadas de junho em Natal/RN. Tal identificação se deu por meio da análise de 65 reportagens em jornal de grande circulação da capital potiguar, no período de 2013 a 2016.

Em um segundo momento da pesquisa, foram analisados o perfil de mobilização, trajetória e matriz ideológica dos movimentos sociais identificados anteriormente e, por fim, buscou-se compreender a atuação dos movimentos supramencionados em espaços institucionalizados de participação social. Considerando essa trajetória de pesquisa, vislumbrou-se a necessidade de, após 5 anos, compreender o legado das Jornadas de Junho de 2013 para os movimentos que atuaram diretamente na cena urbana sendo protagonistas nas suas respectivas áreas de atuação.

Para o desenvolvimento do presente estudo, além das pesquisas bibliográfica e documental, foi realizada pesquisa qualitativa com o levantamento de dados primários, por meio da aplicação de entrevistas de ordem semiestruturada. As entrevistas foram realizadas com representantes dos 4 movimentos sociais identificados como mais atuantes em nossas pesquisas anteriores. São eles: (1) Comitê Popular da Copa, (2) Levante Popular da Juventude (LJP), (3) Associação Potiguar dos Atingidos pelas Obras da Copa (APAC) e (4) Movimento de Luta nos Bairros, Vilas e Favelas (MLB). Em seguida, para análise das entrevistas, utilizou-se o *software* IRAMUTEQ. O IRAMUTEQ – *Interface de R pour les Analyses Multidimensionnelles de Textes et de Questionnaires* consiste num *software* gratuito que se utiliza de dados estatísticos para operacionalizar análises com base nos *corpus textuais.*

Em face do exposto, o presente texto encontra-se dividido em duas seções, para além desta introdução e das considerações finais. A primeira dedica-se ao debate teórico acerca dos conceitos de democracia e participação social, aprofundando nas questões referentes aos movimentos sociais e protestos na realidade brasileira, com ênfase nas jornadas de junho de 2013. Na terceira, são expostos os dados coletados a partir das entrevistas, bem como os resultados encontrados.

## Dilemas democráticos, participação social e as manifestações de junho de 2013 no Brasil

As jornadas, manifestações ou protestos de junho de 2013 representam, ainda hoje, um fenômeno cujas narrativas permanecem em aberto no Brasil, sendo interpretado, recorrentemente, de acordo com o ponto de vista dos grupos sociais participantes ou não dos eventos.

Dentre as diversas lentes utilizadas para analisar as jornadas de junho, ressalta-se a ótica dos estudos urbanos, que compreendem as manifestações enquanto um grupo de indivíduos indo às ruas com vistas a reivindicar pautas referentes à cidade. Nesse sentido, os protestos aparecem enquanto forma de dar vazão à inconformidade com a precariedade e o custo do transporte público, a ineficiência dos serviços básicos, os investimentos maciços em equipamentos esportivos e projetos urbanos, as remoções forçadas de populações residentes em favelas em nome da realização dos Megaeventos Copa do Mundo FIFA Brasil 2014 e, logo após, as Olímpiadas do Rio 2016 (VAINER, 2014).

No tocante à Política Urbana, vale destacar que, na medida em que se avançou no campo macroeconômico, do final dos anos 2000, e de capacidade de investimentos em infraestrutura urbana no Brasil, foram deixados de lado os pressupostos que o próprio Ministério das Cidades, órgão criado no primeiro Governo Lula para orientar a Política Urbana, estabeleceu nos seus marcos regulatórios (BONDUKI, 2017). Surgiu, assim, um descompasso intergovernamental e multiescalar que fez com que esse ciclo de investimentos deixasse de ser inovador no processo de decisão e de gestão e reproduzisse formas antigas de contratação de empresas privadas ou adotasse mecanismos contemporâneos de parceria público- privados.

Sob esta ótica, compreende-se que da desarticulação e constatação da inefeciência em várias áreas do governo federal, a exemplo da política urbana, nasceram as jornadas de junho de 2013, capitaneadas pela atuação em rede do Movimento Passe Livre, e marcadas pela ocupação da rua como único local onde a democracia poderia ser exercida plenamente (AVRITZER, 2016).

Todavia, os eventos de junho de 2013 podem ser compreendidos enquanto manifestações caracterizadas por agregar indivíduos e grupos sociais diversos, com amplo espectro ideológico. Possuindo características como a indignação difusa, a amplitude dos discursos, a heterogeneidade das demandas e a ausência de mediação por parte de atores tradicionais, como os Partidos Políticos (BRINGEL; PLEYERS, 2015).

Nesse sentido, Bringel e Pleyers (2015, p. 6) apontam que a "diferenciação dos ritmos, composições e olhares dos protestos nos vários lugares onde ocorreram nos leva à importância de situar as mobilizações em diferentes coordenadas espaço-temporais". Agregam, desse modo, mais uma característica às manifestações: a multiescalaridade espacial dos acontecimentos. Os eventos de junho de 2013, diferentemente, de outros dois momentos marcantes de manifestações de Rua no Brasil (Diretas Já e os Cara Pintadas), seguiram uma onda de protestos globais, também conectados prática e simbolicamente com escalas locais de ação. Não obstante, ressalta-se, ainda, a capilaridade das manifestações em todo território nacional.

O fato é que os eventos de junho de 2013 representam, para parte majoritária dos seus intérpretes, um ponto de inflexão que promoveu uma "abertura societária" (BRINGEL; PLEYERS, 2015) no processo de construção democrática brasileira. E, nesse sentido, pode-se interpretar que o processo investigativo acadêmico dos eventos de junho de 2013 dá-se, primordialmente, pela sequência posterior de manifestações que ocorreram no Brasil que levaram ao Impeachment da Presidenta Dilma Rousseff, no ano de 2016, e, mais recentemente, à eleição de 2018 para presidência da república. Assim, pouco a pouco, após as primeiras manifestações, um esforço acadêmico empreendido principalmente pelas ciências sociais vem apresentando compreensões mais tangíveis acerca do princípio e das consequências dessas manifestações.

Compreende-se, portanto, que a gênese desse processo surge ao final do segundo governo Lula, a partir da ruptura no campo político dos indígenas e dos ambientalistas com governo federal (AVRITZER, 2016). Significou, ainda, a ruptura temporária dos movimentos sociais com o Partido dos Trabalhadores - PT que os tinha, desde o período pré constituinte, como sua base de sustentação, e também, foi quando ficaram claros os limites da participação social institucionalizada.[6] Sobre esse processo, Tatagiba (2017) aponta, por meio de suas investigações sobre os movimentos societários de direita, que estes têm início no primeiro ano do Governo Dilma Rousseff, após o caso da limpeza ética feita pela então presidenta nos ministérios do executivo federal. Isto é, Junho de 2013 surge enquanto ação coletiva também contra o sistema político brasileiro.

Porém, cabe destacar que tal onda de mobilização social não surtiu efeitos já no processo eleitoral de 2014, pois "[...] apesar das críticas formuladas ao PT em particular e aos partidos políticos em geral, as eleições presidenciais de 2014 mobilizaram massivamente os brasileiros, inclusive para defendê-los, em alguns casos, como 'mal menor'" (BRINGEL; PLEYERS, 2015, p.75). Mesmo assim a vitória apertada de Dilma Rousseff gerou um clima de instabilidade que, por sua vez, analistas políticos associam a perda de votos do PT às manifestações de 2013.

Por outro lado, as consequências dos eventos de junho de 2013 podem ser vistas por diversos outros ângulos, sendo um deles a percepção sobre o ativismo social. Nesse sentido, Bringel e Pleyers (2015, p. 11) afirmam que entender os eventos de 2013 requer associar sempre os movimentos sociais a movimentos societários. É

6 Para Avritzer (2016), o Brasil passou por 3 (três) grandes momentos relacionados a abertura participativa do processo decisório: 1º) período pré-constituinte; 2º) *boom* participativo da década de 1990 a partir ascensão de partidos de esquerdas em governos subnacionais; e 3º) adoção de uma orientação genérica da ampliação de mecanismos de participação social a partir do ano de 2003 com os governos do PT.

interessante, portanto, analisar como as mobilizações, os atores sociais e suas práticas estão enquadrados nas constantes dinâmicas transformativas da sociedade brasileira.

Desse modo, a partir de Junho de 2013 tornou-se possível identificar nos movimentos societários dois polos radicalmente antagônicos (BRINGEL; PLEYERS, 2015). Por um lado, há um campo progressista orientado por valores como igualdade e justiça. Tem ainda como característica a forte presença das camadas jovens, oposição às opressões do Estado e com reivindicações variadas, como a qualidade dos serviços públicos e por uma vida mais humana nas cidades (BRINGEL; PLEYERS, 2015, p. 12).

Por outro lado, surgiu um campo reacionário marcado pelo autoritarismo, traços antidemocráticos de defesa dos privilégios de classe e, também, de uma visão liberal. Esse grupo aceita as altas desigualdades existentes no país, prega o retorno ao Regime militar e conta com o apoio das elites econômicas e midiáticas (BRINGEL; PLEYERS, 2015, p. 12-13).

Nesse sentido, no que tange à abertura societal dos eventos de junho de 2013, é possível afirmar que os movimentos sociais transpuseram, ideologicamente, o limiar dicotômico entre a extrema esquerda e a extrema direita (TATAGIBA, 2017). Assim, independente das variadas formas de compreensão, é crucial entender os eventos de Junho de 2013 como uma abertura societária, onde uma vez aberto o espaço de mobilizações iniciais, foi possível que outros atores se unissem para fazer suas reivindicações, sem manter necessariamente os laços dos primeiros atos, bem como a cultura organizacional, as referências ideológicas ou os repertórios de ações.

A partir dessa inflexão o ativismo social ganhou destaque nas análises, principalmente, devido às variações ideológicas dos movimentos sociais, já que anteriormente esse tipo de organização social estava associada a um campo político progressista.

Com base no referencial, a seção seguinte analisará os reflexos dos protestos de junho de 2013, no que tange à gestão democrática da cidade a partir do ponto de vista dos movimentos sociais urbanos de Natal/RN.

## Junho de 2013: percepções e desdobramentos em Natal/RN

Nesta seção serão expostos os resultados obtidos a partir da coleta de dados em Natal, buscando, sobretudo, gerar reflexões acerca da forma como os representantes dos movimentos sociais urbanos de Natal/RN compreendem as jornadas de junho de 2013 e os seus desdobramentos para o cenário político e a gestão democrática da cidade.

Com vistas a dinamizar a discussão dos dados coletados, bem como sua apresentação, o presente item iniciará a análise do discurso dos entrevistados a partir das representações gráficas geradas pelo *software* IRAMUTEQ e por trechos dos seus depoimentos.

Para o presente estudo, foram realizadas análises de similitude, nuvem de palavras, análise fatorial por correspondência – AFC, análise de especificidades e classificação hierárquica descendente – CHD, bem como análises lexicográficas básicas, aplicadas visando a operacionalização dos dados das entrevistas realizadas. A priori, foi necessário realizar uma adaptação das entrevistas transcritas, com vistas a atender às especificações do *software*. O *corpus* gerado foi organizado em dois *subcorpus*, referentes às respostas de cada uma das quatro lideranças e às respostas de cada pergunta.

O *corpus* foi codificado e categorizado, sendo incluídas linhas de comando que dividiram os textos em temáticas, sendo, posteriormente, processados. Tal processamento resultou na criação de informações estatísticas, responsáveis por dar suporte ao tratamento dos dados. O *corpus* criado a partir das entrevistas possibilitou a estatística textual oferecida pelo IRAMUTEQ.

O texto referente às respostas foi separado em 385 segmentos de texto (ST), isto é, o *software* dividiu o conteúdo em 385 segmentos para a realização dos processos de análise, com aproveitamento de 355 STs, o que corresponde a 92,21% de retenção. O percentual de retenção obtido significa que o *corpus* foi bastante representativo, considerando que o aproveitamento deve ser de, no mínimo, 70% dos STs. Foram contabilizadas 13.542 ocorrências (palavras, formas ou vocábulos), sendo 1.553 palavras distintas (ou formas) e 437 palavras com uma única ocorrência.

A partir da Classificação Hierárquica Descendente (CHD) o conteúdo processado gerou cinco classes, quais sejam: Classe 1, com 100 STs (28,17%); Classe 2, com 52 STs (14,65%);

Classe 3 com 71 STs (20%), Classe 4, com 63 STs (17,75%), e Classe 5, com 69 STs (19,44%). Tais informações são representadas no dendrograma (Figura 1) gerado pelo IRAMUTEQ, o qual é apresentado abaixo. A figura, além de apresentar os dados supramencionados, explicita como cada classe se relaciona entre si.

A disposição das classes leva em consideração os grupos de palavras formados, considerando, também, o significado daquelas com maior frequência, bem como suas inter-relações. O detalhamento das palavras e o número de STs que contém cada palavra nas classes são apresentados na Figura 1.

**Figura 1 – Organograma das classes com suas respectivas palavras**

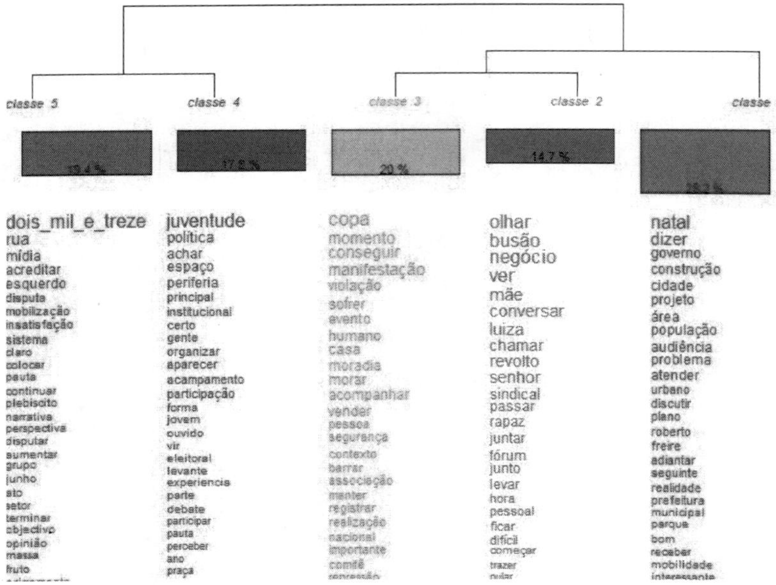


*Fonte: Software IRAMUTEQ, dados da pesquisa (2018)*

A partir da Classificação Hierárquica Descendente foi possível identificar as formas mais relevantes dos discursos de cada entrevistado, o que possibilitou a compreensão do que estes atores consideraram mais relevante dentro do que lhes foi perguntado. A correlação identificada entre as classes 4 e 5 sugere que, na visão das lideranças, os movimentos de junho de 2013 estão diretamente relacionados com a mobilização da juventude, à mídia e à esquerda. Não obstante, a correlação entre as classes 2 e 3 sinaliza a relevância de um megaevento como a Copa do Mundo de 2014 e a revolta do busão enquanto pautas centrais das manifestações.

Conforme apontado pela Classificação Hierárquica Descendente, em todas as classes há uma clara conotação das diferentes formas de participação. As manifestações que levaram milhões de pessoas às ruas não foram a única frente de atuação desses movimentos sociais. É necessário destacar a presença de termos como "associação", "sindical", "fórum", "plano", "audiência", isto é, instituições participativas formais apareceram no discurso dos entrevistados. Em suas falas, os entrevistados afirmaram participar de espaços institucionalizados, demonstrando as dificuldades encontradas em um dos meios institucionais de participação da política urbana, os Conselhos Gestores que versam a política urbana. Nesse sentido, destacaram os entrevistados 1 e 5:

> [...] Na verdade, esses conselhos que eu participo diretamente a gente tenta diminuir o prejuízo. Quer dizer, ao invés da gente avançar em alguma política, alguma coisa, a gente tenta diminuir o prejuízo do que a gente tem. Por exemplo, dentro do conselho da cidade, a questão da regulamentação das zonas de proteção ambiental. Nesse conselho, a gente lá na época da copa conseguimos a convocação dele, mobilizando o ministério público, para a gente conseguir avançar...porque como o conselho é deliberativo, além de consultivo, é deliberativo, para nós eles eram importantes naquele momento (Entrevistada 1 – Representante do Comitê Popular da Copa)

> [...] O meu movimento participa de alguns conselhos municipais, principalmente de mobilidade ur-

> bana. Adianto que os conselhos municipais de Natal são proforma, acaba sendo um voto vencido, por que eles têm a maioria dos votos.... Então, na maioria das vezes, a gente se desgastou demais para não conseguir nada, mas se mantém na luta... [não foi o caso do plano de mobilidade], a prefeitura já tinha contrato com uma empresa para construção do plano de mobilidade e a população de Natal não estava sabendo que isso estava acontecendo. (...) Então a gente foi no Ministério Público e conseguimos parar o processo (...)nossa atuação nos conselhos municipais tem sido muito marcante no que tange a discussão do direito à cidade, sempre que a gente se envolve em conselhos, como o conselho de mobilidade, é isso, para que não passe coisas a grosso modo. (Entrevistada 5 – Representante da APAC)

Os trechos relatados indicam os impasses existentes nesses espaços institucionais de participação, contudo, ainda fortalecem a ideia de que esses movimentos sociais atuam em diferentes frentes e que a ocupação desses espaços é importante para asseverar a garantia aos direitos, sobretudo, ao direito à cidade. Para além desses desafios, o representante do MLB destacou os desafios com o Judiciário, para ele "[a atuação] institucional, é a mais difícil, porque o Judiciário tem um lado, ele não é cego, ele tem um lado", reforçando a ideia da necessidade de outras formas de atuação, destacando os acampamentos, as passeatas, os "trancassos".

Embora o representante do MLB tenha apontado essas dificuldades, as entrevistadas 1 (representante do Comitê Popular da Copa) e 5 (representante da APAC) assinalaram a importância do Ministério Público nesse processo de conquistas via instituições participativas legais. Tal cenário fortalece e vai de acordo com o que foi apresentado Avritzer (2016, p.66), no que diz respeito a ruptura do campo político em espaços institucionais de participação como um dos fatores que contribuiu para o *boom* ocorrido em 2013. Vale salientar que o Levante Popular da Juventude atualmente ocupa o espaço em um conselho estadual, mas a temática se refere ao Movimento Negro, não sendo discutida a política de juventude como um todo.

Com vistas a compreender de forma mais aprofundada as similaridades e divergências nos discursos dos entrevistados, foi realizada a identificação do tipo de relação estabelecido entre as cinco classes da CHD, de modo a correlacionar as classes identificadas a partir do *software*. Nesse sentido, a Análise Fatorial de Correspondência (AFC) apresenta em plano cartesiano a associação das palavras no texto, considerando as frequências dentro das classes que integram (Figura 2).

**Figura 2 – Análise Fatorial por correspondência**

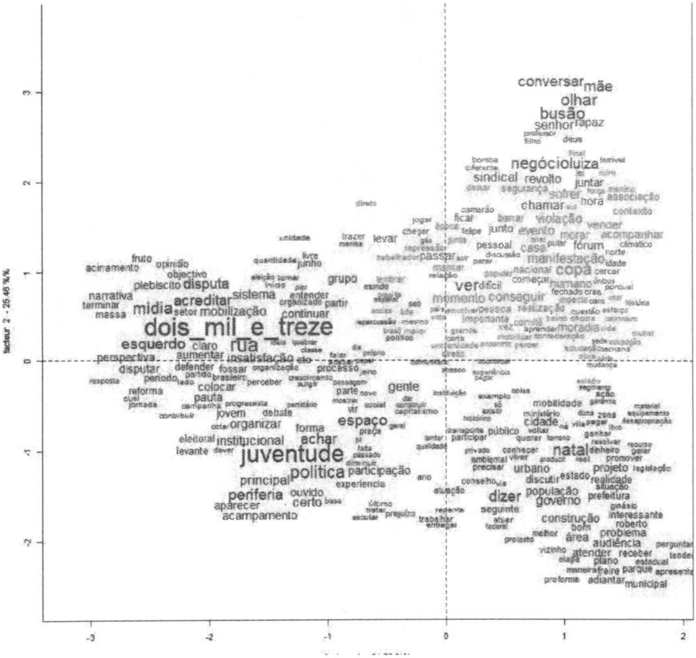


*Fonte: Software IRAMUTEQ, dados da pesquisa (2018)*

A representação gráfica da AFC evidencia a relação entre as classes, que se mostraram muito agrupadas. A presença de imbricamento entre palavras de classes distintas caracteriza que estas não se encontram muito distantes. Isto é, embora sejam perceptíveis relações mais evidentes entre as classes 2 e 3 e as 4 e 5, todas dialogam entre si, convergindo sobretudo na área central do plano cartesiano. A partir da integração entre a Análise Fatorial por Correspondência e a Classificação Hierárquica Descendente, é possível identificar em qual quadrante e classe, dentro do plano cartesiano, estão situadas as respostas, divididas por perguntas e pelas lideranças entrevistadas.

**Figura 3 – Análise fatorial por correspondência e classificação hierárquica descendente**

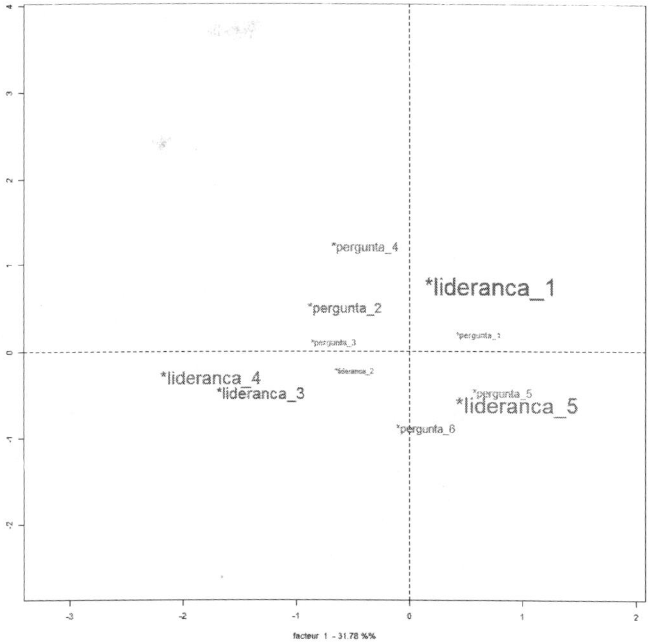


*Fonte: Software IRAMUTEQ, dados da pesquisa (2018)*

Na Figura, as lideranças 1, 2, 3, 4 e 5 correspondem, respectivamente aos representantes do Comitê Popular da Copa; do Movimento de Luta nos Bairros, Vilas e Favelas - MLB; do Levante Popular da Juventude e da Associação Potiguar dos Atingidos Pela Copa - APAC. O quadrante inferior esquerdo denota um alinhamento entre as percepções das lideranças ligadas ao Levante e ao MLB, enquanto àquelas ligadas à APAC e ao Comitê Popular da Copa, apesar do alinhamento lateral e temático, encontram-se em quadrantes diferentes. A figura aponta, ainda, que as lideranças 2, 3 e 4 tiveram discursos similares, fortemente relacionadas às classes 4 e 5, enquanto as lideranças 1 e 5 relacionam-se às classes 1, 2 e 3.

Tal análise se confirma se considerarmos que o Comitê Popular da Copa e a APAC, representados pelos entrevistados 1 e 5 respectivamente, surgiram em um mesmo contexto, qual seja: a formulação dos projetos de preparação da infraestrutura da cidade para receber os jogos da Copa do Mundo de 2014.

Em seguida, foi possível realizar, ainda, análises de similitude agrupando as respostas dos entrevistados. Para este momento, foram selecionadas 96 palavras, levando em consideração a frequência (entre 5 a 227 ocorrências) e associação das palavras, bem como a relação entre os principais termos utilizados. Na representação gráfica das associações entre as expressões, a diferença de tamanho das palavras diz respeito à frequência da expressão na classe, enquanto as ramificações apresentadas representam as relações entre as formas. A árvore resultante da análise está representada na figura abaixo:

**Figura 4 – Árvore de similitude**

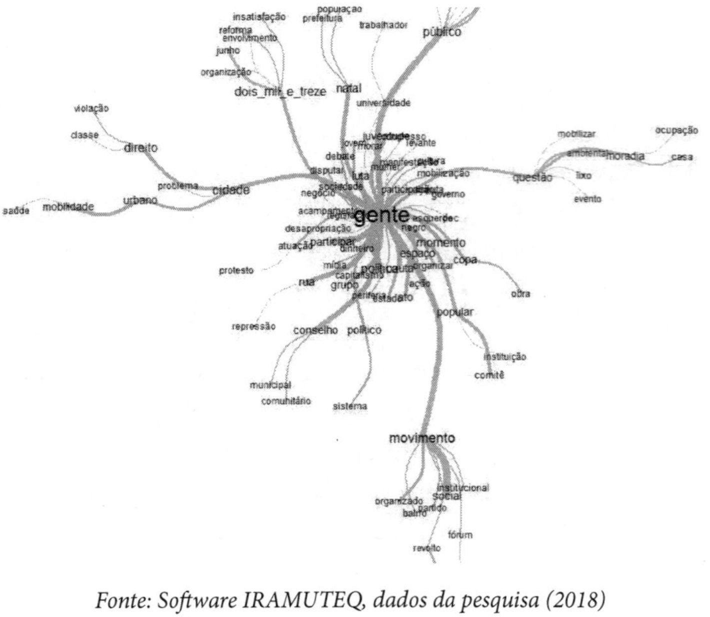


*Fonte: Software IRAMUTEQ, dados da pesquisa (2018)*

A partir da análise da figura, é possível verificar a forma "gente", situada no centro da imagem corresponde à expressão "a gente", denotando que os entrevistados se colocaram enquanto atores centrais de seus discursos. No tocante às ramificações, a análise possibilitou a identificação de relações demasiado significativas entre as formas que auxiliam na compreensão da percepção das lideranças em relação a junho de 2013. A ramificação "mídia, rua, repressão" sugere que, na visão dos entrevistados, os protestos ocorridos nas ruas sofreram represálias, enquanto a forma "dois mil e treze", por sua vez, encontra-se diretamente relacionada com as palavras "sociedade", "disputar", "organização", "junho", "reforma", "envolvimento" e "participação", sugerindo o caráter participativo e reivindicatório das mobilizações.

Não obstante, a forma "participação" relaciona-se com "mobilização", subdividindo- se, a partir da forma "questões" nas possíveis pautas levantadas pelos movimentos sociais, quais sejam "mobilizar", "lixo", "ambiental", "evento" e "moradia". Destacam-se, ainda, enquanto ramificações fortemente presentes nos discursos àquelas relacionadas às formas "cidade" e "movimento". A primeira apresenta relação com "problema", "direito", "classe", "violação", "urbano", "mobilidade e "saúde". A segunda, por sua vez, relaciona-se com "organizado", "bairro", "partido", "institucional", "social, "fórum", "revolta" e "busão".

Tais representações, junto à análise textual, sugerem que as lideranças entrevistadas compreendem que as mobilizações de junho de 2013, em Natal, tiveram relação direta com as questões urbanas, sobretudo no tocante à mobilidade, seja a partir das pautas da "revolta do busão", do passe livre ou das obras para a Copa do Mundo de 2014. Esta última, para além das questões referentes ao deslocamento na cidade, diz respeito, também, às questões ligadas à moradia. Isto porque, no período de realização das obras houve uma mobilização intensa (com destaque para o Comitê Popular da Copa e a APAC) com vistas a garantir que não houvesse, a exemplo do que ocorreu em Porto Alegre, Fortaleza e no Rio de Janeiro, desapropriações em razão da Copa. No tocante às questões voltadas à moradia, os entrevistados relataram que:

> "Houve uma mobilização tão grande na época em relação a isso, que nós tivemos duas pessoas que foram para Nova York, um rapaz de Fortaleza e uma menina daqui, pra um evento que teve em NY sobre questões de violação de direitos humanos. Lá era um evento da ONU e aí as pessoas foram para denunciar o que estava acontecendo aqui no Brasil com relação com a questão do direito à moradia. Então, isso está registrado. Esses dossiês de violação estão registrados então nós acompanhamos isso de perto... "(Entrevistada 1 – Representante do Comitê Popular da Copa)

> "Nós achamos que a luta pela reforma urbana, para moradia, ela é muito maior que só a casa. Por que às vezes, (...) a casa também é importante, porque ela é uma referência. Você tem um endereço fixo, se tem um número de uma casa, então isso aí é importante, mas não é só isso. Quando a gente fala de uma moradia digna, a gente tem fala na casa, na saúde, na educação, na mobilidade, na cultura...Então é um contexto muito maior que só as quatro paredes. (...)" (Entrevistado 2 – representante do Movimento de Luta nos Bairros, Vilas e Favelas - MLB)

Com base nesses relatos, é importante destacar que todos os entrevistados colocaram a pauta do direito à cidade e a moradia como centrais nas suas lutas. A entrevistada 1 (Representante do Comitê Popular da Copa) expôs a conquista de levar essa luta para um cenário internacional, e como esse êxito resultou em um maior monitoramento dos atingidos pelas obras da Copa do Mundo, seja por meio das desapropriações dos moradores, seja por meio da interferência negativa na dinâmica dos comerciantes dessa área. Essa articulação obteve resultados diferentes das demais capitais brasileiras, nas quais o poder público realizou grandes desapropriações inferindo diretamente no direito à cidade. Nesse ponto, é bastante perceptível que a compreensão dos representantes desses movimentos sociais ultrapassa a ideia do direito à cidade reduzido à obtenção de uma casa. O entrevistado 2, nesse sentido, reforçou essa questão em sua fala, colocando a necessidade de acesso a serviços básicos como um fator primordial a conquista do direito à cidade.

Na percepção das lideranças, essas mobilizações ocorreram a partir da articulação dos movimentos sociais populares pertencentes à esquerda, mas somados ao uso das redes sociais e à insatisfação popular passaram a aglutinar outros espectros político-sociais às manifestações.

O passo seguinte foi a investigação acerca da atuação dos movimentos sociais após Junho de 2013, buscando identificar o legado das manifestações. Nesse momento, foi possível perceber que dois dos cinco entrevistados consideraram que a atuação dos movimentos sociais passou a ter outro viés, incorporando questões que dizem respeito a preferência político partidária que vão da extrema esquerda à direita. Referente a isso, Tatagiba (2017) aponta a impossibilidade de afirmar que os movimentos sociais que surgiram e/ou ganharam destaque nesse recorte temporal são "à direita", uma vez que os manifestantes afirmaram não pertencer a partidos políticos ou não se consideram como tal. Apesar disso, corrobora-se com Tatagiba quando é exposto que esses manifestantes possuem espectro à direita.

Foi possível verificar opiniões que destacaram a atuação fragmentada dos movimentos sociais em Natal. Nesse sentido, destacou o entrevistado 2:

> (...) Natal tem uma dispersão muito grande dos movimentos populares e sociais... de 2000, de 1990 para cá, vamos dizer assim, com essas lideranças no auge, acabou que a classe política mais à direita, também a esquerda, passaram a cooptar esses líderes. Mais à direita, vamos dizer assim. E isso acabou enfraquecendo, hoje cada um faz sua "pautinha". Não tem uma unidade, é uma pauta mais geral..." (Entrevistado 2 - representante do Movimento de Luta nos Bairros, Vilas e Favelas - MLB)

Sob essa ótica, os representantes entrevistados apontaram que a atuação dos movimentos sociais dos quais fazem parte são distintas, muito em razão da origem e dos objetivos de cada um, mas convergiram no sentido de buscarem, para além dos protestos, formas institucionais de chegar aos seus objetivos. Além disso, esses movimentos possuem formas de atuação permanente, a exemplo do Levante Popular da Juventude e da APAC.

> "(...) Acho que como a gente não tem um trabalho só voltado pra escola e universidade, mas também tem muita gente nesse espaço que teve acesso à universidade e que vem da periferia, que traz as pautas, não é a gente queiz quais são as pautas..." (Entrevistado 3 – representante do Levante Popular da Juventude)

> "(...) E esse grupo, ele atua de maneira política, essa é a palavra mesmo... então essa atuação é uma atuação mais conscientizadora. Porque o protesto, eu adoro protesto, mas essas são as medidas extremas quando a gente não consegue ser ouvido de jeito nenhum, a gente parte para as medidas mais extremas e são elas que tem uma repercussão melhor..." (Entrevistada 5 – representante da Associação Potiguar dos Atingidos Pela Copa - APAC)

Nota-se de modo geral, que a luta pela política urbana, ocorre de modo mais pacificador e conscientizador, além da ocupação nos espaços institucionais. Destaca-se, ainda, que os entrevistados registraram que em casos extremos, é realizada sim, a ocupação em áreas de interesse social, mas de modo geral, a atuação conscientizadora é utilizada. É importante frisar que cada movimento social atua em um campo distinto, seja ele nas universidades, instituições participativas, em parceria com ONG's, contudo todos partem do descontentamento em torno da temática com a qual atuam mais fortemente.

Os representantes dos movimentos sociais convergem em um aspecto: a insatisfação da população como um dos fatores causais do *boom* ocorrido em junho de 2013. Para além deste, destaca-se o papel da mídia, conforme já apontado por Avritzer (2016, p.70). Vale salientar que foi possível verificar que o Levante Popular da Juventude e o Movimento de Luta nos Bairros, Vilas e Favelas continuaram expondo de forma clara suas pautas e isso continuou sendo fortalecido no período pós Junho de 2013. Já o Comitê Popular da Copa e a APAC apresentaram uma atuação mais intensa no momento da realização das obras para a Copa do Mundo de 2014.

Ficou claro que os representantes dos movimentos sociais natalenses compartilham do discurso dos grandes movimentos nacionais, questões como mídia, repressão, insatisfação com os espaços ocupados institucionalmente e a crise com a representação política também foi forte na capital potiguar. Apesar disso, por ter sido sede dos jogos da Copa do Mundo, esses movimentos com pautas voltadas ao direito à cidade e à política urbana como um todo reverberaram em um contexto local e conseguiram aglutinar com mais força a sociedade civil por seu impacto direto na população. Assim sendo, os representantes dos movimentos sociais compreenderam os desdobramentos de junho de 2013 da seguinte forma:

**Quadro 1 – Percepção dos entrevistados acerca dos desdobramentos de Junho de 2013 na gestão democrática da cidade**

| Movimento | Percepção do Entrevistado |
|---|---|
| **Comitê Popular da Copa** | "[...] o que aconteceu depois foi completamente diferente. [Os movimentos] recuaram. Quem passou a levar aquilo pra frente não tem nada a ver com o que aconteceu antes..." (Entrevistado1) |
| **Movimento de Luta nos Bairros, Vilas e Favelas - MLB** | "[...] a gente não parou, a gente continuou. Tanto que de 2013 pra cá nós fizemos duas ocupações, né? E pautando sempre a questão da cidade, a reforma urbana, da questão da moradia digna, então nós não paramos, nós continuamos. Claro que houve um enfraquecimento de mobilização que viu que estávamos perdendo o controle da pauta..." (Entrevistado 2) |

| | |
|---|---|
| **Levante Popular da Juventude** | "[...] todo mundo que estava em 2013 eram [tinham] pautas muito genéricas e pautas contraditórias..[...] não dá pra esperar a mesma mobilização porque eu acredito que teve uma diminuição das mobilizações por que as pautas ficaram mais claras, quem continuou indo para as ruas, é quem genericamente, basicamente, já ia antes de 2013..." (Entrevistado 3)<br>"[...] eu acho que 2013 deixou a lição de que as pessoas têm que se mobilizar pelos seus direitos. [...] a gente pode dizer que as pautas são mais progressistas ou não, mas deixa a cultura da participação..." (Entrevistado 3)<br>"...Eu acredito que antes de 2013 por mais que as organizações já existissem, muitas delas fossem firmes e tal, elas depois de 2013 começaram a tomar mesmo a sua posição dentro da cidade, dentro do país, no sentido de que por mais que as mobilizações tivessem diminuído na quantidade de pessoas, elas aumentaram na quantidade de atos..." (Entrevistado 4) |
| | "...a gente percebe que depois de 2013 o maior ato de rua depois desse período foi recentemente, ano passado em abril, que foi um da greve geral que equiparou o que foi junho de 2013. É isso que a gente coloca, por mais que tenha diminuído a quantidade de pessoas, ele aumentou, tiveram mais atos de rua..." (Entrevistado 4) |
| **Comitê Popular da Copa** | "...algumas pessoas se mantiveram na luta, mas a maior parte não se envolveu mais... as lutas se esvaziaram. Por exemplo: chegamos a ter cento e cinquenta pessoas numa reunião, hoje para ter vinte a gente precisa fazer um esforço enorme. Além disso, de 2014 para cá vivemos um retrocesso gigantesco em todas as áreas e as pessoas estão apáticas, alheias ao que está acontecendo, como se fosse normal..." (Entrevistado 5) |

*Fonte: elaboração própria com base nas entrevistas concedidas, 2018*

No que tange aos desdobramentos de junho de 2013, não houve um consenso entre os representantes dos movimentos sociais, no entanto, após cinco anos dessas manifestações, foi possível denotar que a luta desses movimentos não parou. Porém, na medida em que as pautas foram ficando mais claras, menos pessoas se agregavam a esses movimentos. Dessa forma, as ações se tornaram pontuais.

Ressalta-se ainda, que a polaridade resultante do pós Junho de 2013 ficou cada vez mais evidenciada, desde então novos protestos ocorreram, as ruas foram novamente ocupadas por milhões de pessoas com espectro político, por vezes, contrário. Outro fator que retornou com mais força foi o uso das redes sociais, instrumento cada vez mais utilizado para articular as mobilizações (o que já havia sido apontado por GOHN, 2017). Compreende-se, portanto, que após esse período, a definição clara das pautas possibilitou a compreensão do espectro político dos manifestantes e demonstrou que independente da luta, a ação social por meio de protesto foi incorporada a diferentes setores ideológicos, houve de fato a ocupação das ruas como uma expressão de exercício pleno a democracia. Contudo, no caso de Natal, não é possível afirmar a existência de uma atuação forte e perene conforme a percepção dos próprios entrevistados, estando, inclusive, reduzida a quantidade de participantes das manifestações.

Foi possível verificar, portanto, que as manifestações de Junho de 2013 não foram capazes de potencializar a atuação do movimento sociais em Natal. O seu legado foi a percepção de que a luta social pode ser utilizada como motor da mudança, recobrando-se os ideais da participação social. Em comprovação ao que se afirma, pode-se citar episódio ocorrido durante a preparação das obras para a Copa do Mundo 2014, quando o Comitê Popular e a APAC atuaram em conjunto para frear as desapropriações que seriam realizadas na cidade. Naquele contexto, conforme destacaram Almeida *et al* (2017), os conflitos entre o ente municipal e a população tiveram início com a constatação da possibilidade afetação direta de centenas de famílias em razão das obras de mobilidade da Copa, as quais provocariam desapropriações. Diante do contexto de desinformação, os moradores que se viam atingidos pelo projeto passaram a fortalecer um movimento em busca de garantir os seus direitos por meio de uma alteração no projeto original. Diante disso, diversas ações conjuntas foram realizadas pela APAC e pelo Comitê Popular para pressionar o poder municipal por alterações. Dentre elas, ressalta-se a importância do chamado "pacto pela efetivação dos direitos humanos na Copa 2014".

Em virtude das estratégias traçadas pela APAC e pelo Comitê popular da Copa, em 2013, a gestão municipal que se iniciava concretizou o termo de compromisso assinado durante a campanha eleitoral, assegurando a Natal o título de única cidade sede da Copa do Mundo de 2014 que não passou por desapropriações. Tal exemplo representou o resultado da luta social e, ao mesmo tempo, se configurou como um caso pedagógico para os demais movimentos sociais na cidade. Por meio dele, foi possível reacender a força dos movimentos e destacar a atuação desses grupos como motor da mudança. Contudo, tal contexto não foi suficiente para manter a dinamicidade e a adesão popular às lutas sociais de cada um dos movimentos pesquisados, tendo sido marcante a afirmação de que os movimentos perderam adeptos, o que foi atribuído, pela entrevistada 5, à existência de uma apatia política generalizada.

## Considerações finais

A partir dos procedimentos de pesquisa bibliográfica, documental e da pesquisa qualitativa realizada, foi possível chegar a algumas conclusões referentes à forma como os representantes dos movimentos sociais urbanos enxergam as jornadas de junho de 2013 e seus reflexos nos dias atuais. Em linhas gerais, pode-se ressaltar que os representantes dos movimentos sociais abordados na pesquisa compreendem que a insatisfação da população foi um fator que corroborou para o grande número de manifestantes. A partir das entrevistas concedidas, foi possível identificar como principais temas e pautas levantadas pelos movimentos sociais questões como "lixo", "ambiental", "evento" [termo relacionado aos Megaeventos esportivos no Brasil], "moradia", "urbano", "mobilidade" e "saúde".

Em suas falas, os representantes dos movimentos se colocam como atores centrais das Jornadas de Junho de 2013 em Natal. Na visão dos entrevistados, os protestos ocorridos nas ruas sofreram represálias e foram alvo de repressão, sendo, por outro lado, marcante a presença de termos como "sociedade", "disputar", "organização", "reforma", "envolvimento" e "participação", sugerindo o caráter participativo e reivindicatório das mobilizações.

Além disso, foi possível denotar que os espaços institucionais de participação são reconhecidos como importantes, porém possuem limitações no que tange à efetividade da participação, o que se reflete na necessidade de se realizar diferentes formas de atuação, as quais variam de acordo com a luta de cada movimento social.

No que tange aos legados de Junho de 2013 em Natal, verificou-se a continuidade da luta social, porém, com destaque para a indicação pelos próprios entrevistados, do arrefecimento das manifestações realizadas no período pós 2013.

Em linhas gerais, pode-se ressaltar que durante o discurso de todos os entrevistados foi evidenciada a polaridade político-partidária, a qual se expressou em todos os setores da sociedade, e foi apresentada como uma dificuldade no processo de diálogo nos espaços institucionais de participação.

## Referências

ALMEIDA, Lindijane de Souza Bento; FERREIRA, Glenda Dantas; SILVEIRA, Raquel Maria da Costa; COSTA, Thaysa Taianne Belo. *A primavera de junho na cidade do sol: os movimentos sociais urbanos em Natal/RN*. In: *XVII ENCONTRO NACIONAL DA ASSOCIAÇÃO NACIONAL DE PÓS-GRADUAÇÃO E PESQUISA EM*

*PLANEJAMENTO URBANO E REGIONAL*, 2017, São Paulo. *Anais do XVII Encontro Nacional da Associação Nacional de Pós-Graduação e Pesquisa em Planejamento Urbano e Regional*, São Paulo: 2017.

ALMEIDA, Lindijane de Souza Bento; SILVEIRA, Raquel Maria da Costa; FERREIRA, Glenda Dantas; COSTA, Thaysa Taianne Belo. *Os movimentos Sociais urbanos em Natal/ Brasil: um olhar acerca da sua atuação nos espaços institucionalizados de participação social*. III Encontro Nacional de Políticas Públicas. No prelo.

AVRITZER, Leonardo. *Impasses da democracia no Brasil*. Editora José Olympio, 2016.

BOBBIO, Norberto. *O futuro da democracia*. Rio de Janeiro: Paz e Terra, 1984.

BONDUKI, Nabil. *Política urbana e a reforma no Estado: da redemocratização aos novos desafios no século*

*XXI*. Simetria, v. 3, p. 41-52, 2017.

BRINGEL, Breno; PLEYERS, Geoffrey. *Junho de 2013... dois anos depois*. Nueva Sociedad, p. 1-17, 2015.

CASTELLS, Manuel. *Redes de indignação e esperança: movimentos sociais na era da internet*. Rio de Janeiro: Zahar, 2013.

GOHN, Maria da Glória. *Manifestações e protestos no Brasil.* São Paulo: Cortez Editora, 2017.

MAFRA, Suzana Melissa De Moura. *Gestão Social E Organização Comunitária No Programa Minha Casa, Minha Vida: O Caso Do Residencial Ruy Pereira Dos Santos (São Gonçalo Do Amarante/RN, 2017).* Dissertação de Mestrado. Universidade Federal do Rio Grande do Norte. Brasil. 2018

PATEMAN, Carole. *Participação e teoria democrática.* São Paulo: Paz e Terra, 1992.

TATAGIBA, LUCIANA. Os protestos e a crise brasileira. Um inventário inicial das direitas em movimento (2011-2016). *Revista Sinais Sociais*, v. 11, p. 71-98, 2017.

VAINER, Carlos. Quando a cidade vai às ruas. In: MARICATO, Ermínia *et al. Cidades rebeldes: Passe Livre e as manifestações que tomaram as ruas do Brasil.* São Paulo: Boitempo Carta Maior, 2013.

Alameda nas redes sociais:
Site: www.alamedaeditorial.com.br
Facebook.com/alamedaeditorial/
Twitter.com/editoraalameda
Instagram.com/editora_alameda/

Esta obra foi impressa em São Paulo no outono de 2022. No texto foi utilizada a fonte Minion Pro em corpo 10,5 e entrelinha de 15,0 pontos.